हिन्दी आलोचना के आधार-स्तम्भ

हिन्दी आलोचना के आधार-स्तम्भ

सम्पादक
प्रोफेसर रामेश्वरलाल खंडेलवाल
एम.ए., पी-एच.डी., डी.लिट्.
डॉ. सुरेशचन्द्र गुप्त
एम.ए., पी-एच.डी., डी.लिट्.

लोकभारती प्रकाशन
पहली मंजिल, दरबारी बिल्डिंग, महात्मा गाँधी मार्ग, इलाहाबाद-1

लोकभारती प्रकाशन

पहली मंजिल, दरबारी बिल्डिंग, महात्मा गाँधी मार्ग

इलाहाबाद-211 001

वेबसाइट : www.lokbhartiprakashan.com

ईमेल : info@lokbhartiprakashan.com

शाखाएँ : 1-बी, नेताजी सुभाष मार्ग, दरियागंज

नयी दिल्ली-110 002

अशोक राजपथ, साइंस कॉलेज के सामने

पटना-800 006

36-ए, शेक्सपियर सरणी

कोलकाता-700 017

मूल्य : ₹ 400

वर्तमान संस्करण : 2018

आस्था पेपर कन्वर्टर

इलाहाबाद द्वारा मुद्रित

HINDI ALOCHNA KE ADHAR STAMBH

Edited by Prof. Rameshwar Lal Khandelwal

Dr. Suresh Chandra Gupta

ISBN : 978-81-8031-489-6

आमुख

'हिन्दी-आलोचना के आधार-स्तम्भ में समीक्षात्मक लेखों का संकलन विश्वविद्यालयों की उच्चतम कक्षाओं के विद्यार्थियों को ध्यान में रखकर किया गया है। इसकी मूल प्रेरणा यह रही है हिन्दी-आलोचना के चिन्तनगत उत्कर्ष बिन्दु और विषय-प्रतिपादन की वैज्ञानिकता का समवेत रूप हिन्दी-आलोचना के जिज्ञासु तथा प्रबुद्ध छात्र अध्येताओं के समक्ष प्रस्तुत किया जाये, जिससे कि वे उसकी अद्यतन उपलब्धि का कुछ अनुमान कर सकें। निश्चय ही समग्र चित्र प्रस्तुत करने में इस प्रकार के आयोजन को और भी विशद बनाने के लिए हिन्दी के अनेक लब्धप्रतिष्ठ आचार्यों और चिन्तकों की विचार-सरणियों की अपेक्षा व गुंजायश हो सकती थी, पर योजना की साधन-सीमाओं के कारण अपने विचार को प्रस्तुत रूप देकर ही हमें सन्तुष्ट होना पड़ा। विद्वज्जन इस ग्रन्थ को हमारे मूल आशय का एक प्रतीक रूप समझकर ही ग्रहण करने की कृपा करें। यदि भविष्य में अवसर मिला तो इस शृङ्खला में कड़ियाँ जोड़कर हम इस कार्य को आगे बढ़ाने में प्रसन्नता का अनुभव करेंगे।

इस ग्रन्थ में आचार्य रामचन्द्र शुक्ल, आचार्य नन्ददुलारे वाजपेयी, आचार्य हजारीप्रसाद द्विवेदी तथा आचार्य नगेन्द्र के आलोचनात्मक कृतित्व के उत्तमांश का कुछ श्रेष्ठ निबन्धों के रूप में संकलन किया गया है। प्रत्येक विद्वान् के कृतित्व को सम्यक् रूप से हृदयंगम करने की दृष्टि से उन पर अधिकारी विद्वानों के भी कुछ लेख परिपार्श्विक अध्ययन के लिये दिये गये हैं। आशा है यह पद्धति नियत उद्देश्य की सिद्धि में विशेष रूप से सहायक होगी। ग्रन्थ की 'भूमिका' के अनिवार्य अंग-रूप में आचार्य नगेन्द्र जी ने 'आलोचना का अन्तःस्वरूप शीर्षक लेख देने की महती कृपा की है, इसके लिए हम उनके विशेष आभारी हैं।

इन निबन्धों के रूप में हमने अत्यन्त मननीय सामग्री प्रस्तुत करने का यथा-सम्भव प्रयत्न किया है। विश्वविद्यालय के छात्रों की चेतना में इनका रस घुल-मिल जाये और परिणामस्वरूप मेधावी छात्र अपनी-अपनी प्रतिभा और कुशाग्र बुद्धि से हिन्दी-आलोचना की उत्कर्ष-रेखा को लाँघकर, आगे बढ़ने की स्फूर्ति से उज्जीवित हों, नये समीक्षा-प्रतिमानों की स्थापना का स्वप्न देखें और उसके लिए क्रियाशील हों—इसी में इस प्रयास की चरम सिद्धि होगी।

जिन विद्वानों की रचनाएँ मुख्य पाठ्य सामग्री के रूप में हमने इसमें संकलित की हैं और सहायक सामग्री के रूप में जिनके विद्वत्तापूर्ण लेखों को समाविष्ट किया है, उन सबके प्रति हम हृदय से अपना आभार निवेदित करते हैं।

राधाकृष्ण प्रकाशन, दिल्ली के श्री ओमप्रकाश हार्दिक धन्यवाद के पात्र हैं जिन्होंने इस ग्रन्थ को स्वच्छ और सुन्दर रूप में प्रस्तुत करने में कोई कमी नहीं छोड़ी।

—रामेश्वरलाल खंडेलवाल
—सुरेशचन्द्र गुप्त

क्रम

●

आलोचना का अन्तःस्वरूप

नगेन्द्र

आलोचना को मैं निश्चय ही ललित साहित्य का अंग मानता हूँ। आलोचना कला है या विज्ञान? यह प्रश्न नया नहीं है—लेकिन आलोचना के स्वरूप-निर्धारण में इसकी सार्थकता आज भी असंदिग्ध है। आलोचना की आत्मा कलामय है, किन्तु इसकी शरीर-रचना वैज्ञानिक है। आत्मा के कलामय होने का अर्थ यह है कि आलोचना भी मूलतः आत्माभिव्यक्ति ही है—यहाँ भी आलोचक कलाकृति से विवेचन-विश्लेषण के माध्यम से आत्मलाभ करता है। आलोचना का विषय रसात्मक होता है और आलोचना की परिणति भी आत्मसिद्धि में ही होती है। अतः रस का अभिषेक आलोचना में भी रहता है। शरीर-रचना के वैज्ञानिक होने का आशय यह है कि आलोचना की पद्धति में विज्ञान के रीति-नियमों का पालन करना आवश्यक तथा उपादेय होता है। यही वह गुण है जो आलोचक को सामान्य सहृदय से वैशिष्ट्य प्रदान करता है। मैंने आज से लगभग पच्चीस वर्ष पूर्व आत्म-निरीक्षण के आधार पर अपने एक लेख में यह स्थापना की थी कि आलोचक एक विशिष्ट रसग्राही पाठक ही होता है। उस समय मेरा शास्त्र से घनिष्ठ परिचय नहीं था, इसलिए शास्त्र के परिचित पारिभाषिक शब्द 'सहृदय' के स्थान पर मुझे रसग्राही पाठक' शब्दावली का प्रयोग करना पड़ा था। मेरी मान्यता अब भी वही है, शास्त्र ने उसे और पुष्ट कर दिया है। कृति के रस-ग्रहण के संदर्भ में आलोचक सहृदय से अभिन्न है, किन्तु इस रस-तत्त्व के विवेचन में वह पाठक से विशिष्ट है। दोनों के भेद की बात बहुत-कुछ वैसी ही है जैसी कि क्रोचे ने साधारण कालाकार और विशेष व्यवसायी कलाकार के भेद के विषय में कही है। क्रोचे के मत से प्रत्येक व्यक्ति कलाकार होता है—उसमें और व्यावसायिक कलाकार में भेद प्रकृति का नहीं होता : गुण और मात्रा का होता है अर्थात् व्यावसायिक कवि के पास सामान्य व्यक्ति-कवि की अपेक्षा अपनी सहजानुभूति का मूर्त रूप प्रदान करने के साधन एवं उपकरण अधिक होते हैं। यही भेद सामान्य सहृदय और विशेष सहृदय अर्थात् आलोचक में होता है। साहित्य का आस्वादन दोनों ही करते हैं, किन्तु उस आस्वादन का विश्लेषण आलोचक ही कर सकता है। कुछ विदग्धों के मन में यह शंका उठती है कि इस विवेचन-विश्लेषण से क्या लाभ? अर्थात् भोक्ता और कर्ता के बीच में इस मध्यस्थ अभिकर्ता की क्या आवश्यकता? आलोचक के प्रति उनका दृष्टिकोण प्रायः वैसा ही होता है जैसा कि जीवन-व्यवहार में सामान्य उपभोक्ता का अभिकर्ता या एजेंट के प्रति होता है। किन्तु यह सहज स्थिति नहीं है—

वैसे तो अर्थविज्ञान के अंतर्गत अभिकर्ता का महत्व भी कम नहीं है—वह निर्माता के समकक्ष नहीं है, यह ठीक है; परन्तु निर्माता उस पर काफी हद तक निर्भर करता है, यह भी उतना ही सत्य है। फिर भी आलोचक अभिकर्ता नहीं है। उसकी भूमिका कहीं अधिक सर्जनात्मक है। वह कवि या कथाकार की कोटि का सर्जक नहीं है, किन्तु उनका कर्म भी अपने ढंग से सर्जनात्मक है, इससे इन्कार नहीं किया जा सकता। काव्य का विषय जीवन है—कवि अपने विषय का सृजन नहीं करता, पुनःसृजन ही करता है। इसी तरह आलोचना का विषय काव्य है और आलोचक भी एक प्रकार से अपने आलोच्य विषय का पुनःसृजन करता है। सृजन के ही अर्थ में आलोचनाशास्त्र के अंतर्गत एक और सरल शब्द का प्रयोग होता है और वह है आख्यान। काव्य की एक अत्यंत परिचित परिभाषा है—काव्य जीवन का आख्यान है। इसी शब्द का प्रयोग करते हुए सीधे तौर पर कहा जा सकता है कि आलोचना काव्य का आख्यान है। यहाँ भी, स्पष्ट है कि, आख्यान विवेचनमात्र का वाचक न होकर पुनःसृजन का ही वाचक है, अन्यथा 'काव्य जीवन का आख्यान है'—यह वाक्य अपना ही अर्थ खो बैठता है। आलोचना के संदर्भ में भी आख्यान वस्तु-विश्लेषण मात्र नहीं है; यहाँ भी पुनः-सृजन की प्रक्रिया चलती है। भेद केवल दो हैं। पहला भेद कारण या साधन का है—अर्थात् कवि के साधनों में भावना और कल्पना प्रधान हैं, बुद्धि प्रायः संश्लेषण में ही सहायक होती है, जबकि आलोचक के कर्म में मूलतः भावना और कल्पना का सम्यक् उपयोग रहते हुए भी बुद्धि अधिक सक्रिय रहती है। दूसरा भेद सर्जना-शक्ति के बलाबल का है। कवि जीवन का पुनःसृजन करता है और आलोचक काव्य का—अर्थात् जीवन के पुनःसृजन का पुनःसृजन करता है। सृजन का परिणाम है पदार्थ और पुनःसृजन का परिणाम है बिम्ब। अतएव कवि-व्यापार में बिम्ब-रचना का ही प्राधान्य रहता है। इस पद्धति से पुनःसृजन के पुनःसृजन का अर्थ होता है बिम्ब के भी बिम्ब—प्रतिबिम्ब का निर्माण अर्थात् ऐसे बिम्ब का निर्माण जो रचना-प्रक्रिया में बिंब की अपेक्षा अधिक सूक्ष्म और धूमिल हो जाता है। इस प्रकार, आलोचक का कर्म कवि-कर्म की अपेक्षा कम सर्जनात्मक रह जाता है, यह सच है। कवि कर्म में जहाँ बिम्बों के प्रयोग की प्रचुरता रहती है वहाँ आलोचना में इन बिम्बों की धारणा या प्रत्यय अधिक उपयोग में आते हैं—और सही शब्दों में, काव्य में ऐन्द्रिय-मानसिक बिम्ब प्रमुख रहते हैं जबकि आलोचना में मानसिक-प्रज्ञात्मक बिम्बों का आधिक्य रहता है।

कहने का तात्पर्य यह है कि कवि, कथाकार और आलोचक की सर्जन-क्षमता में मात्रा और साधन-उपकरण का ही भेद अधिक है, प्रकृति का भेद इतना नहीं है। जिस प्रकार काव्य भाव का उफान या कल्पना की क्रीड़ा नहीं है, इसी प्रकार आलोचना भी बुद्धि का विलास नहीं है। कविता, उपन्यास या नाटक की भाँति आलोचना भी सर्जनात्मक संदर्शन (क्रिएटिवविजन) से अनुविद्ध एवं परिव्याप्त रहती है। कवि यदि रमणीय (राग-कल्पनात्मक) अनुभूतियों के माध्यम से आत्माभिव्यक्ति करता है तो आलोचक कवि की इस आत्माभिव्यक्ति के आख्यान के माध्यम से। इसी अर्थ में और इसी कारण से आलोचना को मैं ललित साहित्य का अंग मानता हूँ।

आलोचना का यही तात्विक (या सात्विक) स्वरूप है। इसके आगे आलोचना और आलोचक के कुछ अन्य कर्त्तव्य-कर्मों की भी चर्चा की जाती है—जैसे साहित्य का मूल्यांकन, उसकी गतिविधि का नियमन आदि। मेरी दृष्टि में यह सब आरोपित दायित्व है, और काफी हद तक व्यावसायिक कर्म है। मूल्यांकन की उपेक्षा मैं नहीं करता—वह भी प्रत्यक्ष या परोक्ष रूप में अनायास ही हो जाता है। कृति के आस्वाद का विश्लेषण करते हुए आप से आप दोनों प्रकार के तत्व उभरकर सामने आ जाते हैं। ऐसे तत्व जो उसके आस्वाद्यत्व के साधक हैं और वे तत्व भी जो उसमें बाधक हैं। आस्वाद के विश्लेषण में उसके उन स्थायी और अस्थायी तत्वों की परीक्षा भी निहित रहती है जो अन्ततः भौतिक और मानवीय मूल्यों से सम्बद्ध हो जाते हैं। इस प्रकार मूल्यांकन कोई स्वतन्त्र प्रक्रिया न होकर आख्यान की प्रक्रिया का ही अंग—सही शब्दों में—परिणामी अंग है, और इस रूप में वह काम्य भी है, कम से कम उपादेय तो है ही। किन्तु स्वतन्त्र कर्म के रूप में वह व्यवसाय बन जाता है और व्यवसाय तथा धर्म में जितना अन्तर है, उतना ही अन्तर मूल्यांकन और आलोचना के सहज रूप में भी पड़ जाता है : स्वतन्त्र रूप में मूल्यांकन, वास्तव में, सर्जनात्मक नहीं रह जाता।

साहित्य की गतिविधि के नियमन का दायित्व और भी अधिक व्यावसायिक है; उसमें रस के स्थान पर शक्ति की स्पृहा ही प्रमुख हो जाती है! वहाँ सर्जना का का तो प्रश्न ही नहीं उठता, निर्माण या रचना का कार्य भी पीछे पड़ जाता है और राजनीति अर्थात् बलाबल की नाप-तोल ही सामने रहती है। मैं समझता हूँ कि यहाँ साहित्यकार स्वधर्म से च्युत हो जाता है। निश्छल आत्माभिव्यक्ति के स्थान पर मताग्रह का बोलबाला हो जाता है और राग द्वेष के विगलन के स्थान पर अहंकार का संवर्धन ही मुख्य हो जाता है। स्पष्ट है कि रस के साहित्य के अन्तर्गत यह सब नहीं आसकता। इस प्रकार का दम्भ लेकर जो आलोचक चलता है, वह समर्थ प्रचारक तो बन सकता है, मर्मवेत्ता साहित्यकार नहीं। आप शायद साहित्य के इतिहास से कुछ प्रमाण देकर मेरी स्थापना का खण्डन करना चाहें। मल्लिनाथ की यह गर्वोक्ति संस्कृत-साहित्य के इतिहास में प्रसिद्ध है :

> भारती कालिदासस्य दुर्व्याख्याविषमूर्छिता।
> एषा संजीविनीव्याख्या तामद्योज्जीवयिष्यति ॥[1]

—कालिदास की भारती दुर्व्याख्या के विष से मूर्च्छित पड़ी थी, मेरी यह संजीविनी आज उसे जीवनदान करेगी।

आचार्य शुक्ल ने भी क्या जायसी का उद्धार नहीं किया? मैं समझता हूँ कि यह दृष्टि-भ्रम है। मल्लिनाथ और आचार्य शुक्ल का निमित्त होने का श्रेय अवश्य दिया जा सकता है—किन्तु, कालिदास या जायसी के निर्माता ये कैसे माने जा सकते हैं? कालिदास के सन्दर्भ में मल्लिनाथ की गर्वोक्ति का महत्व आलोचक के आत्म-तोष

१. मल्लिनाथ, सं० टी० कुमारसम्भव, १।१

से अधिक मानना क्या किसी मर्मज्ञ के लिए सम्भव है ? वास्तव में उसे अभिधार्थ में ग्रहण करने की मूर्खता कौन कर सकता है ? इसमें सन्देह नहीं कि जायसी को प्रकाश में लाने का श्रेय शुक्ल जी को है, किन्तु शुक्ल जी को अधिक से अधिक अनुसन्धान का ही गौरव दिया जा सकता है। रत्न की खोज या परख करनेवाला, रत्न की मूल्यवत्ता का कारण नहीं हो सकता। इसी अर्थ में, बड़ा से बड़ा आलोचक भी कवि को बनाने या बिगाड़ने का गर्व नहीं कर सकता। महावीर प्रसाद द्विवेदी के विषय में मैथिलीशरण गुप्त के निर्माण का दावा करना उतना ही गलत है जितना 'विशाल भारत' के सम्पादक के लिए निराला को नष्ट कर देने का दम्भ करना। इसी प्रकार, साहित्य की गतिविधि के नियन्त्रण का दायित्व भी आलोचक के स्वधर्म से बाहर की बात है। साहित्य का विकास प्रज्ञा के आधार पर न होकर सर्जना के आधार पर ही होता है; और जैसा कि मैं अभी स्पष्ट कर चुका हूँ—समान स्तर पर तुलना करने पर—कलाकार की सर्जना-शक्ति आलोचक की सर्जना-शक्ति से अधिक प्रबल ठहरती ही है। जो साहित्य आलोचना की गर्मी से मुरझा जाए या जिसके विकास के लिए आलोचना के सहारे की जरूरत पड़े, उसमें प्राण-शक्ति कम ही माननी चाहिए। साहित्य को दिशा तो स्रष्टा कलाकार ही देता है। आलोचक संघात और प्रतिघात से उसकी प्रतिभा पर शाण रखने का कार्य करता है; उदाहरण के लिए शुक्ल जी जैसे आलोचक की मेधा की चट्टान से टकराकर छायावादी कवियों की प्राणधारा में और भी अधिक वेग आ गया था। अभी किसी लेखक ने नयी कविता की सफाई में लिखा था कि उसे वैसे समर्थ आलोचक नहीं मिले जैसे कि छायावाद को अनायास ही प्राप्त हो गए थे। मैं समझता हूँ कि यह उल्टी दलील है। वास्तव में छायावाद की आलोचना इसलिए अधिक पुष्ट और प्रौढ़ है कि उसका आलोच्य विषय अपेक्षाकृत अधिक भव्य है, क्योंकि यह तो एक परीक्षित तथ्य है कि किसी युग की आलोचना का स्तर उसके साहित्य के स्तर को अबाध रूप से प्रतिबिम्बित करता है। अतः साहित्य की गति-विधि का नियन्त्रण करने की महत्त्वाकांक्षा आलोचक के लिए कल्याणकर नहीं हो सकता।

कहने का अभिप्राय यह है कि आलोचना साहित्यिक साधना है, व्यवसाय नहीं है।

•

आलोचना का स्वरूप

सुरेशचन्द्र गुप्त

'आलोचना' का व्युत्पत्तिलभ्य अर्थ 'सम्यक् निरीक्षण' है। मानव की अनेक अन्य वृत्तियां अथवा संवेदनाओं की भांति आलोचना की प्रवृत्ति भी चिरकाल से सिद्ध है, किन्तु जीवन के व्यवहार-क्षेत्र की तुलना में साहित्य-क्षेत्र में इसका प्रवेश पर्याप्त विलम्ब से हुआ। कारण स्पष्ट है—पहले सर्जनात्मक साहित्य अस्तित्व में आता है, उसके बाद आलोचना की प्रेरणा अथवा आवश्यकता का अनुभव किया जाता है। आरम्भ में सामान्यत: यह धारणा प्रचलित थी की 'आलोचना' का अर्थ कृतिविशेष के गुण-दोष का विवेचनमात्र है। व्युत्पत्ति द्वारा प्राप्त अर्थ से भी उक्त तात्पर्य में कोई बाधा नहीं है; इस कारण चिरकाल तक आलोचक किसी कृति के गुण-दोषों की ओर इंगित कर देना ही अपना मुख्य कर्म समझते रहे। किन्तु, अब हिन्दी-आलोचना का क्षेत्र इतना विस्तृत हो चुका है और उसमें इतनी विविधरूपिणी विधियों को प्रश्रय मिल चुका है कि 'आलोचना' अथवा उसके पर्यायवाचा 'समीक्षा', 'समालोचना' प्रभृति शब्दों का अर्थ मात्र गुणदोष-विवेचन सिद्ध करना अनुचित होगा। किसी कृति की विशेषताओं पर विचार करना, उसकी उपलब्धियों एवं अभावों का मूल्यांकन करना, सहृदयों के हृदय पर उसकी प्रतिक्रिया का विश्लेषण करना, उसकी श्रेष्ठता अथवा अभावों के विषय में निर्णय देना, उसे श्रेणीबद्ध करना आदि अनेक कार्य आलोचना के अन्तर्गत आते हैं। वस्तुत: हिन्दो में 'आलोचना' शब्द अंग्रेजी के 'क्रिटिसिज्म' के पर्यायरूप में प्रयुक्त होता है, जिसका अर्थ है मूल्यांकन अथवा निर्णय करना। वर्सफेल्ड के अनुसार, "आलोचना कला और साहित्य के क्षेत्र में निर्णय की स्थापना है।"[१] अत: कृतिविशेष के रचयिता के व्यक्तित्व के प्रकाश में जब आलोचक उपयुक्त व्याख्या-विश्लेषणपूर्वक उस स्तर की अन्य कृतियों में उसके स्थान और महत्त्व का निर्धारण करता है तब पारिभाषिक शब्दावली में इसे 'आलोचना' की संज्ञा दी जाती है।

---

१. Criticism is the exercise of judgment in the province of art and literature."

—Judgment in Literature, W. B. Worsfeld.

आलोचना और कवि-कर्म

आलोचना के स्वरूप पर प्रकाश डालते समय स्वभावतः यह प्रश्न उठता है कि उसका कवि-कर्म से क्या सम्बन्ध है ? आलोचना सर्जनात्मक साहित्य का अंग है अथवा नहीं, इस विषय में कभी-कभी मत-वैचित्र्य रहता है। वस्तुतः आलोचक के लिए भी कारयित्री प्रतिभा उतनी ही अपेक्षित है जितनी कि कवि अथवा नाटककार के लिए। प्राचीन आचार्यों के अनुसार कवि और भावक में अन्तर नहीं है, क्योंकि वे दोनों ही कवि हैं: "कः पुनरनयोर्भेदो यत्कविर्भावयति भावकश्च कविः, इत्याचार्याः।"[1] दूसरे शब्दों में, आलोचक को सहृदय होना चाहिए अन्यथा वह कवि की भावनाओं को यथार्थ रूप में ग्रहण नहीं कर सकेगा। इस सम्बन्ध में आचार्य धर्मदत्त का मत भी यही है कि वासनायुक्त सभ्यों को ही रस का आस्वादन प्राप्त होता है : "सवासनानां सभ्यानां रसस्यास्वादनं भवेत्।"[2] रीतिकालीन आचार्यों में भिखारीदास ने भी यही धारणा व्यक्त की है : "रस-कवित्त परिपक्वता जानै रसिक न और।"[3] पाश्चात्य कवि-आचार्यों में बेन जॉनसन का मत भी यही है : "किसी कवि के विषय में मत निर्धारित करना कवि का ही कार्य है और वह भी सब कवियों का नहीं, केवल मुख्य कवियों का ही साध्य है।"[4] वस्तुतः काव्य की रचना हृदय के आवेश में सम्बद्ध है, अतः उसमें प्राप्य आत्मिक आनन्द के आस्वाद के लिए प्रमाता को भी कवि-हृदय रखना ही चाहिए। इस प्रकार कवि-कर्म और आलोचक-कर्म भिन्न नहीं हैं : उत्तम कवि ही उत्तम आलोचक बन सकता है।

उपर्युक्त धारणा के विपरीत यह शंका भी प्रकट की जाती है कि आलोचक का धर्म तो कवि द्वारा प्रणीत सर्जनात्मक साहित्य की विशेषताओं का उद्घाटन करना है, अतः उसका 'नैसर्गिक प्रतिभा' से क्या सम्बन्ध हो सकता है ? पाश्चात्य आलोचक हरबर्ट रीड के अनुसार, "काव्य और आलोचना के क्षेत्र पूर्णतया भिन्न हैं : वे भिन्न भावभूमि पर स्थापित हैं और उनका दृष्टिकोण भी भिन्न है। उत्तम कवि अधिकांशतः आलोचना के प्रति विमुख रहा है और यदि इसमें प्रवृत्त होता है तो उत्तम आलोचक नहीं बन सकता।"[5] किन्तु, ये दोनों विरोधी विचारधाराएँ वस्तुतः अति-

---

१. काव्य-मीमांसा, राजशेखर, पृष्ठ ३१

२. साहित्यदर्पण, पृष्ठ ५४

३. भिखारीदास-ग्रन्थावली, प्रथम खण्ड, पृष्ठ ४

४. "To judge of poets is only the faculty of poets, and not of all poets, but the best."

—Ben Jonson, Vol. viii, Page 642

५. "Poetry and criticism are entirely different faculties. They are established on different grounds and have a different point of view....The excellent poet is almost always an indifferent or at any rate an amateur critic."

वादी धारणाएँ हैं। यद्यपि यह सत्य है कि आलोचक में मूलभूत प्रतिभा के बीज अपेक्षित हैं, क्योंकि इसकी स्थिति होने पर ही वह नवीन सिद्धान्तों का निर्माण करके सर्जक और पाठक का मार्गदर्शन कर सकेगा, किन्तु दूसरी ओर उसमें भावन-शक्ति की स्थिति भी उतनी ही अनिवार्य है अन्यथा वह आलोच्य विषय की मौलिक विशेषताओं को ही नहीं समझ पाएगा। हिन्दी-लेखकों में आचार्य महावीरप्रसाद द्विवेदी ने आलोचकों के इस अनुबन्ध पर इन शब्दों में बल दिया है : "इनके (कवियों के) कार्यों से आनन्द का यथेष्ट अनुभव वही कर सकते हैं जिनका हृदय इन्हीं के सदृश, किम्बहुना इनसे भी अधिक सुसंस्कृत, कोमल और भावग्राही होता है।"[1] वस्तुतः कवि ऐसे सहृदय समीक्षकों को काव्यानन्द की अनुभूति कराने के लिए ही अपनी कृति का अस्वादनीय बनाते हैं। अतः काव्य के आस्वादन के लिए सहृदय को कवि की भाँति संवेदनशील होना चाहिए।

उपर्युक्त धारण को आलोचकों की भाँति कवियों ने भी बहुशः व्यक्त किया है। 'हरिऔध' जी के अनुसार आलोचक को काव्यज्ञ, भावुक, रसग्राहक और सहृदय होना चाहिए : "जिसकी जैसी वासना होगी, भाव-ग्रहण की जैसी शक्ति होगी, जिसमें जैसी सहृदयता होगी, रस-आस्वाद का वह वैसा ही अधिकारी होगा।"[2] इसीलिए दिनकर ने आलोचना को कवि-कर्म के समान महत्त्व प्रदान करते हुए समालोचन-क्षमता को जन्म से प्राप्त प्रतिभाविशेष माना है। उनके अनुसार, "जो लोग यह समझते हैं कि समालोचना सीखने की चीज है वे गलती करते हैं। यह भी उसी प्रकार जन्मजात है जैसे कवित्व।"[3] आलोचना की शक्ति का जन्मान्तरीय संस्कारों में अन्तर्भाव सिद्धान्ततः अनुचित स्थापना नहीं है—रचनात्मक प्रतिभा को ईश्वरीय कृपा का फल मानने का सिद्धान्त साहित्य के सभी अंगों के लिए समान रूप से स्वीकार्य हो सकता है। दिनकर ने इसी दृष्टिकोण के फलस्वरूप आलोचक के लिए भावयित्री प्रतिभा के अतिरिक्त कारयित्री प्रतिभा को भी आवश्यक माना है। इस सम्बन्ध में उन्होंने यह मत व्यक्त किया है : "समालोचक में कविवत भावुकता, चिन्तन की कोमलता, भावों की प्रवणता और रसग्राहिता होनी ही चाहिए, अन्यथा वह उन मनोदशाओं के धूमिल विश्व में पहुँच ही नहीं सकता जिनमें कविता की सृष्टि की जाती है।"[4]

रचना के माध्यम से उसके रचयिता के मानस का साक्षात्कार प्राप्त करने के लिए समीक्षक द्वारा उपर्युक्त गुणों का संयम स्वभावतः अपेक्षित है। पाश्चात्य कवियों में पोप ने भी रसज्ञ भावुकता अथवा निर्मल चित्त से काव्यास्वाद-क्षमता को आलोचक

---

१. समालोचना-समुच्चय, पृष्ठ २६

२. रसकलस, भूमिका, पृष्ठ ३५

३. मिट्टी की ओर, पृष्ठ १५५

४. मिट्टी की ओर, पृष्ठ १५५

का अनिवार्य गुण माना है।[१] वर्तमान कवियों में 'बच्चन' ने इसी अभिप्राय से आलोचक को कवि-प्रतिभा से तादात्म्य का सन्देश दिया है। उनके अनुसार कवि के समान रस-चेतना से युक्त सहृदय ही भावप्रधान कविता को उचित रूप में हृदयंगम कर पाता है, अन्यथा उसकी पहुँच केवल विस्तार-तत्व तक ही हो पाती है। यथा : "किसी कविता का अर्थ तटस्थ रहकर भी जाना जा सकता है, पर भावनाओं को समझने के लिए अपने को कवि के साथ एक करना पड़ता है। साहित्य को समझने के लिए जीवन के अनुभव की आवश्यकता होती है।"[२] अतः यह स्पष्ट है कि आलोचक का दायित्व कवि से अधिक है; उसे सही अर्थों में काव्य का मर्म-ज्ञान होना चाहिए।

आलोचना-पद्धति

व्यावहारिक जीवन में हम प्रायः जाने-अनजाने किसी व्यक्ति, वस्तु अथवा कार्य-कलाप की समीक्षा में प्रवृत्ति रखते हैं, किन्तु संस्कारों समाज-बोध के स्तर तथा चिन्तन क्षमता प्रभृति अन्य व्यक्तिगत विशेषताओं के अनुरूप हमारी प्रतिक्रियाओं में प्रायशः अन्तर रहता है। इसी प्रकार साहित्य की आलोचना भी प्रतिक्रियाओं की देन है, किन्तु ये प्रतिक्रियाएँ उच्छृङ्खल न होकर एक प्रकार के वैज्ञानिक संयम से अनुशासित रहती हैं। अभिप्राय यह है कि आलोचना के लिए आलोचक को एक निश्चित विचारक्रम और शिल्प-बोध अपनाना होता है। वह सर्वप्रथम आलोच्य कृति का अध्ययन करके उसमें निहित मूल भाव को ग्रहण करता है और पुनः उसकी व्याख्या और विश्लेषण द्वारा उसके महत्त्व का मूल्यांकन करता है। इस प्रकार आलोचना-पद्धति के तीन मुख्य अवस्थान हैं—विषय-बोध, व्याख्या-विश्लेषण और मूल्यांकन।

(अ) विषय-बोध

आलोचक के लिए यह सर्वाधिक आवश्यक है कि उसे आलोच्य विषय का पूर्ण बोध हो। इस आधारभूत गुण के अभाव में निष्पक्ष आलोचना सम्भव ही नहीं है। किन्तु, केवल विषय-बोध ही पर्याप्त नहीं है : कृति के अध्ययनोपरान्त उससे प्रभाव-ग्रहण की क्षमता भी आलोचक के लिए अनिवार्य है। उपयुक्त विषय-बोध के द्वारा कृति से प्रभावित होने पर ही वह उसकी विशेषताओं का उद्घाटन और मूल्यांकन कर सकेगा। किन्तु, यहाँ यह प्रश्न उठता है कि कृति के प्रति व्यक्ति की प्रतिक्रिया तो संस्कार, आयु तथा स्तरसापेक्ष है। रीतिकालीन कविता के प्रति एक भक्त की प्रतिक्रिया निश्चय ही अरुचिकर होगी, किन्तु रसग्राही सहृदय उसे पढ़कर आत्म-

---

१. "A perfect judge will read each work of wit.
With the same spirit that its author writ."
—Poems of Alexander Pope, Page 60

२. खैयाम की मधुशाला, भूमिका, पृष्ठ १५-१६

विभोर हो जायेगा। सम्भवतः इसीलिए 'नवीन' जी ने समीक्षा में सहृदयता के समावेश को आवश्यक माना है और देश-विदेश के साहित्य की उसी देश की सांस्कृतिक विचारधारा की पृष्ठभूमि में समीक्षा करने पर बल दिया है : "प्रत्येक देश की कुछ विचार-विशेषताएँ होती है उनको ध्यान में रखे बिना, उस देश के साहित्य, उस देश की कथा आदि के सम्बन्ध में यदि मत-प्रदान किया जाये तो वह एक अशुद्ध बात होगी। किसी देश के साहित्य की आलोचना उस देश के गुण विशेष की ओर दृक्पात किये बिना की ही नहीं जा सकती।"[१] फ्रांसीसी समीक्षक टेन ने भी काव्यालोचन के लिए कवि की जातिगत मनोवृत्तियों, सामाजिक-राजनैतिक परिस्थितियों और कालदशा को दृष्टिपथ में रखने पर बल दिया है।[२] दूसरे शब्दों में, यही विषय का प्रामाणिक दोष है।

आयु की भिन्नता भी आलोचकों की प्रतिक्रियाओं को भिन्न कर देती है। युवावस्था में जो कृति परम प्रिय प्रतीत होती है, यह आवश्यक नहीं है कि वृद्धावस्था में भी वह वैसी ही प्रतीत हो। इसके अतिरिक्त स्तर की भिन्नता अथवा विचारधारा में अन्तर होने पर भी आलोचकों की प्रतिक्रियाएँ भिन्न हो सकती हैं। अभावों के बीच में पलनेवाले आलोचक, मध्यवित्त आलोचक और सम्पन्न आलोचक की प्रतिक्रिया का समान होना आवश्यक नहीं है। मार्क्सवादी समीक्षा-पद्धति के सन्दर्भ में यह स्थिति प्रायः उभरती रहती है। अतः समस्या यह है कि कृति की प्रियता-अप्रियता की कसौटी क्या है? इस विषय में केवल इतना ही कहा जा सकता है कि अधिकाधिक सहृदय समाज की कृतिविशेष के प्रति जो प्रतिक्रिया है वही प्रामाणिक है : यदि पूर्वाग्रहों से मुक्त संवेदनशील व्यक्तियों में से अधिकांश किसी कृति को श्रेष्ठ घोषित करते हैं तो वह कृति निस्सन्देह श्रेष्ठ होगी इसलिए आलोचक की प्रतिक्रिया भी उसी के अनुकूल होनी चाहिए।

(अ) व्याख्या-विश्लेषण

कृति से प्रभावित होने के उपरान्त उसकी प्रियता-अप्रियता के कारणों का विश्लेषण आलोचना का द्वितीय अवस्थान है। इसके लिए आलोचक को काव्यशास्त्र, सौन्दर्यशास्त्र, मनोविज्ञान तथा समाजशास्त्र का आश्रय लेना चाहिए। आलोचना करते समय आलोचक के सम्मुख चार तथ्य होते हैं—(अ) काव्य का वाह्याकार, (आ) उसमें निहित भाव, (इ) कवि की मनःस्थिति जिसने आलोच्य काव्य को जन्म दिया, (ई) लेखक की समकालीन परिस्थितियां जिन्होंने कवि की मनःस्थिति का निर्माण किया। आलोचक का कर्त्तव्य है कि वह आलोचना में इन सभी अंगों को उचित स्थान दे। काव्य-शास्त्र के आधार पर कृति के रूप (फार्म) का विवेचन, सौन्दर्यशास्त्र के आधार पर उसके भावगत सौन्दर्य का उद्घाटन, मनोविज्ञान के द्वारा

---

१. क्वासि, भूमिका, पृष्ठ १६
२. देखिए, 'सिद्धान्त और अध्ययन' पृष्ठ ३०१

लेखक की मनःस्थिति का विश्लेषण समाजशास्त्र के आधार पर युगीन परिस्थितियों का वर्णन और कवि पर उनके प्रभाव का विश्लेषण आलोचक का चरम लक्ष्य है। वस्तुतः साहित्य का मूल तत्त्व तो भाव है, किन्तु भावविशेष की प्रियता-अप्रियता लेखक और उसकी परिस्थितियों पर निर्भर करती है। यदि लेखक की परिस्थितियाँ विषम हैं तो उसके काव्य पर उनका प्रभाव अवश्य पड़ेगा। किन्तु यदि आलोचक इस ओर ध्यान नहीं देता तो वह स्रष्टा के प्रति न्याय नहीं कर सकेगा उदाहरणतया रीति कालीन दरबारी वातावरण के कारण ही उस युग के काव्य में श्रृङ्गार-भावना की प्रबलता थी; यह स्पष्ट करना आवश्यक है। इसके अतिरिक्त कवियों की व्यक्तिगत परिस्थितियाँ भी भिन्न थीं। अनेक को दरबारी कवि बनना पड़ा, किन्तु अनेक कवि राज्याश्रय के बन्धन से सर्वथा मुक्त थे। अतः यदि आलोचक उस युग की किसी कृति में श्रृङ्गार भावना को लक्ष्य कर उसकी निन्दा करे तो निश्चय ही वह अपने कर्त्तव्य से विमुख हो जाएगा। स्पष्टतः व्याख्या-विश्लेषण के क्रम में आलोचक के लिए उक्त चारों तथ्यों का अनुसंधान अपेक्षित है : मनोविज्ञान, युगीन वातावरण आदि के आलोचक के साहित्य का अध्ययन करते समय रचनाकार के व्यक्तित्व और रचना के युग-भावक रूप की उपेक्षा नहीं की जानी चाहिए।

(इ) मूल्यांकन अथवा निर्णय

व्याख्या विश्लेषण के उपरान्त कृति को समग्रतः दृष्टि में रखते हुए उसके साहित्यक महत्व का आलेखन आलोचना का अन्तिम चरण है। किन्तु, कुछ विद्वानों के मतानुसार आलोचक को निर्णय करने का अधिकार नहीं है; उसका कार्य तो कृति के सौन्दर्य का उद्घाटनमात्र है। किन्तु, वास्तव में हम देखते हैं कि जब आलोचक कृति से प्रभावित होता है तभी उसके मन में एक निश्चित धारणा बन जाती है, व्याख्या विश्लेषण से तो उसकी पुष्टिमात्र होती है। अतएव कृति के प्रति अपनी प्रतिक्रिया को व्यक्त करते समय आलोचक प्रकारान्तर से उसके महत्व को भी निर्धारित कर देता है। इसके अतिरिक्त आलोचक का यह दायित्व है कि वह पाठक तथा कवि का मार्गदर्शन करे; और इसके लिए निर्णय देना आवश्यक है। गुलाबराय के अनुसार, "जिस प्रकार शासन के आलोचक शासन को शिथिलता से बचाए रखते हैं, उसी प्रकार साहित्य के आलोचक साहित्य में शिथिलता और कुत्सितता नहीं आने देते और उसकी गति निर्धारित करने में सहायक होते हैं।"[1] स्पष्टतः आलोचक को रचनाविशेष के सम्बन्ध में अपनी प्रतिक्रिया अथवा निर्णय को स्पष्ट रूप में व्यक्त करना चाहिए अन्यथा साहित्य से अप्रिय तत्त्वों का निष्कासन सम्भव न हो सकेगा। किन्तु प्रश्न यह है कि निर्णय की कसौटी कौन-सी हो ? इसके लिए चार मुख्य तत्त्व उल्लेखनीय हैं : आलोचक व्यक्तिगत रुचि, नैतिक मूल्यों, शास्त्रलब्ध ज्ञान तथा मानवता के शाश्वत मूल्यों में से किसी के भी आधार पर निर्णय दे सकता है।

---

१. काव्य के रूप, पृष्ट, २५३.

आलोचना की उपादेयता

आलोचना में गुण-दोष-विवेचन से सन्तुलित आधार को महत्त्व दिया जाता है, फलतः उसका सर्वप्रमुख लाभ यह है कि सहृदय को साहित्य के प्रामाणिक अनुशीलन की सुविधा प्राप्त हो जाती है। निस्संग भाव से की गई आलोचना और मूल रचना के एक साथ अनुशीलन से पाठक की बोध-वृत्ति तथा जनरुचि का निश्चय ही परिष्कार होगा। क्योंकि उसके माध्यम से साहित्य का प्रसार और असत् साहित्य का बहिष्कार किया जाता है। वस्तुतः आलोचना पाठक को बौद्धिक सजगता प्रदान करके उसकी निर्णयात्मक शक्ति को प्रबुद्ध करती है। फलतः कृतिविशेष की सम्यक् समीक्षा से सहृदय को न केवल रस-ग्रहण में सुविधा रहती है, अपितु उसकी साहित्य-विषयक जिज्ञासा भी बढ़ती है।

उत्तम आलोचना से आलोच्य कृति के लेखक को भी उत्साह और शिक्षा की प्राप्ति होती है। सम्भवतः इसीलिए भारतेन्दुयुगीन पत्रिका 'आनन्दकादम्बिनी' के पुस्तक समीक्षा खण्ड में यह सिद्धान्त-वाक्य प्रकाशित किया जाता था : 'समालोचना अर्थात् गुण गाना, दोष दिखाना और सीख सिखाना।'' इस उक्ति के सन्दर्भ में स्वभावतः यह जिज्ञासा हो सकती है कि क्या उपदेशक आलोचक बौद्धिक अहम्मन्यता से विलग रह सकता है ? दूसरे शब्दों में, इस बात की पर्याप्त सम्भावना है कि आलोचक द्वारा साहित्यकार के अन्तर्लोक की उपेक्षा हो जाय अर्थात् कृति के प्रति संवेदना पूर्ण दृष्टिकोण सही अर्थों में न उभर सके। समाधानस्वरूप केवल यही कहा जा सकता है कि आलोचक को रचना के प्रामाणिक अध्ययन के उपरान्त ही उसके विषय में अभिमत प्रकट करने का अधिकार होना चाहिए। प० कृष्णबिहारी मिश्र ने इस कोटि की आलोचना को साहित्य विवर्द्धन में सहायक माना है। यथा: "निष्पक्षपात भाव से किसी वस्तु के गुण-दूषणों की विवेचना करता समालोचना है। इस प्रथा के अवलम्बन से उत्तम विचारों की पुष्टि तथा वृद्धि होती रहती है।"[१] कारण स्पष्ट है—समीक्षक द्वारा श्रेष्ठ और साधारण कृतियों के गुण-दोषों का निर्धारण उसे उनके ग्रहण अथवा त्याग की प्रेरणा देता है। इस उद्देश्य की सिद्धि के लिए कृतिविशेष का उसी विषय से सम्बद्ध अन्य रचनाओं से तुलनात्मक अनुशीलन भी किया जाता है। भारतेन्दुयुगीन कवि-आलोचकों में प्रेमघन ने आलोचना से ग्रन्थकर्ता को प्राप्त होने वाली विचार-प्रौढ़ि के साथ ही उसे प्राप्तव्य यश को ओर भी संकेत किया है।[२] किन्तु इसे आलोचना का गौण प्रयोजन ही स्वीकार करना होगा।

उपर्युक्त अनुच्छेद से स्पष्ट है कि आलोचना से अलोच्य कृति के लेखक को उत्साह विचार-प्रौढ़ि, रचनागत विचारों अथवा शिल्प को सुविकसित करने की प्रेरणा, यश आदि विविध फलों की प्राप्ति होती है तथा पाठक की बोध-वृत्ति का भी परिष्कार होता है। व्यावहारिक आलोचना की इस उपादेयता के अतिरिक्त सैद्धांतिक आलोचना

---

१. देव और बिहारी, पृष्ठ २८

२. देखिए 'प्रेमघन-सर्वस्व,' भाग २, पृष्ठ ४४६

द्वारा भी आलोचक लेखकों का मार्गदर्शन करता है। गुलाबराय जी ने रचनागत भाव सौन्दर्य के आस्वादन की प्रेरणा और सुविधा देने में आलोचना की सार्थकता मानी है। उनके शब्दों में, "कवि की कृति का सभी दृष्टिकोणों से आस्वाद कर पाठकों को उस प्रकार के आस्वाद में सहायता देना"[1] उसका मूल प्रयोजन है। सहृदय का रस-ग्रहण की क्षमता का परिष्कार करने के लिए आलोचक उसकी संवेदनाओं को जाग्रत करता है और उसे रचना से साधारणीकरण की प्रेरणा देता है। इसीलिए दिनकर ने आलोचना को सौन्दर्य-प्रेरित रखने पर बल देते हुए उसे भावक को आनन्द-बोध करानेवाली शक्ति कहा है : "आलोचना काव्य में प्रयुक्त कौशल का रहस्य उद्घाटित करती है, उस मार्ग का भेद खोलती है, जिस पर चलकर कवि ने अपने भावों को अभिव्यक्त किया है, अपनी कविता में आनन्द प्रभाव, या चमत्कार उत्पन्न किया है। इसीलिए रचनात्मक आलोचना के पढ़ने से पाठक की आनन्दग्राहिणा योग्यता का प्रसार होता है।"[2] अतः यह स्पष्ट है कि आलोचना पाठक की बोध-वृत्ति और रस-ग्रहण की क्षमता का परिष्कार करके उसे आनन्द प्रदान करती है।

उपर्युक्त सन्दर्भ में यह भी उल्लेखनीय है कि कुछ आलोचक समीक्षा तथा साहित्य रचना के नियमों को इतना जटिल बना देते हैं कि साहित्य विकास में गत्यवरोध आ जाता है। इस विषय में डॉ० रामकुमार वर्मा का सुझाव महत्त्वपूर्ण है: "आवश्यकता इस बात की है कि साहित्य की समीक्षा करने के लिए जो भी नियम या सिद्धांत बनाये जायें, वे इतने व्यापक और लचीले हों कि साहित्य की विकासोन्मुखी 'प्रकृति के अनुरूप वे स्थानान्तरित होती हुई दृष्टि को अपने में समाहित कर सकें।"[3] इस संबंध में यह भी उल्लेखनीय है कि कुछ विशिष्ट अवस्थाओं में पाठक मूल रचना का अनुशीलन करके तद्विषयक आलोचना से ही सन्तुष्ट हो जाता है, अतः आलोचना-विधि में यह विशेषता होनी चाहिए कि उससे मूल कृति के अध्ययन की प्रेरणा मिले।

आलोचक से अपेक्षाएँ

आलोचना को उपर्युक्त दिशाओं में फलवती बनाने के लिए आलोचक से अनेक गुणों की अपेक्षा होती है। आलोचक का सर्वप्रमुख गुण यह होना चाहिए कि वह आलोच्य कृति के प्रतिपाद्य को हृदयंगम करके अपनी संवेदनशील प्रकृति के अनुरूप कृतिकार के साथ तादात्म्य स्थापित करे। इसके लिए उसे व्यक्तिगत पूर्वाग्रहों का त्याग करके पूर्णतः निःसंग भाव से समीक्षा करनी चाहिए, क्योंकि लेखक की अनपेक्षित स्तुति तथा अमूलक निन्दा समान रूप से अशोभनीय है। कभी-कभी आलोचक अपनी विशिष्ट अभिरुचि के फलस्वरूप लेखक की धारणाओं से असहमत रहकर न्याय नहीं

---

१. सिद्धान्त और अध्ययन, पृष्ठ २६१
२. नील कुसुम, दो शब्द, पृष्ठ 'ग'
३. साहित्यशास्त्र, दृष्टिकोण, पृष्ठ २.

कर पाता इसका फल यह होता है कि लेखक के प्रति सहृदयता अथवा सहानुभूति के अभाव के कारण वह साहित्य के मर्म को उद्घाटित करने में सर्वथा असमर्थ रहता है। संकीर्ण छिद्रान्वेषण की प्रकृति को प्रश्रय देना आलोचक का धर्म नहीं है। इस संबंध में आचार्य महावीरप्रसाद द्विवेदी की यह उक्ति द्रष्टव्य है : "मित्रता के कारण किसी की पुस्तक की अनुचित प्रशंसा करना विज्ञापन देने के सिवाय और कुछ नहीं। ईर्ष्या, द्वेष अथवा शत्रु भाव के वशीभूत होकर किसी की कृति में अमूलक दोषोद्भावना करना उससे भी बुरा काम है।"[1]

आलोचना के क्षेत्र में इस दृष्टिकोण को सार्थकता सहज स्पष्ट है। राजशेखर ने इस प्रकार के समीक्षकों को मत्सरी आलोचक कहा है, क्योंकि वे कवि-प्रतिभा को देखकर भी नहीं चाहते और गुण-कथन के विषय में मौन रहते हैं : "मत्सरिणस्तु प्रतिभातमपि न प्रतिभातं, परगुणेषु वाचंयमत्वात्।"[2] पाश्चात्य आलोचकों में इलियट ने भी आलोचकों में निष्पक्ष भाव पर बल देते हुए कहा है : "आलोचक को व्यक्तिगत पूर्वाग्रहों तथा विचित्र धारणाओं से पृथक् रहना चाहिए।"[3] साहित्यस्रष्टा और आलोचक में प्रतिस्पर्द्धा का भाव साहित्य की स्वस्थ रचना के लिए विघातक होता है। सम्भवतः इसीलिए बालमुकुन्द गुप्त ने आलोचक को निम्नलिखित शब्दों में कर्त्तव्य-सजगता की प्रेरणा दी है : "आलोचक में केवल दूसरों की आलोचना करने का साहस ही न होना चाहिए वरंच अपनी आलोचना दूसरों से सुनने और उसकी तीव्रता सहने ही हिम्मत भी होनी चाहिए।"[4] वस्तुतः समीक्षक को आलोच्य कृति में मुख्यतः जीवन-व्याख्या के स्वरूप का अन्वेषण करना चाहिए। रचना के मर्म का उद्घाटन करने के लिए यह अनिवार्य है कि आलोचक, समाज के लिए उपयोगी आदर्शों के प्रति उसके लेखक की सजगता का अध्ययन करते हुए, स्वयं भी जीवन से अनुप्रेरित रहकर कृति की समीक्षा करे।

आलोचना : कला अथवा विज्ञान

आलोचना की वैज्ञानिक पद्धति और रसमर्मी साहित्य से उसके सम्बन्ध पर विचार करने पर यह प्रश्न उठता है कि आलोचना मूलतः कला है अथवा विज्ञान ? विज्ञान की कसौटी पर कसने पर हम देखते हैं कि वैज्ञानिक के लिए जिस वस्तुनिष्ठ दृष्टि, व्यवस्थित तर्कसम्मत विवेचन तथा नियमों को स्थापना की अपेक्षा रहती है : उन सबसे सम्पन्न होना आलोचक के लिए भी आवश्यक है। उसे पूर्वाग्रह-मुक्त होकर तटस्थ भाव से कृति का अध्ययन करना चाहिए। कृतिविशेष की समीक्षा करते समय

---

१. विचार-विमर्श, पृष्ठ ४५
२. काव्य-मीमांसा, पृष्ठ ३३
३. "The critic····should endeavour to discipline his personal prejudices and cranks." —The Function of Criticism
४. गुप्त निबन्धावली, प्रथम भाग, पृष्ठ ४६६

उसे एक ओर इस बात पर ध्यान देना होता है कि पाठक उससे रस-ग्रहण कर सके और दूसरी ओर तथ्यों की स्थापना करते समय वैज्ञानिक की भाँति कारण भी देने पड़ते हैं। उदाहरणतया यदि वह कहे कि नयी कविता में बुद्धिवादिता, व्यक्तिवाद आदि विशेषताएँ प्रमुख हैं तो उसे यह सिद्ध करने के लिए प्रमाण देने पड़ेंगे। व्याख्या-विश्लेषण के उपरान्त जिस प्रकार वैज्ञानिक अपने मत की घोषणा करता है उसी प्रकार आलोचना के अन्त में वर्ण्य विषय के संबंध में अपनी धारणा प्रस्तुत करता है। इसी प्रकार तथ्यों का संकलन,वर्गीकरण, विश्लेषण, कारण-कार्य-शृङ्खला का अनुमरण आदि आलोचना के तत्त्व वैज्ञानिक पद्धति के अनुरूप हैं। आलोचना एक लक्ष्य ज्ञान की वृद्धि भी है, जिससे वह विज्ञान के और भी निकट हो जाती है।

स्वभावतः यहाँ यह जिज्ञासा होगी कि क्या आलोचना मात्र विज्ञान है? उत्तर स्पष्ट है—उसमें सर्जनात्मक साहित्य के रसादि तत्त्व भी उपलब्ध रहते हैं। इसका कारण यह है कि आलोचना के माध्यम से आलोचक अपने आत्मतत्व की अभिव्यक्ति करता है और कृति को परखने के लिए उसका दृष्टिकोण भी व्यक्तिगत रहता है। इसलिए कृतिविशेष की विभिन्न आलोचकों द्वारा की गई समीक्षा में भिन्नता दृष्टिगोचर होती है। इसके अतिरिक्त आलोचना का चरम लक्ष्य भी कृतिगत रस को सर्व सुलभ करना है। आलोचक कृति की व्याख्या करके, उसके सौन्दर्य के उद्घाटन द्वारा, काव्यगत रस को सहृदय तक पहुँचाने में सहायक सिद्ध होता है। ज्ञानवर्द्धन तो उसका सहायक उद्देश्य है, मुख्य नहीं। वस्तुत: आलोचक भी एक सहृदय पाठक है। वह अन्य सहृदयों के समान ही कृति का रसास्वादन करता है। उसको सौन्दर्य-दृष्टि वैज्ञानिक के समान नीरस नहीं होती। अतः यह स्पष्ट है कि आलोचना न केवल विज्ञान है; और न केवल कला। उसकी पद्धति विज्ञान के निकट है, तो लक्ष्य कला के निकट। इसीलिए आलोचक रचना में निहित निरन्तर जीवन सत्य की खोज से ही सन्तुष्ट न होकर लेखक के सौन्दर्य-बोध को भी दृष्टि में रखता है।

आलोचना के प्रकार

जिस प्रकार काव्य-क्षेत्र में समय-समय पर विभिन्न प्रवृत्तियों का उदय होता रहा है उसी प्रकार दृष्टिकोण-भेद से आलोचना के भी विविध भेदोपभेद हैं। वस्तुतः आलोचना के रूप साहित्य की विकास-धारा पर अवलम्बित रहते हैं और इसीलिए युग की माँग के अनुरूप नवीन आलोचना-शैलियों का प्रादुर्भाव होता रहता है। उदाहरण स्वरूप प्रभाववादी समीक्षा का उदय छायावादी कविता की पृष्ठभूमि में हुआ, मार्क्सवादी समीक्षा-पद्धति प्रगतिवादी साहित्य की देन है और नयी समीक्षा के मूल में नयी कविता, नयी कहानी आदि के आन्दोलन हैं। फिर भी यह उल्लेखनीय है कि आलोचना के विविध रूप सिद्धान्ततः भिन्न होने पर भी लक्ष्य की उपलब्धि की दृष्टि से अन्ततः एक ही वृत्त में आ मिलते हैं। उनमें तीव्र अन्तर्विरोध की प्रवृत्ति कम लक्षित होती है, सहयोग के सूत्र ही अधिक अपेक्षित रहते हैं।

आलोचना की विभिन्न प्रवृत्तियों को मूलतः दो वर्गों में विभक्त किया जा सकता

है—सैद्धान्तिक आलोचना और व्यावहारिक आलोचना। सैद्धान्तिक आलोचना के अन्तर्गत काव्यशास्त्रीय मूल्यों के निर्धारण के अतिरिक्त साहित्य की विविध विधाओं के स्वरूप का विवेचन भी प्रस्तुत किया जाता है। व्यावहारिक आलोचना के अन्तर्गत आनेवाली शास्त्रीय आलोचना-पद्धति मूलतः सैद्धान्तिक आलोचना पर ही निर्भर रहती है। व्यावहारिक आलोचना के रूपों में प्रभावात्मक आलोचना, व्याख्यात्मक आलोचना और निर्णयात्मक आलोचना उल्लेखनीय है। इनमें से व्याख्यात्मक आलोचना को शास्त्रीय आलोचना, मनोविश्लेषणात्मक आलोचना, ऐतिहासिक आलोचना, मार्क्सवादी आलोचना चरितमूलक आलोचना आदि के रूप में वर्गीकृत किया जा सकता है। अनुसंधान-परक समीक्षा, नयी समीक्षा आदि आलोचना की अन्य प्रमुख पद्धतियाँ हैं, जिन्हें साहित्य के विशिष्ट विकास-क्रम के साथ प्रमुख अथवा गौण स्थान प्राप्त होता रहता है।

सैद्धान्तिक आलोचना

सैद्धान्तिक आलोचना के अन्तर्गत साहित्य के कविता, नाटक, निबन्ध आदि विविध रूपों की रचना के सम्बन्ध में सामान्य सिद्धान्तों का निर्धारण और विवेचन किया जाता है। इसके लिए आलोचक एक ओर रचनात्मक साहित्य के गुण-दोषादि के आधार पर सिद्धान्त-निरूपण करता है, दूसरी ओर उपलब्ध साहित्यशास्त्र से लाभान्वित होता है और तीसरी ओर नवीन साहित्य-धाराओं (छायावाद, नयी कविता, आंचलिक उपन्यास आदि) के विषय में लेखकों की धारणाओं से प्रेरणा ग्रहण करता है।[1] किसी एक भाषा में विद्यमान सैद्धान्तिक आलोचना विषयक ग्रन्थों से अन्य भाषाओं की काव्यशास्त्रीय रचनाओं का प्रभावित होना भी सर्वथा स्वाभाविक प्रक्रिया है। उदाहरणार्थ हिन्दी-काव्यशास्त्र मुख्य रूप से संस्कृत-आचार्यों का ऋणी है, किन्तु पाश्चात्य साहित्यशास्त्र से भी पर्याप्त प्रेरणा ली गयी है। वस्तुतः आलोचना का यह रूप ही व्यावहारिक आलोचना का मुख्य आधार है और इसी के द्वारा व्यावहारिक आलोचना के विविध रूप अनुशासित होते हैं। सैद्धान्तिक आलोचना द्वारा निर्धारित मानदण्ड युगीन परिस्थितियों और काव्य-प्रवृत्तियों के परिप्रेक्ष्य में परिवर्तित होते रहने चाहिए। अन्यथा उनके आधार पर की गयी आलोचना दोषपूर्ण हो जाती है। उदाहरणतया अत्याधुनिक साहित्य की आलोचना करने के लिये यदि रीतिकालीन आलोचना-मानों का कसौटी के रूप में प्रयोग किया जाये तो इससे निश्चय ही वर्तमान साहित्य के प्रति न्याय नहीं हो पायेगा। स्पष्टतः सैद्धान्तिक आलोचना की श्रेष्ठता सर्जनात्मक साहित्य की श्रेष्ठता पर आश्रित है, क्योंकि उत्कृष्ट साहित्य की रचना के पश्चात् ही उसकी आलोचना के मानदण्ड निर्धारित किये जाते हैं। दूसरे शब्दों में, आलोचक द्वारा रचना-सिद्धान्तों का निर्धारण कोरी कल्पना की देन है, उनके मूल्य में सर्जनात्मक साहित्य की प्रवृत्तिबद्ध गवेषणा रहती है। यहाँ यह भी

१. देखिए, 'आधुनिक हिन्दी-कवियों के काव्य-सिद्धान्त', पृष्ठ ५६१-५७४

उल्लेखनीय है कि चिन्तन की गम्भीरता का कोई अन्तिम आयाम नहीं होता, फलतः एक ही विषय पर प्रायः अनेक गम्भीर काव्यशास्त्रीय ग्रन्थों की रचना सहज संभाव्य है। कन्हैयालाल पोद्दार की 'रस-मंजरी', डॉ० गुलाबराय की 'नवरस', आचार्य शुक्ल की 'रस-मीमांसा', डॉ० नगेन्द्र की 'रस-सिद्धान्त' आदि कृतियाँ रस सम्बन्धी इसी प्रकार की उच्चकोटि की गवेषणात्मक रचनाएँ हैं।

व्यावहारिक आलोचना

आलोचना की इस प्रणाली के अन्तर्गत सैद्धान्तिक आलोचना द्वारा निश्चित किये गये सिद्धान्तों की कसौटी पर कृतिविशेष अथवा साहित्य की प्रवृत्तिविशेष का विश्लेषण और मूल्यांकन किया जाता है। साहित्यिक आलोचना के आधारभूत तीन तत्त्वों—प्रभाव-ग्रहण, व्याख्या तथा निर्णय—के आधार पर इस आलोचना के तीन भेद किए जा सकते हैं—प्रभावात्मक आलोचना, व्याख्यात्मक आलोचना और निर्णयात्मक आलोचना। इन आलोचना-प्रणालियों की अपनी-अपनी आधारभूत प्रवृत्तियाँ हैं जिनमें कहीं-कहीं एकरूपता भी लक्षित होती है। इन प्रवृत्तियों तथा सैद्धान्तिक आलोचना के अन्तर्गत प्रस्थापित सामान्य सिद्धान्तों के आधार पर व्यावहारिक आलोचना में सर्जनात्मक साहित्य की विशेषताओं का विवेचन, विश्लेषण और मूल्यांकन किया जाता है। आगे हम इनके स्वरूप पर भेदोपभेद-सहित विचार करेंगे।

प्रभावात्मक आलोचना

प्रभावात्मक समीक्षा मूलतः व्यक्तिनिष्ठ आलोचना है, जिसके अन्तर्गत उन प्रभावों का आकलन रहता है जो कृतिविशेष के अध्ययन से आलोचक के मन पर अंकित होते हैं। इसके अन्तर्गत आलोचक रचनाविशेष के सम्बन्ध में अपनी प्रतिक्रिया को ही प्रमुख मानता है, शास्त्रीय आलोचना के उपादान यहाँ अपना महत्व खो बैठते हैं। इस प्रकार वह आलोचना-पद्धति जहाँ एक ओर अधिक स्वाभाविक प्रतीत होती है वहाँ दूसरी ओर व्यक्तिविशेष की रुचि की प्रधानता होने से इसमें पक्षपात की भी सम्भावना रहती है। वस्तुतः आलोचक की रुचियों पर उसकी आयु, संस्कारों तथा मनोदशा का आच्छादन रहता है। अतः केवल रुचि का आधार लेकर जो आलोचना की जायेगी, वह निश्चय ही आलोच्य विषय के साथ पूरा न्याय नहीं कर पाएगी। यद्यपि बुद्धि अथवा तर्क की अपेक्षा हृदय अथवा भावों को प्रमुखता देने के कारण आलोचना का यह रूप सम्माननीय है, किन्तु इसमें सैद्धान्तिक दृष्टिकोण का जो अभाव रहता है उसकी सराहना नहीं की जा सकती। हिन्दी-आलोचकों में शान्तिप्रिय द्विवेदी इस शैली के मुख्य समीक्षक हैं। उनकी रचनाओं का अनुशीलन करने पर प्रभाववादी समीक्षा की दो विशेषताओं को सहज ही लक्षित किया जा सकता है—(अ) उन्होंने आलोच्य रचना के विषय में अपना संवेदनशीलता अथवा अन्तःकृति को ही प्रमाण माना है, परम्परागत काव्य-सिद्धान्तों में बद्ध समीक्षा-दृष्टि को वे उतना महत्व नहीं देते। (आ) आलोचना में वस्तुनिष्ठ दृष्टि के हामी न होने के कारण उन्होंने भाव-

संवेदन अर्थात् निजी अभिरुचि को महत्त्व दिया है, फलतः उनकी समीक्षा-शैली में लालित्य की सहज व्याप्ति मिलती है। प्रभावात्मक समीक्षा-पद्धति की इन दोनों विशेषताओं पर विद्वानों ने कुछ आक्षेप भी किए हैं। पहला आक्षेप तो यह है कि विभिन्न आलोचकों की व्यक्तिगत अभिरुचियां भिन्न हो सकती हैं, फलतः यदि अनेक समीक्षक इसके प्रति आस्थावान् हों तो किन्हीं निश्चित सिद्धान्तों क अभाव में उनकी प्रतिक्रियाएँ अवांछित रूप से भिन्न होंगी। यद्यपि यह कहा जा सकता है कि सहृदय होने के नाते ऐसे सभी समीक्षकों की अन्तर्वृत्ति परिष्कृत होगी जिससे उनके मन्तव्यों में विरोध का समावेश नहीं हो पायेगा, किन्तु इस तर्क से उपर्युक्त संभावना को सर्वथा अस्वीकार नहीं किया जा सकता। दूसरा आक्षेप यह है कि परम्परीण साहित्य-सिद्धांतों के प्रति झुकाव न होने के फलस्वरूप प्रभावात्मक समीक्षा में औचित्य से विमुखता की संभावना सदैव विद्यमान रहती है। इस आक्षेप का भी निराकरण नहीं किया जा सकता, क्योंकि प्रभाववादी समीक्षक एक प्रकार से सर्जनात्मक साहित्यकार की भूमिका का निर्वाह करने लगता है जिससे उसकी रचना में कलात्मकता तो आ जाती है, किन्तु उसके निष्कर्षों का औचित्य शंकास्पद हो जाता है।

व्याख्यात्मक आलोचना

आलोचना के इस रूप के अन्तर्गत आलोच्य कृति के अध्ययन-मनन के उपरान्त उसके भावगत और शैलीगत सौन्दर्य का तटस्थ भाव से उद्घाटन किया जाता है। इसमें आलोचक अपनी ओर से कोई निर्णय न देकर रचनागत प्रवृत्तियों के अनुसन्धान और व्याख्या-विश्लेषण की प्रवृत्ति अपनाता है। इस आलोचना-शैली में आलोचक की निजी प्रतिक्रियाओं को महत्त्व न देकर प्रतिपाद्य के वैज्ञानिक परीक्षण पर बल दिया जाता है, अतः कवि के साथ भी पूरा न्याय होता है और आलोचना भी अधिक विश्वसनीय तथा रोचक प्रतीत होती है। इसमें समीक्षक की ओर से व्यक्तिगत पूर्वाग्रहों को महत्त्व नहीं दिया जाता; और न ही इसमें आत्माभिव्यंजक समीक्षा-प्रणाली का आधार लिया जाता है। रचनागत उद्देश्य को ध्यान में रखते हुए इसमें काव्यशास्त्र, मनोविज्ञान, सौन्दर्य-शास्त्र और समाजशास्त्र से यथास्थान लाभ उठाया जाता है। इस आलोचना-पद्धति को पाँच वर्गों में विभक्त किया जा सकता है—शास्त्रीय आलोचना, मनोविश्लेषात्मक आलोचना, ऐतिहासिक आलोचना, मार्क्सवादी आलोचना और चरितमूलक आलोचना। आलोचना के ये सभी रूप, प्रवृत्तिगत विभिन्नताओं के होने पर भी, इस दृष्टि से एक ही लक्ष्य की ओर प्रेरित है कि इनमें काव्यशास्त्र आदि विधाओं के कुछ विशेष सिद्धान्तों का निर्वाह होने पर भी रचनागत मूल्यों की खोज और उनके उपयुक्त विश्लेषण पर बल दिया जाता है। वस्तुतः व्याख्यात्मक आलोचना में न तो प्रभावात्मक समीक्षा की भाँति, व्यक्तिगत अभिरुचि के आधार पर, प्रभाव-ग्रहण रहता है और न निर्णयात्मक आलोचना की तुलनामूलक शैली अपनायी जाती है। अनुसंधान परक दृष्टि, पूर्वाग्रह-मुक्त विश्लेषण, समीक्षा के प्रेरक सिद्धान्तों की विकासशीलता में आस्था, भेद-बुद्धि

को प्रोत्साहन देनेवाले तुलनात्मक मूल्यांकन में अनास्था—ये चार तत्त्व व्याख्यात्मक समीक्षा के मूल सोपान हैं। आगे हम शास्त्रीय आलोचना प्रभृति उसके उपभेदों पर क्रमशः विचार करेंगे।

शास्त्रीय आलोचना

शास्त्रीय आलोचना के अन्तर्गत आलोच्य कृति की विषयवस्तु और शैली को काव्यशास्त्र की कसौटी पर परखा जाता है। इसमें रचनागत रस, भाव, अलंकार, भाषा, शैली आदि की शास्त्रीय दृष्टिकोण से व्याख्या पर बल रहता है। इस पद्धति में यह दोष है कि यह कृति अथवा कलाकार के वैशिष्ट्य की उपेक्षा करती है। इसमें कुछ पूर्वनिर्धारित सामान्य नियमों की कसौटी लेकर सभी कृतियों को समान धरातल पर परखा जाता है। फलस्वरूप आलोचना में हार्दिकता की अपेक्षा जटिलता के समावेश की सम्भावना रहती है। अतः शास्त्रीय आलोचना को अत्यधिक नियमबद्ध और रूढ़ होने से बचाना चाहिए। इस शर्त का सैद्धान्तिक आलोचना से सीधा सम्बन्ध है। यदि काव्यशास्त्र को सर्जनात्मक साहित्य के सन्दर्भ में पुनःपुनः परखा जाता रहे तो नियमों की जटिलता का प्रश्न ही नहीं उठेगा। शास्त्रीय आलोचना पर एक अन्य आक्षेप यह किया जाता है कि इसमें अनुसंधान की भाँति तथ्य-निर्धारण की प्रवृत्ति मिलती है जिससे शैली में हार्दिकता तथा लालित्य का उपयुक्त समावेश नहीं हो पाता। यह आक्षेप तर्कसंगत है, क्योंकि शास्त्रीय समीक्षा में मुख्यतः इस बात पर बल रहता है कि आलोच्य कृति में सर्व-स्वीकृत साहित्य-सिद्धान्तों का किस सीमा तक निर्वाह किया गया है। यह कार्य एक प्रकार से तथ्यानुसंधान की श्रेणी का ही होता है, फलतः समीक्षक की दृष्टि भाव-संवेदनों की अपेक्षा तथ्यों की स्थापना पर अधिक रहती है। उदाहरणार्थ जयशंकर प्रसाद के काव्य का मूल्यांकन करते समय वह कल्पना की मनोरमता के प्रति उतना आकृष्ट नहीं होगा, जितनी कि उसकी दृष्टि इस बात पर केन्द्रित रहेगी कि प्रसाद ने रस के अवयवों, भाषा-संरचना के नियमों, अलंकारों तथा छन्दों को कितनी सफलता के साथ प्रयुक्त किया है। वर्ण्य विषय के प्रति भावुकतापूर्ण दृष्टिकोण उसके मन में तभी उभर पाएगा जब वह इस सम्बन्ध में आश्वस्त होगा कि इन नियमों का अधिकाधिक वैज्ञानिक ढंग से निर्वाह किया गया है इस स्थिति के अभाव में उसे रचनागत दोषों की खोज करने में संकोच नहीं होगा। अतः यह स्पष्ट है कि शास्त्रीय समीक्षा में प्रभाव-संवेदन, आत्माभिव्यक्ति, कलात्मकता आदि का एकान्त बहिष्कार न होने पर भी इन्हें सैद्धान्तिक आलोचना से अनिवार्यतः अनुशासित रखा जाता है। किन्तु, यह ध्यान रखना आवश्यक है कि युगविशेष की कृति के समीक्षण में उस युग की सैद्धान्तिक दृष्टि की ही प्रमुखता रहनी चाहिए। द्विवेदीयुगीन कविता के मूल्यांकन के लिए केवल छायावादी काव्य-मूल्यों को ही आधार-स्वरूप ग्रहण करना अथवा भारतेन्दुयुगीन नाटकों की रंगमंचीय सार्थकता पर वर्तमान-कालिक रंगमंच की उपलब्धियों के प्रकाश में विचार करना निश्चय ही अतिवाद होंगे।

मनोविश्लेषात्मक आलोचना

इस आलोचना-पद्धति का लक्ष्य लेखक के मन:स्तरों का अन्वीक्षण करना है। जिस प्रकार प्रभावात्मक आलोचना में आलोचक पर पड़नेवाले मन:प्रभाव का विश्लेषण रहता है, उसी प्रकार मनोविश्लेषात्मक आलोचना में कृतिकार के मन की व्याख्या रहती है। इस समीक्षा-पद्धति के अन्तर्गत आलोचक द्वारा लेखक के व्यक्तित्व और परिवेश (लेखक की समकालीन सामाजिक, राजनीतिक और सांस्कृतिक परिस्थितियों) का सम्यक् अध्ययन किया जाता है और रचनागत विशेषताओं के मूल्यांकन के लिए समकालीन वातावरण का पृष्ठभूमिवत् आश्रय लिया जाता है। इस विषय में यह ज्ञातव्य है कि साहित्य अथवा कला मानसिक ग्रन्थियों की अभिव्यक्ति है और मनोविज्ञान मानव की मानसिक प्रक्रियाओं का विश्लेषण करनेवाला शास्त्र है। अतः मनोविश्लेषात्मक आलोचना में आलोचक लेखक की मानसिक क्रियाओं का विश्लेषण करते हुए उसकी मन:स्थितियों तक पहुँचने का प्रयत्न करता है। फ्रायड, एडलर और युंग; ये तीन प्रसिद्ध मनोविश्लेषणशास्त्री हुए हैं, जिन्होंने क्रमशः दमित वासना की अभिव्यक्ति, हीन ग्रन्थियों से विमुक्ति और जीवित रहने की तीव्र इच्छा को मानव की मूल प्रवृत्तियाँ माना है और क्रमशः इन्हीं को साहित्य की मूल प्रेरणा स्वीकार किया है। आलोचक अपनी मान्यताओं के अनुसार इन्हीं मूल प्रवृत्तियों के आधार पर कृति का विश्लेषण करता है और लेखक की मानसिक ग्रन्थि अथवा प्रक्रिया को पकड़ने की चेष्टा करता है। इस प्रकार मनोविश्लेषणवादी आलोचक यह मानकर चलता है कि काव्य में जिन भावनाओं को कवि ने अभिव्यक्त किया है, उन्हें वह स्वयं यथार्थ जीवन में भोग चुका है। इसलिए आलोचक स्रष्टा कवि की व्यक्तिगत परिस्थितियों का अध्ययन-विश्लेषण करके उसकी रचनाओं में इनके प्रभाव को खोजने का प्रयत्न करता है। किन्तु, इस आलोचना-पद्धति का मुख्य दोष यह है कि एक ओर तो यह आलोचक की व्यक्ति रुचि को प्रश्रय देती है और दूसरी ओर स्रष्टा के जीवन की व्यक्तिगत घटनाओं के उद्घाटन द्वारा समाज में सम्भ्रम उत्पन्न करती है। फिर, यह आवश्यक भी नहीं है कि कृति में व्यक्त किए गए सभी भावों का भोग कवि ने वास्तविक जीवन में भी किया ही हो। अतः मनोविज्ञान को आलोचना का एक महत्त्वपूर्ण आधार तो मान सकते हैं, किन्तु आलोचना की एकमात्र कसौटी नहीं।

ऐतिहासिक आलोचना

जब किसी कृति की आलोचना युगीन परिस्थितियों के परिप्रेक्ष्य में की जाती है तब उसे 'ऐतिहासिक आलोचना' की संज्ञा दी जाती है। इसमें कृतिविशेष के मूल्यांकन के लिए काव्यशास्त्रीय मर्यादाओं को अलम् न मानकर लेखक द्वारा युगधर्म के निर्वाह पर भी बल दिया जाता है। यह दृष्टिकोण ठीक ही है, क्योंकि लेखक के भावों और विचारों को हृदयंगम करने के लिए युगीन परिस्थितियों के सन्दर्भ में देखा जाना चाहिए। विवेचन में सर्वांगीणता लाने के लिए इस समीक्षा-पद्धति के अन्तर्गत तुलनात्मक आलोचना का भी आधार लिया जाता है, अर्थात् साहित्य की प्रवृत्तिविशेष

में लेखक के योगदान का ऐतिहासिक विकास-क्रम के अनुसार विश्लेषण किया जाता है। इसके अन्तर्गत इस बात की खोज पर बल रहता है कि युग और साहित्य परस्पर किस रूप में सम्बद्ध हैं और एक-दूसरे को किस प्रकार प्रभावित करते हैं। इस प्रकार ऐतिहासिक आलोचना में युगचेतना की पृष्ठभूमि को सर्वोपरि महत्त्व दिया जाता है। किन्तु, इस आलोचना-पद्धति का प्रमुख दोष यह है कि इसमें व्यक्ति की उपेक्षा हो जाती है : कवि अपनी रचना से समाज को किस प्रकार प्रभावित करता है, इस तत्त्व की ओर इसमें प्रायः ध्यान नहीं दिया जाता।

मार्क्सवादी आलोचना

मार्क्सवादी अथवा समाजशास्त्रीय समीक्षा ऐतिहासिक आलोचना का ही एक विकसित रूप है। मार्क्सवादी दर्शन में समस्त सामाजिक सम्बन्धों अथवा क्रिया-प्रक्रियाओं के मूल में अर्थ-व्यवस्था को स्वीकार किया जाता है। वस्तु जगत् की परिवर्तनशीलता के साथ-साथ अर्थ-व्यवस्था भी निश्चित रूप से परिवर्तित होती रहती है, परिणामतः अर्थ-व्यवस्था के उपजीवी साहित्य और जीवन-दृष्टि में भी तदनुसार परिवर्तन होते रहते हैं। मार्क्सवादी आलोचक इसी बदलती हुई अर्थ-व्यवस्था और द्वन्द्वात्मक भौतिकवाद के परिप्रेक्ष्य में साहित्य का अनुशीलन करता है। उसकी दृष्टि समाज के आर्थिक वैषम्य पर केन्द्रित रहती है। वह सर्वहारा वर्ग के प्रति सहानुभूति रखते हुए यह खोज करता है कि समीक्षार्थ रचना में उनकी समस्याओं और पूंजीवादी वर्ग से उनके संघर्ष की किस रूप में अभिव्यक्ति हुई है? वह केवल ऐसी रचनाओं को सत्साहित्य मानता है जिनमें पूंजीवाद का सशक्त विरोध हो और श्रमिकों की समस्याओं के अतिरिक्त उनके परिश्रम, उल्लास और सामाजिक व्यवहार की अभिव्यक्ति हो। किन्तु, पूर्वाग्रहप्रेरित होने के कारण यह समीक्षा-पद्धति विशेष लोकप्रिय न हो सकी। मार्क्सवादी आलोचक साहित्य में समाज को केवल साम्यवादी दृष्टिकोण से प्रस्तुत करने पर बल देते हैं, जिसके फलस्वरूप वे जीवन की अन्य उदात्त चेतनाओं की सराहना नहीं कर पाते। नैतिक आदर्शों, अध्यात्म-दर्शन, जीवन के निष्पक्ष रसात्मक भावन आदि के प्रति उनके मन में सहज उपेक्षा नहीं रहती है, फलतः उनके दृष्टिकोण में व्यापकता नहीं आ पाती। वे साहित्य में आत्माभिव्यक्ति के सिद्धान्त को स्वीकार नहीं करते और सामाजिक यथार्थ अभिव्यक्ति को ही प्रगतिशीलता की कसौटी मानते हैं। इस एकांगी मनोवृत्ति के फलस्वरूप मार्क्सवादी समीक्षा को आलोचना की प्रतिनिधि शैली नहीं कहा जा सकता। यदि समाजशास्त्रीय आधार पर प्राप्त निष्कर्षों का प्रभावात्मक समीक्षा और मनोविश्लेषात्मक समीक्षा की विशेषताओं के अनुसार पुनर्मूल्यांकन कर लिया जाए तो उपर्युक्त अभावों की पूर्ति हो सकती है।

चरितमूलक आलोचना

इस समीक्षा-पद्धति को एक ओर ऐतिहासिक आलोचना-प्रणाली से संबद्ध माना जाता है और दूसरी ओर इसके आविर्भाव में मुख्यतः मनोविश्लेषात्मक आलोचना

और सामान्यतः प्रभावात्मक आलोचना के प्रभाव-सूत्रों की खोज की जाती है। किन्तु, इसे उक्त पद्धतियों की अंगभूत प्रवृत्ति न मानकर स्वतन्त्र ढंग से विकसित समीक्षा-रूप कहना ही उचित होगा। इसमें कृतिविशेष की समीक्षा के पूर्व उसके लेखक के मानस-विश्लेषण पर बल दिया जाता है। इसके लिए एक ओर ऐतिहासिक आलोचना की पद्धति से लेखक पर युग-जीवन के प्रभावों की खोज की जाती है, दूसरी ओर मनोविश्लेषात्मक आलोचना-पद्धति से उसके मनःविकास को समझाने का प्रयत्न किया जाता है और तीसरी ओर प्रभावात्मक समीक्षा-विधि से उसके व्यक्तित्व के प्रति भावुक दृष्टिकोण अपनाकर उसकी कृतियों से सामंजस्य स्थापित किया जाता है। दूसरे शब्दों में, इसके अन्तर्गत लेखक की जीवनी के सन्दर्भ में उसकी अन्तर्वृत्तियों और विचारधारा के अध्ययन को प्रमुखता दी जाती है। गंगाप्रसाद पांडेय की 'महाप्राण निराला' और अमृतराय की 'कलम का सिपाही' इस शैली की सुप्रसिद्ध रचनाएँ हैं। रचनागत वातावरण और विचारधारा पर लेखक के व्यक्तित्व और जीवन-वृत्त का कहाँ तक प्रभाव है, इसकी खोजपूर्वक स्थापना करना इस समीक्षा-पद्धति की मुख्य देन है। मनोविश्लेषात्मक आलोचना की तुलना में इसकी विशिष्टता यह है कि इसमें मनःस्तरों के अन्वीक्षण की अपेक्षा लेखक की जीवन-घटनाओं के सामंजस्य पर अधिक ध्यान दिया जाता है। इस प्रकार इसमें जीवन-चर्या का वर्णन ऐसे वट-वृक्ष का रूप ले लेता है जिसकी विविध शाखाएँ लेखक के कृतित्व की ओर अनायास ही संकेत करती प्रतीत होती हैं।

निर्णयात्मक आलोचना

इस आलोचना-शैली के अन्तर्गत कवि अथवा रचनाविशेष के अनुशीलन, मूल्यांकन और महत्व-निर्धारण का लक्ष्य अपनाया जाता है। इसके लिए आलोचक को उस युग के अन्य कवियों अथवा रचनाओं को भी दृष्टि में रखना होता है। इस दृष्टि से आलोचक की दृष्टि इस बात पर केन्द्रित रहती है कि आलोच्य कृति सहृदय पाठक और समाज का कहाँ तक मार्ग-निर्देशन कर सकती है? वह इस बात की भी खोज करता है कि युगविशेष का चित्रण करते समय कहीं लेखक ने उसके विविध मूल्यों को सीमित तो नहीं कर दिया है अथवा शाश्वत मानव-मूल्यों के समन्वय द्वारा उसे कहाँ तक सर्वयुगीन बनाया गया है? 'सूर सूर तुलसी ससी, उडुगन केसवदास' और 'सबकी भूषन सतसई रची बिहारी लाल' जैसी उक्तियाँ निर्णयात्मक आलोचना के अन्तर्गत ही आती हैं। निर्णयात्मक समीक्षा को एक ओर काव्यशास्त्रीय मर्यादाओं के सन्दर्भ में व्यक्त किया जा सकता है और दूसरी ओर इसमें रचनाजनित व्यक्तिगत प्रभावों के समावेश की सम्भावना भी रहती है। कतिपय विद्वानों के मत में निर्णय करना उचित नहीं है, किन्तु वास्तव में देखा जाय तो जब हम किसी पुस्तक का अध्ययन करके उससे प्रभावित होते हैं, तभी हमारे मन में उसके साहित्यिक मूल्य का निर्णय हो जाता है। किन्तु, जब आलोचक मूल्यांकन से आगे बढ़कर भिन्न विषयों की पुस्तकों की तुलना करके एक श्रेष्ठता का प्रतिपादन करना चाहे तब निर्णयात्मक

आलोचना दोषपूर्ण बन जाती है। उदाहरणार्थ 'कामायनी' और 'रामचरितमानस' दोनों श्रेष्ठ कृतियाँ हैं, किन्तु यदि आलोचक इनकी तुलना करके इनमें से एक को श्रेष्ठ घोषित करना चाहे तो यह कवि के साथ न्याय नहीं कहा जा सकता। निर्णय की मुख्यत: चार कसौटियाँ हैं—व्यक्तिगत रुचि, नैतिक मूल्य, साहित्यिक मूल्य तथा मानव-मूल्य। इनमें से साहित्यिक तथा मानवतावादी मूल्यों को कसौटी पर लिया गया निर्णय श्रेष्ठ कहा जा सकता है। आलोचक की व्यक्तिगत अभिरुचि को अन्य मूल्यों के सन्दर्भ में ही देखा जाना चाहिए अन्यथा रचना में निष्पक्षता नहीं आ सकेगी। वैसे भी, आलोचक के मन में होने वाली प्रतिक्रियाओं को ही प्रमाण मान लेना प्रभावात्मक समीक्षा का गुण है, निर्णयात्मक समीक्षा में तो सैद्धान्तिक आलोचना के अन्तर्गत स्वीकृत किये गये काव्य-मूल्यों को ही प्रमाण माना जाता है। इसी प्रकार निर्णयात्मक आलोचना में मुख्यत: नैतिक मूल्यों पर भी बल नहीं दिया जा सकता, इनका अनुशीलन मानव-मूल्यों के वृत्त में ही किया जाना चाहिए।

आलोचना और अनुसन्धान

'आलोचना' और 'अनुसन्धान' साहित्य-विश्लेषण की परस्पर भिन्न प्रक्रियाएं हैं जिनमें व्युत्पत्ति, कार्य-प्रणाली और उपलब्धि की दृष्टि से विभाजक रेखाओं की सहज ही खोज की जा सकती है। यद्यपि इन शब्दों को पर्याय मान लेने की भ्रान्ति भी प्रचलित है, किन्तु वस्तुत: ये कुछ अंशों में परस्पर सद्भाव रखते हुए भी अधिकांशत: भिन्न अर्थों की व्यंजना करते हैं। हिन्दी में शोध-कार्य का आरम्भ आलोचना की अपेक्षा बहुत बाद में हुआ जिससे यह स्पष्ट हो जाता है कि अनुसन्धित्सुओं के मन में अनुसंधान-प्रवृत्ति के सम्बन्ध में अवश्य ही भिन्न अर्थ की कल्पना रही होगी। वस्तुत: अनुसंधान में वस्तुनिष्ठ दृष्टि, वैज्ञानिक-जैसी तटस्थता और तथ्यों की खोज पर बल रहता है जबकि आलोचना में इनकी अपेक्षा होते हुए भी इन पर उतना बल नहीं दिया जाता और प्रभावात्मकता तथा लालित्य को भी अनायास स्थान प्राप्त रहता है। व्युत्पत्ति की दृष्टि से भी इनमें अन्तर लक्षित होता है। 'अनुसंधान' शब्द 'अनु' 'संधान' के योग से बना है, जिसका अर्थ हैं—विशिष्ट लक्ष्य को सम्मुख रखकर उसकी पूर्ति के लिए दिशाविशेष में कार्य-तत्पर रहना। दूसरे शब्दों में, अनुसन्धाता निरन्तर शोध द्वारा तथ्यों की स्थापना में संलग्न रहता है। इसके विपरीत आलोचना में अज्ञात तथ्यों की खोज अथवा तथ्य-निरूपण की अपेक्षा सहृदयतापूर्ण भावना का अर्थ निहित है।

आलोचना और अनुसंधान में प्रवृत्तिगत विभिन्नताएँ होने पर भी इनके सौहार्द्र को सहज ही लक्षित किया जा सकता है। उपरिनिर्दिष्ट मूल प्रवृत्तियों का एकांगी निर्वाह इनमें से किसी में भी अभीष्ट नहीं होता। वस्तुत: इनकी उत्कृष्टता एक दूसरे के तत्वों के आदान-प्रदान पर निर्भर करती है। इनमें साम्य के पर्याप्त लक्षण उपलब्ध हो जाते हैं। अनुसन्धान में अप्राप्त तथ्यों का अन्वेषण अथवा प्राप्त तथ्यों का नवीन ढंग से विवेचन अनिवार्य शर्त है; आलोचना में भी व्याख्या-विश्लेषण पर

पर्याप्त बल दिया जाता है। अनुसंधान के लिए विवेचन के पश्चात् किसी निष्कर्ष पर पहुँचना आवश्यक होता है; आलोचना में भी आलोच्य कृति के प्रतिपाद्य के स्पष्टीकरण के उपरान्त उसका मूल्यांकन अपेक्षित है। अनुसंधाता शोध करते हुए जिस प्रकार तथ्य को आधार बनाकर आगे बढ़ता है, उसी प्रकार आलोचना को प्रामाणिक रूप देने के लिए आलोचक के लिए भी तथ्य-ग्रहण अनिवार्य हो जाता है। स्पष्टतः अनुसंधान और आलोचना की प्रक्रिया बहुत कुछ साम्य रखती है; दोनों का मूल उद्देश्य साहित्य का सम्यक् विवेचन करना है। इस तथ्य को डॉ० नगेन्द्र और श्री परशुराम चतुर्वेदी ने क्रमशः 'अनुसंधान और आलोचना' तथा 'आलोचना और अनुसंधान' शीर्षक लेखों में निम्नलिखित वक्तव्यों में स्पष्ट किया है :

(अ) "आलोचनात्मक प्रतिभा के बिना मैं उत्कृष्ट अनुसंधाता की कल्पना नहीं कर सकता।...अतः उत्कृष्ट साहित्यिक आलोचना साहित्यिक अनुसन्धान का उत्कृष्ट रूप है।"[1]

(आ) "आधुनिक आलोचकों के विभिन्न वर्गों ने अनुसंधान की सहायता अपनी दृष्टिविशेष द्वारा ली है और इसका प्रयोग अपने-अपने ढंग से करते हुए आलोचना पद्धति में व्यापकता की चेष्टा की है।"[2]

किन्तु अनुसंधान में किसी सिद्धान्त अथवा दृष्टिकोण को प्रतिपादित करना ही अलम् नहीं होता, अपितु उसे प्रामाणिक रूप में प्रस्तुत करने का संकल्प मुख्य होता है। अनुसंधाता के लिए यह आवश्यक होता है कि वह साहित्य की उपलब्धियों को कुछ और आगे बढ़ाए। ज्ञान का विस्तार अनुसंधान का मुख्य लक्ष्य है जबकि आलोचना का लक्ष्य साहित्य की ज्ञात सामग्री से सहृदय को परिचित कराना और लेखक के भावों तथा विचारों को उस तक संप्रेषित करना है। वस्तुतः अनुसंधान में खोज को अधिक महत्व दिया जाता है, किन्तु समीक्षा में उपलब्ध सामग्री के सम्यक् विवेचन और मूल्यांकन की प्रमुखता रहती है। आलोचक का लक्ष्य यह रहता है कि सहृदय को आलोच्य कृति के प्रति वैसी ही संवेदनामूलक दृष्टि प्राप्त हो जाए जैसी कि उसे स्वयं प्राप्त है। वह लेखक से तादात्म्य स्थापित करके एक तो रचनागत भावों का कवि के दृष्टिकोण से ही विश्लेषण करता है और दूसरे, तटस्थ रहने की चेष्टा करने पर भी व्यक्ति-तत्व का सर्वथा त्याग नहीं कर पाता। आलोचना में आत्मीयता अथवा भावुकता की प्रमुखता रहती है, किन्तु अनुसंधान में व्यक्ति-तत्व का समावेश हितकर नहीं होता। तथ्यों द्वारा जो मार्ग प्रशस्त होता है, अनुसंधाता उसी का अनुकरण करने के लिए बाध्य होता है जबकि आलोचक अपने सिद्धान्तों और आदर्शों को उपलब्ध सामग्री के प्रकाश में स्वतन्त्र रूप में प्रतिष्ठापित कर सकता है।

आलोचना की भाँति अनुसंधान के मूल में भी भावयित्री प्रतिभा विद्यमान रहती है, फलतः तथ्य-शोध पर बल रहने पर भी अनुसंधान के कुछ क्षेत्रों में शुष्कता से किंचित्

---

१. अनुसंधान की प्रक्रिया (सम्पादिका—डॉ० सावित्री सिन्हा), पृ० ५५
२. साहित्य पथ, पृ० ११२

बचा जा सकता है। किन्तु, भाषावैज्ञानिक अनुसंधान और पाठानुसंधान में राग-तत्व का स्पष्ट अभाव रहता है। इसी प्रकार आलोचना में भी तथ्य-शोध की प्रेरणा तो रहती है; किन्तु इसे उसकी आत्मा नहीं कहा जा सकता। आलोचना में वस्तुनिष्ठ शैली की अपेक्षा भावना की प्रमुखता रहती है, किन्तु अनुसंधान में ज्ञान को किसी विशेष शाखा का उद्घाटन होने अथवा उपलब्ध ज्ञान-राशि को मौलिक दृष्टि से विकसित करने के कारण तार्किक विश्लेषण पर बल रहता है। इसीलिए शोध-कृतियों में आलोचनात्मक रचनाओं की भाँति मन्तव्यों का उल्लेखमात्र नहीं किया जाता, अपितु उन्हें प्रमाणित करने के लिए सन्दर्भोल्लेख-सहित उद्धरण दिये जाते हैं। इनके अतिरिक्त निर्धारित विषय से सम्बद्ध तथ्य-संकलन, उपयुक्त वर्गीकरण, टिप्पणी-लेखन, ग्रन्थ-सूची-निर्माण आदि भी अनुसंधान के आवश्यक अंग हैं। आलोचना के लिए उक्त तत्व उपयोगी होते हुए भी अनिवार्य नहीं हैं; उसमें विषयांतर भी हो सकता है और वर्गीकरण की वैज्ञानिकता भी उतनी अभिप्रेत नहीं होती। विवेचन-शैली की दृष्टि से भी आलोचना और अनुसंधान में स्पष्ट अन्तर मिलता है। आलोचना में शैलीगत लालित्य के समावेश की पर्याप्त संभावना रहती है, क्योंकि आलोचक का विषय के साथ रागात्मक सम्बन्ध होता है। इसके विपरीत अनुसंधान की भाषा-शैली गूढ़-गम्भीर होती हैं, क्योंकि अनुसंधाता का दृष्टिकोण वस्तुपरक रहता है।

उपर्युक्त विवेचन से यह स्पष्ट हो जाता है कि आलोचना और अनुसन्धान में प्रक्रिया की भिन्नता तो है, किन्तु इन दोनों का अंतिम लक्ष्य सत्य की सिद्धि है। अनुसंधान में तथ्य का अन्वेषण ही पर्याप्त नहीं होता, अपितु वह तो शोध की पूर्वपीठिका-मात्र है। अनुसन्धान का मुख्य लक्ष्य उस तथ्य के आधार पर सत्य का आख्यान करना है और इसके लिए उसमें आलोचनात्मक प्रतिभा का होना अनिवार्य है। इस शक्ति के होने पर ही वह उपलब्ध तथ्यों पर भलीभाँति मननोपरांत उन्हें विचाररूप में अभिव्यक्त कर दूसरों तक सम्प्रेषित कर सकता है। इस आधार पर हम यह कह सकते हैं, कि श्रेष्ठ अनुसन्धान और श्रेष्ठ आलोचना में जितना विधि का अन्तर है, उतना उपलब्धि का नहीं।

विश्लेषण

उपर्युक्त विवेचन के आधार पर यह कहा जा सकता है कि साहित्य के उचित मूल्यांकन के लिए आलोचना का आश्रय आवश्यक है। आलोचना की विविध प्रवृत्तियाँ हैं जो आलोच्य रचना की विशेषताओं के अनुसार समीक्षकों द्वारा प्रयोग में लाई जाती हैं। जिस प्रकार रचनाकार के मन में नव-नव शैलियों में साहित्य रचना की उमंग उठती है उसी प्रकार आलोचक भी मूल्यांकन के लिए नवीन दिशाओं की खोज करते हैं। इस संदर्भ में दिनकर की यह उक्ति विचारणीय है : "प्रत्येक नया कवि आलोचक से आलोचना की नयी कसौटी की माँग करता है, क्योंकि आलोचक नये कवि को पुरानी कसौटी पर कसके उनके साथ न्याय नहीं कर सकता। इसलिए, जब भी कविता में

नवीनता आती है, तब आलोचना भी ईषत् नवीन हो जाती है।"[१] इस उद्धरण के पूर्वार्द्ध में प्रत्येक कवि के लिए आलोचना के मान-परिवर्तन का प्रतिपादन स्पष्टत: आक्षेप योग्य है, किन्तु नवीन काव्य-प्रवृत्तियों (छायावाद, प्रगतिवाद, आदि) के समीक्षण के लिए आलोचना के स्वरूप में आवश्यक परिवर्तन का सुझाव निश्चय ही युक्तिसंगत है। यद्यपि कविविशेष की मौलिकता भी विवेचन के नवीन आधार की माँग कर सकती है, किन्तु सभी कवियों की रचनाओं के अनुशीलन के लिए इस सिद्धांत का पालन अव्यवहार्य है। इसीलिए वर्तमान युग में प्रगतिवादी समीक्षा-प्रणाली की संकीर्ण दृष्टि को महत्व नहीं दिया जाता। इस प्रकार तुलनात्मक समीक्षा-पद्धति भी अब उतनी गौरवपूर्ण नहीं मानी जाती। इसका कारण यह है कि इस प्रणाली के अन्तर्गत दो अथवा अधिक कवियों या उनकी रचनाओं का विश्लेषण तो उपयुक्त होता है, किन्तु उनमें से किसी एक को पूर्वाग्रहपूर्वक श्रेष्ठ बताना कभी-कभी समुचित प्रतीत नहीं होता। सूर और तुलसी अथवा देव और बिहारी में से किसी एक को अधिक गौरव देने का पूर्वाग्रह इस समीक्षा प्रणाली की असफलता का उदाहरण है। इसी प्रकार प्रभावात्मक समीक्षा भी आलोचना की आदर्श प्रणाली नहीं है, क्योंकि इसमें आलोचक के व्यक्तिगत मत की प्रमुखता रहती है और इस प्रकार पूर्वाग्रह के समावेश की संभावना रहती है। वर्तमान युग में अनुसंधानपरक व्याख्यात्मक समीक्षा को समालोचना की सर्वश्रेष्ठ विधि माना जाता है, क्योंकि इसमें पूर्वाग्रहमुक्त रहकर मूल्यांकन की गम्भीरता को समादृत किया जाता है।

●

---

१. नीलकुसुम, दो शब्द, पृ० 'ग'

हिन्दी-आलोचना का विकास-क्रम

रामेश्वरलाल खण्डेलवाल

विकास : स्वरूप और प्रक्रिया

वस्तु-जगत् की स्थूल या सूक्ष्म, दृश्य या अदृश्य, सभी सत्ताएं निरन्तर गतिशील या विकासशील हैं। यह विकास चाहे प्रकृति की अपनी ही निजी और सर्वोपरि शक्ति से प्रेरित व नियन्त्रित हो रहा हो अथवा प्रकृति से परे किसी उच्चतर या परम तत्त्व (जिसे भारतीय दर्शनों में 'ब्रह्म', 'पुरुष', 'परमशिव' आदि नामों से अभिहित किया गया है) से प्रेरित हो रहा हो। इतना अवश्य है कि प्रत्येक पदार्थ की सत्ता है, वह पदार्थ गतिशील या विकासशील है, उस गति का नियन्ता कोई परम तत्त्व है, वह विकास देश और काल के माध्यम से चरितार्थ हो रहा है, और सम्भवतः यह भी कहा जा सके कि किसी पूर्व-निर्धारित उद्देश्य की ओर—जिसे हमारी ससीम या सान्त चेतना न समझ पाती हो—अभिमुख है। प्रकृति द्वारा प्रमाणित विकास की इस मूल स्फुरणा, साधन-प्रक्रिया, लक्ष्य आदि को हृदयंगम कर लेने पर यह स्पष्ट हो सकेगा कि मात्र स्थूल पदार्थ या घटना का विवरण काल-क्रम में गूंथकर यान्त्रिक ढंग से रख देना ही किसी भी सत्ता के विकास का निरूपण नहीं कहा जा सकता। देश और काल की, जो न्याय-वैशेषिक की विचार-प्रक्रिया में अत्यन्त महत्त्वपूर्ण पदार्थ माने गये है, कल्पना के बिना विकास अपने-आपको अभिव्यक्त ही नहीं कर सकता। शक्तिमय एक लघु बीज में से विशाल वृक्ष का विकास तथा निविड़ उद्गमों से सरिता का प्रवाह और समुद्र में विलय, इन दोनों को कल्पना-चक्षुओं के सामने लाने पर विकास का सारा रहस्य व रोमांस समझ में आ सकता है। प्रत्येक विकास की कहानी रोचक होती है। इसी प्रकार हिन्दी-आलोचना के विकास की कहानी भी रोचक है।

क्या 'आलोचना का विकास' और 'हिन्दी-आलोचना का विकास'—ये दोनों पदावलियाँ अभिन्न या समानार्थक हैं? आलोचना तो सभी साहित्यों में होती है और सभी साहित्य बाह्य या देशीय भेदों के उपस्थित रहते भी तत्त्वतः एक हैं, फिर 'हिन्दी-आलोचना का विकास' क्या आलोचना के विकास की सामान्य कहानी से कुछ भिन्न बात है? वस्तुतः हिन्दी की आलोचना अन्य किसी साहित्य या साहित्यों की आलोचना से तात्त्विक या व्यावहारिक दृष्टि से बहुत-कुछ समानता रखते हुए भी कुछ ऐसी भिन्नता या विशेषता रखती है, जो हिन्दी के अपने स्वतन्त्र व्यक्तित्व से ही उद्भूत

है। यहाँ हिन्दी आलोचना के मूल स्रोतों का ऐतिहासिक अनुसन्धान करने जैसा कोई विधिवत् व विशद सम्भार हम नहीं कर रहे हैं। केवल इतना ही निर्दिष्ट करना अलम् है कि औपचारिक या विधिवत् आलोचना-व्यापार हिन्दी-साहित्य में उन्नीसवीं-बीसवीं शताब्दी के सन्धि स्थल पर ही स्पष्ट रूप से दिखायी पड़ा। किन्तु यदि स्वयं आलोचना-वृत्ति के आरम्भ या सूत्रपात की खोज की जाए तो वह अप्रत्यक्ष रूप में हिन्दी के प्रथम कवि से ही चाहे वह कोई भी रहा हो, देखी जा सकेगी; क्योंकि कवि या कलाकार के अपने सर्जन में वृद्धि व विवेक का प्रयोग, जो वह वस्तु-विन्यास व कला-पक्ष के निर्माण में करता है, अन्ततः आलोचना की उचित वृत्ति के उपयोग का ही तो परिचायक है। इने सूक्ष्म रूप में देखा जाए तो हिन्दी-आलोचना बहुत पुरानी ठहरेगी, किन्तु जिसे हम औपचारिक, स्पष्ट, जागरूक साहित्यालोचन कहते हैं, वह तो निश्चय ही बहुत बाद में आरम्भ हुआ है।

प्राचीन व मध्ययुगीन हिन्दी-आलोचना

सर्जन-वृत्ति और आलोचना-वृत्ति कवियों में अनुपात-भेद से प्रायः साथ-साथ ही रहती है। भारतीय धारणा के अनुसार श्रेष्ठ सर्जक समीक्षक होता है, और श्रेष्ठ समीक्षक श्रेष्ठ सर्जक।[1] इस अर्थ में जब से हिन्दी-कविता का आरम्भ हुआ तभी से, सूक्ष्म रूप में, हिन्दी-आलोचना का भी जन्म माना जा सकता है। भाव-सत्ता व विचारसत्ता दो सर्वथा विच्छिन्न सत्ताएँ नहीं हैं, दोनों परस्पराश्रित व सहयोगिनी रहकर कार्य करती हैं। काव्य के कला-पक्ष के निर्माण में (वर्ण-योजना, शब्द-चयन, छन्द-चयन, बिम्ब-योजना, अलंकार-विधान आदि में), वस्तुपक्ष की व्यवस्था व समृद्धि में, यहाँ तक कि गीत-जैसी कोमलकाय रचना में भी आलोचना-वृत्ति सृजन-प्रक्रिया में प्रच्छन्न रूप से काम करती है। पर इस रूप में आलोचना के उद्भव-विकास का निरूपण करना कदाचित् अव्यावहारिक ही जान पड़ेगा। जीवन और संस्कृति से जुड़कर, सर्जन की कोटि को पहुँचा हुई श्रेष्ठ साहित्यिक 'आलोचना' से जो कुछ भी आज अभिप्रेत है उसे देखते हुए तो हिन्दी में वास्तविक आलोचना की स्थापना आचार्य शुक्ल की आलोचना से ही होती है। उनके पूर्व की आलोचना वस्तुतः आलोचना के लिए सम्भारमात्र थी। पर फिर भी उसका अवमूल्यन कदापि नहीं किया जा सकता, क्योंकि भावी आलोचना के विशाल प्रासाद की नींव के रूप में वह महत्त्वपूर्ण है।

प्राचीन कवियों की समीक्षा-दृष्टि उनके काव्य में ही यत्र-तत्र बिखरी हुई देखी जा सकती है। विद्यापति ने अपनी प्रसिद्ध रचना 'कीर्तिलता' में कहा है :

बालचंद बिज्जावई-भाषा। दुहु नहिं लग्गई दुज्जन-हासा।
ओ परमेसर हर-सिर सोहई। ई निश्चय नाअर-मन मोहई॥

यहाँ विद्यापति की यह समीक्षोचित धारणा व्यक्त हुई है कि काव्य (यहाँ

---

1. Kuppuswami Shastri : Highways and Byways of Literary Criticism, Page 14

केवल विद्यापति का) लोक-हृदय से लिए आह्लादकर वस्तु है, दुर्जनों के उपहास से उसकी आभा कभी मलीन नहीं पड़ती। उसी युग में जायसी ने 'पद्मावत' के उपसंहार में श्रेष्ठ काव्य का स्वरूप या आदर्श इन पंक्तियों में ध्वनित कर दिया :

मुहम्मद कबि यह जोरि सुनावा। सुना सो पीर प्रेम कर पावा ॥
औ मैं जानि गीत अस कीन्हा। मकु यह रहै जगत महँ चीन्हा ॥
धनि सोई जस कीरति जासू। फूल मरै पै मरै न बासू ॥
केइ न जगत जस बेंचा, केइ न लीन्ह जस मोल ?
जो यह पढ़ै कहानी, हन्ह सवरै दुइ बोल ॥

जायसी के अनुसार काव्य एक मर्म-मधुर, गहन अनुभूतिमयी व अत्यन्त प्रभावशालिनी वस्तु है, जो गहरी प्रेम की पीर से ही उत्पन्न होती है। कवि अपनी मृत्यु के बाद एकमात्र वही अमर, सुगन्धित व पवित्र स्मृति-चिह्न विश्व के पास छोड़ जाना चाहता है जिससे कि वह उस चिरकाल तक प्यार से याद करता रहे। यहाँ कीर्ति के सम्बन्ध में जो कुछ कहा गया है वह आचार्य दंडी, वामन और मम्मट की धारणा से सम्मत है। वस्तुत: काव्य की प्रशस्तिमयी उक्त धारणा सहृदयों के लिए सहज-स्वीकार्य है। मध्य युग में तुलसी ने भी 'रामचरित' में अनेक स्थलों पर श्रेष्ठ काव्य का मानदण्ड प्रस्तुत किया है, जो इस प्रकार है :

(अ) निज कवित्त केहि लाग न नीका। सरस होउ अथवा अति फीका।
(आ) तैसेहि-सुकवि-कवित बुध कहहीं। उपजहिं अनत अनत छवि लहहीं ॥
सब जानत प्रभु प्रभुता सोई। तदपि कहे बिनु रहा न कोई ॥
(इ) जो प्रबन्ध बुध नहि आदरहीं। सो श्रम बादि बाल-कवि करहीं ॥
कीरति भनिति भूति भलि सोई। सुरसरि-सम सब कहँ हित होई ॥
(ई) गिरा अरथ जल-बीचि सम कहियत भिन्न न भिन्न।

इस धारणा में स्रष्टा, पाठक व समीक्षक—तीनों की दृष्टि से संक्षिप्त व मार्मिक विचार समाविष्ट हो गये हैं। रचयिता की आत्माभिव्यक्ति की दुर्दमनीयता व आह्लाद, भावकों और समीक्षकों को सौन्दर्यानुभव तथा काव्य-पाठकों का सहज-सुलभ काव्यानन्द—तीनों की समवेत सिद्धि काव्य से हो, यही तुलसी का मन्तव्य जान पड़ता है। शब्द और अर्थ की मूल अभिन्नता और उनके शक्ति-सौन्दर्य की पारस्परिक प्रतिद्वन्द्विता भी, जिसके आधार पर वक्रोक्तिकार कुन्तक ने साहित्य की मूल धारणा खड़ी की है, बड़ी सहजता से प्रकट की गयी है। कवि की शुभ्रकीर्ति का बखान यहाँ भी किया गया है। इसमें सन्देह नहीं कि यह काव्य की बड़ी ही व्यापक व पूर्ण धारणा है।

साहित्यशास्त्र की चर्चा की दृष्टि से हिन्दी का रीतिकाल अधिक महत्वपूर्ण है। इस काल के हिन्दी-कवियों व आचार्यों में आलोचना (सैद्धान्तिक) विषयक गतिविधि बहुत सक्रिय रही, किन्तु यही आश्चर्य है कि उसका हिन्दी-आलोचना के विकास से जैसे बहुत घनिष्ठ सम्बन्ध नहीं रहा। कारण स्पष्ट है : वह आलोचना हिन्दी की अपनी निजी प्रकृत चिन्ताधारा से सहजोद्भूत न होकर पूर्णतया संस्कृत साहित्यशास्त्र से प्रेरित व उस पर आश्रित है। इस युग के कुछ कवियों का संस्कृत-भाषा व साहित्य

से घनिष्ठ सम्बन्ध था। ये लोग संस्कृत की काव्यशास्त्रीय परम्परा को हिन्दी में लाये और परिणामस्वरूप कवियों का एक वर्ग उत्पन्न हो गया जो कवि और आचार्य, दोनों साथ-साथ होने लगे—अवश्य ही कारयित्री व भावयित्री प्रतिभा के निजी भेदों के अनुपात के साथ। पर अधिकांश कवियों का संस्कृत में गहन प्रवेश नहीं था। अस्तु, जिस लक्षणयुक्त काव्य-रचना की प्रणाली को (दोनों प्रकार की प्रतिभा के प्रकाशित करने के प्रलोभन में) इन्होंने अपनाया उसका लक्षण-निर्धारण-पक्ष प्रायः दुर्बल रहा। डॉ० भगीरथ मिश्र के शब्दों में, "लक्षणों में कोई विवेचन सम्बन्धी नवीनता नहीं है···· लक्षण महत्वपूर्ण नहीं····रस के सम्बन्ध में कोई महत्वपूर्ण विचार प्रकट नहीं हैं··· लक्षणयुक्त ग्रन्थों में संस्कृत ग्रन्थों के समान गम्भीर विवेचन नहीं मिलता····मौलिकता और रोचकता उदाहरणों की ही है, शास्त्र-विवेचन की नहीं····।"[१] इस प्रकार की धारणाएँ उनके समीक्षाविषयक कर्तृत्व पर आगे चलकर बनी तो क्या आश्चर्य! जब लक्षण का ही स्पष्ट निर्धारण करने की क्षमता नहीं तो शास्त्र-चर्चा कैसी?

तो प्रस्तुत प्रश्न यह है कि जब रीतिकाल की समीक्षात्मक मनीषा मौलिकता की दृष्टि से इस श्रेणी-स्तर की है और परिणामतः हिन्दी-आलोचना के विकास को मौलिक योगदान की दृष्टि से वह चिन्त्य या नगण्य है तो फिर इस समीक्षात्मक प्रतिभा का आखिर किस रूप में आकलन करके आगे बढ़ा जाये? आकृति से भले ही वह उस आलोचना से कम ही संबंध रखती हो जो आज निखिल जीवनस्पर्शी विशद सांस्कृतिक गतिविधि के रूप में सुप्रतिष्ठित हो गई है पर प्रकृति से तो वह किसी न किसी रूप में हिन्दी की अपनी निजी चेतना से कोई सम्बन्ध रखती ही है—इस तथ्य को कैसे अस्वीकार किया जाये? वह समीक्षा-वृत्ति तो अन्ततः हिन्दी के अपने ही रक्त की कौंध थी, उसकी उपेक्षा करके बढ़ जाना उचित नहीं जान पड़ता। डॉ० नगेन्द्र ने हिन्दी का अपना निजी आलोचना-शास्त्र खड़ा करने की परिकल्पना करते हुए व्यक्तित्व की मनोवैज्ञानिक भित्ति पर[२] इस देन का सम्यक् आकलन किया है। वे लिखते हैं:

(अ) "परन्तु स्थिति इतनी दयनीय नहीं है। हिन्दी के प्राचीन तथा नवीन काव्य में—और काव्यशास्त्र में भी, इतनी सामग्री निश्चय ही विद्यमान है कि उसके आधार पर हिन्दी के अपने विशिष्ट काव्यशास्त्र के अस्तित्व की परिकल्पना असंगत नहीं कही जा सकती।"[३]

(आ) "रीति-विवेचन के अतिरिक्त हिन्दी के प्राचीन काव्य में भी इतनी प्रभूत सामग्री है कि उसके आधार पर अपने स्वतन्त्र काव्यशास्त्र का निर्माण अत्यन्त सफलतापूर्वक किया जा सकता है।"[४]

कहने की आवश्यकता नहीं कि इस परिकल्पना के स्रोत-साधन प्रत्यक्ष या परोक्ष

---

१. देखिए 'हिन्दी साहित्य कोश,' भाग १, पृष्ठ ७२१-७२३
२. देखिए 'विचार और विश्लेषण,' पृष्ठ १०-११
३. वही, पृष्ठ ६-
४ वही, पृष्ठ ८

रूप से रीतिकाल के कवि-आचार्य या आचार्य-कवि ही हैं। हिन्दी आलोचना के विकास को रीतिकाल की देन यहीं कहीं है। एक अन्य रूप से भी यह देन आँकी जा सकती है। यदि लक्ष्य (काव्य) के आधार पर भी काव्य-धारणा खड़ी की जा सकती हो (और इस प्रकार के गम्भीर प्रयत्न हुए हैं) तो हम युग की काव्य-धारणा की एक मूर्ति गढ़ सकते हैं। रीतिकाल का कवि वामनीया 'रीति' से परिचालित रहा हो या 'रीति' का अर्थ वह सामान्य काव्य-प्रणाली (रीति) मात्र ही लेता हो, पर अपनी मूल प्रवृत्ति मे वस्तुतः वह रस और ध्वनि का ही सिद्धान्त मानता है, अलंकार (केशव-जैसे कवियों को छोड़कर), वक्रोक्ति, रीति या औचित्य का उतना नहीं; उसकी दृष्टि में काव्य वह है जो रसात्मक हो, ध्वनि की विभूति से सम्पन्न हो (कल्पना-सौन्दर्य का महत्व 'ध्वनि' में कूट-कूटकर भरा हुआ है, अतः कल्पना का महत्व इसमें निहित ही है), जिसमें सौन्दर्य की सूक्ष्म व गहरी चेतना हो (मतिराम, देव और घनानन्द का काव्य द्रष्टव्य है), जो अभिव्यक्ति की वक्रता या वचन-भंगिमा से चारु हो और जिसमें भाषा-संगीत का प्रांजल व गम्भीर प्रवाह हो।

रीति-काव्य की स्वच्छन्दतावादी धारा के कवियों में घनानन्द शीर्षस्थ हैं। उनके काव्य के प्रशासक एक समीक्षक ने उनकी प्रशस्ति कही है, जिससे घनानन्द की समीक्षा-दृष्टि ध्वनित होती है :

(अ) नहीं महा व्रजभाषा प्रवीन और सुन्दरतानि के भेद कौं जानै।
जोग वियोग की रीति में कोविद भावना भेद स्वरूप कौ ठानै॥
चाह के रंग मैं भींज्यो हियो बिछुरें मिले प्रीतम सांति न मानै।
भाषा प्रवीन सुछंद सदा रहै सो घन जी के कवित्त बखानै॥

(आ) प्रेम सदा अति ऊँचो लहै सु कहै इहि भाँति की बात छकी।
सुनि कै बन के मन लालच दौरै पै बौरे लखैं सब बुद्धि चकी॥
जग की कविताई के धोखे रहैं ह्यां प्रवीननि की मति जाति जकी।
समुझै कविरा घन आनँद की हिय आँखिन नेह की पीर तकी॥

उन उक्तियों में काव्य-समीक्षा की प्राचीन स्वच्छन्दतावादी दृष्टि ढूंढ़ी जा सकती है। स्वानुभूतिजन्य अदम्य आत्माभिव्यक्ति-रूप कविता के आनन्द का वास्तविक दर्शन हृदय के भीतरी नेत्रों से हो सम्भव है। सच्चे कवि की वाणी में भावना और सौन्दर्य का गूढ़ वैचित्र्य देखने को मिलता है। कविता स्वच्छन्द मन से प्रसूत एक ऐसी वस्तु है जिससे हमें प्राण-पोषक आत्मद्रव मिलता है और जो अपनी अभिव्यक्ति की वक्रता भंगिमा से हमें मुग्ध भी करती है। इस समीक्षा-दृष्टि में रस और ध्वनि के व्यंजन भरपूर हैं।

कहने की आवश्यकता नहीं कि सामान्य रूप से देखने पर यहाँ तक तो काव्य की रीतिकालीन धारणा प्रायः सनातन या व्यापकतम काव्य-धारणा के मेल में ही है। पर चार बातें या आपत्तियाँ विचारणीय रह जाती हैं :

१. रीतिवादी काव्य विलास की निम्न व स्थूल प्रवृत्तियों से प्रेरित है;

२. रीतिकालीत कवि का व्यापक सामाजिक जीवन के साथ कोई संबंध नहीं।

३. उसके पास कोई मानस-पुष्टकारी जीवन-दर्शन नहीं, और,

४. उसके पास केवल शैली रह गई है; अनुभूति का कोश तो भक्तिकाल के कवियों के पास ही छूट गया।

इन चार आपत्तियों के समाधान पर रीतिकालीन समीक्षादर्श थोड़ा और उभरकर सामने आ सकता है। विस्तार की गुंजायश नहीं दृष्टि-निक्षेपमात्र ही पर्याप्त होगा।

१. यह स्थायी और व्यापक आक्षेप फ्रायडीय लाइसेंसयाफ्ता युग में पुर्नविचार की अपेक्षा रखता है। 'काम' आज डीसेंट पेकिंग के साथ नयी कविता में चल रहा है तब रीति-कविता से यह नाक-भौं सिकोड़ क्यों? खैर, यों भी इस प्रश्न की जड़ें बहुत गहरी हैं। आइए, सीधे वहीं चलें। उपनिषद् के ऋषियों को आभास हुआ: "तदेत-न्मिथुनमोमित्येतस्मिन्नक्षरे संसृज्यते यदा वै मिथुनौ समागच्छत....।" भोज ने 'श्रृङ्गार-प्रकाश' में श्रृङ्गार को ही रसराज कहा। फ्रायड की धारणा से कौन अपरिचित है? सृष्टि की मूल चेतना व जीव की सहज वृत्ति आनन्द ही है। राजनीतिक जीवन में सृष्टि-पथ पर जो क्रान्तियाँ, आंदोलन आते हैं वे 'पासिंग शो' हैं। आँधी के बाद बादल छँटने पर, आकाश पुनः शुभ्र, पुनः वही मूल आनन्द। रीतिकाल का कवि यहीं रहता है। उसके पास कोई ग्रन्थि नहीं, गोपन नहीं, रक्त में झनझनी नहीं, शिराओं में ऐंठन-तनाव नहीं। सृष्टि की मूल चेतना का रहस्य मानो उसके लिए हस्तामलकवत् है।

२. सामाजिक जीवन का प्रश्न ही वहाँ कहाँ खड़ा होता है? वह तो जो देखता है सो अनुभव करता है और वही जीता है। यह प्रश्न आपके-हमारे लिए आज ठीक है। उस समय के लिए यह प्रश्न ही प्रायः असंगत है—व्यवस्थित शासनजन्य स्निग्ध चाँदनी-सी शान्ति के उस युग में यह निरर्थक है। विदेशियों की दासता के उस युग में कवियों को शान्ति या निष्क्रियता का अनुभव नहीं करना चाहिए था। (भूषण-जैसे कवियों ने नहीं भी किया), यह आरोप निश्चय ही हम उन कवियों पर लगा सकते हैं। पर सामान्यतः उस समय के कवि के लिए वर्ड्सवर्थ का कथन ही लागू होता है। 'Every flower enjoys the air it breathes." और फिर यदि इसे हम उस युग की एक त्रुटि ही मान लें तो इसकी क्षतिपूर्ति एक सुन्दर रूप में होती हुई दिखाई पड़ रही है। विरति व वैराग्य की शताब्दियों के बाद रीतिकविता ने गृह-जीवन का सौन्दर्य पुनः देखा और दिखाया और अधिकांश निर्गुणियों की शून्यवासिनी चेतना को पुनः पृथ्वी व सामाजिक जीवन की ओर उन्मुख किया। निवृत्ति से प्रवृत्ति की ओर युग का यह संक्रमण मार्क्सवादी विचारधारा के अनुयायियों को भी सम्भवतः बड़ा अनुकूल जान पड़ेगा। किन्हीं अर्थों में यह एक सांस्कृतिक योगदान है। रीतिकाल की कविता की जो पुनर्व्याख्या हो रही है उसमें कलासौन्दर्य के साथ ही इस तत्त्व के बोध की भी सहज स्फूर्ति है। सौन्दर्य-तृषा का कलात्मक तृप्ति हमारे मनोवैज्ञानिक व्यक्तित्व के लिए भी स्वास्थ्यप्रद सिद्ध हुई कही जा सकती है।

३. जीवन-दर्शन का प्रश्न भी ऐसा ही है। समस्या, ग्रन्थि, दाह—जहाँ कुछ

भी प्रायः न हो, वहाँ जीवन-दर्शन क्या ? यदि कोई जीवन-दर्शन है तो वह है सहज आनन्द। इसे चार्वाक दर्शन कहना भयंकर अन्याय होगा।

४. रीति-जैसे बाह्य तत्त्व को उन्होंने अत्यधिक महत्त्व दिया, किन्तु इस आक्षेप का निराकरण तो सहज ही यों हो जाता है कि जिस प्रकार भक्ति के क्षेत्र में सगुण मतवाद का स्थान व महत्त्व है उसी प्रकार रीतिवाद काव्य-क्षेत्र का 'सगुण मतवाद' कहा जा सकता है। भक्त निर्गुण के पचड़े में न पड़कर 'रूप' रेख, गुन' को ही सर्वस्व और प्रामाणिक मानता है, उसी प्रकार यदि रीतिकाल का कवि काव्यात्मा का स्पष्ट रूप-रेख-जैसी सगुण रीति के माध्यम से ही दर्शन करे तो क्यों गहरी आपत्ति हो : विशेषतः जबकि रीति के प्रति उनकी निष्ठा सगुण (राम-कृष्ण) के प्रति निष्ठा के समकक्ष-जैसी ही हो ?

तात्पर्य यह कि सृजन व समीक्षण—दोनों के सम्मिलित योग से हमें उस युग का एक समीक्षादर्श अवश्य मिलता है, जो उस युग के श्रेष्ठतम काव्य को देखते हुए रसवाद से सम्बद्ध ही जान पड़ता है।

भारतेन्दुयुगीन हिन्दी आलोचना

भारतेन्दु-युग का हिन्दी-आलोचना को योगदान बहुत प्रत्यक्ष न होकर परोक्ष ही अधिक दिखाई पड़ता है। यों भारतेन्दु हरिश्चन्द्र, प्रेमघन और बालकृष्ण भट्ट ने सैद्धान्तिक और व्यावहारिक आलोचना के क्षेत्र में अपनी सेवाएँ अर्पित कीं किन्तु उनका परिमाण बहुत अधिक न था। हाँ, इतना निश्चित है कि उनके युग में रीतिकालीन आलोचना से भिन्न नवीन युग-चेतना का न्यूनाधिक बोध करानेवाली आलोचना लिखी जाने लगी, जो उसके भावी विकास में सहायक सिद्ध हुई। इस युग में नवीन ढंग की आलोचना के स्फुरित व प्रवृद्ध होने के लिए अनुकूल परिस्थितियाँ बन रही थीं। आलोचना को उत्तेजना तब मिलती है जब नये-नये विचारों के क्षितिज खुलने लगें और प्राचीन व नवीन विचारों का पारस्परिक घात-प्रतिघात आरम्भ हो। नवीन वैज्ञानिक क्रान्ति, भारत व पश्चिम के राजनीतिक सम्पर्क तथा शिक्षा व साहित्य के माध्यम से यूरोपीय विचारों के भारत में आगमन से वह चेतना प्रज्वलित हुई जो आलोचना की गति को धार देती है। परिस्थितिवश इस युग में गद्य का आविर्भाव भी हुआ, नये-नये काव्य-रूप साहित्यक्षेत्र में मुकुलित होने लगे और मुद्रण-यन्त्र का भी प्रसार-प्रचार हुआ। देश में नवीन राजनीतिक-सामाजिक सांस्कृतिक क्रान्ति का शंखनाद गूँजने लगा। ऐसे वातावरण में हिन्दी की नयी आलोचना ने पलकें खोलीं।

इस युग की आलोचनात्मक गतिविधि सैद्धांतिक व व्यावहारिक, आलोचना के दोनों क्षेत्रों में थोड़ी-बहुत दिखाई पड़ी। भारतेन्दु ने 'नाटक' नामक एक पुस्तक लिखी जिसमें उन्होंने सैद्धांतिक भूमि पर नाटक की विस्तृत चर्चा करते हुए नाटक को युगानुरूप संशोधित-परिवर्तित करके उसे राष्ट्रीय-सामाजिक चेतना का वाहक बनाने का क्रान्तिकारी विचार प्रस्तुत किया। उन्होंने 'कविवचनसुधा' में 'हिन्दी कविता' नाम का

एक महत्त्वपूर्ण लेख भी लिखा। 'हरिश्चन्द्र-चन्द्रिका' (जो 'आलोचना-संभूषिता' थी), 'आनन्दकादम्बिनी', 'सारसुधानिधि', 'हिन्दी-प्रदीप' आदि इस युग में प्रकाशित विविध पत्र-पत्रिकादि हैं, जिनके माध्यम से आलोचना की चेतना का प्रसार हुआ। प्रेमघन और बालकृष्ण भट्ट ने ऐसी व्यावहारिक आलोचनाएँ लिखीं जिनमें आलोच्य रचनाओं के गुणदोष-कथन या निरूपण के साथ ही थोड़ी-माननीय व सूक्ष्म सैद्धान्तिक चर्चा भी मिलती है। प्रेमघन ने श्री रामेशचन्द्र दत्त द्वारा मूल बंगला लिखित तथा बाबू गदाधरसिंह द्वारा हिन्दी में अनूदित उपन्यास 'वंग विजेता' की आन्तरिक विशेषताओं का विश्लेषण करते हुए आलोचना की। उन्होंने लाला श्रीनिवास के 'संयोगिता स्वयंवर' नामक ऐतिहासिक नाटक की भी, उसका सिद्धान्त-पक्ष प्रस्तुत करते हुए, आनन्दकादम्बिनी में विस्तृत व कड़ी आलोचना की। इसी प्रकार पं० बालकृष्ण भट्ट ने भी 'हिन्दी-प्रदीप' में 'संयोगिता स्वयंवर' की अपनी दृष्टि से आलोचना की, जिसमें उन्होंने नाटक की यत्र-तत्र सैद्धान्तिक चर्चा करते हुए नव युग के सन्दर्भ में उक्त रचना पर विचार किया। इस प्रकार हम देखते हैं कि इस युग में नवीन हिन्दी-आलोचना का सूत्रपात हुआ और उसमें देशकालानुसार नवीन उपकरणों का भी न्यूनाधिक समावेश हुआ। मुख्यतः सम्पादकीय लेख, गुणदोषविवेचनमूलक कुछ स्वतंत्र लेख, पुस्तक-परिचय, टिप्पणियों आदि के रूप में ही यह आलोचना उपलब्ध है।

द्विवेदीयुगीन हिन्दी-आलोचना

परिमाण और गुण की दृष्टि से द्विवेदी युग की हिन्दी-आलोचना अपने पूर्ववर्ती युगों से अधिक सशक्त, समृद्ध व मौलिक कही जाएगी, क्योंकि एक तो इसको युग-निर्माता आचार्य महावीरप्रसाद द्विवेदी, मिश्रबन्धु, पद्मसिंह शर्मा, लाला भगवानदीन, पदुमलाल पुन्नालाल बख्शी, श्यामसुन्दरदास और रामचन्द्र शुक्ल जैसे महारथियों का योगदान प्राप्त हुआ और दूसरे, हिंदी में पहली बार आलोचना अपने मूल या वास्तविक स्वरूप, जो भारतीय व अन्तर्राष्ट्रीय रंगमंच पर क्रीड़ा करनेवाली प्राचीन-नवीन के विराट् संघर्ष से प्रसून नवयुगीन विचारणा के आलोक में क्रमशः तैयार हो रहा था, के निकट पहुँचने का प्रयास करती दिखाई पड़ी। समीक्षा की नवीन या नवीनतर उपलब्धियों से अवगत होकर भले ही हम शुक्ल-पूर्व समीक्षा को बहुत ऊंचा स्थान न दें, पर उसका तात्त्विक ऐतिहासिक महत्त्व नगण्य नहीं है।

द्विवेदी युग के प्रवर्तक आचार्य महावीरप्रसाद ने 'सरस्वती' के माध्यम से हिंदी में समीक्षा के एक नवीन युग का द्वार उद्घाटित किया। उन्होंने आलोचना के दोनों मुख्य रूपों—सैद्धान्तिक व व्यावहारिक—से सम्बद्ध सामग्री मुक्तक लेखों, पुस्तक-परिचयों, टिप्पणियों एवं स्वतन्त्र पुस्तकों के रूप में प्रस्तुत की और हिन्दी पाठकों का ध्यान पाश्चात्य और भारतीय लेखकों व कवियों (बेकन, कालिदास, भवभूति आदि) की ओर आकृष्ट किया। वे उस युग में अवतरित हुए जब हिंदी में व्रजभाषा का स्थान खड़ीबोली ले रही थी, देश के सामने स्वराज्य-प्राप्ति का जटिल व ज्वलन्त प्रश्न था और राजा राममोहनराय, रामतीर्थ और विवेकानन्द के बाद दयानन्द, तिलक और

गाँधी-जैसे महापुरुष हमारी राष्ट्रीय सामाजिक-सांस्कृतिक नौका के कर्णधार थे। इस वातावरण में द्विवेदीजी ने सुधारवादी नवीनतावादी दृष्टि से हिंदी साहित्य का नेतृत्व करके सृजन और समीक्षण को रूपाकृत करने का बीड़ा उठाया। अपनी समीक्षा दृष्टि का निर्माण उन्होंने अपने युग जीवन की परिस्थितियों, उपलब्ध युगीन साहित्यिक उपकरणों तथा प्राचीन भारतीय काव्य व इतिहास-पुराण के अध्ययन से प्राप्त चिंतन-स्फूर्तियों के योग से किया। 'कवि और कविता' जैसे लेख के द्वारा उन्होंने नवीन सैद्धान्तिक समीक्षा को आगे बढ़ाया, 'काव्य की उपेक्षिता उर्मिला' जैसे लेख के द्वारा साहित्य में मानवता व नारीविषयक उच्च भावनाएँ प्रस्तुत कीं, कालिदास की रचनाओं की गुण-दोषमूलक विस्तृत व्याख्या करके भावी समीक्षा का पथ प्रशस्त किया और 'सरस्वती' के माध्यम से खड़ीबोली के आंदोलन का नेतृत्व करके भाषा को निर्मल, पुष्ट व प्रवाहमयी बनाकर आलोचना के अंतरंग के साथ ही बाह्य कलेवर को सँवारने का भी प्रबल उद्योग करके युगान्तरकारी कार्य किया।

द्विवेदी युग के समीक्षकों में मिश्रबन्धुओं का नाम बहुत महत्त्वपूर्ण है। उन्होंने 'हिन्दी नवरत्न' तथा 'मिश्रबन्धु-विनोद' नामक ग्रन्थ प्रस्तुत किए। प्रथम में हिंदी के नौ विशिष्ट कवियों का, जिनका चयन प्रायः लेखकीय रुचि के आधार पर ही हुआ है, श्रेणी-विभाजन करके उनकी काव्यगत विशेषताओं के निरूपण का प्रयास किया गया है, जो विद्वानों को बहुत सन्तोषजनक नहीं प्रतीत हुआ। इस ग्रंथ में देव हिंदी के सबसे बड़े कवि बताए गए हैं। इस रचना में तुलनात्मक आलोचना का, जो आगे चलकर काफी समृद्ध हुई, भी थोड़ा बहुत अभास मिला। मिश्रबन्धु-विनोद' एक इतिवृत्त-संग्रह है जिसमें सैद्धान्तिक व ऐतिहासिक समालोचना का मिला-जुला रूप दिखाई पड़ता है।

मिश्रबन्धुओं ने देव को बड़ा बताकर एक दूसरे लेखक को उभारा जिसने बिहारी को और भी बड़ा कवि सिद्ध किया, और वे थे उस समय के सुप्रसिद्ध समीक्षक पद्मसिंह शर्मा। फिर तो देव-बिहारी-द्वंद्व खूब चला। इस क्रम में कृष्णबिहारी मिश्र ने साहित्यिक आलोचना की एक उच्चस्तरीय पुस्तक 'देव और बिहारी' के नाम से प्रस्तुत की जिसमें तुलनात्मक दृष्टि से विषय का स्वच्छ और प्रौढ़ विवेचन किया गया था। दूसरी ओर पद्मसिंह शर्मा और लाला भगवानदीन ने बिहारी के पक्ष का पोषण करने में और उन्हें श्रेष्ठ सिद्ध करने में अपनी सारी शक्ति लगा दी। इस प्रकार इस विवाद से हिन्दी-समीक्षा में तुलना और खण्डन-मण्डन मूलक व्याख्या-विश्लेषण के अंग पुष्ट हुए और रचनागत गुण-दोषों का बारीक विवेचन करके भाव-पक्ष और कला-पक्ष की सूक्ष्म छानबीन करने की शक्ति का भी अभ्यास बढ़ा।

इस युग के दो अन्य महत्त्वपूर्ण आलोचक हैं—पदुमलाल पुन्नालाल बख्शी और श्यामसुन्दरदास, जिन्होंने क्रमशः 'विश्व-साहित्य' और 'साहित्यालोचन' नामक ग्रन्थों का प्रणयन करके पाश्चात्य सैद्धान्तिक समीक्षा का स्वरूप हिन्दी-जगत् के सम्मुख प्रस्तुत किया। इन रचनाओं ने साहित्यविषयक पाश्चात्य दृष्टिकोण को समझने में बहुत सहायता की। बाबू साहब का 'साहित्यालोचन' तो पिछले लगभग चार दशकों से हिंदी की उच्चतम कक्षाओं के छात्रों का एक पथ प्रदर्शक व लोकप्रिय समीक्षा-ग्रन्थ रहा है।

इस ग्रन्थ के द्वारा उस संश्लिष्ट व पूर्णतर समीक्षाशास्त्र के निर्माण की मूल स्पृहा लक्षित हुई, जिसको वस्तुगत व स्थापत्यगत प्रौढ़ता प्रदान करने का सदुद्योग आधुनिक समीक्षकों में; डॉ० नगेन्द्र की रचनाओं में विशेष रूप से दिखाई पड़ रहा है।

शुक्लयुगीन व शुक्लोत्तर हिन्दी-आलोचना

द्विवेदी युग तक की हिन्दी-आलोचना में अनेक महत्त्वपूर्ण समीक्षा तत्त्व उभर कर यत्र-तत्र ऊपर आते हैं, जो अपने आप में न्यूनाधिक शक्ति लिए भले ही दिखाई पड़े, किन्तु उनकी वास्तविक सार्थकता आगे चलकर उद्‌भूत होनेवाली आचार्य रामचन्द्र शुक्ल की वैज्ञानिक समीक्षा में यथास्थान नियोजित होने में ही है। वास्तव में शुक्ल जी की समीक्षा के लिए पहले से ही भूमिका प्रस्तुत हो रही थी। तुलसी ने उन्हें काव्य की लोकोपयोगिता का सूत्र दिया; 'दो सौ बावन वैष्णवन की वार्ता', 'चौरासी वैष्णवन की वार्त्ता' 'भक्तमाल, आदि रचनाओं से उन्हें युग व जीवन के आलोक में कवियों का विवेचन करने तथा प्रभावाभिव्यंजक व तुलनात्मक समीक्षा के कुछ स्वस्थ तत्त्व मिलाने की सामग्री मिली; सरदार कवि जैसे कवियों से सैद्धांतिक व व्यावहारिक आलोचना को साथ-साथ विकसित करने की प्रेरणा हुई; उनके विशेष प्रिय कवि घनानन्द ने उन्हें काव्य में मौलिक, गम्भीर व तीव्र अनुभूति तथा अन्तर्वृत्तियों की मार्मिक पहचान की प्रेरणा दी; रीतिकालीन आचार्यों ने उन्हें काव्यांगों के विवेचन के रिक्त अंशों को पूर्ण करने और आवश्यक संशोधन-परिष्कार करने को प्रेरित किया; भारतेन्दु से उन्हें राष्ट्रीय आदर्शों का तत्त्व तथा द्विवेदी युग की समीक्षा से सामाजिकता, नैतिकता, उपयोगितावाद तथा भाषा-संस्कार के तत्त्व प्राप्त हुए; मिश्रबन्धुओं तथा देव-बिहारी-द्वन्द्व से सम्बन्धित विद्वानों से उन्हें तुलनात्मक अध्ययन की प्रेरणा मिली; बख्शी जी और बाबू श्यामसुन्दरदास की रचनाओं से उन्हें पाश्चात्य सैद्धान्तिक समीक्षा के नवीन तत्त्व प्राप्त हुए। शुक्ल जी ने इन सब तत्वों का अपनी चिन्तन-प्रणाली में यथावश्यक समावेश करते हुए स्वतन्त्र, सशक्त व मौलिक व्यक्तित्व का निर्माण किया।

शुक्ल जी ने हिन्दी-आलोचना को स्वयं तो अनेक आयाम दिये ही, उनके परवर्ती आलोचकों ने भी इस दिशा में व्यापक कार्य किया। यहाँ हम सभी प्रमुख आलोचकों की चर्चा न करके आचार्य शुक्ल के अतिरिक्त शुक्लोत्तर आलोचना-क्षेत्र के तीन प्रतिष्ठित आचार्यों—नन्ददुलारे वाजपेयी, हजारीप्रसाद द्विवेदी, नगेन्द्र - के कृतित्व पर संक्षिप्त व सामूहिक दृष्टिपात करेंगे।

आचार्य रामचन्द्र शुक्ल

आचार्य शुक्ल को हिन्दी का सर्वप्रथम मौलिक और प्रौढ़ समालोचक होने का गौरव प्राप्त है। वे तात्त्विक व ऐतिहासिक, दानों प्रकार के महत्व से सम्पन्न हिन्दी के एक ऐसे दिग्गज आचार्य हैं जिन्होंने शास्त्राभ्यास और वैयक्तिक जीवनानुभूति के योग से निर्मित अपने मौलिक चिन्तन के सुदृढ़ सूत्र में भारतीय व पाश्चात्य समीक्षात्मक विचार-सरणियों का, सुप्रतिष्ठित जीवन-मूल्यों के आलोक में, गुम्फित किया है और

समीक्षा को ऊँचा अर्थ व आशय प्रदान किया है। काव्य क्षेत्र में तुलसी उनके सर्वाधिक प्रिय व आदर्श कवि हैं, जिनमें उनके मन-प्राण, आदर्श व विचारणा की समवेत सन्तुष्टि हो जाती है। उन्होंने काव्य, कला और साहित्य के विविध उपकरणों पर शास्त्रीय व स्वतन्त्र विचार भूमि पर स्वरूप-निर्धारणपरक सूक्ष्म व मौलिक सैद्धान्तिक विवेचन तो किया ही है, कुछ अन्य महत्त्वपूर्ण विषयों पर भी सर्वथा नवीन ढंग से विचार करके सैद्धान्तिक विचारणा को गहरी गति व उत्तेजना प्रदान की है और इस प्रकार वैचारिक ऊहापोह के लिए अटूट सामग्री प्रस्तुत कर दी है।

कविता के स्वरूप, शक्ति और सम्भावनाओं पर उन्होंने हिंदी में पहली बार तलस्पर्शी व प्रौढ़ चिंतन प्रस्तुत किया है। सौंदर्य जैसे सूक्ष्म विषय पर उन्होंने समन्वयात्मक दृष्टि से संक्षिप्त, किंतु मूलग्राही विवेचना प्रस्तुत की है। प्रकृति-सौंदर्य का साहित्यिक दृष्टि से तात्विक विवेचन उनसे पूर्व नहीं किया गया था। रस-तत्व का उन्होंने गम्भीर अनुशीलन किया है। पंडितराज जगन्नाथ के बाद 'साधारणीकरण' के सिद्धांत का उन्होंने ही मौलिक ढंग से प्रतिपादन करके उसके पुनराख्यान व पुनर्स्थापन का प्रयत्न किया। लोकमंगल की अपनी प्रिय भावना के आधार पर उन्होंने साहित्य की रोचक व्याख्या की है। रहस्यवाद पर भी उन्होंने अत्यन्त विशदतापूर्वक और निर्णयात्मक दृष्टि से विचार किया है। शैली के सौन्दर्य का पूर्ण महत्वांकन करते हुए भी उन्होंने वस्तु-तत्त्व को ही प्रमुखता प्रदान की है। उनकी समीक्षा की वास्तविक शक्ति उसमें निरूपित साहित्यिक आदर्शों में सम्भवतः उतनी न होकर उनके सशक्त व मौलिक व्याख्यान में है। एक भावक के रूप में वे अपनी पैनी व गहरी संवेदना से हमें सर्वत्र प्रभावित करते हैं।

मूलतः नैतिकता और लोक-धर्म के आधार पर खड़ी उनकी समीक्षा-पद्धति की अनेक सीमाएँ व अभाव विद्वान विचारकों द्वारा निर्दिष्ट किये गये हैं और बराबर किये जा रहे हैं, फिर भी वे हिंदी-समीक्षा जगत् में अपराजेय व्यक्तित्व बने रहकर अडिग हैं। इस सम्बन्ध में डॉ० नगेन्द्र का मत उल्लेखनीय है: "आचार्य रामचन्द्र शुक्ल के विषय में कदाचित् यह कहना अत्युक्ति नहीं होगी कि उनके समान मेधावी आलोचक किसी भी आधुनिक भारतीय भाषा में नहीं है।

आचार्य नन्ददुलारे वाजपेयी

शुक्लोत्तर हिंदी-समीक्षा के क्षेत्र में आचार्य नन्ददुलारे वाजपेयी का स्थान अत्यन्त महत्त्वपूर्ण है। उन्होंने शुक्ल जी के कृतित्व का सम्यक् विश्लेषण व मूल्यांकन करते हुए उनकी सीमाओं का स्पष्ट निर्देश किया और उनके रिक्तांशों की पूर्ति का प्रयत्न करते हुए अपनी मौलिक स्फूर्तियों से समीक्षा को नयी दिशा व गतिशीलता भी प्रदान की। उन्होंने परम्परागत रस की शर्त का यथावत् प्रबल आग्रह न रखते हुए कुछ अधिक युगोचित व मृदुल मान तैयार किए, जिन्हें अनेक शब्दों में 'रचनात्मक जीवन-चेतना' में समाविष्ट किया जा सकता है। उनके विचारानुसार यदि मूल रचनात्मक जीवन चेतना उपस्थित है तो सभी प्रकार की साहित्यिक वस्तु (सुखात्मक व

दुखात्मक, दोनों ही) के श्रेष्ठ व वैविध्यपूर्ण होने की पूरी-पूरी सम्भावना है।

वाजपेयी जी ने महत्त्व के क्रम से, काव्योत्कर्ष के अपने कुछ विशिष्ट सूत्र भी दिये हैं[1] जिनसे उनकी समुन्नत कला-दृष्टि व मनोविधान का स्पष्ट निर्देश हमें प्राप्त हो जाता है। ज्यों-ज्यों उनकी समीक्षा-दृष्टि प्रौढ़ और विकसित होती गई त्यों-त्यों ये सूत्र उनकी समीक्षा के अंग होते गये हैं। उन्होंने अपने लिए जो मान व मूल्य बनाये हैं वे साहित्य के मानसिक और कलात्मक उत्कर्ष का आकलन करने के लिए हैं। उन्होंने 'समस्त वादों से परे रहकर साहित्य-समीक्षा का प्रकृत पथ' ढूंढ़ा है। इस अन्वेषण में काव्य की सामयिक प्रेरणा का भी योगदान अत्यन्त महत्त्वपूर्ण रहा है। सम्भवतः उनकी मूल्यांकन-दृष्टि उनके इस कथन से प्राप्त हो सकती है : "किसी काव्य का या साहित्यिक कृति का श्रेष्ठत्व किसी संवेदना या रसविशेष में नहीं है, बल्कि उस संवेदन की मनोवैज्ञानिकता प्रांजलता, पुष्टता और गहराई में है।"[2] आह्लाद-मूलक तीव्र मार्मिक अनुभूति और उसकी कलापूर्ण सुष्ठु अभिव्यक्ति को ही काव्य-समीक्षा का निरापद आधार मानकर चलना एक स्वस्थ व वाद-निरपेक्ष दृष्टि ही समझी जायेगी। इसी दृष्टि के पोषक-उन्नायक होने के कारण वे सौष्ठववादी समीक्षक के रूप में हिन्दी-जगत् में नितान्त प्रसिद्ध हैं।

आचार्य वाजपेयी छायावाद व उसकी काव्य-शैली के एक समर्थ व्याख्याता और उन्नायक के रूप में सुप्रसिद्ध हैं। उनकी समीक्षा-शैली व्यावहारिक समीक्षा का उच्च आदर्श प्रस्तुत करती है। पात्रों के चरित्रोद्घाटन में उनकी दृष्टि किसी कोरे नैतिक फार्मूले को लेकर तुरन्त ही सत्-असत् का निर्णय नहीं कर देती। मानव प्रकृति के विविध गुणों की पारस्परिक क्रिया-प्रतिक्रिया, युग व प्रसंग परिस्थिति आदि पर सहानुभूतिपूर्वक विचार किए बिना वे पात्र का चरित्र नहीं आँकते। डॉ० देवराज के शब्दों में "वाजपेयी जी सम्पूर्ण अर्थ में अपने युग के लेखक हैं।"[3] उनकी सैद्धान्तिक समीक्षा व्यावहारिक समीक्षा में समाई हुई है। हिन्दी-शोध-तन्त्र के पुरस्कर्त्ताओं में भी उनका नाम मूर्द्धन्य लेखकों में है।

आचार्य हजारीप्रसाद द्विवेदी

आचार्य हजारीप्रसाद द्विवेदी हिन्दी के मूद्धन्य आलोचकों में से हैं। अपनी नितांत मौलिक समीक्षा-दृष्टि, प्रगाढ़ जीवनास्था, विशद मानव-सहानुभूति व स्वच्छ प्रतिपादन-शैली के कारण वे शुक्लोत्तर हिन्दी-समीक्षा के क्षेत्र में अनूठी महिमा से समन्वित होकर प्रतिष्ठित हैं। उनकी समीक्षा-दृष्टि आचार्य शुक्ल की लोक-मंगल की मूल दृष्टि का प्रायः विशद व्याख्यान कही जा सकती है। जीवन-तत्त्व की गवेषणा व व्याख्यान में द्विवेदी जी की गहरी रुचि व प्रीति है। इस तत्त्व-बोध में उनके भीतर

---

१. देखिये 'हिन्दी साहित्य : बीसवीं शताब्दी' (१६५८), पृष्ठ २७-२८
२. नया साहित्य : नये प्रश्न (१६५६), 'निकष' (भूमिका), पृष्ठ २६
३. हिन्दी आलोचना की अर्वाचीन प्रवृत्तियाँ (राजकमल प्रकाशन), भूमिका, पृष्ठ ३

के जिज्ञासु का रूप पूरा पूरा खिला है। जीवन-तत्त्व की उनकी उक्त जिज्ञासा कोरी 'एकेडेमिक' नहीं है। वह मानव, मानव-समाज व मानव-संस्कृति को और उनके पारस्परिक अन्तसूत्रों को समझने में सहायक हुई है। मानव को समझने का उनका प्रयास इतना हार्दिक है कि उनकी चरम परिणति में द्विवेदी जी साहित्य में मानवतावादी मूल्यों के एक शीर्षस्थ उन्नायक के रूप में अतुलनीय समझे जाते हैं। उनके सामने संस्कृति का एक अत्यन्त ही व्यापक रूप है। स्वयं साहित्य भी, जिसे हम प्रायः एक आत्मपर्यवसित वस्तु मान बैठते हैं, उनकी दृष्टि में संस्कृति का ही एक रूप, अभिव्यक्ति या शैली है। इसीलिए वे साहित्यिक-असाहित्यिक की ज्यादा छँटनी करने के पक्ष में नहीं दिखाई पड़ते। जो कुछ भी सांस्कृतिक व मानवीय महत्त्व से गर्भित है, वह सब कुछ उच्च-कोटि की हार्दिकता से प्रेरित शैली में विन्यस्त होने पर कलात्मक साहित्य ही है।

द्विवेदी जी की मूल दृष्टि मानववादी है। वर्ग-भेद को प्रश्रय देनेवाली समाज-शास्त्रीय दृष्टि से उनकी मानवीय सांस्कृतिक समाजशास्त्रीय दृष्टि सहज ही पृथक् कर के देखी जा सकती है। द्विवेदी जी के समीक्षा-निकष के निर्माण में जीवन-तत्व, मानवता, संस्कृति व समाजविषयक चिन्तन का पूरा-पूरा समावेश है। सिद्धान्तों की व्याख्या में उनका व्यावहारिक समीक्षक-रूप अत्यन्त आकर्षक है। उच्च साहित्यिक गुणों के अतिरिक्त व्यापक मानव संवेदना, जीवनास्था, उच्च मूल्यों के प्रति गहरी निष्ठा जीवन-स्वीकृति, दृढ़ता-स्पष्टता, उत्कट आशा, सहज औदार्य आदि व्यक्तिगत गुणों के रस में पगी उनकी उक्त व्याख्या अत्यन्त महिमाशालिनी बन गई है।

द्विवेदी जी ने साहित्य, कला काव्य आदि को देखने-परखने की एक ऐसी नवीन व आकर्षक दृष्टि हिन्दी-साहित्य को प्रदान की है जिससे शास्त्रीय दृष्टि से प्रायः साहित्येतर या साहित्यवाह्य समझी जानेवाली पुष्कल सामग्री का यथोचित व वांछित मूल्य आँका जाने लगा और उसे साहित्य की गौरवमयी निधि में सम्मिलित किया जाने लगा।

आचार्य नगेन्द्र

शुक्लोत्तर समीक्षा के क्षेत्र में डॉ० नगेन्द्र का हिन्दी के मूर्द्धन्य समीक्षकों में अपना विशिष्ट स्थान है। उनका समीक्षात्मक कृतित्व व्यापक व वैविध्यपूर्ण है। आचार्य शुक्ल के कृतित्व का गम्भीर अध्ययन करके उन्होंने हिन्दी के अन्य समीक्षकों के साथ, हिन्दी-समीक्षा के अंगों को सुभर व उसके व्यक्तित्व को मौलिक व बलिष्ठ बनाने का अनवरत उद्योग किया है। सैद्धांतिक आलोचना उनका अपना विशिष्ट व प्रिय क्षेत्र है। उसने भारतीय और पाश्चात्य काव्यशास्त्र का विधिवत् व गम्भीर मंथन किया है और उसके स्वतन्त्र तथा तुलनात्मक अध्ययन की उपलब्धियों से सज्जित हो एक ऐसे संश्लिष्ट व परिपूर्ण काव्यशास्त्र के निर्माण का उपक्रम किया है जिसमें पूर्व और पश्चिम की काव्य-चिन्ता की प्रामाणिक तथा परिनिष्ठित उपलब्धियाँ समंजित की जा सकें और जो श्रेष्ठतम काव्य के मूल्यांकन का यथासम्भव निरापद निकष प्रदान कर सके। प्राचीन भारतीय काव्यशास्त्र के अनेक प्रकाशस्तम्भवत्

उपजीव्य ग्रंथों की पांडित्यपूर्ण विशद भूमिकाएँ लिखकर और उनके पाश्चात्य काव्य-तत्वों का भी तुलनात्मक अध्ययन प्रस्तुत कर उन्होंने काव्यशास्त्र के जिज्ञासुओं व अध्येताओं का अशेष उपकार किया है।

व्यावहारिक समीक्षा के क्षेत्र में डॉ० नगेन्द्र ने अपने युग के विशिष्ट कृतिकारों और उनकी कृतियों की मौलिक काव्यशास्त्रीय व स्वच्छन्द व्याख्या की है। छायावाद की काव्य-श्री का रस-दर्शन कराने में आचार्य वाजपेयी के साथ डॉ० नगन्द्र का नाम भी अत्यन्त आदर के साथ लिया जाता है। 'रीतिकाव्य की भूमिका में देव का अध्ययन' नामक अपने डी० लिट् के शोधग्रन्थ के द्वारा उन्होंने हिन्दी के उपेक्षितप्राय रीतिकाव्य का वैज्ञानिक पद्धति से विश्लेषण व मूल्यांकन करके अपनी परिष्कृत व उन्नत कला-रुचि का, तथा तत्वाभिनिवेशी मनीषा का, परिचय दिया है।

'रस-सिद्धान्त' नामक नवीनतम ग्रंथ डॉ० नगेन्द्र की दीर्घकालीन साहित्य-साधना का सुपरिपक्व फल है। इसमें रस-सिद्धान्त के उद्भव और विकास का ऐतिहासिक और तात्विक भूमि पर क्रमबद्ध निरूपण किया गया है और अन्त में रस-सिद्धान्त के प्रति समय-समय पर उठे हुए प्रायः सभी प्रश्नों और शंकाओं पर तर्क व प्रमाणपूर्वक विचार करके एक सार्वकालिक सिद्धान्त के रूप में उसकी पुनर्प्रतिष्ठा की गई है। यह ग्रन्थ लेखक की भावयित्री प्रतिभा का चरमोत्कर्ष ही कहा जायेगा।

हिन्दी में शोध-तन्त्रविषयक सैद्धान्तिक चिन्तन के क्षेत्र में भी डॉ० नगेन्द्र का योगदान स्तुत्य है। शोध और आलोचना के सम्बन्धों का स्पष्ट व्याख्यान कर उन्होंने दोनों की कृत्रिम सीमाओं को ढहाते हुए आदर्श समीक्षा को आदर्श अनुसंधान और आदर्श अनुसंधान को उत्तम शोध के रूप में ग्रहण करने की धारणा प्रतिपादित की है। इस प्रकार साहित्य-तत्व के एक समर्थ व्याख्यानकार एवं उद्भावनाकार के रूप में डॉ० नगेन्द्र का स्थान आधुनिक हिन्दी-समीक्षकों में अत्यन्त उच्च है।

सैद्धान्तिक आलोचना

'प्रामाणिकत्वेनाभ्युपगतोऽर्थः सिद्धान्तः' (तर्कभाषा)। प्रामाणिक रूप से स्वीकार किये जानेवाले अर्थ को 'सिद्धान्त' कहते हैं। 'सिद्धान्त' के भेदों में से द्वितीय भेद 'प्रतितन्त्र' सिद्धान्त विशेष शास्त्र में (साहित्यशास्त्र में जैसे 'रस-सिद्धान्त') माना जाता है। किन्तु आज जबकि मानव-ज्ञान के अधिकाधिक सन्निकर्ष से प्रसूत विचारणा के आलोक में साहित्य या काव्य-तत्व पर विशद विचार हो रहा है तो 'सिद्धान्त' के अन्य सभी भेद (सर्वतन्त्र, अधिकरण, अभ्युपगम) पूर्णतः भुलाये नहीं जाते या जा सकते। नवीन काव्य-मूल्यों के अन्वेषण व निर्माण की प्रक्रिया, के बीच यह बात आज देखी जा सकती है।

सैद्धान्तिक आलोचना समीक्षा का, उसकी प्रक्रिया-पद्धति के आधार पर किया गया, एक महत्वपूर्ण प्रकार या भेद है। उसका क्षेत्र अत्यन्त व्यापक है। उसमें समस्त काव्यांग, काव्य-तत्व, काव्य-हेतु, काव्य-प्रयोजन, काव्य-भेदोपभेद, काव्य-लक्षण, काव्य स्वरूप, काव्य-प्रक्रिया, काव्य-त्रिकोण (कवि, समीक्षक, पाठक), काव्य पद्धतियाँ,

काव्य-शिल्प, काव्य-साहित्यविषयक वाद-प्रवाद—इन सब का अंगभूत, स्वतन्त्र या संश्लिष्ट तात्विक विचार समाविष्ट रहता है। गद्य के प्रसार से तथा नवीन साहित्य-रूपों के उद्भव और विकास से आज जबकि साहित्य की परिधि परम्परागत काव्य परिधि को लाँघकर और भी विस्तृत हो गई है और कवि, काव्यास्वादकर्त्ता, आलोचक और काव्य-निर्माण की प्रक्रिया की सूक्ष्मतर विवेचना होने लगी है तो सैद्धान्तिक आलोचना के विपुल विस्तार की कल्पना सहज ही की जा सकती है।

सैद्धान्तिक आलोचना दो रूपों में कल्पित की जा सकती है: (१) जो आलोचना काव्य या साहित्य के परम्परागत सिद्धांतों के ही आधार पर, उन्हें ही सर्वोपरि व प्रामाणिक या प्रमाणसिद्ध मानकर की गई हो, और (२) जो आलोचना परंपरागत सिद्धान्तों में निहित मन्तव्य को समेटते हुए, नवीन कलारुचियों व आवश्यकताओं की पूर्ति करते हुए, आलोचना की चरम नियति की ओर बढ़ने के प्रयत्न में से प्रसूत हुई हो। वस्तुतः सैद्धान्तिक समीक्षा का दूसरा रूप हो अधिक काम्य है, क्योंकि प्रथम रूप सूक्ष्म मनीषा की उपज होते हुए भी कभी-कभी, सीमातीत रूप में अनुसरित किया जाने पर, जड़ शास्त्रीयता का रूप ग्रहण कर लेता है (संस्कृत-हिन्दी से अनेक उदाहरण दिये जा सकते हैं; यूरोप में पोप व बूलू की रचनाएँ प्रसिद्ध उदाहरण हैं।) सैद्धान्तिक समालोचना की सार्थकता इसमें नहीं है कि प्राचीन प्रतिष्ठित सिद्धान्तों का तटस्थ निरूपण या विश्लेषणमात्र कर दिया जाये; इससे तो गतानुगतिकता का कोरा पोषण ही होगा, जो किसी प्रकार मौलिक साहित्य-चिन्तन की क्षेत्र-परिधि का विस्तार नहीं करता। नवार्जित मानव-ज्ञान-समष्टि के आलोक में और नवीन स्पृहाओं-आकांक्षाओं को स्थान देते हुए प्राचीन सिद्धान्तों के पुनराख्यान व परीक्षण-मूल्यांकन द्वारा उनमें वांछित संशोधन या काट-छाँट करते चलने में ही वास्तविक सैद्धान्तिक चिन्तन का विकास निहित है। हिन्दी में सैद्धान्तिक समीक्षा की प्रगति का लेखा लगाने में यह दृष्टि सम्भवतः उपयोगी जान पड़ेगी।

हिन्दी में सैद्धान्तिक आलोचना का विकास शनैः शनैः किन्तु धीर-सुदृढ़ गति से, होता रहा है। इसे सुविधानुसार कतिपय विशिष्ट धाराओं में विभक्त करके देखा जा सकता है:

(क) प्राचीन काव्यशास्त्रीय धारा

इस वर्ग के समीक्षकों ने प्राचीन भारतीय साहित्य-सिद्धान्त का, मुख्यतः भारतीय काव्यशास्त्रीय भूमि पर ही, मौलिक या परम्परागत ढंग से तटस्थ या विवेचनात्मक निरूपण प्रस्तुत किया है। इस धारा के अन्तर्गत हम श्री बाबूराम बित्थरिया, अर्जुनदास केडिया, कन्हैयालाल पोद्दार, जगन्नाथप्रसाद 'भानु', लाला भगवानदीन, 'हरिऔध', श्यामसुन्दरदास, रामदहिन मिश्र प्रभृति विद्वानों के क्रमशः नवरस, भारतीभूषण (सन् १९२८), काव्यकल्पद्रुम (१९४६), छन्द-प्रभाकर (सन् १८९४), काव्य-प्रभाकर (सन् १९०५), अलंकार-मंजूषा, रसकलस, रूपक-रहस्य (सन् १९३१), 'काव्य-दर्पण (सन् १९४७), काव्य-विमर्श (सन् १९५१) तथा ऐसी

ही अन्य अनेक विद्वानों के द्वारा रचित विशिष्ट रचनाओं को ले सकते हैं। इन कृतियों में समीक्षकोचित अनाविल शास्त्र-दृष्टि एवं वस्तुपरक स्वच्छ विषय-प्रतिपादन-शैली आदि गुण द्रष्टव्य हैं। आचार्यद्वय पं० बलदेव उपाध्याय एवं विश्वनाथप्रसाद मिश्र की रचनाएँ -क्रमशः भारतीय साहित्यशास्त्र, खण्ड १-२ तथा वाङ्मय विमर्श (सं० १९९९)—इस दृष्टि से अत्यन्त उच्च कोटि की हैं, जिनमें भारतीय साहित्य-तत्व को समझने के लिए पाश्चात्य विचारधारा को भी प्रस्तुत किया गया है। इस समीक्षा-धारा के अन्तर्गत हम उन साहित्य-सिद्धान्त विषयक ग्रन्थों को भी ले सकते हैं जो शोध-स्तर पर काव्य के अंग-उपांग, तत्व, विकास आदि का आनुषंगिक या पूर्ण रूप से ऐतिहासिक व काव्यशास्त्रीय अध्ययन प्रस्तुत करते हैं। इस दृष्टि से निम्नलिखित कुछ रचनाएँ उदाहरणार्थ प्रस्तुत की जा सकती हैं—डॉ० रसाल कृत 'हिन्दी काव्य-शास्त्र का विकास' (१९३७), डॉ० नगेन्द्र कृत 'रीतिकाव्य की भूमिका' (१९४६), डॉ० भगीरथ मिश्र कृत 'हिन्दी काव्यशास्त्र का इतिहास' (१९४७), डॉ० राकेश गुप्त कृत 'नायक-नायिका-भेद' (१९५२), डॉ० सत्यदेव चौधरी कृत 'रीतिकाल के प्रमुख आचार्य' (१९५६), डॉ० आनन्दप्रकाश दीक्षित कृत 'रस-स्वरूप : सिद्धान्त और विश्लेषण' (१९५६), डॉ० राममूर्ति त्रिपाठी कृत 'लक्षणा का विषय-विस्तार' (१९५९) तथा शृङ्गार, करुण, हास्य, वात्सल्य, वीर, शान्त आदि रसों पर प्रस्तुत अनेक शोध-प्रबन्ध।

(ख) समन्वयात्मक काव्यशास्त्रीय धारा

इस वर्ग के समीक्षकों ने साहित्य अथवा उसके विविध रूपों, अंगों-उपांगों तथा सिद्धांतों का भारतीय व पाश्चात्य समीक्षा के न्यूनाधिक समन्वय की भूमि पर मौलिक विश्लेषण-व्याख्यान प्रस्तुत किया है। इस धारा का मन्द तीव्र विकास भारतेन्दु युग से लेकर अब तक बराबर देखा जा सकता है। भारतेन्दु की 'नाटक' नामक पुस्तक, महावीरप्रसाद द्विवेदी का 'कवि और कविता' शीर्षक लेख आदि रचनाएँ इस क्षेत्र के आरम्भिक, किन्तु महत्वपूर्ण, प्रयत्न हैं। तदनन्तर पदुमलाल पुन्नालाल बख्शी की रचना 'विश्व-साहित्य' (१९२४) व श्यामसुन्दरदास की रचना 'साहित्यालोचन' (१९२२) भारतीय व पाश्चात्य काव्य-शास्त्र को अधिकाधिक निकट लाने का प्रयत्न करनेवाली समन्वय-साधिका रचनाएँ हैं। फिर तो आचार्य शुक्ल के आलोचना-क्षेत्र में आविर्भाव से लेकर अब तक अनेक विविधस्तरीय प्रयत्न बराबर सामने आते रहे हैं। इस दृष्टि से आचार्य शुक्ल की 'काव्य में रहस्यवाद' (१९२९), 'चिन्तामणि' (१९३९) तथा 'रस-मीमांसा' (१९४९) शीर्षक कृतियाँ, जयशंकर प्रसाद की 'काव्य और कला तथा अन्य निबन्ध' (१९३९) लक्ष्मीनारायण 'सुधांशु' कृत 'काव्य में अभि-व्यंजनावाद' (१९३८) और 'जीवन के तत्व और काव्य के सिद्धान्त' (१९४२), डॉ० नगेन्द्र की 'भारतीय काव्यशास्त्र की भूमिका', 'रस-सिद्धान्त' (१९६४) आदि कृतियाँ, डॉ० गुलाबराय की 'सिद्धांत और अध्ययन' (१९४६) तथा 'काव्य के रूप' (१९४७), नन्ददुलारे वाजपेयी कृत 'आधुनिक साहित्य' (१९५०) तथा हजारीप्रसाद द्विवेदी के

सैद्धान्तिक लेख उल्लेखनीय हैं। उक्त रचनाओं में, लेखक-भेद से, भारतीय और पाश्चात्य काव्यविषयक सिद्धांतों का ऐतिहासिक, तात्विक व तुलनात्मक बोध सजग व तीव्र है और इनके लेखकों का प्रयास, सामूहिक दृष्टि से देखने पर, हिन्दी में एक पूर्णतर, उदार व विशद साहित्य-धारणा को तैयार करने में अत्यन्त उपयोगी सिद्ध हुआ है। हिन्दी की समीक्षात्मक मनीषा की मौलिकता, सूक्ष्मता व उच्चता का माप मुख्यतः इन या ऐसे ही अनेक लेखकों के कर्तृत्व पर आश्रित है।

(ग) स्वच्छन्द काव्यशास्त्रीय चिन्तन

वर्तमान युग में नवीन साहित्य-रूपों व साहित्य-उपादानों पर सैद्धान्तिक दृष्टि से विचार करनेवाली पूर्णतः शास्त्र-मुक्त या प्रायः शास्त्र-मुक्त अथवा जीवन-निरीक्षण व कला-विवेक पर आश्रित स्वच्छन्द चिन्तन-धारा को अनेक कवियों और समीक्षकों ने साग्रह अपनाया है। इस धारा के अन्तर्गत अनेक उपधाराएँ लक्षित की जा सकती हैं, जिनमें सर्वप्रमुख है कवि-आलोचकों की चिन्ता-धारा। पहले हम छायावादी कवियों को लें। प्रसाद, पन्त, निराला, महादेवी, रामकुमार वर्मा आदि अनेक कवियों ने यथावसर अपने काव्य सम्बन्धी दृष्टिकोण को स्पष्ट करते हुए काव्य के विविध पक्षों व तत्वों की स्वतन्त्र रूप से अत्यन्त सूक्ष्म विवेचना की है। इन कवियों के काव्यविषयक दृष्टिकोण को जानने के दो ही प्रमुख साधन हैं : (१) अपने संग्रहों की भूमिकाओं के रूप में या स्वतन्त्र ग्रन्थ या लेखादि के रूप में प्राप्त सामग्री, तथा (२) उनका काव्य—जिसके अनुशीलन-परिशीलन से उसमें निहित उनकी काव्य-दृष्टि के अनेक बिन्दुओं को चुन-चुनकर एकत्रित व संपिंडित किया जा सकता है। डॉ० सुरेशचन्द्र गुप्त ने 'आधुनिक हिन्दी-कवियों के काव्य सिद्धान्त'[१] नामक अपने शोध-ग्रन्थ में इस प्रकार का सफल प्रयास किया है। यहाँ स्थानाभाव से विशेष विस्तार में न जाकर इतना ही कहना पर्याप्त होगा कि काव्य के सूक्ष्मतम व अन्तरंग उपकरणों—तीव्र व मार्मिक जीवनानुभूति, सूक्ष्म सौन्दर्य-चेतना, स्वच्छन्द, उदात्त व रमणीय-कोमल कल्पना, अनुभूति-प्रेरित आकर्षक रहस्य-भावना, स्निग्ध-कोमल शैली-शिल्प, शब्द-संगीत आदि—के आधार पर छायावादी कवियों ने जो चिन्तन किया है वह हिन्दी की सैद्धान्तिक समीक्षा के कोश का वैविध्यपूर्ण व समृद्ध बनानेवाला है क्योंकि कवियों का चिन्तन उनके सृजन में से गन्धवती धरती से सहजोद्भूत छिन्नोद्भवा के समान फूटा है, उनके सृजन व समीक्षण में जीवन्त साँसों का सम्बन्ध है, अतः वह इस दृष्टि से अत्यन्त प्रामाणिक है। सैद्धान्तिक चिन्तन की उपलब्धि को आँकते समय इस तथ्य को ध्यान में रखना आवश्यक है। समीक्षा की इनकी वस्तुगत देन को निकालने की प्रक्रिया दीर्घ और जटिल ही होगी, क्योंकि अनेक कवियों का बाह्य मनोविज्ञान बहुत कुछ समान होते हुए भी अपनी मूल चेतना में वे परस्पर नितांत भिन्न व स्वतंत्र है। उनकी जीवन-दृष्टियों में से उनके काव्य-सिद्धान्त उद्भूत हुए

---

१. विशेष देखिए, उक्त ग्रन्थ का पृष्ठ २७

हैं। सामान्य रूप से उनका काव्य-सिद्धान्त 'अनुभूत्यात्मक सौन्दर्यवाद' के रूप में हृदयंगम किया जा सकता है। यहाँ यह कहना कदाचित् असंगत न होगा कि छायावादी कवियों में संभवतः प्रसाद और महादेवी ने ही सबसे अधिक तत्व-चिंतन किया है।

छायावाद के ह्रास के पश्चात् प्रगतिवाद के कवियों ने अपनी समीक्षा-दृष्टि को प्रचारित किया, जो मार्क्स-दर्शन से अनुप्राणित थी। उन्होंने अपने पक्ष का अपने ही ढंग से सैद्धांतिक भूमि पर पोषण किया व हिन्दी की सैद्धांतिक समीक्षा को नवीन स्फूर्तियों से जीवन्त किया। इस वाद की साहित्यिक विचारधारा पर परम्परागत विचारधारा के अनेक बिन्दुओं पर मेल नहीं खाती, फिर भी साहित्य-सिद्धान्त को अधिक पुष्ट व सजीव बनाने में प्रगतिवादी कवियों का योगदान भी स्मरणीय है। इसी प्रकार प्रयोगवादी-मनोविश्लेषणवादी कवियों-विचारकों ने भी, जिनके वक्तव्य 'तार-सप्तक', 'दूसरा सप्तक', 'तीसरा सप्तक' आदि में उपलब्ध हैं, एक भिन्न दृष्टिकोण से हिन्दी-साहित्य की समीक्षादृष्टि को रंजित व गतिशील बनाने में योग दिया है।

'ग' वर्ग की स्वच्छन्द चिन्तन-धारा के अन्तर्गत कुछ अन्य लेखकों को भी लिया जा सकता है। श्री शान्तिप्रिय द्विवेदी समीक्षा-शैली की दृष्टि से प्रभाववादी समीक्षा से सम्बद्ध हैं, पर साथ ही उन्होंने अपने ढंग से, भावात्मक या प्रभाववादी ढंग से ही सही, जो तात्त्विक या सैद्धान्तिक विचारणा की है वह हिन्दी की सैद्धान्तिक आलोचना के ही अन्तर्गत है, अतः यहाँ उनका उल्लेख आवश्यक है। इसके अतिरिक्त जैनेन्द्र-कुमार, डॉ० देवराज, नलिनविलोचन शर्मा तथा अन्य अनेक विचारकों ने भी सैद्धान्तिक अलोचना के क्षेत्र में अपना योगदान किया है।

सैद्धान्तिक आलोचना की गतिविधि का शोध-स्तर पर विशद अध्ययन प्रस्तुत करते हुए भी हिन्दी में कुछ प्रबन्ध प्रस्तुत हुए हैं, जिनमें मुख्य हैं—डॉ० भगवत्स्वरूप मिश्र का 'हिन्दी-आलोचना : उद्भव और विकास' (१९५२), डॉ० रामदरश मिश्र का 'आधुनिक आलोचना की प्रवृत्तियाँ' (१९५७), डॉ० वेंकट शर्मा का 'आधुनिक हिन्दी साहित्य में समालोचना का विकास' (१९६२) आदि। इन प्रबन्धों में पूर्व-पश्चिम की साहित्य-चिन्तन-भूमि पर समीक्षा-तत्व की भी यथावसर पुष्ट विवेचना हुई है। कवियों और समीक्षकों के समीक्षा-सिद्धान्तों पर भी शोध-ग्रन्थ प्रकाशित हुए हैं : डॉ० सुरेशचन्द्र गुप्त और डॉ० रामलाल सिंह की कृतियाँ द्रष्टव्य हैं।

हिन्दी की सैद्धान्तिक समीक्षा की उपलब्धि पर अब अन्त में दो शब्द कहना असंगत न होगा। परिमाण और गुण, दोनों दृष्टियों से उपलब्धि पर्याप्त सन्तोषजनक है। साहित्य और उससे सम्बन्धित छोटे-बड़े प्रायः सभी विषयों की सैद्धान्तिक भूमि पर विविधस्तरीय विचारणा निरन्तर गतिशील रही है; और यह कहने में हमें कोई संकोच नहीं कि गुणवत्ता की दृष्टि से अवश्य ही उसका एक भाग मौलिक विषय परिकल्पना, स्वच्छ चिन्तन, वैज्ञानिक प्रतिपादन, समीक्षा की वास्तविक समृद्धि व क्षेत्र विस्तार की दृष्टि से उत्कृष्टतम कहा जा सकता है। अवश्य ही उसका वृहत् अंश संकलन, पुनरांकन आदि के प्रयासों से ऊपर नहीं उठ सका है, पर हिन्दी की

समीक्षात्मक मनीषा सामान्य रूप से अधिकाधिक जागरूक है, और कुछ व्यक्ति केन्द्रों में वह अत्यन्त सूक्ष्म, स्वच्छ व पैनी होकर सक्रिय है।

व्यावहारिक आलोचना

व्यावहारिक आलोचना का क्षेत्र भी अत्यन्त विशाल है। सिद्धान्तों को कृतियों पर लागू करके अथवा स्वतन्त्र कला-विवेक से जब कृतियों की आलोचना की जाती है तब व्यावहारिक आलोचना का रूप खड़ा होता है। इस आलोचना के अन्तर्गत रचना-प्रक्रिया व काव्य त्रिकोण (स्रष्टा, समीक्षक व पाठक-वाचक वर्ग) की व्यावहारिक व्याख्या तो हो ही सकती है; साथ ही युग व समाज, रचनाकार के निजी जीवन-परिवेश और उसकी मनःस्थिति, समसामयिक युग की रचनाओं अथवा ऐतिहासिक अनुक्रम में रखकर पूर्वयुगीन रचनाओं से तुलना, प्रभाव-निरूपण, गुण-दोषों की विस्तृत व्याख्या, आगमन या निगमन पद्धति से विषय के सोदाहरण विश्लेषण-विवेचन से भी इस प्रकार की आलोचना का सजीव व परिपूर्ण व्यक्तित्व निर्मित होता है। इसमें रचनाकार की मौलिक दृष्टि, जीवन-मूल्यों, आस्था-विश्वासों व उसके व्यक्तित्व के अन्य भास्वर गुणों या तत्वों (जीवन-पर्यवेक्षण, अनुभूति-गम्भीर्य, कल्पना-शक्ति का उत्कर्ष, प्रभाव-ग्रहण-शक्ति, विषय-प्रतिपादन-क्षमता आदि) के प्रकाशन का अवसर भी यथेष्ट मात्रा में लेखक को प्राप्त होता है। उक्त विचार के द्वारा इस प्रकार की आलोचना के अत्यन्त मौलिक व सशक्त होने या हो सकने की आधार सम्भावनाएँ ध्वनित-संकेतित होती हैं। आश्चर्य नहीं कि अपने उत्कृष्ट रूप में इस प्रकार की आलोचना का महत्त्व सूक्ष्मतम चिन्तन, व्यापक जीवन-बोध व वैज्ञानिक प्रतिपादन-शैली के कारण आज अत्यन्त ही बढ़ गया है। सैद्धान्तिक समीक्षा के समकक्ष, या बढ़कर भी, वह आलोचना अब समझी जाने लगी है। इसका स्नायु-जाल अत्यन्त विशद व जटिल है।

इस आलोचना के अन्तर्गत हम प्रभाववादी समीक्षा, निर्णयात्मक-व्याख्यात्मक समीक्षा, मार्क्सवादी समीक्षा, मनोविश्लेषात्मक समीक्षा, तुलनात्मक समीक्षा तथा हिन्दी-समीक्षा की नयी प्रवृत्तियों को समाविष्ट कर सकते हैं।

प्रभाववादी समीक्षा

भावना-सम्पन्न समीक्षक के मन पर पड़ी किसी रचना की अनुकूल-प्रतिकूल प्रतिक्रिया या प्रभाव को ही मुख्य आधार बनाकर खड़ी होने वाली समीक्षा प्रभाववादी समीक्षा कही जाती है। यों तो वस्तून्मुखी चिन्तन के क्षेत्र में भावनामूलक निजी प्रतिक्रिया बहुत स्वस्थ वस्तु नहीं समझी जाती, किन्तु समीक्षा-जगत् में विचारकों का एक दल प्रभाववादी आलोचना को इस आधार पर स्वीकृत व महत्त्व देता है कि सच्ची और प्रामाणिक आलोचना तो वस्तुतः तभी सम्भव है जबकि हम भावन-शक्ति से रचना अथवा रचनाकार के मन के साथ तादात्म्य-लाभ करके व उसके मूलवर्ती वैशिष्ट्य को आत्मसात् करके, स्वानुभूति के साक्ष्य पर, समीक्षण-कार्य में प्रवृत्त हों।

जो हो, प्रभाववादी समीक्षा का महत्त्व भी किसी न किसी रूप में निर्विवाद है।

हिन्दी में प्रभाववादी समीक्षा के कुछ विशिष्ट उदाहरण देखे जा सकते हैं। तुलनात्मक समीक्षा के कुछ प्राचीन उद्‌गार, जैसे—'सूर सूर, तुलसी ससी', 'और कवि गढ़िया, नन्ददास जड़िया', आदि, उक्त आलोचना के साथ ही प्रभाववादी आलोचना के भी उदाहरण ठहराये जा सकते हैं, क्योंकि तुलना की मूल प्रेरणा वस्तुतः कवियों के कृतित्व की प्रभावशीलता के सत्य पर ही आधारित है। आगे चलकर मिश्रबन्धु, कृष्ण बिहारी मिश्र, लाला भगवानदीन, पद्‌मसिंह शर्मा आदि की मुख्यतः देव-बिहारी विषयक या अन्य तुलनात्मक समीक्षाओं के मूल में उनकी काव्य-प्रभाव ग्रहण की समुन्नत क्षमता या शक्ति के ही दर्शन होते हैं; हाँ, उन्होंने काव्य-प्रभाव को प्रायः अत्यन्त सन्तुलित भाव से ग्रहण किया है और अपनी समीक्षा को भी, उच्छ्‌वास-मुक्त रहकर, शास्त्रीय पीठिका पर प्रतिष्ठित किया गया है, इसलिए उनकी समीक्षा इस युग को देखते हुए महत्त्वपूर्ण है। द्विवेदीयुगीन पत्र-पत्रिकाओं में भी मधुर-भावापन्न समीक्षा के नमूने यत्र-तत्र देखने को मिल जाते हैं।

आचार्य शुक्ल की समीक्षा-पद्धति में यद्यपि विचारात्मकता ही प्रमुख है, किन्तु उसमें यत्र-तत्र अनेक स्थल —यथा 'काव्य में प्राकृतिक दृश्य' जैसे लेखों में—ऐसे भी मिल जायेंगे जहाँ वे उनकी रस-पेशल उच्चस्तरीय भावुकता के छिड़काव से सरल हो उठे हैं। निश्चय ही इस भावुकता से मूल वस्तु का विचार कहीं भी आच्छन्न नहीं हो गया है। 'चिन्तामणि' के 'निवेदन' में उनकी यह विज्ञप्ति सन्दर्भ-प्राप्त है :"···निकलती रही है बुद्धि, पर हृदय को भी साथ लेकर।····बुद्धि जहाँ कहीं मार्मिक या भावाकर्षक स्थलों पर पहुँची है वहाँ हृदय थोड़ा-बहुत रमता···गया है···बुद्धि-पथ पर हृदय भी अपने लिए कुछ न कुछ पाता रहा है।"

प्रभाववादी आलोचना के प्रसंग में एक नाम प्रायः अनिवार्य रूप से लिया जाता है, और वह है श्री शान्तिप्रिय द्विवेदी का। हम यह मानते हैं कि 'कवि और काव्य' (१९३६), साहित्यिकी' (१९३८), 'युग और साहित्य' (१९४१), 'ज्योति-विहग' (१९५१) आदि रचनाएँ अपनी भाव-सत्यता और चिन्तन की सूक्ष्म बुनावट के गुण के कारण इस क्षेत्र की अनूठी रचनाएँ हैं। इनके अतिरिक्त डॉ० नगेन्द्र, इलाचन्द्र जोशी आदि लेखकों की समीक्षा में यत्र-तत्र उनकी उच्च कोटि की काव्य-प्रभाव-ग्रहण की क्षमता प्रकट हुई है। उपर्युक्त सभी लेखकों ने प्रवाह में बहकर विषय-गौरव को कहीं लुप्त नहीं होने दिया है। उनका 'सहृदय' का सच्चा रूप ही प्रकट हुआ है, जो समीक्षक के लिए भी अनिवार्य ही है।

निर्णयात्मक-व्याख्यात्मक समीक्षा

निर्णयात्मक, व्याख्यात्मक और तुलनात्मक समीक्षा वस्तुतः समीक्षा के स्वतंत्र भेद या प्रकार नहीं समझे जा सकते, ये समीक्षा के वस्तु-पक्ष के द्योतक न होकर उसके शैली-पक्ष के ही द्योतक हैं। समीक्षा के दो मूल भेद—सैद्धान्तिक और व्यावहारिक आलोचना ही हैं, और इन दोनों ही प्रकार की आलोचना में (या आलोचना के जितने

भी भेद-प्रभेद या प्रकार कल्पित किये जायें, उन सब में) व्याख्या, तुलना और निर्णय की आवश्यकता पड़ती है। अतः इस रूप में ही इन समीक्षा-भेदों पर विचार किया जाना ठीक होगा।

यों, निर्णयात्मक आलोचना अब स्वतन्त्र रूप से आलोचना का बहुत स्वस्थ रूप या भेद नहीं समझी जाती, क्योंकि ज्ञान-समष्टि की अनवरत विकास-प्रक्रिया में और मूल्यों के इस तुमुल संग्राम के बीच कोई लेखक लोहा-रेखा-सी खींचकर न तो अपना निर्णय देता ही है और न देना ही चाहता है, क्योंकि एक ओर तो यह खतरे का काम है और दूसरी ओर दम्भ का प्रसारक है। फिर भी किसी भी लेखकीय बौद्धिक आयोजन में प्रत्यक्ष परोक्ष रूप में एक निर्णय-दृष्टि तो आद्यन्त बनी ही रहती है, जिससे ही विषय का प्रतिपादन और विवेचन व्यवस्थित रूप से चलकर किसी पूर्व-निर्धारित या सहजोपलब्ध प्रतिपाद्य में पर्यवसित व परिणमित होता है; निष्कर्ष या निर्णय-दृष्टि भुला बैठने पर तो विवेचन दिग्भ्रमित ही हो जायेगा। इस दृष्टि से देखने पर हिन्दी में निर्णयात्मक आलोचना की स्थिति सुधीर लेखन में सर्वत्र ही दिखाई पड़ जायेगी। पं० महावीर प्रसाद द्विवेदी ने प्राचीन कवियों की तुलना के प्रसंग में और मिश्रबन्धु, पद्मसिंह शर्मा, लाला भगवानदीन आदि ने देव-बिहारी की श्रेष्ठता के विषय में जो निर्णय दिए हैं वे निर्णयात्मक आलोचना के उत्तम उदाहरण कहे जा सकते हैं। आचार्य शुक्ल ने भी आगे चलकर निर्णयात्मक समीक्षा के उदाहरण प्रस्तुत किए। सूर, तुलसी व जायसी व जायसी की पारस्परिक तुलना करके उन्होंने कवियों का कोटि-क्रम-निर्धारण किया है। अंतिम निर्णय-सा दे देने की प्रवृत्ति इधर अब मिटती सी जा रही है। हाँ, अपने विवेचन का निष्कर्ष सुस्पष्ट शीर्षकों या उपशीर्षकों में महत्त्वक्रमानुसार रखने की पद्धति, जैसी कि डॉ० नगेन्द्र से दिखाई पड़ती है, विवेचन की स्पष्टता के प्रति अपने आत्मविश्वास की ही द्योतक है, बलात् आरोप की किसी प्रवृत्ति की नहीं।

व्याख्यात्मक समीक्षा का कार्य हिन्दी में इतना विस्तृत है कि स्थानाभाव से यहाँ दो शब्द ही कहकर आगे बढ़ जाना पड़ेगा। व्यावहारिक आलोचना के क्षेत्र में आचार्य शुक्ल के बाद आचार्य नन्ददुलारे वाजपेयी, आचार्य हजारी प्रसाद द्विवेदी, डॉ० नगेन्द्र आदि विद्वानों के नाम अग्रगण्य हैं। इन्होंने प्रतिष्ठित सिद्धान्तों के आलोक में अथवा स्वतन्त्र कलाविवेक के साथ प्रायः उन सभी श्रेष्ठ गुणों का प्रदर्शन करते हुए समीक्षा की है जो व्यावहारिक या व्याख्यात्मक समीक्षा के लिए अनिवार्य हैं।

मार्क्सवादी समीक्षा

काव्य या साहित्य के उत्कर्ष के नवीन प्रतिमान खड़े करने के लिए हिन्दी में इस शताब्दी के चतुर्थ दशक में समीक्षा की एक नयी पद्धति का जन्म हुआ जिसे समाजवादी, प्रगतिवादी या मार्क्सवादी समीक्षा कहते हैं। मार्क्सवादी समीक्षकों के प्रेरणा-स्रोत जर्मनी के कार्ल मार्क्स तथा अन्य अनेक रूसी या पाश्चात्य साम्यवादी विचारक हैं। इन विचारकों का दर्शन विकास व परिवर्तन की जीवन-दृष्टि पर आधारित है

और ये आत्मा को नहीं, पदार्थ को ही सृष्टि का परम तत्व मानते हैं। प्रगतिवादी समीक्षकों ने इसी दर्शन से प्रेरणा ग्रहण करके आलोचना के निष्कर्ष तैयार किए हैं। इन समीक्षकों में डॉ० रामविलास शर्मा और शिवदानसिंह चौहान प्रमुख हैं। मुंशी प्रेमचन्द, राहुल सांकृत्यायन, श्री प्रकाशचन्द्र गुप्त, श्री अमृतराय, डॉ० रांगेय राघव डॉ० नामवरसिंह व अन्य अनेक लेखक भी इससे संयुक्त किये जाते हैं। इस वर्ग के विचारकों की प्रमुख कृतियाँ काल-क्रम से इस प्रकार हैं—

१९४६—प्रगतिवाद (शिवदानसिंह चौहान); नया हिंदी साहित्य (प्रकाशचन्द्र गुप्त); १९४८—प्रगति और परम्परा (डॉ० रामविलास); साहित्य की परख (शिवदानसिंह); १९४९—संस्कृति और साहित्य (डॉ० रामविलास); १९५०—आधुनिक हिन्दी साहित्य (प्रकाशचन्द्र गुप्त); १९५१—भारतेन्दुयुग (डॉ० रामविलास) १९५२—प्रेमचन्द और उनका युग (डॉ० रामविलास); १९५३—हिन्दी साहित्य की जनवादी परम्परा (प्रकाशचन्द्र गुप्त); १९५४—प्रगतिशील साहित्य की समस्याएँ (डॉ० रामविलास); १९५५—लोकजीवन और साहित्य (डॉ० रामविलास); १९५६ स्वाधीनता और राष्ट्रीय साहित्य (डॉ० रामविलास); १९५८—आलोचना के मान (शिवदानसिंह); १९५९—साहित्य की समस्याएँ (शिवदानसिंह)। 'आलोचना' तथा अन्य पत्र-पत्रिकाओं में भी तत्सम्बन्धी सामग्री प्राप्त होती रही है।

यद्यपि मार्क्सवादी समीक्षकों की वर्गहीन समाज की कल्पना बहुत ही उदात्त व मनोहारिणी है, इनकी मानव-कल्याण की भावना बड़ी हार्दिक है; श्रम, समानता, सामाजिक न्याय और स्वतन्त्रता के इनके आदर्श बड़े प्रेरक और मोहक हैं, इन्होंने छायावादी कविता की कल्पना व भावुकता के अतिरेक से हिन्दी-कविता को मुक्त कराके उसे अधिक मांसल व जीवनोपयोगी बनाने में सहायता की है, तथापि इनकी अनेक दृष्टिभंगियाँ सहृदयों की, एवं काव्य पर व्यापक दृष्टि से विचार करनेवाले मनीषियों की, हार्दिक व सहज सहानुभूति अर्जित करने में अभी तक सफल हुई दिखाई नहीं पड़तीं। मानव-मात्र को लक्ष्य में न रखकर ये केवल श्रमिक वर्ग को ही अपने लक्ष्य में रखते हैं; समाज के भीमकाय लौह-यन्त्र के आगे व्यक्ति की सत्ता को तुच्छ व नगण्य कर देते हैं; 'अर्थ' को सभी विचारों का आधार बनाये रखते हैं; मानव-हृदय के सूक्ष्म सत्य, कला की मूल प्रेरणा व शैली के सूक्ष्म शिल्प की अवज्ञा कर पार्टी के घोषणापत्र को ही सर्वस्व मानते हैं और साम्प्रदायिक जोश से अधिक प्रेरित रहते हैं; मानव की श्रेष्ठ व परम्परा-प्राप्त कलात्मक उपलब्धियों व जीवन-मूल्यों में विश्वास को 'बुर्जुआपन' ठहराते हैं, आदि। उधर रसवादियों का मत है कि स्वस्थ सामाजिकता के श्रेष्ठ तत्व, कला की पद्धति से, रस-चक्र में यथास्थान सहज ही समाविष्ट हैं,[1] अतः साहित्य या काव्य को साम्प्रदायिक (या साहित्य के लिए विजातीय) चिन्तन से आक्रान्त करने की कोई आवश्यकता नहीं। सुधी सहृदय श्रेष्ठ युगीन व सामाजिक चिंतन को सिद्धांततः काव्य के लिए और काव्य की पद्धति से स्वीकार करने

---

१. डॉ० नगेन्द्र, विचार और विश्लेषण, पृष्ठ २

के लिए तैयार ही हैं। जो हो, प्रगतिवादी समीक्षा-पद्धति ने हिन्दी-आलोचना के विकास में अपने ढंग से महत्वपूर्ण योग दिया है, इसमें सन्देह नहीं है!

मनोविश्लेषणवादी समीक्षा

वह समीक्षा जिसमें मन के विश्लेषण को प्रमुखता देते हुए काव्य-साहित्य की उत्कृष्टता के निकर्ष का निर्माण होता है, मनोविश्लेषात्मक या मनोविश्लेषणवादी समीक्षा कहलाती है। पश्चिम में फ्रायड, एडलर, जुंग नामक सुप्रसिद्ध मनोविश्लेषण-शास्त्रियों ने मनोरचना, मानसिक व्यवहार और उनकी शारीरिक प्रतिक्रियाओं का अत्यन्त सूक्ष्म विश्लेषण किया। फ्रायड ने कामवृत्ति को ही जीवन का मूल माना और मन के तीन स्तरों—चेतन, अर्द्धचेतन और अवचेतन—की कल्पना करते हुए अपने सिद्धान्त की व्याख्या की। समाज-भय से दमित कामेच्छाएं अवचेतन में कठित हो नाना रूपों में व नाना माध्यमों से अपने को अभिव्यक्त करती रहती हैं। ये कला और काव्य में ही सर्वाधिक मुक्त रूप में प्रकट होती हैं। एडलर ने फ्रॉयड से असहमत होते हुए यह मत स्थिर किया कि मानव सामाजिक परिवेश में परिस्थितिवश आत्महीनता का अनुभव करते रहते हैं। इस हीनता की क्षतिपूर्ति प्रतिभावान् कवि अपनी कला में करते हैं और इस प्रकार वे अपनी हीनता-ग्रन्थि का भेदन करते रहते हैं। जुंग ने फ्रॉयड की अनेक बातों को मानते हुए व अनेक बातों से असहमत होते हुए मन के अवचेतन स्तर के दो रूपों या भागों—वैयक्तिक अचेतन और समस्त अचेतन—की कल्पना की और इन दोनों में समन्वय साधते हुए जीवन के उच्च आदर्शों व मूल्यों के प्रति भी अपनी गहरी आस्था व्यक्त की। केवल कामवृत्ति ही उनकी दृष्टि में सब कुछ नहीं है।

इस चिन्ताधारा का प्रभाव हिन्दी के विचारकों पर भी पड़ा और उन्होंने काव्य और काव्य-प्रक्रिया को मूलतः इसी दृष्टि से देखना चाहा। 'अज्ञेय', इलाचन्द्र जोशी, डॉ० नगेन्द्र व अन्य अनेक विचारक इस विचारधारा से घनिष्ठ या सहज-सामान्य रूप से सम्बद्ध समझे जाते हैं। 'त्रिशंकु' (१९४५) और 'आत्मनेपद' के द्वारा 'अज्ञेय' का मनोविश्लेषणवादी समीक्षक का रूप हमारे सामने आता है। यों फ्रायड व एडलर के सिद्धान्तों का पभाव भी उनकी समीक्षा पर खूब ही देखा जाता है, किन्तु जुंग का आत्म-विस्तार का आदर्शवादी दर्शन भी उनकी रचनाओं में मिलता है जो उनके श्रेष्ठ कलाकार रूप को प्रतिष्ठित करता है। प्रयोगवादी समीक्षा, जो सम्भवतः मनोविश्लेषणात्मक समीक्षा से ही घनिष्ठ रूप से सम्बद्ध है, के उन्नायक के रूप में क्षण, स्वतंत्रता, अहं और व्यक्ति पर उन्होंने अस्तित्ववादी दर्शन और मनोविज्ञान के प्रकाश में सर्वाधिक गूढ़ चिन्तन किया है।

इलाचन्द्र जोशी ने अपनी अनेक समीक्षात्मक रचनाओं—साहित्य-सर्जना (१९४०), विवेचना (१९४८), साहित्य-संतरण (१९५३), विश्लेषण (१९५४), साहित्य-चिंतन (१९५५) आदि—में मनोविश्लेषणात्मक समीक्षक का रूप प्रस्तुत किया है। वे उपर्युक्त मनोविश्लेषात्मक चिंतन से अत्यधिक प्रभावित कलाकार हैं—

इस सीमा तक कि उन्होंने छायावाद पर भीषण आक्रोश व्यक्त किया है तथा प्रगतिवाद को भी नहीं बख्शा। वस्तुतः वे छायावाद और प्रगतिवाद दोनों को अधूरा मानते हुए एक समन्वयवादी कला-दृष्टि की प्राप्ति के आकांक्षी हैं। अब तो फ्रायड पर भी उनका बड़ा क्षोभ प्रकट होने लगा है।[1]

डॉ० नगेन्द्र का संबंध इस विचारधारा से मूलतः इसी रूप में है कि वे कामवृत्ति को काव्य के मूल प्रेरणा-स्रोत के रूप में मानते आये हैं। कामवृत्ति आत्म-अनात्म के संघर्ष को जन्म देती है, और इस संघर्ष में ही आत्माभिव्यक्ति की प्रेरणा का जन्म होता है। इससे आगे वे कामविषयक मनोविज्ञान के जंजाल में नहीं फँसे हैं। रस-दृष्टि का आचार्य अनुपात का ध्यान रखेगा ही। साधारणीकरण-सिद्धांत की चर्चा को वैयक्तिक अनुभूति में केन्द्रित करके तथा भट्टनायक के सिद्धांत (भुक्तिवाद) में आस्था बताकर प्रकारान्तर से फ्रॉयड व युंग को विचारधारा के प्रति ही उनका समर्थन निहित है। अन्ततः यह कहना उचित होगा कि मनोविश्लेषण का महत्व काव्यादर्श के निर्माण में एक सीमा तक ही स्वीकार्य हो सकता है,[2] विषमानुपात में उसका ग्रहण व प्रयोग अवांछित ही होगा।

तुलनात्मक समीक्षा

भाव व रस, विचार व दर्शन, कल्पना, वर्ण्य विषय, साहित्य-रूप, शैली, वाद, धारा, सम्प्रदाय, प्रभाव व तत्सम्बन्धी नाना विषयों को लेकर दो या दो से अधिक साहित्यों, कृतिकारों या कृतियों का तुलनात्मक अध्ययन हिन्दी-समीक्षा और शोध के क्षेत्र का एक पर्याप्त जागरूक अंग हैं। मध्य-युगों में और द्विवेदी युग में जो समीक्षा-दृष्टि थी उसके निरूपण के बीच पिछले पृष्ठों में तुलनात्मकता की ओर यत्र-तत्र संकेत किये ही जा चुके हैं। विशेषतः द्विवेदी काल में देव-बिहारी के अध्ययन के संदर्भ में तुलनात्मक पद्धति का विशेष पोषण हुआ। आचार्य शुक्ल ने 'हिन्दी-साहित्य का इतिहास' में विविध काव्यधाराओं व कवियों पर (उदाहरणार्थ सगुण-निर्गुण काव्य-धारा पर व कबीर तथा जायसी आदि कवियों पर) तुलनात्मक दृष्टि से यथास्थान विचार किया। डॉ० नगेन्द्र ने भारतीय साहित्य सम्प्रदायों तथा भारतीय व पाश्चात्य साहित्य-तत्वों की परस्पर विशदतापूर्वक तुलना की। आचार्य वाजपेयी जी का प्रसाद और निराला का तुलनात्मक अध्ययन उनकी तत्सम्बन्धी सूक्ष्म दृष्टि का एक सुन्दर नमूना प्रस्तुत करता है। औपचारिक शोध के क्षेत्र में भी पिछले चौदह-पन्द्रह वर्षों में तुलनात्मक अध्ययन की दिशा में काफी सरगर्मी रही है। 'हिन्दी और गुजराती कृष्णकाव्य का तुलनात्मक अध्ययन' (१९५३), 'हिन्दी और बँगला के कृष्णकाव्य का

1. देखिए 'धर्मयुग', ३१-५-६४ तथा ७-६-६४ के अंक
2. देखिए 'काव्य और कला तथा अन्य निबन्ध', प्रसाद, पृष्ठ ८४; 'नया साहित्य : नये प्रश्न' नन्ददुलारे वाजपेयी पृष्ठ ९८; 'हिन्दी साहित्य कोश,' खंड १, पृष्ठ १३१ पर डॉ० वार्ष्णेय का मन्तव्य।

तुलनात्मक अध्ययन' (१९५५), 'हिंदी और मलयालम के भक्त-कवियों का तुलनात्मक अध्ययन' (१९५५), 'हिंदी और कन्नड़ के भक्ति-आंदोलनों का तुलनात्मक अध्ययन' (१९५६), 'कृत्तिवासी बंगला रामायण और रामचरितमानस का तुलनात्मक अध्ययन' (१९५७), 'हिंदी और तेलुगु नाट्य-साहित्य का तुलनात्मक अध्ययन' (१९५७), 'वाल्मीकि रामायण और रामचरितमानस का तुलनात्मक अध्ययन' (१९५८), 'हिंदी और मराठी के निर्गुण संत-काव्य' (१९५८), 'आधुनिक हिंदी और मराठी काव्य-शास्त्र का तुलनात्मक अध्ययन' (१९६०), 'हिंदी और आंध्र के महाकाव्यों के रचना-विधान का आलोचनात्मक अध्ययन' (१९६०) आदि प्रबंध इस क्षेत्र की गतिविधि को सूचित करते हैं। वस्तुतः तुलना तो आलोचना या शोध का एक आवश्यक अंग ही है। ग्रंथ की सामूहिक समीक्षा के अवसर पर तुलनात्मक (समसामयिक एवं ऐतिहासिक) दृष्टि से भी विचार कर लेने से निष्कर्ष और अधिक असंदिग्ध, पुष्ट व प्रामाणिक हो जाते हैं। अतः आलोचना और शोध में तुलना का व्यवहार हमें प्रायः सभी जगह न्यूनाधिक रूप में दिखाई पड़ जाएगा।

समीक्षा की नयी प्रवृत्तियाँ

हिंदी-समीक्षा आज अपने विकास के क्रम में बहुमुखी मानव-अर्जित ज्ञान से संवलित होकर चिंतन की नयी भूमियों की ओर बढ़ती हुई दिखाई पड़ रही है। यदि इस समस्त गतिविधि को एक शब्द में कहना चाहें तो वह है—मानव, मानव-स्वतंत्रता, जीवन तथा जीवन-मूल्य विषयक चिंतन व उसका व्याख्यान। इसमें क्या संदेह है कि इस पृथ्वी पर केन्द्रीय वस्तु मानव ही है, और मानव की प्रिय से प्रिय वस्तु है उसका जीवन। अतः आज की समीक्षा कला-चिंतन के सुस्थिर रूपों से आगे बढ़कर अब जीवन व उसके उपकरणों पर इस ढंग से चिंतन व व्याख्या करने में व्यस्त है जिसके आलोक में कला, काव्य व साहित्य का सम्बन्ध केवल स्वायत्त आनन्द न रहकर मानव और उसके अस्तित्व की चरम नियति के साथ प्रगाढ़ता से स्थापित हो जाये। निश्चय ही मानव-जीवन विषयक इस चिंतन से सम्बद्ध या आक्रांत होकर समीक्षा आज केवल काव्य व उसके गुण-दोष, काव्य-हेतु या रस-स्वरूप की विश्लेषणा तक ही सीमित नहीं रहना चाहती; वह जीवन, सृष्टि व मानव-अस्तित्व के मूलों तक जाकर अपने को उक्त दृष्टि से एक सांस्कृतिक अनुष्ठान के रूप में ही प्रमाणित व प्रतिष्ठित करना चाहती है। इस व्यापक लक्ष्य की सिद्धि की प्रक्रिया में पड़कर आज की समीक्षा इतने कार्य करती दिखाई पड़ रही है—

(क) मूल्य का स्वरूप-निर्णय और जीवन व काव्य-साहित्य के मूल्यों का निर्धारण;

(ख) मानव और मानव-अस्तित्व के स्वरूप व सार्थकता का विचार;

(ग) उद्घाटित मूल्यों के आलोक में नवीन का सृजन व मूल्यांकन, और प्राचीन का पुनर्मूल्यांकन;

(घ) दायित्व; स्वतंत्रता और व्यक्ति के व्यक्तित्व का विचार;

(ङ) उक्त चिंतन के आलोक में सभी साहित्य-रूपों को लेते हुए समीक्षा का स्वरूप-निर्धारण और साहित्न का व्यावहारिक समीक्षा की भूमि पर विवेचन।

यहाँ यह उल्लेखनीय है कि समीक्षा की जो नयी भूमियां खोजी जा रही हैं; वे साहित्य के स्वास्थ्य की दृष्टि से अपने आप में पूर्ण सार्थक जान पड़ती हैं। कारण वे हैं—

आत्मवादी दर्शनों के साथ ही अनात्मवाद या द्वैतवादी दर्शन भी प्रबल हो उठे हैं। उनके मन्तव्य को भी समीक्षा की एक पूर्णतर धारणा के निर्माण में यथास्थान नियोजित किये बिना व उसे समेटते चले बिना समीक्षा का पूर्ण सत्य हाथ नहीं लगेगा।

२. बीसवीं शताब्दी तक विविध ज्ञान-क्षेत्रों में नवीन जीवन-सत्य अन्वेषित-उद्‌घाटित हुए हैं और उनके आलोक में काव्य व साहित्य के स्वरूप, उद्देश्य आदि का पुनर्परीक्षण आवश्यक हो गया है।

३. विश्व बहुत तेजी से भौगोलिक इकाई हुआ जा रहा है। प्रभाव-प्रतिक्रियाएँ अवश्य ही किसी सत्य की वाहिका हैं। साहित्य के सत्य को प्राप्त करने के लिए इन प्रभाय-प्रतिक्रियाओं में निहित सत्य के तन्तुओं को समेटते चलना काम्य है।

४. परिवर्तन व गतिशीलता का दर्शन वस्तुओं के शाश्वत या स्थिर रूपों में विश्वास नहीं करता। अतः पदार्थवादी दृष्टि से साहित्य को जीवन की गतिशील धारा में डालकर उसका चिंतन अनिवार्य हो उठा है।

उपर्युक्त परिस्थितियों के आलोक में यह कहा जा सकता है कि वर्तमान काल में आलोचक जिन नवीन समीक्षा-मूल्यों की खोज में व्यस्त हैं उनके आधार पर व्यावहारिक समीक्षा साहित्य और जीवन-तत्त्व का कैसा व्याख्यान करेगी, इस जिज्ञासा का होना स्वाभाविक है।

शोध-कार्य

सैद्धांतिक आलोचना सम्बन्धी शोध कार्य का विशेष रूप से, और व्यावहारिक आलोचना विषयक शोध-कृतियों का सामान्य रूप से, उल्लेख पिछले पृष्ठों में किया जा चुका है। यहाँ शोध-स्तर पर की जानेवाली व्यावहारिक आलोचना का कुछ अधिक विस्तार से विवेचन इष्ट है, क्योंकि पिछले लगभग पचास वर्षों में सम्पन्न हिन्दी-शोध का एक बृहत् अंश व्यावहारिक आलोचना से सम्बद्ध है। स्थान-संकोच के कारण तिथियों, लेखकों, प्रबन्धों के नामों आदि का विस्तृत विवरण यथासम्भव बचाते हुए शोध-क्षेत्र में सम्पन्न व्यावहारिक आलोचना के सिंहावलोकन मात्र से ही यहाँ हमें संतुष्ट रहना होगा।

हिंदी के आदिकाल पर शोधकों की दृष्टि काफी वर्ष पूर्व से ही रही है। इस काल को लेकर जो शोध हुई है उसमें प्राचीन (अपभ्रंशकालीन) काव्य परम्परा व उक्त परम्परा से प्रभावित इस काल के कवियों के (उदाहरणार्थ विद्यापति, चन्दबरदाई

गोरखनाथ आदि के) जीवन व कृतित्व का विशेष अध्ययन; युगीन काव्य-प्रवृत्तियों का अध्ययन; नाथ-सम्प्रदाय, डिंगल साहित्य, काव्य विशेष की भाषा, रचनाओं के संस्करणों आदि का गवेषणात्मक अध्ययन; जैन-साहित्य, सिद्ध-साहित्य आदि साहित्य वर्गों का प्रकारों का अध्ययन सम्मिलित है। इस क्षेत्र में आचार्य हजारीप्रसाद द्विवेदी, डॉ० धर्मवीर भारती, डॉ० नामवरसिंह आदि अनेक विद्वानों ने अत्यन्त श्रमपूर्वक शोध-सामग्री प्रस्तुत की है। सामग्री की विरलता, स्रोतों की दुरूहता आदि के कारण इस काल का गवेषणात्मक व व्याख्यात्मक अध्ययन हिंदी-साहित्य के इतिहास की आरम्भ-कालीन व्यवस्था की दृष्टि से अत्यंत महत्त्वपूर्ण है।

इसके बाद हिंदी साहित्य का मध्यकाल आता है, जिसकी मूल आत्मा धार्मिक है। रामभक्तिशाखा, कृष्णभक्तिशाखा, संत साहित्य और सूफी साहित्य—इन सबको एक साथ मिलाकर देखने पर इस क्षेत्र में हुई शोध में निहित प्रबल जिज्ञासा, दृष्टि-विस्तार व तत्त्वाभिनिवेश से विद्वानों की गहन साधना-निष्ठा का पता चलता है। इस शोध की भूमि अत्यंत ही विशद है कवियों, रचनाओं, सम्प्रदायों, व आंदोलनों की प्रेरणा व स्वरूप धार्मिक, दार्शनिक व साहित्यिक सिद्धांत; काव्य-रूप व विचार-परम्परा; कवि की जीवनी व परिवेश; विचारधारा व शैली; कथा-स्रोत; सांस्कृतिक व लौकिक पृष्ठभूमि; विविध साधना-पद्धतियाँ व उनकी पारस्परिक तुलना आदि की व्याख्या में इस युग की व्यावहारिक आलोचना बड़ी मांसल व सर्वांगपूर्ण है। साधना और साहित्य-तत्त्व की व्याख्या में अनेक विद्वानों की सूक्ष्म मनीषा का प्रभावोत्पादक स्वरूप प्राप्त होता है। इस क्षेत्र में आचार्य हजारीप्रसाद द्विवेदी, डॉ० दीनदयाल गुप्त, डॉ० विनयमोहन शर्मा, डॉ० मुन्शीराम शर्मा, डॉ० हरवंशलाल शर्मा, डॉ० सत्येन्द्र, डॉ० माताप्रसाद गुप्त, डॉ० कामिल बुल्के, डॉ० बड़थ्वाल, डॉ० सावित्री सिन्हा, डॉ० विजयेन्द्र स्नातक आदि विद्वानों की शोध रचनाएँ विशेष उल्लेख्य हैं।

रीतिकाल का शोधस्तरीय अध्ययन भी पर्याप्त उत्साह व मनोयोगपूर्वक हुआ है, और अब भी हो रहा है। पं० कृष्णबिहारी मिश्र, पं० पद्मसिंह शर्मा, लाला भग-वानदीन आदि विद्वानों ने रीतिकाल विषयक अध्ययन को अपने युग में गहरी गति प्रदान की थी। आगे चलकर आचार्य पं० विश्वनाथप्रसाद मिश्र और डॉ० नगेन्द्र ने उस गति को ग्रहण करके एक नवीन व गहरी ऊष्मा के साथ उस अध्ययन को धार व औज्ज्वल्य प्रदान किया और रीतिकालीन काव्य का शुद्ध साहित्य की भूमि पर विशद व मौलिक विश्लेषण-व्याख्यान करके उसका मूल्यांकन किया। फिर तो विविध पक्षों से इस काव्य की और अधिक विवेचना होने लगी। रीतिकाल के अनेक कवि-आचार्यों के कृतित्व का विश्लेषण हुआ और केशव, देव, बिहारी, भिखारीदास, आलम, द्विजदेव, मतिराम, सूदन, घनानंद, पद्माकर आदि कवियों के काव्य के मर्मोद्घाटन की ओर ध्यान दिया गया। ऐतिहासिक-परम्परा, काव्य-परम्परा, रीति-परम्परा, प्रेम-व्यंजना, संगीत-तत्त्व, काव्य-रूप कला या अभिव्यंजना—इन सबका शास्त्रीय व स्वच्छंद, दोनों समीक्षा-भूमियों पर काफी महीन विचार हुआ। उपर्युक्त समीक्षकों के अतिरिक्त डॉ०

बच्चनसिंह, डॉ० मनोहरलाल गौड़, डॉ० विजयपाल सिंह आदि ने भी इस दिशा में उल्लेखनीय योग दिया है।

आधुनिक काल के दो आरम्भिक युगों —भारतेन्दु युग व द्विवेदी युग के साहित्य की भी कुछ शोध-प्रबंधों में विस्तृत विवरणपूर्वक व्याख्या हुई है। भारतेन्दु युग के कवियों, गद्य-लेखकों और उनके कृतित्व की विस्तृत समीक्षा की गई है।

इसी प्रकार द्विवेदीयुगीन कविता और गद्य-शैलियों के साहित्य-सौंदर्य की विवेचना द्विवेदी युग पर हुई शोध के अंतर्गत समाविष्ट है। आधुनिक साहित्य के विविध रूपों से सम्बद्ध शोध की परिधि भी दिन-दिन विस्तृत होती चल रही है। पृष्ठाधार के रूपों में अथवा मूल्यांकन के लिए निकष खड़ा करने के लिए सिद्धांत-पक्ष के विवेचन के साथ ही रचनाओं की शैली-शिल्प विषयक सूक्ष्म विवेचना तो अनेक ग्रंथों में मिलती ही है, पर विषयगत या मूल्यगत सौंदर्य का उद्‌घाटन व उसका विश्लेषण भी अधिकाधिक गहराई व सूक्ष्मता से होता हुआ दिखाई पड़ रहा है। रचना के मर्म या रचनाकार के मूल मन्तव्य के उद्‌घाटन-प्रकाशन के बीच से ही शोध के धरातल पर व्यावहारिक आलोचना का सौष्ठव व प्रतिमान प्रकट हो रहा है।

कविता, नाटक, उपन्यास, कहानी, गद्यकाव्य, निबंध आदि सभी विधाओं से सम्बंधित शोध-ग्रंथों में, सामूहिक रूप से विचार करने पर, रचनाकार के संस्कार, व्यक्तित्व-निर्माण, प्रभाव-प्रतिक्रिया, युग, समाज व परिवेश; साहित्य-रूप व रचना-तंत्र, लेखक की अथवा पात्रों की जीवन-दृष्टि; चारित्रिक वैविध्य-वैचित्र्य; साहित्य-मूल आदि का विश्लेषण-व्याख्यान शोधक्षेत्रीय व्यावहारिक आलोचना की यह एक सामान्य या प्रकृत भूमि हुई जा रही है। नये-पुराने मूल्यों के संघर्ष में जो मूल्य उभर-कर ऊपर आ रहे हैं तथा जो नवीन व सम्मार्जित कला-रुचियाँ बन रही हैं, उनके आलोक में ही कवियों व रचनागत पात्रों की स्पृहाओं-आकांक्षाओं, गतिविधियों व मानसिक आचरणों-आविष्कृतियों के औचित्य का परीक्षण-निर्धारण हो रहा है और इसी प्रयास में व्यावहारिक आलोचना अधिक स्फीति, प्रांजल व आशयपूर्ण होती चल रही है। व्यावहारिक आलोचना ने अब बहुत ही बड़ा क्षेत्र घेर लिया है। उसके इस विषय-प्रपंच को उत्तरोत्तर प्रवर्द्धमान साहित्यिक विधाओं व उपविधाओं-प्रविधाओं से जोड़कर देखा जाये और फिर कला-दृष्टियों व जीवन-दृष्टियों के अनन्त वैविध्य-वैचित्र्य के साथ संयुक्त कर दिया जाये तो गुणनफल कितना होगा! कहने का आशय केवल इतना ही है कि समीक्षकों व शोधकों की व्याख्यान क्षमता हिन्दी की व्याव-हारिक आलोचना को खूब जीवन्त व समृद्ध कर रही है। इस समृद्धि में छायावाद, प्रगतिवाद व प्रयोगवाद की जीवन दृष्टियों का भी अत्यन्त महत्वपूर्ण योग है।

विधा-क्रम से शोध-भूमि पर व्यावहारिक समीक्षा की उपलब्धि का अंकन स्वतन्त्र रूप से भी यहाँ किया जा सकता है, किन्तु क्षेत्र विस्तार व नवीन दृष्टि-स्फूर्तियों के निर्देश के बाद अब वह अनावश्यक ही होगा—मूलतः इसलिए भी कि विधा-रूप तो बाह्य व स्थूल है, भीतरी युग-चेतना या जीवन-चेतना सभी विधाओं में आज प्रायः समान रूप से परिव्याप्त है। उस चेतना की व्याख्या की क्षमता ही व्याव-

हारिक आलोचना के अभ्यासी समीक्षक की कला-दृष्टि, प्राण-स्फूर्ति व प्रतिपादन-कौशल का मानदण्ड है।

लोक साहित्य विषयक आलोचना

लोक-साहित्य का विचार भी आलोचना की प्रकृत परिधि में होने लगा है क्योंकि काव्य और साहित्य का मूल उपजीव्य जीवन है;[१] और जीवन की जैसी प्राणवान सहज और पारदर्शी अभिव्यक्ति लोक-साहित्य में होती है वैसी परिनिष्ठित नागर साहित्य में नहीं; वस्तुतः जब नागर साहित्य में संवेदना और अनुभूति के प्राण-प्रद स्रोत सूखने लगते हैं तो वह लोक-साहित्य की ही शरण लेने को विवश हो जाता है। अपभ्रंश (हेमचन्द्राचार्य के दिए हुए दोहोंवाला) आदि का साहित्य इसीलिए इतना ताजा व भाव-पोषक है। ऐसी स्थिति में लोक-साहित्य व कलात्मक-साहित्य का परस्पर पृथक् नहीं किया जा सकता, दोनों परस्पर एक दूसरे को प्रभावित करते हैं; उनमें केवल मात्रा का भेद है, वस्तुत वे दोनों ही साहित्य हैं।[२] इस नाते लोक-साहित्य व उसके विविध रूप भी समीक्षा की आधारभूत सामग्री के अभिन्न अंग हो गए हैं। प्रगतिवाद और प्रयोगवाद ने लोक-जीवन की साहित्य की साँसों में मिलाने का न्यूनाधिक उद्योग किया है।

हिन्दी में लोक-साहित्य विषयक आलोचना प्रचुर परिमाण में उपलब्ध होती चल रही है। देश के सांस्कृतिक ऐक्य की खोज हमें विभाषाओं, बोलियों की ओर तेजी से ले जा रही हैं, जहाँ लिखित-अलिखित विपुल लोक-साहित्य लहरा रहा है। अनुभूति, विषय-वैविध्य एवं अभिव्यंजना की दृष्टि से उस साहित्य के सौन्दर्य व मर्म का, स्वच्छन्द समीक्षा व शोध के धरातल पर, खूब निष्ठापूर्वक अध्ययन अब होने लगा है। नागरी-प्रचारिणी सभा, काशी के द्वारा प्रकाशित 'हिन्दी का लोक-साहित्य' नामक लगभग १००० पृष्ठों का ग्रन्थ 'हिन्दी साहित्य का इतिहास : षोडश भाग' के रूप में प्रकाशित हुआ है, जो इस विषय की महत्ता का साक्षी है।

डॉ० सत्येन्द्र, डॉ० कन्हैयालाल महल, डॉ० कृष्णदेव उपाध्याय, डॉ० रवीन्द्र 'भ्रमर' प्रभृति अनेक समीक्षकों की 'ब्रजलोक साहित्य का अध्ययन', 'मध्ययुगीन हिन्दी साहित्य में प्रेमगाथा काव्य' और 'भक्ति-काव्य में लोकवार्त्ता तत्व', 'राजस्थानी कहावतों की गवेषणा और वैज्ञानिक अध्ययन', 'मैथिल लोकगीतों का अध्ययन', 'मालव-लोक-साहित्य, भोजपुरी लोक-साहित्य', 'मध्यकालीन काव्य में लोकतत्व', 'हिन्दी उपन्यासों में लोकतत्व', 'मालवी लोकगीत', 'हरियाना प्रदेश का लोक-साहित्य' आदि कुछ श्रेष्ठ रचनाएँ इस क्षेत्र में प्रस्तुत की जा चुकी हैं तथा अनेक अन्य शोधकर्त्ता इस दिशा में कार्य-संलग्न हैं।

---

१. Mathew Arnold : Essays in Criticism (Second Series) P. 102
२. The Reader's Companion to World Literature (1961) P. 169

टीका-कार्य तथा पाठ-शोध

सरल या दुरूह समस्त पदों की या सुगम या विषम दोनों ही प्रकार के पदों की वृत्ति जैसी संक्षिप्त या निरन्तर व्याख्या टीका कही जाती है। आलोचना के विविध प्राचीन भेदों—सूत्र, कारिका, वृत्ति, भाष्य, वार्त्तिक, समीक्षा आदि—में से एक भेद या रूप 'टीका' भी है। मोनिएर विलियम्स ने 'टीक्' का अर्थ अनेक साक्ष्यों पर 'to move, to trip, to jump' करते हुए 'टीक्यति' का अर्थ to explain, to make clear' किया है। सम्भवतः 'टीका' का अर्थ इसके अनुसार यह हो कि सरल पदों को छोड़ते हुए दुरूह-जटिल पदों का व्याख्यान करना। अस्तु! हिन्दी में भक्ति-काल व रीति-काव्य पर : ब्रजभाषा-गद्य में बहुत-सी टीकाएँ लिखी गईं। 'चौरासी वैष्णवन की वार्ता' और 'दो सौ बावन वैष्णवन की वार्ता' पर गुसाइं हरिराय की तथा नाभादास के 'भक्तमाल' पर प्रियादास की टीका प्रसिद्ध प्राचीन हिन्दी-टीकाएँ हैं। सरदार कवि (रचना काल १८५० –१८८३ ई०) हिन्दी के अच्छे प्राचीन टीकाकारों में से हैं उन्होंने 'कविप्रिया', 'रसिकप्रिया', 'बिहारी सतसई', आदि पर टीकाएँ लिखी हैं। लाला भगवानदीन की 'रामचन्द्रिका', 'कविप्रिया', 'रसिकप्रिया', 'कवितावली', 'बिहारी सतसई' आदि ग्रन्थों पर पांडित्यपूर्ण ढंग से एवं रसात्मक शैली में लिखी गई टीकाएं सुप्रसिद्ध हैं। जगन्नाथदास 'रत्नाकर' की 'बिहारी-रत्नाकर' (सं० १९८२) के नाम से की गई 'बिहारी-सतसई', की टीका अत्यन्त प्रामाणिक व विद्वत्तापूर्ण है। आचार्य पं० विश्वनाथ मिश्र के भी अनेक ग्रन्थों का सम्पादन किया है और अनेक की टीकाएँ भी प्रस्तुत की हैं—जिनमें 'घनानन्द-ग्रन्थावली', 'कविता-वली', 'पद्माकर पंचामृत' 'घनानन्द-कवित्त', 'रसिकप्रिया', 'भिखारीदास-ग्रन्थावली' आदि सुप्रसिद्ध हैं। 'विनयपत्रिका' पर वियोगी हरि की 'हरितोषिणी टीका' भी बहुत प्रसिद्ध है। इस क्रम में वासुदेवशरण अग्रवाल की 'पदमावत' की टीका विशेषशतः उल्लेखनीय है।

आलोचना का एक प्रकार और भी है; और वह है पाठानुशीलन, पाठालोचन या पाठ-शोध। वस्तुतः विश्लेषण-मूल्यांकन विषयक काम तभी सही व निरापद हो सकता है जबकि पहले आधारभूत पाठ्य सामग्री शुद्ध व प्रामाणिक हो। प्राचीन रचनाओं का शुद्ध व प्रामाणिक पाठ तैयार करने में भाषा और साहित्य, दोनों ही दृष्टियों से गम्भीर अनुशीलन की आवश्यकता होती है। अन्तरंग परीक्षा और बहिरंग परीक्षा की पद्धति से विषय के निष्णात पंडितों के द्वारा यह कार्य वैज्ञानिक रीति से सम्पन्न होता है। हिन्दी में इस कार्य का उच्चतम प्रतिमान स्थापित करनेवालों में पं० विश्वनाथप्रसाद मिश्र का नाम लिया जाता है। उन्होंने 'रामचरितमानस' (काशि-राज संस्करण) का मूल पाठ-निर्धारण अत्यन्त वैज्ञानिक पद्धति से व पूर्णता के साथ किया है, ऐसा सुधी जनों का परिनिष्ठित मत है। इस क्षेत्र में दूसरे सुप्रसिद्ध विद्वान् डॉ० माताप्रसाद गुप्त हैं, जिनकी विशेष ख्याति पाठालोचनशास्त्र के पुरस्कर्त्ता के रूप में है। 'पृथ्वीराज रासो', 'बीसलदेव रासो', 'जायसी-ग्रन्थावली' आदि अनेक प्राचीन रचनाओं का शुद्ध पाठ उन्होंने निर्धारित किया है। डॉ० पारसनाथ तिवारी का नाम

भी इस क्षेत्र में सुविदित है। उन्होंने कबीर की रचनाओं का शुद्ध पाठ स्थिर करने की दिशा में महत्वपूर्ण कार्य किया है।

हिन्दी आलोचना की उपलब्धि व भावी सम्भावनाएँ

अन्त में हिन्दी-आलोचना की अब तक की गतिविधि पर सामूहिक दृष्टि डालकर उपलब्धि का कुछ लेखा लगाना भी यहाँ असंगत न होगा। या हिन्दी-आलोचना के अनतिदूर के ऐतिहासिक विकास-क्रम पर दृष्टि डालें तो निश्चित ही हमें हर्षित होने का पूरा अधिकार है : पुस्तक-परिचय, शास्त्रीय गुण-दोष के लक्षणों पर ही कृति के गुण-दोषों का परीक्षण तथा प्रायः प्रतिज्ञात्मक ढंग की (स्व-पक्षमण्डन निष्ठ) आलोचना, सामान्य सिंहावलोकन या निर्णय अथवा रूढ़ या प्रतिष्ठित जीवन-मूल्यों व कला-मूल्यों के प्रति पहले से ही समर्पित भाववाली आलोचना से चलकर हम क्रमशः शक्ति-संग्रह करते हुए आगे बढ़ते रहे हैं। इस अवधि में आलोचना-तंत्र भी सूक्ष्म, संवेदनशील व विकसित हुआ है। विकास के हमारे सोपान बड़े स्पष्ट दिखाई पड़ते हैं। आलोचना के जितने भी प्रकार हैं, प्रायः सभी के क्षेत्रों में विकास हुआ है। विषय का मूल व सर्वांगीण परिकल्पन, वैज्ञानिक प्रतिपादन, मतों का प्रस्तुतीकरण व परीक्षण, प्रमाणीकरण, निष्कर्षण व यथासम्भव निरापद आधारों पर मूल्यांकन — इस सभी व्यापार में समीक्ष्य कृतिगत सत्य को ढूंढ़ निकालने की वास्तविक जिज्ञासा बलवती हुई है। सबसे बड़ी बात तो यह है कि आलोचना की हमारी मूल धारणा (concept) अधिकाधिक स्पष्ट होती चली है, समीक्षाकोचित दायित्व व गौरव का भान भी बढ़ा है और हिन्दी की अपनी प्रतिभा की सहजोद्भूत नवीन व मौलिक दृष्टि भंगियाँ व तज्जन्य पुनराख्यान की गहरी क्षमता का भी हमें दर्शन हुआ है। जीवनानुभव, साहित्य-साधना एवं देश-विदेश के साहित्य के अनुशीलन से हमारा दृष्टि-विस्तार भी हुआ है। विभिन्न कोणों से व भाव-विचार के विभिन्न रंगतोंवाले प्रकाश में आलोच्य वस्तु को उसकी अपनी ही भूमि पर और अपने ही रूप और तत्त्व की सीमा में रखकर देखने एवं उसका निस्संग भाव से मूल्य आँकने का अभ्यास भी उत्तरोत्तर समृद्ध हुआ है।

पर चित्र का अभी दूसरा पहलू भी है। ऊपर जो कुछ कहा गया है वह मुख्यतः कुछ विशिष्ट व्यक्ति-केन्द्रों को ध्यान में रखकर ही कहा जा सकता है। सामान्यतः अभी हमारी समीक्षा गुटों में बँटी हुई है, हम अधिकांशतः अर्द्धसत्य देखने में ही अनुरक्त हैं। या तो हम पर मनोविज्ञान या काम-ग्रंथि का ही भूत सवार है या 'मेनिफेस्टो' का या शास्त्र के लौह-चौखटे का। अपने आप में ये सब एकांगी ही हैं। निश्चय ही इन सबका अपने-अपने स्थान पर पूरा महत्त्व है, पर अन्ततः हैं ये सब पूर्ण सत्य की प्राप्ति के लिए पुर्जे ही। पर यन्त्र के लिए सुदृढ़ व कार्य-क्षम पुर्जों की भी यथास्थान आवश्यकता है. इस नाते विविध विचार-सरणियों का सूक्ष्मातिसूक्ष्म विकास पूर्ण वांछनीय है। मन जो माने, मन को जो प्रिय लगे, मन के द्वारा जो समर्थित हो, उसका अपना महत्व है, पर मन को भी नियन्त्रित करनेवाली उच्चतर या सूक्ष्मतर

शक्ति (वह जो कुछ भी हो) की अवज्ञा-उपेक्षा करके मन को ही साहित्यिक उत्कृष्टता के मानदण्ड का आधार बना बैठना अत्यन्त चिन्त्य है। सब बातों को मनोविज्ञान की ही चरम कसौटी पर देखना भोंड़ापन है। मनोविज्ञान हमें अधिक से अधिक यह बता देता है कि हमारा मन क्या, क्यों और किस प्रकार करता है। इस सूचना से हम साहित्य को यथार्थ व रुचिपूर्ण बनाने में सहायता भर ले सकते हैं, साहित्य को मनोविज्ञान का पर्याय या स्थानापन्न बनाना गलत होगा। साहित्य की संश्लिष्ट चेतना मनोविज्ञान के विश्लेषण से सूक्ष्मतर व उच्चतर वस्तु है। अनधिकारी व्यक्ति भी मनोविज्ञान का नाम लेकर साहित्य का स्वरूप, उसकी मूल प्रकृति, कार्य-पद्धति व ध्येय को गड्ड-मड्ड कर देना चाहते जान पड़ते हैं। इसी प्रकार जन-कल्याण के आधार पर पैमाने बनाये जाते हैं। जन-कल्याण किसे इष्ट नहीं ? क्या इससे भी प्रिय वस्तु सुखी जीवन के लिए इस पृथ्वी पर कल्पित की जा सकती है ? वस्तुत: अतिचार और एकांगिता ही मूल व्याधि है, जिसका इलाज सही साहित्यिक पैमाने बनाने के लिए शीघ्र से शीघ्र होना चाहिए। यह हम मानते हैं कि काव्य व साहित्य एक संश्लिष्ट चेतना है और उसमें जीवन व विचार के सभी स्वस्थ उपकरणों की यथास्थान नितांत आवश्यकता है। समीक्षा-क्षेत्र में इस समय सबसे बड़ा कार्य है—अपनी पूर्व मनीषा के उत्तमांश को समेटते हुए व नवीन जीवन-स्पृहाओं तथा कला-रुचियों का सम्मान करते हुए मानव में बहिर्जीवन व अन्तर्जीवन की पूर्णता व समृद्धि की दृष्टि से युगोचित नवीन समीक्षा-मूल्यों का निर्धारण। मूल्यविषयक इस तुमुल संग्राम को अराजकता क्यों कहें ? प्राकृतिक छँटनी चलेगी और वही रहेगा जो इस विराट् योजना को सब प्रकार से इष्ट है।

आचार्य शुक्ल का काव्यालोचन

नन्ददुलारे वाजपेयी

आचार्य रामचन्द्र शुक्ल हिन्दी-आलोचना के लिए युग-प्रवर्तक कार्य कर गए हैं। भारतेन्दु हरिश्चन्द्र के समय तक हिन्दी-आलोचना अपने नये रूप में अवतरित नहीं हुई थी। तब तक वह लक्षण-ग्रंथों में रसों, अलंकारों, नायकों और विशेषकर नायिकाओं की सूचीमात्र बनी हुई थी। वैसे, मैं यह मानता हूँ कि रस और अलंकार, नायक और नायिका ही साहित्यिक आलोचना के आधारभूत तत्व हैं, पर जिन लक्षण-ग्रन्थों की बात मैं कह रहा हूँ उनमें इन तत्वों को मीमांसा बहुत ही स्थूल रूप से की गयी थी। इसका नतीजा यह हुआ कि साहित्यिक शास्त्र अथवा साहित्यिक अनुशासन का कार्य इन लक्षण-ग्रंथों से नहीं सध सका। अनुशासन तो दूर, साहित्य का साधारण मार्ग-निर्देश अथवा अच्छे-बुरे की पहचान तक ये नहीं करा सके। फिर इन्हें आलोचना-ग्रन्थ किस अर्थ में कहा जाये, यह भी एक समस्या ही है।

उदाहरण के लिए, लक्षण-ग्रन्थों में उल्लेख किये गए किसी भी रस के एक प्रसंग को ले लीजिए। मान लें हम 'श्रृङ्गार रस' का कोई प्रसंग लेते हैं। लक्षण-ग्रंथ द्वारा हम यह तो जान गये कि उक्त उद्धरण श्रृङ्गार रस का है, किन्तु वह कितने छिछले अथवा कितने सौम्य श्रृङ्गार का है, इसकी तुलनात्मक और मनोवैज्ञानिक विवेचना हम साधारणतः लक्षण-ग्रन्थों में नहीं पाते। दूसरी बात यह है कि उस 'रस' विशेष की अभिव्यंजना कितनी शक्तिपूर्ण अथवा निःशक्त प्रणाली से हुई है, यह कलात्मक विवेचना भी उनमें कम ही दिखाई देती है। तीसरी बात यह कि उस छिछले अथवा सौम्य श्रृङ्गार की सामाजिक पृष्ठभूमि क्या है—किन परिस्थितियों की वह प्रतिक्रिया है और सामाजिक जीवन पर वह किस प्रकार का असर डालेगा, इसके जानने का भी कोई साधन नहीं रहता। चौथी और सबसे महत्वपूर्ण बात यह है कि रचनाकार की अपनी मानसिक स्थिति का भी हमें पता नहीं लगता। आलोचना के ये ही प्रधान सूत्र हैं और लक्षण-ग्रंथों में इन्हीं का अभाव था।

साहित्यिक ह्रास के युग में आलोचना का भी ह्रास हो जाता है। भारतेन्दु हरिश्चन्द्र के पूर्व जो दशा साहित्य की थी वही इन लक्षण-ग्रन्थों की भी थी। दोनों ही संस्कार-हीन, परम्परा-बद्ध और अन्तर्दृष्टि-रहित हो रहे थे। जिस प्रकार के लक्षण-ग्रन्थ हिंदी में प्रस्तुत किये गए उन्हें देखते हुए यह निस्संकोच कहा जा सकता है कि इन लक्षण-ग्रन्थों का प्रस्तुत किया जाना किसी समुन्नत साहित्य-युग में संभव न

था। भारतेन्दु हरिश्चन्द्र के समय से स्थिति में परिवर्तन हो चला। आँखें खुलीं और यह आभासित हुआ कि रस किसी छन्द में नहीं है, वह तो मानव-संवेदना के विस्तार में है। नायक-नायिका कवि की कल्पना में निर्माण होने के लिए नहीं हैं : प्रगतिशील संसार की नानाविध परिस्थितियों और सुख-दुःख की तरंगों में डूबने-उतराने और धुलकर निखरने के लिए हैं; और काव्य-कला का सौष्ठव भी अनुभूति की गहराई में है, शब्दकोष के पन्ने उलटने में नहीं।

यह प्रकाश हमें इस बार पश्चिम से मिला। सुनने में यह बात आश्चर्यजनक मालूम देती है, पर यह सच है कि तुलसीदास का महत्त्व हमने डॉक्टर ग्रियर्सन से सीखा। उसके पहले गोसाई जी के 'मानस' का एक धार्मिक ग्रन्थ के रूप में आदर अवश्य था, पर काव्य तो बिहारीलाल, पद्माकर और केशव का ही उत्कृष्ट समझा जाता था। ठीक इसके विपरीत पं० महावीरप्रसाद द्विवेदी साहित्य में रीतिकालीन परम्परा के घोर विरोधी और कट्टर नैतिकता के पक्षपाती थे। उन्होंने सामयिक आदर्शों को प्रधानता दी और पुराने कवियों के मुकाबले भारतेन्दु हरिश्चन्द्र तथा श्री मैथिलीशरण गुप्त के काव्योत्थान की सराहना की। किसी विशेष वाद अथवा विचार-धारा का काव्य में प्रवेश होना ही उसके उत्कर्ष का साधक है, कुछ ऐसी धारणा द्विवेदी जी की थी। आज के कुछ प्रगतिशील आलोचकों का भी ऐसा ही मत है। वह विचारधारा या वाद काव्य को अपनी सत्ता के साथ एकाकार हो गया है या नहीं, यह वे नहीं देखना चाहते। मेरे विचार से यह दूसरी हद है। जो कुछ हो, प्रतिभा किसी, कठघरे में बन्द नहीं रहती। यद्यपि द्विवेदी जी साहित्य की अपेक्षा भाषा के अधिक बड़े आचार्य थे, पर साहित्य में भी उनकी पैनी निगाह पहुँचकर ही रही।

इसी समय के आस-पास पं० पद्मसिंह शर्मा भी आलोचना के क्षेत्र में आये। शर्मा जी बिहारी की काव्य-कला के बड़े प्रशंसक थे। ने उर्दू-फारसी के भी पंडित थे और हिन्दी में यदि उन्हें उर्दू-फारसी का मुकाबला कर सकनेवाला काव्य-चमत्कार नहीं मिल सकता था तो बिहारी में ही। पर, काव्य-चमत्कार ही काव्य नहीं है, शर्मा जी इस बात से अपरिचित नहीं थे, उनमें इतनी भावुकता और रसज्ञता थी कि इन दोनों के अन्तर को समझ सकें। तो भी उनका झुकाव चमत्कार और काव्य-सज्जा की ओर अधिक था। उनकी शक्ति इस बात में थी कि उनकी निगाह अभि-व्यक्ति के सौंदर्य या अलंकार पर हठात् जा टिकती थी। उनकी कमजोरी इस बात में थी कि उस सौंदर्य का परिचय कराने के लिए उनके पास 'कलम तोड़ दी' वाली शैली का ही महारा था। पर इसमें संदेह नहीं कि वे अभिव्यंजना-सौंदर्य के अद्भुत पारखो थे।

काव्य अथवा कला का संपूर्ण सौंदर्य अभिव्यंजना का ही सौंदर्य नहीं है। अभि-व्यंजना काव्य नहीं है। काव्य अभिव्यंजना से उच्चतर तत्व है। उसका सीधा संबंध मानव-जगत् और मानव-वृत्तियों से है, जबकि अभिव्यंजना का संबंध केवल सौंदर्यपूर्ण प्रकाशन से है। हमारे कितने ही नये समाक्षक ज्ञात या अज्ञात रूप से शर्मा जी के ही रास्ते पर चल रहे हैं। नये कवियों के उद्धरण दे-देकर कुछ नपे-तुले वाक्यों में

प्रशंसा कर देने तक ही उनकी समीक्षा सीमित है। शर्मा जी से वे किसी भी अर्थ में आगे नहीं बढ़ सके हैं, पर उनका उपहास करने में वे बहुत आगे हैं।

इसी समय मेरे गुरुदेव अध्यापक श्यामसुन्दरदास का 'साहित्यालोचन' ग्रन्थ प्रकाशित हुआ जिसमें साहित्य संबंधी कुछ सैद्धांतिक व्याख्याएँ, मनोवैज्ञानिक निरूपण और व्यावहारिक (साहित्य-तंत्र विषयक) निर्देश किये गये थे। इस ग्रंथ का बड़ा ही मार्मिक प्रभाव हिंदी के आलोचना-क्षेत्र पर पड़ा। हिंदी-आलोचना की इसी आरंभिक, किंतु नवचेतन, अवस्था में पं० रामचन्द्र शुक्ल का आगमन हुआ। उन्होंने रस और अलंकारशास्त्र को नवीन मनोवैज्ञानिक दीप्ति दी और उन्हें ऊँची मानसिक भूमि पर ला बिठाया। इस प्रकार रस और अलंकार हिंदी-समीक्षा से बहिष्कृत हो जाने से बचे। दूसरे शब्दों में, शुक्ल जी ने समीक्षा के भारतीय साँचे को बना रहने दिया। यही नहीं, उन्होंने इस साँचे के लिए यह दावा भी किया कि भविष्य की साहित्य-समीक्षा का निर्माण इसी के आधार पर होना चाहिए। यह दावा करते हुए शुक्ल जी ने 'रस और अलंकार' आदिकों को लक्षणग्रन्थों वाले निःशक्त रूप में न रहने देकर उन्हें नवीन प्राणों से अनुप्राणित कर दिया। उन्होंने उच्चतर जीवन-सौंदर्य का पर्याय बनाकर रस और अलंकार-पद्धति का व्यवहार किया। जहाँ तक उनकी प्रयोगात्मक (व्यावहारिक) आलोचना है, उन्होंने तुलसी और जायसी जैसे उच्चतर कवियों को चुना और उनके ऊँचे काव्य-सौंदर्य के साथ 'रस और अलंकार' का विन्यास करके 'रस-पद्धति' को अपूर्व गौरव प्रदान किया और साथ ही उन्होंने काव्य की स्थापना ऐसी ऊँची मानसिक संवेदना के स्तर पर की कि लोग यह भूल ही गए कि रसों और अलंकारों का दुरुपयोग भी हो सकता है।

मेरे कहने का मतलब यह है कि शुक्ल जी ने अपनी उच्च काव्य-भावना के बल पर समीक्षा की जो शैली निर्धारित की, वह उनके लिए ठीक थी। वे स्वतः तुलसी, सूर और जायसी-जैसे कवियों को ही प्रयोगात्मक समीक्षा में प्रवृत्त हुए जिससे उनकी आलोचना के पैमाने आप ही आप स्खलित होने से बचे रहे। उत्थानमूलक आदर्शवादी विचारणा से उनका सम्पर्क कभी नहीं छूटा।

किंतु शुक्ल जी ने हिंदी-साहित्य का समीक्षात्मक इतिहास भी लिखा है और यहाँ उन्हें सभी प्रकार के कवियों से संपृक्त होना पड़ा है। यहाँ शुक्ल जी ने अपने समीक्षा संबंधी पैमानों का प्रयोग अधिकतर इतनी सफलता के साथ किया है कि उनका साहित्यिक इतिहास कवियों और काव्य-धाराओं के मूल्य-निर्धारण में त्रुटिपूर्ण नहीं प्रतीत होता। किंतु, जहाँ-जहाँ और जब-जब शुक्ल जी ने अपने काव्य-माप में कुछ व्यक्तिगत रुचियों को प्रवेश करने दिया है—उदाहरण के लिए, उन्होंने कथात्मक साहित्य या प्रबंध-रचना को मुक्तक काव्य पर तरजीह दी और निर्गुण-सगुण की दार्शनिक धाराओं में सगुण-पक्ष की वकालत की—वहाँ-वहाँ उन्हें अक्सर काव्य की परख करने में कठिनाई हुई है। डी० एल० राय में रवीन्द्रनाथ की अपेक्षा उच्चतर भाव-संवेदन का निरूपण करना इसी प्रकार के पक्षपात का परिणाम है। इसी के

फलस्वरूप उन्हें हिंदी के आधुनिक कवियों में भी कुछ अनधिकारियों अथवा अल्प अधिकारियों को उचित से अधिक महत्व देना पड़ा है।

संवेदना या रसानुभूति के आधार पर स्थिर होनेवाली काव्य-समीक्षा के लिए दो शर्तें अनिवार्य हैं—एक यह कि समीक्षक का व्यक्तित्व समुन्नत हो और दूसरी यह कि उसमें कला का मानसिक आधार ग्रहण करने की पूरी शक्ति हो, किसी मतवाद का आग्रह न हो। शुक्ल जी में उच्च कोटि की काव्य-रसज्ञता थी, इसमें संदेह नहीं। साथ ही उनकी कुछ निजी रुचियाँ और आग्रह भी थे, जिन्हें उन्होंने दबाया नहीं। इसका मुख्य कारण यह है कि उनमें आलोचना से साथ-साथ रचनात्मक प्रेरणाएँ भी बड़ी प्रमुख थीं। स्वतंत्र रचना के लिए स्वतंत्र अभिरुचि का होना आवश्यक है, किंतु काव्य-समीक्षक को अधिक से अधिक निष्पक्ष होना चाहिए। साहित्य के वैज्ञानिक अनुसंधान-कार्य के लिए यह निष्पक्षता बहुत आवश्यक है।

रचनाकार और समीक्षक के लिए अलग-अलग रास्ते हैं। एक के लिए व्यक्तिगत अभिरुचि का अपार क्षेत्र खुला है, दूसरे के लिए उसकी गुंजाइश नहीं। उसे पूरी तटस्थता बरतनी होगी। यहाँ पूरी तटस्थता से हमारा मतलब निर्विकल्प या absolute तटस्थता से नहीं है। वह तो संभव नहीं है; समीक्षक अपने बाहरी (सामाजिक) और भीतरी (व्यक्तिगत) संस्कारों से बरी नहीं हो सकता। वह एक समय और एक वर्ग का लगाव छोड़ नहीं सकता। यहाँ तटस्थता से मेरा मतलब यह नहीं कि वह अपनी सामाजिक और संस्कारजन्य इयत्ता खो दे। यह सम्भव भी नहीं है। इससे तो समीक्षक के अपने व्यक्तित्व का निर्माण हुआ है। मेरा मतलब सिर्फ यह है कि इन व्यक्तिगत पहलुओं के होते हुए भी, जहाँ तक काव्य में कलात्मक स्वरूप और मनोभूमि के विश्लेषण का प्रश्न है, समीक्षक को तटस्थता कायम रखनी चाहिए।

समीक्षा की तटस्थता से यह आशय न निकालना चाहिए कि उस समीक्षा का सामाजिक सम्पर्क छूटा हुआ है। मैं इस सम्पर्क का लेख के आरम्भ में ही आग्रह कर चुका हूँ और यह संपर्क छूट जाने से लक्षण-ग्रंथों के द्वारा समीक्षा-क्षेत्र की जो दुर्दशा हुई, उसका भी उल्लेख कर आया हूँ। शुक्ल जी की काव्य-समीक्षा में बड़े समारोह के साथ इस सामाजिक संपर्क का आवाहन है। यह हिंदी-आलोचना के लिए बड़े महत्व की बात सिद्ध हुई। बल्कि मैं तो यह कहूँगा कि नव्यतर सामाजिक प्रगति से (विशेषतः राजनीति से) घनिष्ठ संबंध न रहने के कारण शुक्ल जी साहित्य की आधुनिक प्रवृत्तियों से उतना अधिक तादात्म्य स्थापित नहीं कर सके, जितनी उनके-जैसे इस क्षेत्र के अधिनायक से आशा की जाती थी।

युग की संवेदनाओं से समीक्षक का घनिष्ठ परिचय होना चाहिए। तभी वह युग के साहित्य का आकलन सम्यक् रूप से कर सकेगा। जिन नूतन स्थितियों और प्रेरणाओं से नवीन काव्य का निर्माण हुआ है, जिन नवीन वादों की सृष्टि हुई और जो नयी शैलियाँ साहित्य में अपनायी गई हैं, उनका जब तक परिचय नहीं, तब तक साहित्य का मूल्यांकन क्या होगा! किन्तु घनिष्ठ से घनिष्ठ परिचय में भी तटस्थता समीक्षक के लिए अत्यावश्यक है। यह तटस्थता सफल विश्लेषण की पहली शर्त है।

जिस प्रकार शुक्ल जी ने काव्य और कलाओं के सामाजिक सम्पर्क की आवाज उठायी उसी प्रकार उन्होंने रचनाकार की व्यक्तिगत मनःस्थिति का भी हवाला दिया है। रचयिता की मनःस्थिति का पता लगाना आधुनिक काव्य-विवेचक आवश्यक समझता है। इसके लिए काव्यालोचक आज मनोविश्लेषण-विज्ञान की भरपूर सहायता लेना चाहते हैं। शुक्ल जी के समय यह विज्ञान हिन्दी में कम व्यवहृत हुआ। इसका व्यवहार बड़ी विशेषज्ञता की अपेक्षा रखता है। रचनाकार के काव्य-निर्माण में उसके व्यक्तिगत संस्कारों का हाथ रहता है। वे संस्कार किस हद तक उसके काव्य को ऊँचा उठाते या नीचे गिराते हैं, यह प्रत्येक समीक्षक जानना चाहेगा। किन्तु इसे जानने के साधन उतने आसान नहीं हैं जितना हम अक्सर समझा करते हैं। शुक्ल जी ने इस दिशा में आरम्भिक कार्य का सूत्रपात कर दिया था।

रचनाकार की मानसिक स्थिति का विश्लेषण उसके द्वारा निर्माण किये गए काव्यात्मक चरित्रों के आधार पर भी किया जाता है। कोई भी साहित्यिक रचना पढ़ने पर रचयिता के विचारों, उसकी मनोभावना और मूल प्रेरणा का सामान्य रूप से अन्दाज लग जाता है, पर मनोविश्लेषण-शास्त्र द्वारा उस विषय की विशेषज्ञता प्राप्त की जाती है। किन्तु, यदि रचनाकार के साथ अन्याय नहीं करना है तो बहुत अधिक सतर्कता के साथ हमें निर्णय करना होगा।

शुक्ल जी बहुत अधिक वादों के पक्षपाती नहीं थे। यूरोप के साहित्य-क्षेत्रों में जो शीघ्र-शीघ्र वाद परिवर्तन होते रहे हैं, उन पर शुक्ल जी की आस्था नहीं थी। वे उन्हें बदलते हुए फैशन-जैसी चीज समझते थे। उनका ऐसा समझना एक दृष्टि से ठीक भी है। पर इस विषय में एक दूसरी दृष्टि भी है, वह यह कि यूरोप का साहित्य अतिशय समृद्ध साहित्य है। वहाँ नयी-नयी कला-शैलियों का आविर्भाव और प्रचार होना स्वाभाविक है। प्रत्येक साहित्य अपनी समृद्धि की अवस्था में बहुविध वेश-विन्यास करेगा ही। यह उसका अनिवार्य गुण है। तब देखना यह होगा कि कहाँ वह केवल फैशन बनकर रह गया है और कहाँ उसमें गहराई आयी है।

ठेठ कला अथवा रचना-प्रणाली की मीमांसा अभी हमारे साहित्य में बहुत कम हुई है। साहित्यिक विवेचन का यह एक प्रधान अंग करीब-करीब सूना पड़ा है। यहाँ रचना-प्रणाली से हमारा मतलब भाषा-शैली से नहीं है, बल्कि उस कारीगरी से है जो साहित्य को सौंदर्य या कला की वस्तु बनाती है।

जिस प्रकार अनेक काव्य-वादों की उलझन में शुक्ल जी नहीं पड़े, उसी प्रकार सामाजिक या राजनीतिक क्षेत्र की विचारधाराओं की उन्होंने उपेक्षा की। कुछ लोग इसी कारण उन्हें कोरा साहित्यिक घोषित करते हैं। वे इसे उनकी एक प्रधान त्रुटि भी ठहराते हैं और उनका कहना है कि इसी कारण शुक्ल जी वास्तविक अर्थ में हमारे आधुनिक साहित्य का नेतृत्व नहीं कर सके। इस सम्बन्ध में हमें दो बातें कहनी हैं। एक यह कि शुक्ल जी की एक विशेष समाज-नीति अथवा सामाजिक सिद्धांत (जिसमें राजनीति भी सम्मिलित है) अवश्य था। सम्भव है वह सिद्धांत अपनी पूरी रूपरेखा के साथ उपस्थित न किया गया हो, पर उसका एक सामान्य रेखाचित्र हमें शुक्ल जी

की सभी मुख्य रचनाओं में मिलता है। बल्कि कहीं-कहीं तो उनका पिष्टपेषण खटकने भी लगता है। वह सिद्धांत क्या है, इसे शुक्ल जी के सभी पाठक जानते हैं। उसे उन्होंने लोक-धर्म का सिद्धांत कहा है और भारतीय वर्णाश्रम-धर्म के साँचे के अन्तर्गत उसे ढालने की चेष्टा की है। वर्णाश्रम-धर्म से शुक्ल जी का आशय हिंदू-धर्म से नहीं है, बल्कि किसी भी ऐसे सामाजिक संगठन से है जिसमें कर्त्तव्यों और अधिकारों के समीकरण की चेष्टा की गई हो।

शुक्ल जी का लोक-धर्म का सिद्धांत मध्यवर्ग की उन आदर्शात्मक प्रेरणाओं से ओतप्रोत है जो बीसवीं शताब्दी के प्रथम चरण की विशेषता थी। अपने स्वाभाविक गाम्भीर्य के कारण शुक्ल जी 'रामचरितमानस' के महाकाव्योचित प्रसंगों में रम गए थे। इससे यह निष्कर्ष न निकलना चाहिए कि आधुनिक समय के लिए उनकी कोई चिंतना नहीं थी। दूसरी बात यह है कि आज की हमारी विचारधा वर्गों के आधार पर आ ठहरी है। इसके पहले वह राष्ट्रीयता के आधार पर स्थित थी और अब भी बहुत अंशों में स्थित है। शुक्ल जी के विचारों में हिंदू-समाज-पद्धति और आदर्शवाद का प्रधान स्थान है। उसे एक सार्वदेशिक अवस्था का रूप शुक्ल जी ने दिया है। वह कहाँ तक व्यवहार्य है, यह एक दूसरा प्रश्न है। वह कहाँ तक नयी विचारधारा और शब्दावली से मेल खातो है, यह और भी अलग प्रश्न है।

यदि शुक्ल जी में अपने समय और समाज की सीमाएँ हैं तो सवाल यह है कि इन सीमाओं से बचा कौन है? महत्त्व सीमाओं का नहीं है, महत्त्व है सीमाओं के भीतर किये गए काम का। शुक्ल जी ने अपने समय की एक अर्द्धजाग्रत साहित्य-चेतना को दिशा-ज्ञान दिया। रास्ता सुझाया ही नहीं, स्वयं आगे-आगे चले और मंजिल तय की। विपर्यस्त लक्षण-ग्रंथों की परम्परा को साहित्यशास्त्र की पदवी पर पहुँचाया, उसे आदर्शात्मक स्वरूप दिया। अपने उच्च कोटि के व्यक्तित्व और अध्ययन की छाप वे साहित्य पर छोड़ गये हैं। प्रांजलता और महाकाव्योचित और औदात्य के लिए यह युग शुक्ल जी को स्मरण करेगा। साहित्य-समीक्षक की हैसियत से सबसे बड़ी बात शुक्ल जी में यह नहीं है कि उन्होंने उच्चतर काव्य को निम्नतर काव्य से अलग किया, बल्कि उन्होंने वह ज्ञान दिया कि हम भी उस अन्तर को पहचान सकें। यह उनका पहला काम था। तुलसी, जायसी और सूर की समीक्षाओं द्वारा उन्होंने हिंदी-आलोचना को सुदृढ़ भित्ति पर स्थापित किया। यह भित्ति इतनी मजबूत है जितनी भारत की किसी भी प्रांतीय भाषा की भित्ति हो सकती है। शुक्लजी की सबसे बड़ी विशेषता है, समीक्षा के सब अंगों का समान रूप से विन्यास। अन्य प्रान्तीय भाषाओं में समीक्षा के किसी एक अंग को लेकर शुक्ल जी से टक्कर लेनेवाले अथवा उनसे विशेषता रखनेवाले समीक्षक मिल सकते हैं, पर सब अंगों का समान विकास उनका-सा कोई कर सका है, मैं नहीं जानता। जितना उत्कर्ष उन्हें साहित्य के सिद्धांतों का निरूपण करने में प्राप्त हुआ, उतनी ही दक्षता उन्हें उन सिद्धान्तों का व्यावहारिक प्रयोग करने में हासिल हुई। पांडित्य में उनकी अप्रतिहत गति थी, विवेचना की उनमें विलक्षण शक्ति थी। वे आलोचक या समीक्षकमात्र नहीं थे, सच्चे अर्थ में साहित्य के आचार्य थे।

समीक्षक की हैसियत से शुक्ल जी का आदर्श बहुत ऊँचा है; और उनका एक संदेह है जिसे आज के समीक्षकों को स्मरण रखना चाहिए। वह संदेश यह है कि साहित्य की समीक्षा किसी एक अंग या पहल पर ही समाप्त न हो जानी चाहिए, बल्कि वह सब अंगों को ध्यान में रखकर की जानी चाहिए। आज हिंदी में जो कोई समीक्षा के जिस किसी कोने को पकड़ पाता है, उसे ही खींच चलता है। यह समझने की जरूरत नहीं समझी जाती कि इस खींच-तान से साहित्य का कोई लाभ नहीं है, बल्कि इससे साधारण पाठकों में भ्रम ही फैला करता है। शुक्ल जी ने इस प्रवृत्ति को साहित्यिक कनकौआ उड़ाना कहा है ; और उन्होंने इसका ठीक ही नामकरण किया है। यह प्रवृत्ति हमें साहित्य की समीक्षा में बहुत दूर तक नहीं ले जा सकती, साहित्य की अन्तरात्मा के दर्शन तो करा ही नहीं सकती।

शुक्ल जी ने हिन्दी-समीक्षा में क्रान्तिकारी परिवर्तन किया। वे नये युग के विधायक थे। यद्यपि हम कहेंगे कि शुक्ल जी व्यक्तिगत अभिरुचियों और धारणाओं ने विशुद्ध काव्यालोचन में सदैव सहायता ही नहीं पहुँचाई, अनेक बार अड़चनें भी डालीं और शुक्ल जी की समीक्षा में युग की सीमाएँ भी स्वभावतः मौजूद हैं।

●

शुक्ल जी की आलोचना-दृष्टि

जयचन्द राय

हिन्दी-आलोचना और उसके मान-मूल्यों की रूपरेखा लक्ष्य ग्रंथों में निहित जीवन-मूल्यों और अन्तर्दृष्टि से अनुशासित रहती आई है और स्रष्टा साहित्यकारों के काव्य-दर्शन को आलोचकों ने कसौटी के रूप में ग्रहण करने का बराबर उद्योग किया है। मूल्यांकन का स्वतन्त्र मार्ग निर्मित करने के लिए यह नितान्त आवश्यक भी था। आचार्य रामचन्द्र शुक्ल ने इसी पद्धति का अवलम्बन लेकर हिंदी के मौलिक आलोचना-शास्त्र की आधारशिला रखी थी। यदि 'रामचरितमानस' के कालसापेक्ष काव्य-मूल्यों को अलग कर दें और बीसवीं शताब्दी की व्यापक राष्ट्रीय दृष्टि एवं जीवनोन्मेष के संदर्भ में उसके शेष मूल्यों का पुनराख्यान और संयोजन करें तो वही साहित्य-दृष्टि उपलब्ध होगी जो आचार्य शुक्ल को प्राप्त थी। तुलसी की महत्ता और सर्वश्रेष्ठता का अत्यन्त स्पष्ट और दृढ़कण्ठ उद्घोष जब वे करते हैं, तब हमें एक ओर आश्चर्य और पक्षपात का अनुभव होता है और दूसरी ओर हम उनके उन तर्कों की छानबीन प्रारम्भ कर देते हैं जो उन्होंने प्रतिपादन के लिए जुटाए हैं। वस्तुतः हमारा ध्यान उस व्यापक भारतीय जीवन-दृष्टि की ओर जाना चाहिए जो भिन्न-भिन्न सन्दर्भों में तुलसीदास और शुक्ल जी को अलग-अलग प्रेरित करती रही है। उसी दृष्टि ने एक में सर्जन को विशिष्ट रूप दिया और दूसरे में विवेचन को। विचार करते समय दोनों की पारस्परिक संगति को आँख से ओझल नहीं करना चाहिए। वस्तुतः आचार्य शुक्ल में ही सर्वप्रथम उस संगीत के दर्शन हुए जो हिन्दी आलोचना सिद्धान्तों को किसी प्राच्य अथवा पाश्चात्य सिद्धान्त से नहीं, अपने लक्ष्य ग्रन्थों और सृजनशीला चेतना से जोड़ती है। इसीलिए उन्हें मौलिक एवं उद्भावक आचार्य ही नहीं बल्कि हिन्दी-आलोचना का जन्मदाता कहना सर्वथा युक्तिसंगत है।

आचार्य रामचन्द्र शुक्ल कवि-कर्म की परम सिद्धि 'भावयोग' के रूप में देखते हैं और इसे ज्ञानयोग और कर्मयोग के समकक्ष रखते हैं। यही उनके सम्पूर्ण साहित्यिक एवं साहित्येतर विचारों की कुञ्जी है। इस योग में एक ओर पाठक अथवा श्रोता का तादात्म्य हो जाता है, दूसरी ओर आलंबन का साधारणीकरण; चरमावस्था पर पहुँचकर आश्रय और आलंबन में भी एकता स्थापित हो जाती है। कवि कर्म इसका प्रमुख साधन है और इसके उपकारक-उत्पादन ही इसके संयोजक अवयव हैं। इस प्रकार यह एक अनुपक योग है जो मनोमय कोश के स्तर पर, लोक-सामान्य भाव-भूमि में ही,

घटित हो जाता है। शुक्ल जी आजीवन 'भावयोग' के विभिन्न सहकारी उपादानों और उनके परस्पर नियोजन से सम्बन्धित समस्याओं का निदान-समाधान करते रहे। मानस शास्त्र में उनकी अत्यधिक रुचि (और वह भी अत्यन्त प्रारम्भिक अवस्था से) यह सिद्ध करती है कि 'भावयोग' का सिद्धान्त उन्होंने काव्यशास्त्रों के समाहार या समन्वय से नहीं निकाला, बल्कि उद्‌भावक आचार्य की भाँति ज्ञान-विज्ञान की अन्य शाखाओं से सामग्री का संचय करके इसे एक सप्राण साहित्य सिद्धान्त के रूप में विकसित किया।

शुक्ल जी का दृढ़ विश्वास है कि काव्यानुशीलन द्वारा सहृदय के मन में भावों का जागरण होता है। उनकी यह निश्चित धारणा है कि प्रत्येक भाव का प्रथम अवयव विषय-बोध ही है। इसलिए काव्य के रसास्वादन में आलम्बन का महत्त्व सर्वाधिक है। पूर्वापर क्रम की दृष्टि से तो इसे ही सर्वप्रथम स्थान मिलना चाहिए क्योंकि जब तक विषय सामने प्रस्तुत नहीं होगा तब तक मनोगत भाव नहीं जग सकता। इसीलिए उन्होंने प्रत्यक्ष जीवन-व्यापारों में भी रसानुभूति की सम्भावना स्वीकार की है। उन्होंने यह भी सिद्ध किया है कि भावों की स्थायी दशा का विधान करके ही काव्य में शील-निरूपण का आयोजन किया जाता है। यह कार्य रस-संसार से एक कदम आगे का है। इससे एक ओर तो यह प्रमाणित हुआ कि आस्वाद एवं तज्जन्य आनन्द प्रदान करना ही काव्य का अन्तिम लक्ष्य नहीं हो सकता और दूसरी ओर यह निष्कर्ष निकला कि रसशास्त्र में भी नैतिक मूल्यों का सन्निवेश आवश्यक है। संक्षेप में शुक्ल जी के सिद्धांत-व्यवस्थापन की तर्क प्रणाली यही है। वे भावयोग की मूल प्रतिज्ञा को शतशः शाखाओं में विभक्त करके इसी तर्क व्यवस्था में सिद्ध करते चले गए हैं। आगे हम उनके आलोचना-सिद्धान्त और उपलब्धियों की संक्षेप में चर्चा करेंगे।

भाव और विभाव

'भाव' शब्द की परिभाषा देते हुए शुक्ल जी ने 'रस मीमांसा' में लिखा है कि 'प्रत्यय-बोध,' अनुभूति और वेगयुक्त प्रवृत्ति इन तीनों के गूढ़ संश्लेषण का नाम 'भाव' है। अन्यत्र, उनके तीन अंगों को विश्लिष्ट करते हुए उन्होंने भाव-प्रकृति के तीन अवयव माने हैं—(१) मूल मनोविकार, (२) उसकी आन्तरिक प्रक्रिया, और (३) उसकी बाह्य अभिव्यक्ति। कवि-कर्म विधान के दो पक्ष —विभाव-पक्ष और भाव पक्ष—ठहराते हुए वे कहते हैं कि "काव्य में विभाव ही मुख्य है। भावों के प्रकृत आधार या विषय का कल्पना द्वारा पूर्ण और यथातथ्य प्रत्यक्षीकरण कवि का सबसे पहला और आवश्यक काम है।" वे विभाव को व्यंग नहीं मानते; जहाँ विभाव या वस्तु की प्रत्यक्ष व्यंजना हुई रहती है वहाँ भी वे उसका ग्रहण शब्द की अभिधा शक्ति और अनुमान द्वारा ही मानते हैं, व्यंजना द्वारा नहीं।

शुक्ल जी विभाव-पक्ष के व्यापक और सम्पूर्ण चित्रण के लिए ही कल्पना का उपयोग उचित समझते हैं—कल्पना उस व्यापक क्षेत्र में मुक्त भाव से विचरण कर

सकती है। बात यह है कि विभावन व्यापार द्वारा वर्ण्य विषयों का मूर्त प्रत्यक्षीकरण काव्य में आवश्यक है और यह कार्य कल्पना की सहायता से ही सिद्ध हो सकता है। इसलिए उन्होंने कहा है, 'काव्य में विभाव को मुख्य समझना चाहिए—रस का आधार खड़ा करनेवाला जो विभावन व्यापार है वही कल्पना का सबसे प्रधान कार्य-क्षेत्र है।' लेकिन इस क्षेत्र में कल्पना की मर्यादा बाँधना आवश्यक समझते हुए उन्होंने कहा है कि वह उच्छृंखल होकर जिधर-तिधर नहीं उड़ सकती; "उसे अनुभूति या रागात्मिका वृत्ति के आदेश पर चलना पड़ता है।"

अनुभाव

शुक्ल जी 'अनुभाव' के अन्तर्गत केवल आश्रय की चेष्टाएँ ही ग्रहण करते हैं, क्योंकि आश्रय की चेष्टाओं का उद्देश्य किसी मनोगत भाव की व्यंजना करना होता है। आलम्बन की चेष्टाओं को वे 'हाव' के अन्तर्गत रखना उचित समझते हैं, क्योंकि उनका उद्देश्य आलम्बन के सौन्दर्य की वृद्धि करना मात्र होता है। तात्त्विक दृष्टि से विचार करने पर भाव-व्यंजक चेष्टाएँ आश्रय की ही हो सकती हैं। यदि आलम्बन भी कोई सजीव प्राणी है और उसमें भी मनोगत भाव के व्यंजक विचार लक्षित होते हैं, तो जहाँ तक वे आलम्बन के सौन्दर्य के उपकारक हैं वहाँ तक वे उद्दीपन माने जायेंगे और जहाँ तक भाव की व्यंजना करते हैं वहाँ तक अनुभाव। जैसा पंडित विश्वनाथप्रसाद मिश्र ने अपने 'वाङ्मय विमर्श' नामक ग्रंथ में सिद्ध किया है, इस तथ्य का उद्घाटन भानुदत्त ने अपनी 'रसतरंगिणी' में कर दिया था। भानुदत्त ने 'अनुभाव' का लक्षण देते हुए कहा कि जिनसे रस अनुभव गोचरता को प्राप्त होते हैं वे कटाक्षादि 'अनुभाव' हैं; वे कारणस्वरूप या साधन-स्वरूप हैं और आगे चलकर कहा है कि कटाक्षादि कारण स्वरूप होने से अनुभाव और विषय-रूप होने से उद्दीपन विभाव हो जाते हैं। देखने से स्पष्ट होगा कि भानुदत्त का विवेचन तात्त्विक है। इसके विपरीत शुक्ल जी के विवेचन में यह मानकर चला गया है कि 'हाव' का विधान नायिका का मोहन स्वरूप, बढ़ाने के लिए ही किया जाता है। लेकिन ऐसे प्रकरण भी तो आ सकते हैं, और आते हैं जहाँ वे शारीरिक विकार एक ओर तो नायिका के मनोगत भाव की व्यंजना करते हैं और दूसरी ओर उसके रूप में मोहकता भी उत्पन्न कर देते हैं। ऐसी स्थिति में दोनों दृष्टियों से उनके ऊपर विचार करना आवश्यक है।

संचारी भाव

शुक्ल जी नें भावों के विभाजन का मूल आधार ढूंढ़ते हुए बताया कि "जो भाव ऐसे हैं जिन्हें किसी पात्र को प्रकट करते देख या सुनकर दर्शक या श्रोता भी उन्हीं भावों का-सा अनुभव कर सकते हैं, वे तो प्रधान भावों में रखे गए हैं, शेष भाव और मन के वेग संचारियों में डाले गए हैं।" आधार का यह अनुसंधान शुक्ल जी की दृष्टि की मौलिकता का परिचायक है। उन्होंने 'लज्जा', 'असूया' आदि संचारियों

का उदाहरण लेकर यह सिद्ध किया है कि आश्रय के मन में उन भावों का उदय होने से दर्शकों के मन में भी नहीं हो जाता—अतः ये भाव संक्रामक नहीं हैं और इसलिए प्रधान भावों की कोटि में नहीं डाले गए। दूसरी बात यह है कि साहित्यशास्त्र की स्थायी संचारी-व्यवस्था को वे मनोविज्ञानियों की भाव-चक्र (sentiments) और भाव (emotions) वाली व्यवस्था से भिन्न मानते हैं। भिन्नता का आधार उन्होंने यह स्थापित किया है कि भावचक्रों के बीच जगनेवाले विरोधी भावों के उत्कर्ष-क्षण में मूल प्रवर्तक भाव (sentiment) अपना रूप विसर्जित कर देता है, किन्तु स्थायी भाव का रूप संचारियों के जागरण-काल में ज्यों का त्यों बना रहता है, बल्कि संचारी योजना से स्थायी भाव और अधिक पुष्ट ही होता है। भेद के इस मूल आधार की उद्‌भावना शुक्ल जी की अपनी है।

तीसरी बात है संचारियों का वर्गीकरण। आचार्य शुक्ल ने विरोध-अविरोध की दृष्टि से संचारियों के चार रूप बताए हैं—सुखात्मक, दुःखात्मक, उभयात्मक और उदासीन। स्वरूप की दृष्टि से उन्होंने पाँच प्रकार माने हैं—स्वतन्त्र विषययुक्त भाव, मन के वेग, अन्तःकरणवृत्ति, मानसिक अवस्था, शारीरिक अवस्था। इस वर्गीकरण में भी शुक्ल जी की मौलिक दृष्टि का ही प्रकाश अधिक है। चौथी बात है किसी प्रधान भाव का दूसरे प्रधान भाव के संचारी के रूप में आना। ऐसी स्थिति शुक्ल जी के विचार से तभी उत्पन्न हो सकती है जब—

(१) "उसका (भाव) विषय वही है जो प्रधान भाव का आलम्बन है और उसकी अपनी गति या प्रवृत्ति न हो।"

(२) आलम्बन से उसका विषय भिन्न हो, उसकी कोई अपनी गति या प्रवृत्ति न हो, और वह स्वयं ऐसा हो कि प्रधान भाव के साथ उसका कोई रूपान्तर लगा रहता हो।

रस

हृदय की मुक्तावस्था को शुक्ल जी रस-दशा कहते हैं। 'मुक्त' का अर्थ है व्यक्तिबद्ध दशा से ऊपर उठकर लोक-सामान्य भाव-भूमि पर जा पहुँचना। यही है व्यक्ति-हृदय का लोक-हृदय में तल्लीन हो जाना। रस उस तल्लीनता की स्थिति और अनुभूति का नाम है। यह धारणा रस सम्बन्धी प्राचीन मान्यताओं से अलग है।

शुक्ल जी रस में कोटि-क्रम स्वीकार करते हैं। उनका कहना है कि जब पाठक अथवा 'सहृदय' काव्य आश्रय के साथ तादात्म्य कर लेते हैं तब उत्तम कोटि की, और जब नहीं कर पाते (केवल कवि के साथ ही तादात्म्य कर पाते हैं) तब मध्यम कोटि की रसानुभूति होती है।[1] रस का सम्बन्ध मनोमय कोश से जोड़ने के कारण शुक्ल जी उसकी अनुभूति को लौकिक मानते हैं। इसीलिए वे विशिष्ट अवस्थाओं में प्रत्यक्षानुभूति को भी रसात्मक करके ग्रहण करते हैं। प्राचीनों ने रस को 'अलौकिक 'ब्रह्मा-

---

१. देखिए 'चिन्तामणि' भाग १, पृष्ठ २३१

नन्द सहोदर' आदि कहा वह केवल अर्थवाद के रूप में ही था, 'ऐसा उनका दृढ़ विश्वास है। इस प्रकार 'अलौकिक' एक औपचारिक विशेषणमात्र ठहरता है।

साधारणीकरण का विषय

शुक्ल जी का मत है कि "जब तक किसी भाव का कोई विषय इस रूप में नहीं लाया जाता कि वह सामान्यत: सबके उसी भाव का आलम्बन हो सके तब तक उसमें रसोद्बोधन की पूर्ण शक्ति नहीं आती। इसी रूप में लाया जाना हमारे यहाँ साधारणीकरण कहलाता है।" विषय को ही किसी रूप में लाया जाता है, अत: सिद्ध है कि साधारणीकरण उसी का होता है। दूसरे शब्दों में, साधारणीकरण आलम्बन का होता है। शुक्ल जी आगे कहते हैं—"इससे सिद्ध हुआ कि साधारणीकरण आलम्बनत्व धर्म का होता है। व्यक्ति तो विशेष ही रहता है, पर उसमें प्रतिष्ठा ऐसे सामान्य धर्म की रहती है जिसके साक्षात्कार से सब श्रोताओं या पाठकों के मन में एक ही भाव का उदय थोड़ा-बहुत होता है।" उक्त मत को लेकर हिन्दी के प्रसिद्ध आलोचक डॉ० नगेन्द्र ने एक रोचक आपत्ति उठायी है। वे इस सिद्धान्त से सहमत नहीं कि साधारणीकरण आलम्बन का होता है; उनका निष्कर्ष यह है कि "साधारणीकरण कवि की अपनी अनुभूति का होता है अर्थात् जब कोई व्यक्ति अपनी अनुभूति को इस प्रकार अभिव्यक्त कर सकता है कि वह सभी के हृदय में समान अनुभूति जगा सके तो पारिभाषिक शब्दावली में हम कह सकते हैं कि उसमें साधारणीकरण की शक्ति वर्तमान है।"

इसमें कोई सन्देह नहीं कि उक्त उपपत्ति अत्यन्त महत्त्वपूर्ण है और उसके द्वारा साधारणीकरण की अपवादी स्थिति —आश्रय के साथ तादात्म्य और आलम्बन के साथ साधारणीकरण का न होना—के निराकरण का मार्ग स्वच्छ हो गया है। शुक्ल जी ने भी कवि की अनुभूति (भाव) के साधारणीकरण (तादात्म्य) की बात दो स्थलों में मानी है; एक तो वहाँ जहाँ किसी प्राकृतिक दृश्य का यथातथ्य चित्रण हो, दूसरे वहाँ जहाँ आश्रय के दुराचारी कृत्यों के कारण हमारे मन में उसके प्रति घृणा, क्रोध आदि के भाव जग जाएँ और हम शील-द्रष्टा बन जाएँ। पहली स्थिति में किसी अन्य आश्रय के न रहने के कारण हमारा तादात्म्य कवि के भाव से ही हो सकता है और दूसरी स्थिति के लिए शुक्ल जी ने स्पष्ट कहा है—"इस दशा में भी एक प्रकार का तादात्म्य और साधारणीकरण होता है। तादात्म्य कवि के उस अव्यक्त भाव के साथ होता है जिसके अनुरूप वह पात्र का स्वरूप संघटित करता है। इस अवतरण से प्रकट है कि अपने मूल रूप में यह स्थापना आचार्य शुक्ल के विवेचन में विद्यमान थी; वे कारणवश—आश्रय और पाठक के भावों के एकीकरण तथा दोनों के आलम्बनों के एकीकरण की प्रक्रिया को ध्यान में रखने तथा कवि की अनुभूति के साधारणीकरण की बात को अत्यन्त प्रारम्भिक समाधान मानने के कारण—इसे सामान्य नियम के रूप में ग्रहण न कर सके :

अभिव्यंजनावाद

'अभिव्यंजनावाद' का प्रवर्तन इटली के आलोचक क्रोचे ने किया। शुक्ल जी ने उनके मत का तीव्र प्रतिवाद अपने इन्दौरवाले भाषण में किया था। विरोध का मुख्य कारण यह था कि क्रोचे अद्वैतवादी थे और शुक्ल जी द्वैतवादी। क्रोचे कला को बोध-स्वरूप या ज्ञान-स्वरूप मानते थे। शुक्ल जी की दृष्टि में भावना द्वारा नहीं, बुद्धि द्वारा ज्ञान की प्राप्ति सम्भव थी। क्रोचे कला की निराकार अनभिव्यक्त मानसी सत्ता को प्रधानता देते थे। शुक्ल जो के लिए यह असह्य था। क्रोचे अलंकार और अलंकार्य में कोई अन्तर मानने को तैयार नहीं थे, किन्तु शुक्ल जी उसे किसी भी मूल्य पर बनाये रखने को कटिबद्ध थे। इस सन्दर्भ में यह कहना उचित होता कि शुक्ल जी की अपनी स्वतन्त्र काव्य-धारणाएँ थीं और वे अपने मन को बलपूर्वक प्रस्तुत किया करते थे।

काव्य में प्रकृति-चित्रण

शुक्ल जी ने काव्य में प्रकृति-चित्रण के सम्बन्ध में विस्तारपूर्वक विचार व्यक्त किए हैं। उनके विचार से प्राकृतिक दृश्य दो रूपों में हमारे समक्ष उपस्थित होते हैं - (अ) आलम्बन-रूप में, (आ) उद्दीपन-रूप में। आलम्बन-रूप ही काव्य में चित्ताकर्षक बनता है। कारण यह है कि "जिन प्राकृतिक दृश्यों के बीच हमारे आदिम पूर्वज रहे और अब भी मनुष्य-जाति का अधिकांश (जो नगरों में नहीं आ गया है) अपनी आयु व्यतीत करता है, उनके प्रति प्रेम-भाव पूर्व साहचर्य के प्रभाव से संस्कार या वासना के रूप में हमारे अन्तःकरण में निहित है। उनके दर्शन या काव्य आदि के प्रदर्शन में हमारी भीतरी प्रकृति का जो अनुरंजन होता है वह अस्वीकृत नहीं किया जा सकता। इस अनुरंजन को केवल किसी दूसरे भाव का आश्रित या उत्तेजक कहना अपनी जडता का ढिंढोरा पीटना है।" इससे दो तथ्य प्रकट होते हैं (१) परम्परागत चिर साहचर्य के कारण प्रकृति-प्रेम हमारे भीतर संस्कार रूप में निवास करता है। (२) इसलिए प्रकृति सम्बन्धी अनुरंजन को केवल किसी भाव का आश्रित बनाना, या किसी दूसरे भाव का उत्तेजक मानना, अनुचित है। शुक्ल जी प्रकृति-प्रेम को भी देश-प्रेम का ही अधिक स्वच्छ, परिष्कृत और अन्तरंग रूप मानते हैं। उनके अनुसार प्रकृति-वर्णन में मनुष्य की क्रियाओं और भावनाओं का आरोप एक निश्चित मर्यादा के भीतर ही हो सकता है। वे कहते हैं : 'इसी प्रकार अभिव्यक्ति की प्रकृत प्रतीति के भीतर, प्रकृति की सच्ची व्यंजना के आधार पर, जो भाव, तथ्य व उपदेश निकाले जायेंगे वे सच्चे काव्य होंगे।" यह सब उन्होंने स्वीकार किया अवश्य, पर वे इस प्रकार के वर्णन को कवि-कर्म का अत्यन्त साधारण अंग ही मानते थे।

काव्य का वर्गीकरण

शुक्ल जी ने काव्य का वर्गीकरण दो दृष्टियों से किया; एक को तत्त्व-दृष्टि, दूसरे को रूप-दृष्टि कह सकते हैं। पहली में रमणीयता का कोटिक्रम रस के आधार

पर निर्धारित किया गया है और दूसरी में काव्य-रूप के बाह्य एवं आन्तरिक विधान का ध्यान रखा गया है। जिस प्रकार वे रसात्मक अनुभूति की विभिन्न कोटियाँ मानते हैं, उसी प्रकार उस अनुभूति के लिए विषय प्रस्तुत करनेवाले कवियों और काव्यों की भी ऊँची-नीची कोटियाँ निर्धारित करत हैं। जो कवि लोक-सामान्य आलम्बनों के विधान का प्रयास करते हैं और उसमें सफल होते हैं उन्हें उन्होंने सच्चे और ऊंचे कवियों की श्रेणी में रखा है; किन्तु जो कवि भावों के लिए उपयुक्त विषय प्रस्तुत करने के बजाय केवल आलंकारिक चमत्कार पर ही अपना ध्यान केन्द्रित कर देते हैं या कोरे उपदेशों के लिए छन्द-योजना का आश्रय लेते हैं वे सूक्तिकारों अथवा नीतिकारों की श्रेणी में डाले गए हैं। कविता और सूक्ति में उन्होंने स्पष्ट भेद स्थापित किया है। जब तक उक्ति की तह में रहनेवाले भाव बिलकुल ही आच्छन्न न हो जायें अर्थात् प्रस्तुत अर्थ का लोप न हो जाये तब तक उसे काव्य मानना समीचीन है। 'तुलसी', 'सूर' आदि के साथ रहीम को शुक्ल जी ने कवियों की श्रेणी में माना और सूक्तिकारों की अलग श्रेणी बनाते हुए कहा कि रीतिकाल के भीतर वृन्द, गिरिधर, घाघ और बैताल अच्छे सूक्तिकार हो गए हैं। जो अपने पद्यों में वस्तु या अर्थ का बोध कराने के लिए "उपमा रूपक आदि का प्रयोग कर देते हैं, पर समझाने के लिए ही करते हैं, रसात्मक प्रभाव "उत्पन्न करने के लिए नहीं," ऐसे व्यक्तियों को वे केवल पद्यकार कहते हैं। इससे स्पष्ट है कि वे काव्यकारों की उक्त तीन कोटियाँ निर्धारित करते हैं और इसी प्रकार कविता की भी तीन कोटियाँ प्रत्यक्ष हो जाती हैं।

रस-दृष्टि से उन्होंने जिस काव्य-रूप को सबसे अधिक महत्त्व दिया वह है प्रबन्ध काव्य। इतिवृत्त का आधार लेकर ही प्रबन्ध का निर्माण होता है, अतः सबसे प्रथम विचारणीय वस्तु वही है। वे कहते हैं कि "प्रबन्ध काव्य में इतिवृत्त की गति इस ढंग से होनी चाहिए कि मार्ग में जीवन की ऐसी बहुत-सी दशाएँ पड़ जायें जिनमें मनुष्य के हृदय में भिन्न भावों का स्फुरण होता है और जिनका सामान्य अनुभव प्रत्येक मनुष्य स्वभावतः कर सकता है।" उन्होंने यह भी बताया है कि बात इतनी ही नहीं है कि इतिवृत्त के अन्तर्गत रसात्मक प्रसंगों का सन्निवेश होना चाहिए बल्कि यह भी है कि रसात्मक प्रसंगों तक पहुँचने के लिए ही नीरस इतिवृत्त की योजना की जाती है। उन्होंने इतिवृत्त के संगठन में सबसे अनिवार्य और महत्त्वपूर्ण तत्व माना घटनाओं या वृत्तों का सम्बन्ध-निर्वाह। यूनानी आचार्य अरस्तू ने जिसे कार्यान्वय या unity of action कहा है उसका निर्वाह शुक्ल जी जितना नाटक के लिए उचित समझते हैं उतना ही प्रबन्ध काव्य के लिए भी।

मुक्तक काव्य के सम्बन्ध में शुक्ल जी का यह वाक्य अत्यन्त प्रसिद्ध है कि "यदि प्रबन्ध काव्य एक विस्तृत वनस्थली है तो मुक्तक एक चुना हुआ गुलदस्ता है। इसी से यह सभा-समाजों के लिए अधिक उपयुक्त होता है।" मुक्तक में रस की धारा नहीं रहती, केवल उसके छींटे ही उड़ते हैं जो हमारे चित्त को थोड़ी देर के लिए सिक्त कर देते हैं। अगर भाव की दशाओं की दृष्टि से विचार करें तो मुक्तक में 'भाव दशा' या 'क्षणिक दशा' ही मिलेगी जो एक समय पर एक आलम्बन के प्रति होती है,

'स्थायी दशा' या 'शील दशा' नहीं । "क्षणिक दशा मुक्तक रचनाओं में देखी जाती है; 'स्थायी दशा' महाकाव्य, खण्ड-काव्य आदि प्रबन्धों में और 'शील दशा' पात्रों के चरित्र-चित्रण में । भाव दशा की दृष्टि से मुक्तक और प्रबन्ध का उक्त भेद-निरूपण सर्वथा मौलिक और वैज्ञानिक है । प्रबन्ध और मुक्तक के अतिरिक्त गीत-काव्यों की स्वतन्त्र परम्परा पर भी शुक्ल जी ने विचार किया है और गीत-काव्य का मूल स्रोत जनता के बीच चिरकाल से प्रचलित लोकगीतों में देखा है ।

काव्य-शिल्प

शुक्ल जी ने काव्य-शिल्प के तीनों अंगों—भाषा, अलंकार, छंद के विषय में स्फुट विचार व्यक्त किए हैं । इन पर हम क्रमशः विचार करेंगे ।

(अ) भाषा—साहित्य के भीतर शुक्लजी ने दो अभिन्न परंपराएँ मानी हैं—एक शब्द की और दूसरी अर्थ की । उनका कहना है कि "किसी देश की शब्द परंपरा अर्थात् भाषा कुछ काल तक चलकर जो अर्थ-विधान करती है, वही उस देश का साहित्य कहलाता है ।" 'कविता क्या है ?' शीर्षक लेख में उन्होंने काव्य-भाषा की चार मुख्य विशेषताओं का उल्लेख किया है जिनमें सबसे पहला स्थान लाक्षणिकता को मिला है । उनका कहना है कि कविता हमारे समक्ष सूक्ष्म पदार्थों और व्यापारों को भी गोचर रूप में रखती है; स्थूल रूप में प्रत्यक्ष करती है और उसके लिए भाषा की लक्षणा शक्ति का आश्रय लेना आवश्यक होता है । दूसरी विशेषता उन्होंने यह लक्षित की कि काव्य-भाषा में "जाति-संकेतवाले शब्दों की अपेक्षा विशेष रूप-व्यापार-सूचक शब्द अधिक रहते हैं" जिस प्रकार अनेक व्यापारों के बीच में से उपलक्षण-पद्धति पर केवल कुछ का ही चुनाव करके कविगण सारे व्यापारों का समन्वित चित्र खड़ा कर देते हैं, उसी प्रकार शब्द-समूहों में से वे केवल उनका चुनाव कर लेते हैं जो विशेष रूपों और व्यापारों के सूचक हैं और पदार्थों या क्रियाओं का गोचर रूप हमारे समक्ष रख सकते हैं । काव्य-भाषा की तीसरी विशेषता उन्होंने नाद-सौष्ठव में देखी है और यह कहा है कि "(कविता) नाद-सौष्ठव के लिए संगीत का कुछ-कुछ सहारा लेती है ।" भारतीय काव्यशास्त्र की प्राचीन परम्परा में ही वर्णों की कोमलता कठोरता और विभिन्न वृत्तियों का विचार इस मूल तत्व को ध्यान में रखकर किया गया । विचार करते समय इस बात पर बराबर ध्यान रहा कि भाव को अधिक तीव्रता और पुष्टता प्रदान करने के लिए, केवल चमत्कार उत्पन्न करने के लिए नहीं, वर्णों का यह सूक्ष्म भेद अपनाया जाना चाहिए । काव्य-भाषा की चौथी विशेषता उन्होंने व्यक्तियों या स्थानों के रूप-गुण-बोधक शब्दों में देखी है । जैसे 'गिरिधर', 'दीनबन्धु' आदि शब्दों का साभिप्राय प्रयोग । ध्यान से देखने पर ज्ञात हो जायेगा कि यह विशेषता पहले से मानी जाती रही है और अलंकार-ग्रन्थों में विवेचित है ।

(आ) अलंकार—काव्य में अलंकार का स्वरूप और उसकी प्रयोजनीयता क्या है, इस प्रश्न के ऊपर शुक्ल जी ने अपने विभिन्न निबंधों में बड़ी गंभीरता से विचार किया है । उनकी दृष्टि में अलंकार वर्णन-प्रणाली-मात्र है, उन्हें काव्य-रस के साधक

अवयव के रूप में ही ग्रहण करना युक्तिसंगत है। काव्य के साध्य अथवा उद्देश्य के रूप में अलंकारों का निरूपण नहीं हो सकता। उन्होंने कहा कि "भावों का उत्कर्ष दिखाने और वस्तुओं के रूप, गुण और क्रिया का अधिक तीव्र अनुभव कराने में कभी-कभी सहायक होनेवाली युक्ति का नाम अलंकार है।" 'कभी-कभी' का साफ अर्थ यही है कि काव्य और अलंकार का शाश्वत संबंध उन्हें मान्य नहीं। उनके अनुसार अलंकारों की कोई निर्दिष्ट सीमा नहीं हो सकती। अपनी इस मान्यता के अनुरूप ही वे अलंकार और अलंकार्य के अभेदत्व का निराकरण करते हैं। इन दोनों के एक मान जाने को उन्होंने 'गड़बड़झाला' कहा है, जो बहुत पहले मिट चुका। ऐसा होने के कारण ही स्वभावोक्ति का अलंकारत्व सिद्ध है।

(इ) छन्द-विधान—शुक्ल जी की दृष्टि में छंद वास्तव में बँधी हुई लय के भिन्न-भिन्न ढाँचों (patterns) का योग है जो निर्दिष्ट लम्बाई का होता है: "लय स्वर के उतार-चढ़ाव के छोटे-छोटे ढाँचे ही हैं जो किसी छंद के चरण के भीतर न्यस्त रहते हैं।" प्रकृत काव्य में इन ढाँचों का बना रहना वे आवश्यक समझते हैं, उसके सर्वथा त्याग से तो उन्हें अनुभूत नाद-सौंदर्य की प्रेषणीयता (Communication of Sound Impulse) का प्रत्यक्ष ह्रास दिखायी पड़ता है। किंतु वे कविता में केवल लय से पूरा पड़ता नहीं देखते, वे छद की आवश्यकता समझते हैं: "जो कविता में केवल उतने ही नाद-सौंदर्य की जरूरत समझते हैं जितना केवल लय के द्वारा सिद्ध हो जाता है, उनसे हमें कुछ कहना नहीं है। हम अधिक की जरूरत समझते हैं और बहुत-से लोग शायद ऐसा ही समझते हों।" छंदों के नये बंधान भी शुक्ल जी को अमान्य नहीं। मात्राओं और शब्द-समूहों के घटाने-बढ़ाने से संशोधित छंदों में यदि नया संगीत उत्पन्न हो सके तो वह भी उन्हें स्वीकार्य है। इसी प्रकार कविता का तुकांत होना भी वे अनिवार्य नहीं समझते।

व्यावहारिक आलोचना

शुक्ल जी की व्यावहारिक आलोचना में उनकी साहित्यिक मान्यताओं का अत्यंत सफल विनियोग दिखाई पड़ता है। वास्तव में सिद्धांत-मीमांसा और व्यावहारिक समीक्षा को उन्होंने इतना घुला-मिला दिया कि दोनों को अलग-अलग करना प्रायः असंभव है। सिद्धांत और प्रयोग का यह सामंजस्य ही उनके आलोचक-व्यक्तित्व की वास्तविक महत्ता प्रकट करता है। आचार्य के पास एक ऐसी रस-दृष्टि है जो कार्य-कारण-श्रृङ्खला की अपेक्षा नहीं रखती और सहज भाव से रचना के मूल तक जा पहुँचती है। तर्कों की योजना तो बाद में होती है और उसमें विवाद के लिए गुंजाइश होती है। किंतु उक्त प्रकार की रस-दृष्टि तो अक्सर विवादातीत होती है। जहाँ तक उस रस-दृष्टि का प्रश्न है आचार्य शुक्ल की तुलना में हिंदी का अन्य आलोचक नहीं ठहर सकता। इसी दृष्टि के कारण उनकी आलोचना के सबसे मूल्यवान् और मार्मिक प्रसंग वे हैं जहाँ वे कवियों की भाव-संपत्ति का मूल्यांकन करते हैं। उनकी सारी व्यावहारिक आलोचनाओं को हम दो वर्गों में विभाजित कर सकते हैं—पहले वर्ग में

वे समीक्षाएँ हैं जो 'तुलसी', 'जायसी' आदि कवियों के ऊपर लिखी गयी हैं और दूसरे वर्ग में वे विवेचनाएँ हैं जो काव्यधाराओं—छायावाद आदि—की मीमांसा के रूप में हैं। यहाँ इन पर संक्षिप्त विचार किया जा रहा है।

तुलसी की आलोचना : शुक्ल जी ने तुलसीदास की अपनी समीक्षा में काव्य के अंतरंग और बहिरंग का सम्यक् निरूपण करने के लिए प्रारम्भ के आठ शीर्षकों में तुलसी की भक्ति-पद्धति, प्रकृति और स्वभाव, लोक-धर्म, धर्म और जातीयता का समन्वय, मंगलाशा, लोक-नीति और मर्यादावाद, शील, साधना और भक्ति तथा ज्ञान का विवेचन किया और बाद के सात अध्यायों (तुलसी की काव्य पद्धति, उक्ति-वैचित्र्य, भाषा पर अधिकार आदि) में तुलसी के कला पक्ष का उद्घाटन किया। दोनों पक्षों में अलग-अलग निरूपित हो जाने से तुलसी की आलोचना सर्वाङ्गपूर्ण हो गई। शुक्ल जी की साहित्येतर मान्यताएँ अधिकतर इसी पुस्तक में स्पष्ट हुई हैं। उन्होंने तुलसी को लोक-धर्म का सच्चा व्याख्याता माना है। जो प्रसंग चित्त को द्रवित करनेवाले हैं, उनका विवेचन उन्होंने पूर्ण भावुकता और तन्मयता से किया है। जहाँ काव्य के मार्मिक प्रभाव को विवेचना का विषय बनाने में वे असफल रहे, वहाँ प्रभाववादी समीक्षक की भाँति केवल इतना ही कह सके कि "इस सफाई के सामने हजारों वकीलों की सफाई कुछ नहीं है। इन कसमों के सामने लाखों कसमें कुछ नहीं हैं। यहाँ वह हृदय खोलकर रख दिया गया है, जिसकी पवित्रता को देख जो चाहे अपना हृदय निर्मल कर ले।" इन पंक्तियों में विश्लेषण बिल्कुल नहीं है, केवल स्तवन का आवेश है; लेकिन ऐसी पंक्तियों की संख्या बहुत अधिक नहीं है।

सूरदास की आलोचना : सूर साहित्य को शुक्ल जी ने लोक-मंगल की सिद्धावस्था का निरूपक बताया है, इसीलिए उनका मूल प्रेरक भाव करुणा न होकर प्रेम है। आनंद की सिद्धावस्था को लेकर चलनेवाले काव्यों में उनके अनुसार "नगाड़े की धमक, गर्जन-तर्जन और हुङ्कार नहीं, विप्लव, ध्वंस और हाहाकार नहीं, वेग और तेज की तिग्मिता नहीं, बल्कि दीप्ति-माधुर्य और कोमलता की स्निग्ध भूमि है, लहलहाते सरस प्रसार और परिमल घटित पुष्पहास का कल-कण्ठ कूजित क्षेत्र है, मद और उल्लास की मृदुल और तरंगमयी धारा का मानस-लोक है।" सूर का काव्य जगत् इसी 'दीप्ति, माधुर्य और कोमलता के आलोक में उद्भासित है। यह बहुधा कहा जाता है कि सूर की आलोचना में शुक्ल जी को अधिक उदार होना चाहिए था। यह बात सत्य है। सूरदास को यथोचित सहानुभूति उनसे नहीं मिली। वास्तव में शुक्ल जी से पहले आलोचकों ने 'तुलसी' की निंदा अथवा 'सूर' की प्रशंसा में जो कुछ कहा था उस सब का प्रभाव उनके उक्त दृष्टिकोण में दिखाई पड़ता है। शुक्ल जी इन आक्षेपों का निराकरण करने में ही अधिक कठोर हो गए हैं।

जायसी की आलोचना : जितनी तन्मयता, लगन और निष्ठा के साथ शुक्ल जी ने जायसी की आलोचना लिखी, उतनी तन्मयता से और कवियों की नहीं। जायसी का अध्ययन अनेक दिशाओं में आगे बढ़ता चला गया है और उनकी साधना-पद्धति और सूफी-भावना का पर्याप्त विश्लेषण हो चुका है, किंतु शुक्ल जी की

रसान्वेषिणी दृष्टि ने 'पद्मावत' के वास्तविक सौंदर्य का जो निरूपण किया वह अब तक सर्वमान्य है। जायसी के दर्शन और सिद्धांत के संबंध में हमारी जानकारी आज बहुत बढ़ गई है, किंतु काव्य-रस का आस्वादन करने में हम लगभग उसी स्तर पर हैं जहाँ शुक्ल जी हमें छोड़ गए थे। उनके प्रभावशाली आलोचक-व्यक्तित्व का यह प्रबल प्रमाण है।

छायावाद का विवेचन : छायावादी काव्यधारा को आचार्य शुक्ल ने अपनी सहानुभूति नहीं दी, ऐसा अनेक आलोचकों ने कहा है। वे उनके विरोधी थे, यह भी सिद्ध किया जाता है। लेकिन इस बात पर बल नहीं दिया जाता कि उसके कुछ तत्वों की उन्होंने पर्याप्त हिमायत की है। छायावादी कविता की कुछ चुनी हुई त्रुटियों का ही शुक्ल जी विरोध करते रहे, उसकी कुछ प्रवृत्तियों के प्रति वे असहिष्णु भी थे। आगे चलकर जन नूतन काव्यधारा का रूप निखर आया, तब उन्होंने उसके साथ लगभग समझौता-सा कर लिया : "छायावाद का रंग-रूप बनाकर आजकल जो बहुत सी कविताएँ निकली हैं, उनमें कुछ तो बहुत ही सुन्दर, स्वाभाविक और सच्ची रहस्य-भावना लेकर चली हैं, कुछ वाद-ग्रस्त और कृत्रिम हैं और अधिकांश कुछ भी नहीं हैं। शुद्ध काव्य-दृष्टि का प्रचार हो जाने पर पूर्ण आशा है कि कूड़े-करकट के ढेर में से सच्ची स्वाभाविक रहस्य भावना अपना मार्ग अवश्य निकाल लेगी और हिंदी-काव्य-क्षेत्र की यह शाखा भी अपनी एक स्वतंत्र भारतीय विभूति का प्रकाश करेगी।"

व्यावहारिक आलोचना के क्षेत्र में शुक्ल जी की उपलब्धियों के संबंध में अंततः यह कहना उचित होगा कि उन्होंने एक हितैषी आचार्य की भांति नयी पीढ़ी का पथ-प्रदर्शन किया है। उनके सुझावों में ईमानदारी और सहानुभूति भी है। दूसरी ओर ऐसे उदाहरणों की कमी भी नहीं जिसमें नये कवियों की कठोर आलोचना की गई हो और किसी एक दृष्टि को लक्ष्य करके उन पर क्रूर व्यंग्य किये गए हों। आचार्य के दोनों प्रकार के व्यवहारों को देखकर ऐसा लगता है जैसे एक सजग पिता अपने पुत्र का लालन-पालन तो करता हो, किन्तु कोई गलती करने पर क्षमा करना न जानता हो। उसे इतना दुलार भी न देता हो कि आगे चलकर लड़का बिगड़ जाय। उनके साथ छायावादी काव्य का सम्बन्ध बहुत कुछ इसी प्रकार का रहा।

चार निबन्ध

आचार्य रामचन्द्र शुक्ल

१

काव्य में लोक-मंगल की साधनावस्था

तदेजति तन्नैजति—ईशावास्योपनिषद

आत्मबोध और जगद्बोध के बीच ज्ञानियों ने गहरी खाई खोदी पर हृदय ने कभी उसकी परवाह न की; भावना दोनों को एक ही मानकर चलती रही। इस दृश्य-जगत् के बीच जिस आनन्द-मंगल की विभूति का साक्षात्कार होता रहा, उसी के स्वरूप की नित्य और चरम भावना द्वारा भक्तों के हृदय में भगवान के स्वरूप की प्रतिष्ठा हुई। लोक में इसी स्वरूप के प्रकाश को किसी ने 'रामराज्य' कहा, किसी ने आसमान की 'बादशाहत'। यद्यपि मुसाइयों और उनके अनुगामी ईसाइयों की धर्म-पुस्तक में आदम खुदा की प्रतिमूर्ति बताया गया, पर लोक के बीच नर में नारायण की दिव्य कला का सम्यक् दर्शन और उसके प्रति हृदय का पूर्ण निवेदन भारतीय भक्ति मार्ग में ही दिखाई पड़ा।

सत्, चित् और आनन्द—ब्रह्म के इन तीनों स्वरूपों में से काव्य और भक्ति-मार्ग 'आनन्द' स्वरूप को लेकर चले। विचार करने पर लोक में इस आनन्द की अभिव्यक्ति की दो अवस्थाएँ पायी जायेंगी—साधनावस्था और सिद्धावस्था। अभिव्यक्ति के क्षेत्र में ब्रह्म के 'आनन्द' स्वरूप का सतत आभास नहीं रहता, उसका आविर्भाव और तिरोभाव होता रहता है। इस जगत् में न तो सदा और सर्वत्र लहलहाता वसंत-विकास रहता है; न सुख-समृद्धिपूर्ण हास-विलास। शिशिर के आतंक से सिमटी और झोंके झेलती वनस्पति की खिन्नता और हीनता के बीच से ही क्रमशः आनन्द की अरुण आभा धुंधली-धुंधली फूटती हुई अंत में बसंत की पूर्ण प्रफुल्लता और प्रचुरता के रूप में फैल जाती; इसी प्रकार लोक की पीड़ा, बाधा अन्याय-अत्याचार के बीच दबी हुई आनन्द-ज्योति भीषण शक्ति में परिणत होकर अपना मार्ग निकालती है और फिर लोकमंगल और लोक-रंजन के रूप में अपना प्रकाश करती है।

कुछ कवि और भक्त तो जिस प्रकार आनन्द-मंगल के सिद्ध या आविर्भूत स्वरूप को लेकर सुख-सौंदर्य, माधुर्य, सुषमा, विभूति, उल्लास, प्रेम-व्यापार इत्यादि उप-

भोगपक्ष की ओर आकर्षित होते हैं, उसी प्रकार आनन्द-मंगल की साधनावस्था या प्रयत्न-पक्ष को लेकर पीड़ा, बाधा, अन्याय, अत्याचार आदि के दमन में तत्पर शक्ति के संचरण में भी---उत्साह, क्रोध, करुणा, भय, घृणा इत्यादि की गतिविधि में भी—पूरी रमणीयता देखते हैं। वे जिस प्रकार प्रकाश को फैला हुआ देखकर मुग्ध होते हैं उसी प्रकार फैलने के पूर्व उसका अन्धकार को हटाना देखकर भी। ये ही पूर्ण कवि हैं, क्योंकि जीवन की अनेक परिस्थितियों के भीतर ये सौंदर्य का साक्षात्कार करते हैं। साधनावस्था या प्रयत्न-पक्ष को ग्रहण करनेवाले कुछ ऐसे कवि भी होते हैं जिनका मन सिद्धावस्था या उपभोग-पक्ष की ओर नहीं जाता, जैसे भूषण। इसी प्रकार कुछ कवि या भावुक आनन्द के केवल सिद्ध स्वरूप या उपभोग-पक्ष में ही अपनी वृत्ति रमा सकते हैं। उनका मन सदा सुख-सौंदर्यमय माधुर्य, दीप्ति, उल्लास, प्रेम-क्रीड़ा इत्यदि के प्राचुर्य ही की भावना में लगता है। इसी प्रकार की भावना या कल्पना उन्हें कला-क्षेत्र के भीतर समझ पड़ती है।

उपर्युक्त दृष्टि से हम काव्यों के दो भाग कर सकते हैं—

(१) आनन्द की साधनावस्था या प्रयत्न-पक्ष को लेकर चलनेवाले।

(२) आनन्द की सिद्धावस्था या उपभोग-पक्ष को लेकर चलनेवाले।

डंटन (Theodore Watts Dunton) ने जिसे शक्ति काव्य (Poetry as energy) कहा है वह हमारे प्रथम प्रकार के अन्तर्गत आ जाता है जिसमें लोक-प्रवृत्ति को परिचालित करनेवाला प्रभाव होता है, जो पाठकों या श्रोताओं के हृदय में भावों की स्थायी प्रेरणा उत्पन्न कर सकता है। पर डंटन ने शक्ति-काव्य से भिन्न को जो कला-काव्य (Poetry as an art) कहा है, वह कला का उद्देश्य केवल मनोरंजन मानकर। वास्तव में कला की दृष्टि दोनों प्रकार के काव्यों में अपेक्षित है। साधनावस्था या प्रयत्न-पक्ष को लेकर चलनेवाले काव्यों में भी यदि कला में चूक हुई है तो लोकगति को परिचालित करनेवाला स्थायी प्रभाव न उत्पन्न हो सकेगा। यहाँ तक नहीं; व्यंजित भावों के साथ पाठकों की सहानुभूति या साधारणीकरण तक, जो रस की पूर्ण अनुभूति के लिए आवश्यक है, न हो सकेगा। यदि 'कला' का वही अर्थ लेना है जो कामशास्त्र की चौसठ कलाओं में है—अर्थात् मनोरंजन या उपभोगमात्र वा विधायक—तो काव्य के संबंध में दूर ही से इस शब्द को नमस्कार करना चाहिए।

आनन्द की साधनावस्था या प्रयत्न-पक्ष को लेकर चलनेवाले काव्यों के उदाहरण हैं—रामायण, महाभारत, रघुवंश, शिशुपालवध, किरातार्जुनीय। हिंदी में रामचरित-मानस, पद्मावत (उत्तरार्द्ध), हम्मीररासो, पृथ्वीराजरासो, छत्रप्रकाश इत्यादि प्रबंध काव्य; भूषण आदि कवियों के वीररसात्मक मुक्तक तथा आल्हा आदि प्रचलित वीरगाथात्मक गीत, उर्दू के वीररसात्मक मरसिये। यूरोपीय भाषाओं के इलियड, ओडेसी, पैराडाइज लॉस्ट, रिवोल्ट ऑफ इस्लाम इत्यादि प्रबन्ध काव्य तथा पुराने बैलड (Ballads)।

आनन्द की सिद्धावस्था या उपभोग पक्ष को लेकर चलनेवाले काव्यों के उदाहरण हैं—आर्य्यासप्तशती, गाथा सप्तशती, अमरुकशतक; गीत-गोविन्द तथा शृङ्गार

रस के फुटकल पद्य। हिन्दी में सूरसागर, कृष्ण-भक्त कवियों की पदावली, बिहारी-सतसई, रीतिकाल के कवियों के फुटकल शृङ्गारी पद्य, रासपंचाध्यायी-जैसे वर्णनात्मक काव्य, आजकल की अधिकांश छायावादी कविताएँ, फारसी-उर्दू के शेर और गजलें, अंग्रेजी की लीरिक कविताएँ (Lyrics) तथा नयी प्रकार की वर्णनात्मक कविताएँ।

आनन्द की साधनावस्था

लोक में फैली हुई दुःख की छाया को हटाने में ब्रह्म की आनंद-कला जो शक्तिमय रूप धारण करती है, उसकी भीषणता में भी अद्भुत मनोहरता, कटुता में भी अपूर्व मधुरता, प्रचण्डता में भी गहरी आर्द्रता साथ लगो रहती है। विरुद्धों का यही सामंजस्य कर्मक्षेत्र का सौंदर्य है, जिसकी ओर आकर्षित हुए बिना मनुष्य का हृदय नहीं रह सकता है। इस सामंजस्य का और कई रूपों में भी दर्शन होता है। किसी कोट-पतलून- हैटवाले को धाराप्रवाह संस्कृत बोलते अथवा किसी पंडित-वेशधारी सज्जन को अंग्रेजी की प्रगल्भ वक्तृता देते सुन व्यक्तित्व का जो एक चमत्कार-सा दिखाई पड़ता है, उसकी तह में भी सामंजस्य का यही सौंदर्य समझना चाहिए। भीषणता और सरसता, कोमलता और कठोरता, कटुता और मधुरता, प्रचंडता और मृदुता का सामंजस्य ही लोकधर्म का सौंदर्य है। आदिकवि बाल्मीकि की वाणी इसी सौंदर्य के उद्घाटन-महोत्सव का दिव्य संगीत है। धर्म और मंगल की यह ज्योति अधर्म और अमंगल की घटा को फाड़ती हुई फूटती है। इससे कवि हमारे सामने असौंदर्य, अमंगल, अत्याचार, क्लेश इत्यादि भी रखता है; रोप, हाहाकार और ध्वंस का दृश्य भी लाता है। पर सारे भाव, सारे रूप और सारे व्यापार भीतर-भीतर आनन्द-कला के विकास में ही योग देते पाये जाते हैं। यदि किसी ओर उन्मुख ज्वलंत रोष है तो उसके और सब ओर करुण दृष्टि फैली दिखाई पड़ती है। यदि किसी ओर ध्वंस और हाहाकार है तो और सब ओर उसका सहगामी रक्षा और कल्याण है। व्यास ने भी अपने 'जय-काव्य' में अधर्म के पराभव और धर्म की जय का सौंदर्य प्रत्यक्ष किया था।

वह व्यवस्था या वृत्ति, जिससे लोक में मंगल का विधान होता है, 'अभ्युदय' की सिद्धि होती है, धर्म है। अतः अधर्म-वृत्ति को हटाने में धर्म-वृत्ति की तत्परता—चाहे वह उग्र और प्रचंड हो, चाहे कोमल और मधुर—भगवान की आनन्द-कला के विकास की ओर बढ़ती हुई गति है। यह गति यदि सफल हुई तो 'धर्म की जय' कहलाती है। इस गति में भी सुन्दरता है और इसकी सफलता में भी। यह बात नहीं है कि जब यह गति सफल होती है तभी इसमें सुन्दरता आती है। गति में सुन्दरता रहती है, आगे चलकर चाहे यह सफल हो, चाहे विफल। विफलता में भी एक निराला विषण्ण सौन्दर्य होता है। तात्पर्य यह कि वह गति आदि से अन्त तक सुन्दर होती है—अन्त चाहे सफलता के रूप में हो, चाहे विफलता के। उपर्युक्त दोनों आर्ष कवियों ने पूर्णता के विचार से धर्म की गति का सौंदर्य दिखाते हुए उसको सफलता में पर्यवसान किया है। ऐसा उन्होंने उपदेशक की बुद्धि से नहीं किया है, धर्म को जय के बीच

भगवान् की मूर्ति के साक्षात्कार पर मुग्ध होकर किया है। यदि राम द्वारा रावण का बध तथा कृष्ण के साहाय्य द्वारा जरासन्ध और कौरवों का दमन न हो सकता तो भी रामकृष्ण की गतिविधि में पूरा सौन्दर्य रहता, पर उसमें भगवान् की पूर्ण कला का दर्शन न होता, क्योंकि भगवान् की शक्ति अमोघ है।

आनन्द-कला के प्रकाश की ओर बढ़ती हुई गति की विफलता में भी सौंदर्य का दर्शन करनेवाले अनेक कवि हुए हैं। अंग्रेज कवि शेली संसार में फैले पाखंड, अन्याय और अत्याचार के दमन तथा मनुष्य-मनुष्य के बीच सीधे सरल प्रेमभाव के सार्वभौम संसार का स्वप्न देखनेवाले कवि थे, उन्होंने 'इस्लाम का विप्लव' (The Revolt of Islam) नामक द्वादशसर्ग-बद्ध महाकाव्य में मनुष्य जाति के उद्धार में रत नायक और नायिका (Laon and Gythna) में मंगल-शक्ति के अपूर्व संचय की छटा दिखाकर तथा उनके द्वारा एक बार दुर्दान्त अत्याचार के पराभव के मनोरम आभास से अनुरंजित करके अन्त में उस शक्ति की विफलता की विषादमयी छाया से लोक को फिर आवृत्त दिखाकर छोड़ दिया है।

जैसा ऊपर कह आए हैं, मंगल-अमंगल के द्वंद्व में कवि लोग अन्त में मंगल-शक्ति की जो सफलता दिखा दिया करते हैं, उसमें सदा शिक्षावाद (didacticism) या अस्वाभाविकता की गंध समझकर नाक-भौं सिकोड़ना ठीक नहीं। अस्वाभाविकता तभी आएगी जब बीच का विधान ठीक न होगा अर्थात् जब प्रत्येक अवसर पर सत्पात्र सफल और दुष्ट पात्र विफल या ध्वस्त दिखाए जाएँगे। पर सच्चे कवि ऐसा कभी नहीं करते। इस जगत् में अधर्म प्रायः दुर्दमनीय शक्ति प्राप्त करता है, जिसके सामने धर्म की शक्ति बार-बार उठकर व्यर्थ होती रहती है। कवि जहाँ मंगल-शक्ति की सफलता दिखाता है, वहाँ कला की दृष्टि से सौंदर्य का प्रभाव डालने के लिए; धर्म-शासक की हैसियत से डराने के लिए नहीं कि यदि ऐसा कर्म करोगे तो फल पाओगे। कवि कर्म-सौंदर्य के प्रभाव द्वारा प्रवृत्ति या निवृत्ति अन्तःप्रकृति में उत्पन्न करता है, उसका उपदेश नहीं देता।

कवि सौंदर्य से प्रभावित रहता है और दूसरों को भी प्रभावित करना चाहता है। किसी रहस्यमयी प्रेरणा से उसकी कल्पना में कई प्रकार के सौंदर्यों का जो मेल आप से आप हो जाता है, उसे पाठक के सामने भी वह प्रायः रख देता है जिस पर कुछ लोग कह सकते हैं कि ऐसा मेल क्या संसार में बराबर देखा जाता है? मंगल-शक्ति के अधिष्ठान और कृष्ण जैसे पराक्रमशाली और धीर हैं, वैसा ही उनका रूप-माधुर्य और उनका शील भी लोकोत्तर है। लोक-हृदय आकृति और गुण, सौंदर्य और सुशीलता, एक ही अधिष्ठान में देखना चाहता है। इसी से 'यत्राकृतिस्तत्र गुणा वसंति' सामुद्रिक की यह उक्ति लोकोक्ति के रूप में चल पड़ी। 'नैषध' में नल हंस स कहते हैं—

न तुलाविषये तवाकृतिर्न वचोवर्त्मनि ते सुशीलता।
त्वदुदाहरणाकृतौ गुणा इति सामुद्रिकसारमुद्रणा॥

भीतरी और बाहरी सौन्दर्य, रूप-सौन्दर्य और कर्म-सौन्दर्य के मेल की यह

आदत धीरोदात्त आदि भेद-निरूपण से बहुत पुरानी है और बिलकुल छूट भी नहीं सकती। यह हृदय की एक भीतरी वासना की तुष्टि के हेतु कला की रहस्यमयी प्रेरणा है। उन्नीसवीं शताब्दी के कवि शेली—जो राज-शासन, धर्म-शासन, समाज-शासन आदि सब प्रकार की शासन-व्यवस्था के घोर विरोधी थे—इस प्रेरणा से पीछा न छुड़ा सके। उन्होंने भी अपने प्रबन्ध काव्यों में रूप-सौन्दर्य और कर्म-सौन्दर्य का ऐसा ही मेल किया है। उनके नायक (या नायिका) जिस प्रकार पीड़ा, अत्याचार आदि से मनुष्य जाति का उद्धार करने के लिए अपना प्राण तक उत्सर्ग करनेवाले, घोर से घोर कष्ट और यन्त्रणा से मुँह न मोड़नेवाले, पराक्रमी, दयालु और धीर हैं, उसी प्रकार रूप-माधुर्य-सम्पन्न भी।[1]

आज भी किसी कवि से राम की शारीरिक सुन्दरता कुम्भकर्ण को और कुम्भकर्ण की कुरूपता राम को न देते बनेगी। माइकल मधुसूदन दत्त ने मेघनाद को अपने काव्य का रूप-गुण-सम्पन्न नायक बनाया, पर लक्ष्मण को वे कुरूप न कर सके। उन्होंने जो उलट-फेर किया, वह कला या काव्यानुभूति की किसी प्रकार की प्रेरणा से नहीं, बल्कि एक पुरानी धारणा तोड़ने की बहादुरी दिखाने के लिए, जिसका शोक किसी विदेशी नई शिक्षा के पहले-पहल प्रचलित होने पर प्रायः सब देशों में कुछ दिन रहा करता है। इसी प्रकार बंगभाषा के एक दूसरे कवि नवीनचन्द्र ने अपने 'कुरुक्षेत्र' नामक काव्य में कृष्ण का आदर्श ही बदल दिया है। उसमें वे ब्राह्मणों के अत्याचारों से पीड़ित जनता के उद्धार के लिए उठ खड़े हुए क्षत्रिय महात्मा के रूप में अंकित किए गए हैं। अपने समय में उठी हुई किसी खास हवा की झोंक में प्राचीन आर्ष-काव्यों के पूर्णतया निर्दिष्ट स्वरूपवाले आदर्श पात्रों को एकदम कोई नया मनमाना रूप देना भारती के पवित्र मन्दिर में व्यर्थ गड़बड़ मचाना है।

शुद्ध मर्मानुभूति द्वारा प्रेरित कुशल कवि भी प्राचीन आख्यानों को बराबर लेते आए हैं और अब भी लेते हैं। वे उनके पात्रों में अपनी नवीन उद्भावना का, अपनी नयी कल्पित बातों का, बराबर आरोप करते हैं; पर वे बातें इन पात्रों के चिर-प्रतिष्ठित आदर्शों के मेल में होती हैं। केवल अपने समय की परिस्थितिविशेष को लेकर

---

1. Certain it is that with Shelley goodness is ever near to sensuous beauty and passes easily into passion. Hence his choice of heroic type rather than simple ones, of Laon and Gythna and Prometheus rather than Michale, Mathew etc. Laon and Gythna possess youth, strength and beauty no less than courage and the instinct for self sacrifice and their passion for freedom. A further admirable instance of this harmony of goodness and beauty is seen in the description of Lady Benificient who tended the garden of 'The Sensitive Plant.'
—Studies in Shelley by A. T. Strong

जो भावनाएं उठती हैं, उनके आश्रय के लिए जबकि नये आख्यानों और नये पात्रों की उद्भावना स्वच्छन्दतापूर्वक की जा सकती है तब पुराने आदर्शों को विकृत या खंडित करने की क्या आवश्यकता है ?

कर्म-सौन्दर्य के जिस स्वरूप पर मुग्ध होना मनुष्य के लिए स्वाभाविक है और जिसका विधान कवि-परम्परा बराबर करती चली आ रही है, उसके प्रति उपेक्षा प्रकट करने और कर्म-सौन्दर्य के एक दूसरे पक्ष में ही—केवल प्रेम और भ्रातृभाव के प्रदर्शन और आचरण में ही—काव्य का उत्कर्ष मानने का जो एक नया फेशन टॉल्सटाय के समय से चला है, वह एकदेशीय है। दीन और असहाय जनता को निरन्तर पीड़ा पहुँचाते चले जानेवाले क्रूर आततायियों को उपदेश देने, उनसे दया की भिक्षा मांगने और प्रेम जताने तथा उनकी सेवा-शुश्रूषा करने में ही कर्त्तव्य की सीमा नहीं मानी जा सकती, कर्मक्षेत्र का एकमात्र सौन्दर्य नहीं कहा जा सकता। मनुष्य के शरीर के जैसे दक्षिण और वाम दो पक्ष हैं, वैसे ही उसके हृदय के कोमल और कठोर, मधुर और तीक्ष्ण, दो पक्ष हैं और बराबर रहेंगे। काव्य-कला की पूरी रमणीयता इन दोनों पक्षों के समन्वय के बीच मंगल या सौन्दर्य के विकास में दिखाई पड़ती है।

भावों की प्रक्रिया को समीक्षा से पता चलता है कि उदय से अस्त तक भाव-मंडल का कुछ भाग तो आश्रय की चेतना के प्रकाश में (conscious) रहता है और कुछ अन्तस्संज्ञा के क्षेत्र (Sub-conscious region) में छिपा रहता है। संचारी भावों के संचरणकाल में कभी-कभी उनके स्थायी भाव कारण-रूप में अन्तस्संज्ञा के भीतर पड़ जाते हैं। रतिभाव में संचारी होकर आई हुई असूया या ईर्ष्या ही को लीजिए। जिस क्षण में वह अपनी चरम सीमा पर पहुँची हुई होती है, उस क्षण में आश्रय को ही रति भाव की कोमल सत्ता का ज्ञान नहीं रहता, उस क्षण में उसके भीतर ईर्ष्या की तीक्ष्ण प्रतीति रहती है और बाहर ईर्ष्या के ही लक्षण दिखाई देते हैं। जिस प्रकार किसी आश्रय में भीतर कोई एक भाव स्थायी रहता है और अनेक भाव तथा अन्तर्दशाएं उसके संचारी के रूप में आती हैं, उसी प्रकार किसी प्रबन्ध काव्य के प्रधान पात्र में कोई मूल प्रेरक भाव या बीज भाव रहता है जिसके प्रेरणा से घटना-चक्र चलता है और अनेक भावों के स्फुरण के लिए जगह निकलती चलती है। इस बीज-भाव को साहित्यिक ग्रन्थों में निरूपित स्थायी भाव और अंगी भाव दोनों से भिन्न समझना चाहिए।

बीज भाव द्वारा स्फुरित भावों में कोमल और मधुर—कठोर और तीक्ष्ण—दोनों प्रकार के भाव रहते हैं। यदि बीज भाव की प्रकृति मंगलविधायिनी होती है तो उसकी व्यापकता और निर्विशेषता के अनुसार सारे प्रेरित भाव तीक्ष्ण और कठोर होने पर भी सुन्दर होते हैं। ऐसे बीज भाव की प्रतिष्ठा जिस पात्र में होती है, उसके सब भावों के साथ पाठकों की सहानुभूति होती है अर्थात् पाठक या श्रोता भी रसरूप में उन्हीं भावों का अनुभव करते हैं जिन भावों की वह व्यंजना करता है। ऐसे पात्र की गति में बाधा डालनेवाले पात्रों के उग्र या तीक्ष्ण भावों के साथ पाठकों का वास्तव में तादात्म्य नहीं होता; चाहे उनकी व्यंजना में रस की निष्पत्ति करनेवाले तीनों

अवयव वर्तमान हों। राम यदि रावण के प्रति क्रोध या घृणा की व्यंजना करेंगे तो पाठक या श्रोता का हृदय भी उस क्रोध या घृणा की अनुभूति में योग देगा। इस क्रोध या घृणा में भी काव्य का पूर्ण सौन्दर्य होगा। पर रावण यदि राम के प्रति क्रोध या घृणा की व्यंजना करेगा तो रस के तीनों अवयवों के कारण 'शास्त्र-स्थिति-सम्पादन'[1] चाहे हो जाये पर उस व्यंजित भाव के साथ पाठक केवल चरित्र-दृष्टिमात्र रहेगा; उसका केवल मनोरंजन होगा, भाव में लीन करनेवाली प्रथम कोटि की रसानुभूति उसकी न होगी।

ऊपर कहा गया है कि किसी शुभ बीज भाव की प्रेरणा से प्रवर्तित तीक्ष्ण और उग्र भावों की सुन्दरता की मात्रा उस बीज भाव को निर्विशेषता और व्यापकता के अनुसार होती है, जैसे, यदि करुणा किसी व्यक्ति की विशेषता पर अवलम्बित होगी—कि पीड़ित व्यक्ति हमारा कुटुम्बी मित्र आदि है—तो उस करुणा के द्वारा प्रवर्तित तीक्ष्ण या उग्र भावों में सुन्दरता न होगी। पर बीजरूप में अन्तस्संज्ञा में स्थित करुणा यदि इस ढब की होगी कि इतने पुरवासी, इतने देशवासी, या इतने मनुष्य पीड़ा पा रहे हैं तो उसके द्वारा प्रवर्तित तीक्ष्ण या उग्र भावों का सौन्दर्य उत्तरोत्तर अधिक होगा। यदि किसी काव्य में वर्णित दो पात्रों में से एक तो अपने भाई को अत्याचार और पीड़ा से बचाने के लिए अग्रसर हो रहा है और दूसरा किसी बड़े भारी जनसमूह को तो गति में बाधा डालनेवालों के प्रति दोनों के प्रदर्शित क्रोध के सौन्दर्य के परिणाम में बहुत अंतर होगा।

भावों की छानबीन करने पर मंगल का विधान करने वाले दो भाव ठहरते हैं—करुणा और प्रेम। करुणा की गति रक्षा की ओर होती है और प्रेम की रंजन की ओर। लोक में प्रथम साध्य रक्षा है। रंजन का अवसर उसके पीछे आता है। अतः साधनावस्था या प्रयत्न पक्ष को लेकर चलने वाले काव्यों का बीज भाव करुणा ही ठहरता है। इसी से शायद अपने दो नाटकों में रामचरित को लेकर चलनेवाले महाकवि भवभूति ने 'करुण'को ही एकमात्र रस कह दिया। रामायण का बीजभाव करुणा है जिनका संकेत क्रौंच को मारनेवाले निषाद के प्रति बालमीकि के मुँह से निकले वचन द्वारा आरम्भ ही में मिलता है। उसके उपरान्त भी बालकांड के पन्द्रहवें सर्ग में इसका आभास दिया गया है, जहाँ देवताओं ने ब्रह्मा से रावण द्वारा पीड़ित लोक की दारुण दशा का निवेदन किया है। उक्त आदिकाव्य के भीतर लोक-मंगल की शक्ति के उदय का आभास ताड़का और मारीच के दमन के प्रसंग में ही मिल जाता है। पंचवटी में वह शक्ति जोर पकड़ती दिखाई देती है। सीता-हरण होने पर उसमें आत्मगोरव और दाम्पत्य प्रेम की प्रेरणा का भी योग हो जाता है। ध्यान देने की बात यह है कि इस आत्मगोरव और दाम्पत्य प्रेम की प्रेरणा बीच से प्रकट होकर उस विराट् मंगलोन्मुखी गति में समन्वित हो जाती है। यदि राक्षसराज पर चढ़ाई करने का मूल कारण केवल

---

१. रस व्यक्तिमपेक्ष्यैषामंगानां सन्निवेशनम्।
न तु केवलया शास्त्र-स्थिति-सम्पादनेच्छया॥ —साहित्यदर्पण

आत्मगौरव या दाम्पत्य प्रेम होता तो राम के कालाग्नि-सदृश क्रोध' में काव्य का वह लोकोत्तर सौन्दर्य न होता। लोक के प्रति करुणा जब सफल हो जाती है, लोक जब पीड़ा और विघ्न-बाधा से मुक्त हो जाता है तब रामराज्य में जाकर लोक के प्रति प्रेम-प्रवर्तन का, प्रजा के रंजन का उनके अधिकाधिक सुख के विधान का, अवकाश मिलता है।

जो कुछ ऊपर कहा गया है, उससे यह स्पष्ट है कि काव्य का उत्कर्ष केवल प्रेम भाव की कोमल व्यंजना में ही नहीं माना जा सकता जैसा कि टॉल्सटाय के अनुयायी या कुछ कलावादी कहते हैं। क्रोध आदि उग्र और प्रचंड भावों के विधान में भी, यदि उनकी तह में करुण भाव अव्यक्त रूप में स्थित हो, पूर्ण सौन्दर्य का साक्षात्कार होता है। स्वतन्त्रता के उन्मत्त उपासक, घोर परिवर्तनवादी शेली के महाकाव्य (The Revolt of Islam) के नायक-नायिका अत्याचारियों के पास जाकर उपदेश देनेवाले, गिड़गिड़ानेवाले अपनी साधुता, सहनशीलता और शांत वृत्ति का चमत्कारपूर्ण प्रदर्शन करनेवाले नहीं हैं, वे उत्साह की उमंग में प्रचंड वेग से युद्ध-क्षेत्र में बढ़नेवाले, पाखंड, लोकपीड़ा और अत्याचार देख पुनीत क्रोध के सात्विक तेज से तमतमानेवाले, भय या स्वार्थवश आततायियों की सेवा स्वीकार करनेवाले के प्रति उपेक्षा प्रकट करनेवाले हैं। शेली ने भी काव्य-कला का मूल तत्त्व प्रेम-भाव ही माना था, पर अपने को सुख-सौन्दर्यमय माधुर्य भाव तक ही बद्ध न रखकर प्रबन्ध-क्षेत्र में भी अच्छी तरह घुसकर भावों की अनेकरूपता का विन्यास किया था। स्थिर (static) सौन्दर्य और गत्यात्मक (dynamic) सौन्दर्य, उपभोग-पक्ष और प्रयत्न-पक्ष दोनों उनमें पाये जाते हैं।

टॉल्सटाय के मनुष्य-मनुष्य में भ्रातृ-प्रेम संचार को ही एकमात्र काव्य तत्त्व कहने का बहुत कुछ कारण साम्प्रदायिक था। कलावादियों का केवल कोमल और मधुर की लीक पकड़ना मनोरंजनमात्र की हल्की रुचि और दृष्टि की परिमिति के कारण समझना चाहिए। टॉल्सटाय के अनुयायी प्रयत्न-पक्ष को लेते अवश्य हैं पर केवल पीड़ितों की सेवा-शुश्रूषा की दौड़धूप, आततायियों पर प्रभाव डालने के लिए साधुता के लोकोत्तर प्रदर्शन, त्याग, कष्ट-सहिष्णुता इत्यादि में ही उनका सौन्दर्य स्वीकार करते हैं। साधुता की इस मृदुल गति को वे 'आध्यात्मिक शक्ति' कहते हैं। पर भारतीय दृष्टि से हम इसे भी प्राकृतिक शक्ति—मनुष्य की अन्तःप्रकृति की सात्त्विक विभूति—मानते हैं। विदेशी अर्थ में इस 'आध्यात्मिक' शक्ति का प्रयोग हमारी देशभाषाओं में भी प्रचार पा रहा है। 'अध्यात्म' शब्द की, मेरी समझ में काव्य या कला के क्षेत्र में कहीं कोई जरूरत नहीं है।

पूर्ण प्रभविष्णुता के लिए काव्य में हम भी सत्त्वगुण की सत्ता आवश्यक मानते हैं, पर दोनों रूपों में—दूसरे भावों की तह में अर्थात् अन्तस्संज्ञा में स्थित अव्यक्त बीजरूप में भी और प्रकाशरूप में भी। हम पहले कह आए हैं कि लोक में मंगल-विधान की ओर प्रवृत्त करनेवाले दो भाव हैं—करुणा और प्रेम। यह भी दिखा आए हैं कि क्रोध, युद्धोत्साह आदि प्रचंड और उग्र वृत्तियों की तह में इन दोनों में से कोई भाव बीजरूप में स्थित होगा, तभी सच्चा साधारणीकरण और पूर्ण सौन्दर्य का प्रकाश

होगा। उच्च दशा का प्रेम और करुणा दोनों सत्त्वगुण प्रधान हैं। त्रिगुणों में सत्त्वगुण सबके ऊपर है। यहाँ तक कि उसकी ऊपरी सीमा नित्य पारमार्थिक सत्ता के पास तक—व्यक्त और अव्यक्त की सन्धि तक—जा पहुँचती है। इसी से शायद वल्लभाचार्य जी ने सच्चिदानन्द के सत् स्वरूप का प्रकाश करनेवाली शक्ति को 'सन्धिनी' कहा है। व्यवहार में भी 'सत्' शब्द के दो अर्थ लिए जाते हैं—'जो वास्तव में हो' तथा 'अच्छा या शुभ।'

जबकि अव्यक्तावस्था से छूटी हुई प्रकृति के व्यक्त स्वरूप जगत् में आदि से अन्त तक सत्त्व, रजस् और तमस् तीनों गुण रहेंगे, तब समष्टिरूप में लोक के बीच मंगल का विधान करनेवाली ब्रह्म की आनन्द-कला के प्रकाश की यही पद्धति हो सकती है कि तमोगुण और रजोगुण दोनों सत्त्वगुण के अधीन होकर उसके इशारे पर काम करें। इस दशा में किसी ओर अपनी प्रवृत्ति के अनुसार काम करने पर भी समष्टि-रूप में और सब ओर वे सत्त्वगुण के लक्ष्य की ही पूर्ति करेंगे। सत्त्वगुण के इस शासन में कठोरता, उग्रता और प्रचंडता भी सात्त्विक तेज के रूप में भासित होंगी। इसी से अवतार रूप में हमारे यहाँ भगवान की मूर्ति एक ओर तो 'वज्रादपि कठोर' और दूसरी ओर 'कुसुमादपि मृदु' रखी गई है—

कुलिसहु चाहि कठोर अति, कोमल कुसुमहु चाहि।

२

साधारणीकरण और व्यक्ति वैचित्र्यवाद

किसी काव्य का श्रोता या पाठक जिन विषयों को मन में लाकर रति, करुणा, क्रोध, उत्साह इत्यादि भावों तथा सौन्दर्य, रहस्य-गाम्भीर्य आदि भावनाओं का अनुभव करता है, वे अकेले उसी के हृदय से सम्बन्ध रखनेवाले नहीं होते, मनुष्य-मात्र की भावात्मक सत्ता पर प्रभाव डालने वाले होते हैं। इसी से उक्त काव्य को एक साथ पढ़ने या सुननेवाले सहस्रों मनुष्य उन्हीं भावों या भावनाओं का थोड़ा या बहुत अनुभव कर सकते हैं। जब तक किसी भाव का कोई विषय इस रूप में नहीं लाया जाता कि वह सामान्यतः सबके उसी भाव का अवलम्बन हो सके, तब तक उसमें रसोद्बोधन की पूर्ण शक्ति नहीं आती। इसी रूप में लाया जाना हमारे यहाँ 'साधा-रणीकरण' कहलाता है। यह सिद्धांत यह घोषित करता है कि सच्चा कवि वही है जिसे लोक-हृदय की पहचान हो जो अनेक विशेषताओं और विचित्रताओं के बीच मनुष्य जाति के सामान्य हृदय को देख सके। इसी-लोक-हृदय में हृदय के लीन होने की दशा का नाम रस-दशा है।

किसी काव्य में वर्णित किसी पात्र का किसी कुरूप और दुःशील स्त्री पर प्रेम हो सकता है; पर उसी स्त्री के वर्णन द्वारा शृङ्गार रस का आलम्बन नहीं खड़ा हो सकता। अतः ऐसा काव्य केवल भाव-प्रदर्शक ही होगा, विभाव-विधायक कभी नहीं हो सकता। इसी प्रकार रौद्र रस के वर्णन में जब तक आलम्बन का चित्रण इस रूप

में न होगा कि वह मनुष्यमात्र के क्रोध का पात्र हो सके, तब तक वह वर्णन भाव-प्रदर्शक मात्र रहेगा, उसका विभाव पक्ष या तो शून्य अथवा अशक्त होगा। पर भाव और विभाव दोनों पक्षों के सामंजस्य के बिना पूरी और सच्ची रसानुभूति हो नहीं सकती। केवल भाव-प्रदर्शक काव्यों में भी होता यह है कि पाठक या श्रोता अपनी ओर से अपनी भावना के अनुसार आलम्बन का आरोप किए रहता है।

काव्य का विषय सदा 'विशेष' होता है, 'सामान्य' नहीं, वह 'व्यक्ति' सामने लाता है, 'जाति' नहीं। यह बात आधुनिक कला-समीक्षा के क्षेत्र में पूर्णतया स्थिर हो चुकी है। अनेक व्यक्तियों के रूप-गुण आदि के विवेचन द्वारा कोई वर्ग या जाति ठहराना, बहुत-सी बातों को लेकर कोई सामान्य सिद्धांत प्रतिपादन करना, यह सब तर्क और विज्ञान का काम है—निश्चयात्मिका बुद्धि का व्यवसाय है। 'काव्य का काम है कल्पना में 'बिम्ब' (images) या मूर्त भावना उपस्थित करना, बुद्धि के सामने कोई विचार (concept) लाना नहीं। 'बिम्ब' जब होगा तब विशेष या व्यक्ति का ही होगा, सामान्य या जाति का नहीं।[1]

इस सिद्धांत का तात्पर्य यह है कि शुद्ध काव्य की उक्ति सामान्य तथ्य-कथन या सिद्धांत के रूप में नहीं होती। कविता वस्तुओं और व्यापारों का बिम्ब-ग्रहण कराने का प्रयत्न करती है; अर्थ-ग्रहणमात्र से उसका काम नहीं चलता। बिम्ब-ग्रहण जब होगा तब विशेष या व्यक्ति का ही होगा, सामान्य या जाति का नहीं। जैसे, यदि कहा जाय कि 'क्रोध में मनुष्य बावला हो जाता है, तो यह काव्य की उक्ति न होगी। काव्य की उक्ति तो किसी क्रुद्ध मनुष्य के उग्र वचनों और उन्मत्त चेष्टाओं को कल्पना में उपस्थित भर कर देगी। कल्पना में जो कुछ उपस्थित होगा, वह व्यक्ति या वस्तु-विशेष ही होगा। सामान्य या 'जाति' की तो मूर्त भावना हो ही नहीं सकती।[2]

---

१. अभिव्यंजनावाद (Expressionism के प्रवर्तक क्रोचे (Benedetto Croce) ने कला के बोधपक्ष और तर्क के बोधपक्ष को इस प्रकार अलग-अलग किया है—

(क) Intuitive Knowledge, knowledge obtained through the imagination, knowledge of the individual or individual thing."

(ख) "Logical knowledge. knowledge obtained through the intellect, knowledge of the universal knowledge of the relations between individual things." Aesthetic

साहित्यशास्त्र में नैयायिकों की बातें ज्यों की त्यों ले लेने से काव्य के स्वरूप-निर्णय में जो बाधा पड़ी है, उसका एक उदाहरण 'शक्तिग्रह' का प्रसंग है। उसके अन्तर्गत कहा गया है कि संकेतग्रह 'व्यक्ति का नहीं होता है, 'जाति' का होता है। तर्क में भाषा के संकेतपक्ष (symbolic aspect) से ही काम चलता है जिसमें अर्थग्रहणमात्र पर्याप्त होता है। अतः न्याय में तो जाति का संकेतग्रह करना ठीक है पर काव्य में भाषा के प्रत्यक्षीकरण पक्ष (presentative aspect) से

अब यह देखना चाहिए कि हमारे यहाँ विभावन व्यापार में जो 'साधारणीकरण कहा गया है, उसके विरुद्ध तो यह सिद्धांत नहीं जाता। विचार करने पर स्पष्ट हो जाएगा कि दोनों में कोई विरोध नहीं पड़ता। विभावादिक साधारणतया प्रतीत होते हैं, इस कथन का अभिप्राय यह नहीं है कि रसानुभूति के समय श्रोता या पाठक के मन में आलम्बन आदि विशेष व्यक्ति या विशेष वस्तु की मूर्त भावना के रूप में न आकर सामान्यतः व्यक्तिमात्र या वस्तुमात्र (जाति) के अर्थ-संकेत के रूप में आते हैं। 'साधारणीकरण' का अभिप्राय यह है कि पाठक या श्रोता के मन में जो व्यक्तिविशेष या वस्तुविशेष आती है, वह जैसे काव्य में वर्णित 'आश्रय' के भाव का आलम्बन होती है, वैस ही सब सहृदय पाठकों या श्रोताओं के भाव का आलम्बन हो जाती है। जिस व्यक्तिविशेष के प्रति किसी भाव की व्यंजना कवि या पात्र करता है, पाठक या श्रोता की कल्पना में वह व्यक्तिविशेष ही उपस्थित रहता है। हाँ, कभी-कभी ऐसा भी होता है कि पाठक या श्रोता की मनोवृत्ति या संस्कार के कारण वर्णित व्यक्तिविशेष से स्थान पर कल्पना में उसी के समान धर्मवाली कोई मूर्तिविशेष आ जाती है। जैसे यदि किसी पाठक या श्रोता का किसी सुन्दरी से प्रेम है तो शृङ्गार रस की फुटकल उक्तियाँ सुनने के समय रह-रहकर आलम्बनरूप में उसकी प्रेयसी की मूर्ति ही उसकी कल्पना में आएगी। यदि किसी से प्रेम न हुआ तो सुन्दरी को कोई कल्पित मूर्ति उसके मन में आएगी। कहने की आवश्यकता नहीं कि यह काल्पनिक मूर्ति भी विशेष ही होगी —व्यक्ति की ही होगी।

कल्पना में मूर्ति तो विशेष ही की होगी, पर वह मूर्ति ऐसी होगी जो प्रस्तुत भाव का आलम्बन हो सके, जो उसी भाव को पाठक या श्रोता के मन में भी जगाए, जिसकी व्यंजना आश्रय अथवा कवि करता है। इससे सिद्ध हुआ कि साधारणीकरण आलम्बनत्व धर्म का होता है। व्यक्ति तो विशेष ही रहता है पर उसमें प्रतिष्ठा ऐसे सामान्य धर्म की रहती है जिसके साक्षात्कार से सब श्रोताओं या पाठकों के मन में एक ही भाव का उदय थोड़ा या बहुत होता है। तात्पर्य यह है कि आलम्बन रूप में प्रतिष्ठित व्यक्ति, समान प्रभाववाले कुछ धर्मों की प्रतिष्ठा के चारण, सबके भावों का आलम्बन हो जाता है। 'विभावादि सामान्य रूप में प्रतीत होते हैं'—इसका तात्पर्य

काम लिया जाता है, जिसमें शब्द द्वारा सूचित वस्तु का बिम्ब ग्रहण होता है—अर्थात् उसकी मूर्ति कल्पना में खड़ी हो जाती है काव्य-मीमांसा के क्षेत्र में न्याय का यह हाथ बढ़ाना डाक्टर सतीशचन्द्र विद्याभूषण को भी खटका है। उन्होंने कहा है—

"It is, however, to be regretted that during the last 500 years the Nyaya has been mixed up with Law, Rhetoric, etc., and thereby has hampered the growth of those branches of knowledge upon which it has grown up as a sort of parasite."

—The Nyaya Suttras, Introduction

यही है कि रसमग्न पाठक के मन में यह भेदभाव नहीं रहता कि यह आलम्बन मेरा है या दूसरे का। थोड़ी देर के लिए पाठक या श्रोता का हृदय लोक का सामान्य हृदय हो जाता है। उसका अपना हृदय अलग नहीं रहता।

'साधारणीकरण' के प्रतिपादन में पुराने आचार्यों ने श्रोता (या पाठक) और आश्रय (भाव-व्यंजना करनेवाला पात्र) के तादात्म्य की अवस्था का ही विचार किया है, जिसमें आश्रय किसी काव्य या नाटक के पात्र के रूप में आलम्बनरूप किसी दूसरे पात्र के प्रति किसी भाव की व्यंजना करता है और श्रोता (या पाठक) उसी भाव का रसरूप में अनुभव करता है। पर रस की एक नीची अवस्था और है जिसका हमारे यहाँ के साहित्य-ग्रन्थों में विवेचन नहीं हुआ। उसका भी विचार करना चाहिए। किसी भाव की व्यंजना करनेवाला, कोई क्रिया या व्यापार करनेवाला पात्र भी शील की दृष्टि से श्रोता (या दर्शक) के किसी भाव—श्रद्धा, भक्ति, घृणा, रोष, आश्चर्य, कौतूहल या अनुराग—का आलम्बन होता है। इस दशा में श्रोता या दर्शक का हृदय उस पात्र के हृदय से अलग रहता है—अर्थात् श्रोता या दर्शक उसी भाव का अनुभव नहीं करता जिसकी व्यंजना पात्र अपने आलम्बन के प्रति करता है, बल्कि व्यंजना करनेवाले उस पात्र के प्रति किसी और ही भाव का अनुभव करता है। यह दशा भी एक प्रकार की रसदशा ही है—यद्यपि इसमें आश्रय के साथ तादात्म्य और उसके आलम्बन का साधारणीकरण नहीं रहता। जैसे, कोई क्रोधी या क्रूर प्रकृति का पात्र यदि किसी निरपराध या दीन पर क्रोध की प्रबल व्यंजना कर रहा है तो श्रोता या दर्शक के मन में क्रोध का रसात्मक संचार न होगा, बल्कि क्रोध प्रदर्शित करनेवाला उस पात्र के प्रति अश्रद्धा, घृणा आदि का भाव जगेगा। ऐसी दशा में आश्रय के साथ तादात्म्य या सहानुभूति न होगी, बल्कि श्रोता या पाठक उक्त पात्र के शील-द्रष्टा या प्रकृति-द्रष्टा के रूप में प्रभाव ग्रहण करेगा और यह प्रभाव भी रसात्मक ही होगा, पर इस रसात्मक को हम मध्यम कोटि की ही मानेंगे।

जहाँ पाठक या दर्शक किसी काव्य या नाटक में सन्निविष्ट पात्र या आश्रय के शील-द्रष्टा के रूप में स्थित होता है, वहाँ भी पाठक या दर्शक के मन में कोई न कोई भाव थोड़ा-बहुत अवश्य जगा रहता है; अन्तर इतना ही पड़ता है कि उस पात्र का आलम्बन पाठक या दर्शक का आलम्बन नहीं होता, बल्कि वह पात्र ही पाठक या दर्शक के किसी भाव का आलम्बन रहता है। इस दशा में भी एक प्रकार का तादात्म्य और साधारणीकरण होता है। तादात्म्य कवि के उस अव्यक्त भाव के साथ होता है, जिसके अनुरूप वह पात्र का स्वरूप संगठित करता है। जो स्वरूप कवि अपनी कल्पना में लाता है, उसके प्रति उसका कुछ न कुछ भाव अवश्य रहता है। वह उसके किसी भाव का आलम्बन अवश्य होता है अतः पात्र का स्वरूप कवि के जिस भाव का आलम्बन रहता है, पाठक या दर्शक के भी उसी भाव का आलम्बन प्रायः हो जाता है। जहाँ कवि किसी वस्तु (जैसे—हिमालय, विंध्याटवी) या व्यक्ति का केवल चित्रण करके छोड़ देता है, वहाँ कवि ही आश्रय के रूप में रहता है। उसी के भाव के साथ

पाठक या दर्शक का तादात्म्य रहता है; उसी का आलम्बन पाठक या दर्शक का आलम्बन हो जाता है।

आश्रय की जिस भाव-व्यंजना को श्रोता या पाठक का हृदय कुछ भी अपना न सकेगा, उसका ग्रहण केवल शील-वैचित्र्य के रूप में होगा और उसके द्वारा घृणा, विरक्ति, अश्रद्धा, क्रोध, आश्चर्य, कुतूहल इत्यादि में से ही कोई भाव उत्पन्न होकर अपरितुष्ट दशा में रह जायेगा। उस भाव की तुष्टि तभी होगी जब कोई दूसरा पात्र आकर उसकी व्यंजना वाणी और चेष्टा द्वारा उस बेमेल या अनुपयुक्त भाव की व्यंजना करनेवाले प्रथम पात्र के प्रति करेगा। इस दूसरे पात्र की भाव-व्यंजना के साथ श्रोता या दर्शक की पूर्ण सहानुभूति होगी। अपरितुष्ट भाव की आकुलता का अनुभव प्रबन्ध काव्यों, नाटकों और उपन्यासों के प्रत्येक पाठक को थोड़ा-बहुत होगा। जब कोई असामान्य दुष्ट अपनी मनोवृत्ति की व्यंजना किसी स्थल पर करता है तब पाठक के मन में बराबर यही आता है कि उस दुष्ट के प्रति उसके मन में जो घृणा या क्रोध है, उसकी भरपूर व्यंजना वचन या क्रिया द्वारा कोई पात्र आकर करता। क्रोधी परशुराम तथा अत्याचारी रावण की कठोर बातों का जो उत्तर लक्ष्मण और अंगद देते हैं, उससे कथाश्रोताओं की अपूर्व तुष्टि होती है।

इस संबंध में सबसे अधिक ध्यान देने की बात यह है कि शील विशेष के परिज्ञान से उत्पन्न भाव की अनुभूति और आश्रय के साथ तादात्म्य-दशा की अनुभूति (जिसे आचार्यों ने 'रस' कहा है) दो भिन्न कोटि की रसानुभूतियाँ हैं। प्रथम में श्रोता या पाठक अपनी पृथक् सत्ता अलग सँभाले रहता है; द्वितीय में अपनी पृथक् सत्ता का कुछ क्षणों के लिए विसर्जन कर आश्रय की भावात्मक सत्ता में मिल जाता है। उदात्त वृत्तिवाले आश्रय की भाव-व्यंजना में भी यह होगा कि जिस समय तक पाठक या श्रोता तादात्म्य की दशा में पूर्ण रसमग्न रहेगा, उस समय भाव-व्यंजना करनेवाले आश्रय को अपने से अलग रखकर उसके शील आदि की ओर दत्तचित्त न रहेगा। उस दशा के आगे-पीछे ही वह उसकी भावात्मक सत्ता से अपनी भावात्मक सत्ता को अलग कर उसके शील-सौंदर्य की भावना कर सकेगा। भाव-व्यंजना करनेवाले किसी पात्र या आश्रय के शील-सौंदर्य की भावना जिस समय रहेगी, उस समय वही श्रोता या पाठक का आलम्बन रहेगा और उसके प्रति श्रद्धा, भक्ति या प्रीति टिकी रहेगी।

हमारे यहाँ के आचार्यों ने श्रव्यकाव्य और दृश्यकाव्य दोनों में रस की प्रधानता रखी है, इसी से दृश्यकाव्य में भी उनका लक्ष्य तादात्म्य और साधारणीकरण की ओर रहता है। पर यूरोप के दृश्यकाव्यों में शील-वैचित्र्य या अन्तःप्रकृति-वैचित्र्य की ओर ही प्रधान लक्ष्य रहता है, जिसके साक्षात्कार से दर्शक को आश्चर्य या कुतूहलमात्र की अनुभूति होती है। अतः इस वैचित्र्य पर थोड़ा विचार कर लेना चाहिए। वैचित्र्य के साक्षात्कार से केवल तीन बातें हो सकती हैं—(१) आश्चर्यपूर्ण प्रसादन, (२) आश्चर्यपूर्ण अवसादन, या (३) कुतूहलमात्र।

आश्चर्यपूर्ण प्रसादन शील के चरम उत्कर्ष अर्थात् सात्त्विक आलोक के साक्षात्कार से होता है। भरत का राम की पादुका लेकर विरक्त रूप में बैठना, राजा हरि-

श्चन्द्र का अपनी रानी से आधा कफन माँगना, 'नागानंद' नाटक में जीमूतवाहन का भूखे गरुड़ से अपना माँस खाने के लिए अनुरोध करना इत्यादि शील-वैचित्र्य के ऐसे दृश्य हैं जिनसे श्रोता या दर्शक के हृदय में आश्चर्यमिश्रित श्रद्धा या भक्ति का संचार होता है। इस प्रकार के उत्कृष्ट शीलवाले पात्रों की भाव-व्यंजना को अपनाकर वह उसमें लीन भी हो सकता है। ऐसे पात्रों का शील विचित्र होने पर भी भाव-व्यंजना के समय उनके साथ पाठक या श्रोता का तादात्म्य हो सकता है।

आश्चर्यपूर्ण अवसादन शील के अत्यन्त पतन अर्थात् तामसी घोरता के साक्षात्कार से होता है। यदि किसी काव्य या नाटक में हूण सम्राट् मिहिरगुल पहाड़ की चोटी पर से गिराए जाते हुए मनुष्य के तड़पने, चिल्लाने आदि की भिन्न-भिन्न चेष्टाओं पर भिन्न-भिन्न ढंग से अपने आह्लाद की व्यंजना करे, तो उसके आह्लाद में किसी श्रोता या दर्शक का हृदय योग न देगा; बल्कि उसकी मनोवृत्ति की विलक्षणता और घोरता पर स्तम्भित, क्षुब्ध या कुपित होगा। इसी प्रकार दुःशीलता की और विचित्रताओं के प्रति श्रोता की आश्चर्यमिश्रित विरक्ति, घृणा आदि जागेगी।

जिन सात्त्विकी और तामसी प्रकृतियों की चरम सीमा का उल्लेख ऊपर हुआ है, सामान्यप्रकृति से उनकी आश्चर्यजनक विभिन्नता केवल उनकी मात्रा में होती है। वे वर्ग-विशेष की सामान्य प्रकृति के भीतर समझी जा सकती हैं, जैसे भरत आदि की प्रकृति शीलवानों की प्रकृति के भीतर और मिहिरगुल की प्रकृति क्रूरों की प्रकृति के भीतर मानी जा सकती है। पर कुछ लोगों के अनुसार ऐसी अद्वितीय प्रकृति भी होती है जो वर्गविशेष की भी प्रकृति के भीतर नहीं होती। ऐसी प्रकृति के साक्षात्कार से न स्पष्ट प्रसादन होगा, न स्पष्ट अवसादन—एक प्रकार का मनोरंजन या कुतूहल ही होगा। ऐसी अद्वितीय प्रकृति के चित्रण को डटन (Theodore Watts Dunton) ने कवि की नाटकीय या निरपेक्ष दृष्टि (Dramatic or Absolute vision) का सूचक और काव्य-कला का चरम उत्कर्ष कहा है। उनका कहना है कि साधारणतः कवि या नाटककार भिन्न-भिन्न पात्रों की उक्तियों की कल्पना करने ही का उनकी परिस्थिति में अनुमान करके किया करते हैं। वे वास्तव में यह अनुमान करते हैं कि यदि हम उनकी दशा में होते तो कैसे वचन मुँह से निकालते! तात्पर्य यह है कि उनकी दृष्टि सापेक्ष होती है; वे अपनी ही प्रकृति के अनुसार चरित्र-चित्रण करते हैं। पर निरपेक्ष दृष्टि वाले नाटककार एक नवीन नर-प्रकृति की सृष्टि करते हैं। नूतन निर्माण वाली कल्पना उन्हीं की होती है।

डटन ने निरपेक्ष दृष्टि को उच्चतम शक्ति तो ठहराया, पर उन्हें संसार भर में दो-तीन ही कवि उक्त दृष्टि से सम्पन्न मिले, जिनमें मुख्य शेक्सपियर हैं। पर शेक्सपियर के नाटकों में कुछ विचित्र अन्तःप्रकृति के पात्रों के होते हुए भी अधिकांश ऐसे पात्र हैं जिनकी भाव-व्यंजना के साथ पाठक या दर्शक का पूरा तादात्म्य रहता है। 'जूलियस सीजर' नाटक में अन्टोनियो के लम्बे भाषण से जो क्षोभ उमड़ पड़ता है उसमें किसका हृदय योग न देगा? डटन के अनुसार शेक्सपियर की दृष्टि की निरपेक्षता के उदाहरणों में हेमलेट का चरित्र-चित्रण है। पर विचारपूर्वक देखा जाए तो हेमलेट की

मनोवृत्ति भी ऐसे व्यक्ति की मनोवृत्ति है, जो अपनी माता का घोर विश्वासघात और जघन्य शीलच्युति देखकर अर्द्धविक्षिप्त-सा हो गया है। परिस्थिति के साथ उनके बचनों का असामंजस्य उसकी बुद्धि की अव्यवस्था का द्योतक है। अत: उसका चरित्र भी वर्ग विशेष के चरित्र के भीतर आ जाता है। उसके बहुत-से भाषणों को प्रत्येक सहृदय व्यक्ति अपनाता है; उदाहरण के लिए आत्मग्लानि और क्षोभ से भरे हुए वे वचन जिनके द्वारा वह स्त्री जाति की भर्त्सना करता है। अत: हमारे देखने में ऐसी मनोवृत्ति का प्रदर्शन, जो किसी दशा में किसी की हो ही नहीं सकती, केवल ऊपरी मन-बहलाव के लिए खड़ा किया हुआ कृत्रिम तमाशा ही होगा। पर डंटन साहब के अनुसार ऐसी मनोवृत्ति का चित्रण नूतन सृष्टिकारिणा कल्पना का सबसे उज्ज्वल उदाहरण होगा।

'नूतन सृष्टि-निर्माणवाली कल्पना' की चर्चा जिस प्रकार यूरोप में चलती आ रही है, उसी प्रकार भारतवर्ष में भी। पर हमारे यहाँ यह कथन अर्थवाद के रूप में—कवि और कवि-कर्म की स्तुति के रूप में—गृहीत हुआ, शास्त्रीय सिद्धान्त या विवेचन के रूप में नहीं। यूरोप में अलबत्ता यह एक सूत्र-सा बनकर काव्य-समीक्षा के क्षेत्र में भी जा घुसा है इसके प्रचार का परिणाम वहाँ यह हुआ कि कुछ रचनाएँ इस ढंग की भी हो चलीं जिनमें कवि ऐसी अनुभूतियों की व्यंजना की नकल करता है, जो न वास्तव में उसकी होती हैं और न किसी की हो सकती हैं। इस नूतन सृष्टि-निर्माण के अभिनय के बीच 'दूसरे जगत् के पक्षियों' की उड़ान शुरू हुई। शेली के पीछे पागलपन की नकल करनेवाले बहुत-से खड़े हुए थे; वे अपनी बातों का ऐसा रूप-रंग बनाते थे, जो किसी और दुनिया का लगे या कहीं का न जान पड़े।[1]

यह उस प्रवृत्ति का हद के बाहर पहुँचा रूप है, जिसका आरम्भ यूरोप में एक प्रकार के पुनरुत्थान-काल (Renaissance) के साथ ही हुआ था। ऐसा कहा जाता

---

1. (a) "After Shelley's music began to captivate the world certain poets set work upon the theory that between themselves and the other portion of the human race there is a wide gulf fixed, Their theory was that they were to sing, as far as possible, like birds of anothor world····It might also be said that the poetic atmosphere became that of the supreme place of wonder."

—Bedlam

(b) "Bailey, Dobell and Smith were not Bedlamites, but men of commonsense. They only affected madness. The county from which the followers of Shelley sing to our lower World was named 'Nowhere'."

—Poetry and the Renaissance of Wonder, Theodore Watts Dunton.

है कि उस काल के पहले काव्य की रचना काल को अखंड, अनन्त और भेदातीत मानकर तथा लोक की एक सामान्य सत्ता समझकर की जाती थी। रचना करनेवाले यह ध्यान रखकर नहीं लिखते थे कि इस काल के आगे आनेवाला काल कुछ और प्रकार का होगा अथवा इस वर्तमान् काल का स्वरूप सर्वत्र एक ही नहीं है—किसी जन-समूह के बीच पूर्ण सभ्य काल है, किसी के बीच उससे बहुत कुछ कम; किसी जन-समुदाय के बीच कुछ असभ्य काल है, किसी के बीच उससे बहुत अधिक। इसी प्रकार उन्हें इस बात की ओर ध्यान देने की आवश्यकता नहीं होती थी कि लोक भिन्न-भिन्न व्यक्तियों से बना होता है जो भिन्न-भिन्न रुचि और प्रवृत्ति के होते हैं। 'पुनरुत्थान-काल' से धीरे-धीरे इस तथ्य की ओर ध्यान बढ़ता गया, प्राचीनों की भूल प्रकट हो गई। अन्त में इशारे पर आंख मूंदकर दौड़नेवाले बड़े-बड़े पंडितों ने पुनरुत्थान की कालधारा को मथकर 'व्यक्तिवाद' रूपी नया रत्न निकाला। फिर क्या था ? शिक्षित समाज में व्यक्तिगत विशेषताएँ देखने-दिखाने की चाह बढ़ने लगी।

काव्य-क्षेत्र में किसी 'वाद' का प्रचार धीरे-धीरे उसकी सारसत्ता को ही चर जाता है। कुछ दिनों में लोग कविता न लिखकर 'वाद' लिखने लगते हैं। कला या काव्य के क्षेत्र में 'लोक' और 'व्यक्ति' की उपर्युक्त धारणा कहाँ तक संगत है, इस पर थोड़ा विचार कर लेना चाहिए। लोक के बीच जहाँ बहुत-सी भिन्नताएँ देखने में आती हैं, वहाँ कुछ अभिन्नताएं भी पायी जाती हैं। एक मनुष्य की आकृति से दूसरे मनुष्य की आकृति नहीं मिलती, पर सब मनुष्यों की आकृतियों को साथ लें तो एक ऐसी सामान्य आकृति-भावना भी बँधती है, जिसके कारण हम सबको मनुष्य कहते हैं। इसी प्रकार सबकी रुचि और प्रकृति में भिन्नता होने पर भी कुछ ऐसी अन्तर्भूमियाँ हैं जहाँ पहुँचने पर अभिन्नता मिलती है। ये अन्तर्भूमियाँ नर-समष्टि की रागात्मिका प्रकृति के भीतर हैं। लोक-हृदय की यह सामान्य अन्तर्भूमि परखकर हमारे यहाँ 'साधारणीकरण' सिद्धान्त की प्रतिष्ठा की गई है। वह सामान्य अन्तर्भूमि कल्पित का कृत्रिम नहीं है। काव्य-रचना की रूढ़ि या परम्परा, सभ्यता के न्यूनाधिक विकास, जीवन-व्यापार के बदलनेवाले बाहरी रूप-रंग इत्यादि पर यह स्थित नहीं है। इसकी नींव गहरी है। इसका सम्बन्ध हृदय के भीतरी मूल देश से है, उसकी सामान्य वासनात्मक सत्ता से है।

जिस 'व्यक्तिवाद' का ऊपर उल्लेख हुआ है, उसने स्वच्छन्दता के आन्दोलन (**Romantic Movement**) के उत्तर-काल से बड़ा ही विकृत रूप धारण किया। यह 'व्यक्तिवाद' यदि पूर्ण रूप से स्वीकार किया जाये तो कविता लिखना व्यर्थ ही समझिए। कविता इसीलिए लिखी जाती है कि यह ही भावना सैकड़ों-हजारों क्या, लाखों दूसरे आदमी ग्रहण करें। जब एक के हृदय के साथ दूसरे के हृदय की कोई समानता ही नहीं तब एक के भावों को दूसरा क्यों और कैसे ग्रहण करेगा ? ऐसी अवस्था में तो यही सम्भव है कि हृदय द्वारा मार्मिक या भीतरी ग्रहण की बात ही छोड़ दी जाये; व्यक्तिगत विशेषता के वैचित्र्य द्वारा ऊपरी कुतूहल मात्र उत्पन्न कर देना ही बहुत समझा जाये। हुआ भी यही; और हृदयों से अपने हृदय की भिन्नता

और विचित्रता दिखाने के लिए बहुत-से लोग एक-एक काल्पनिक हृदय निर्मित करके दिखाने लगे। काव्य-क्षेत्र 'नकली हृदयों' का एक कारखाना हो गया।

ऊपर जो कुछ कहा गया उससे जान पड़ेगा कि भारतीय काव्य-दृष्टि भिन्न-भिन्न विशेषों के भीतर से 'सामान्य' के उद्घाटन की ओर बराबर रही है। किसी न किसी 'सामान्य' के प्रतिनिधि होकर ही 'विशेष' हमारे यहाँ के काव्यों में आते रहे हैं। पर यूरोपीय काव्य-दृष्टि इधर बहुत दिनों से विरल विशेष के विधान की ओर रही है। हमारे यहाँ के कवि उस सच्चे तार की झंकार सुनाने में ही सन्तुष्ट रहे जो मनुष्यमात्र के हृदय के भीतर से होता हुआ गया है। पर उन्नीसवीं शताब्दी के बहुत-से विलायती कवि ऐसे हृदयों के प्रदर्शन में लगे, जो न कहीं होते हैं और न हो सकते हैं। सारांश यह कि हमारी वाणी भाव-क्षेत्र के बीच 'भेदों में अभेद' को ऊपर करती रही और उनकी वाणी झूठे-सच्चे विलक्षण भेद खड़े करके लोगों को चमत्कृत करने में लगी।

'कल्पना' और 'व्यक्तित्व' की पाश्चात्य समीक्षा-क्षेत्र में इतनी अधिक मुनादी हुई कि काव्य के और सब पक्षों से दृष्टि हटकर इन्हीं दो पर आ जमी। 'कल्पना' काव्य का बोधपक्ष है। कल्पना में आई हुई रूप-व्यापार-योजना का कवि या श्रोता को अन्तः-साक्षात्कार या बोध होता है। पर इस बोधपक्ष के अतिरिक्त काव्य का भावपक्ष भी है। कल्पना को रूप-योजना के लिए प्रेरित करनेवाले और कल्पना में आई हुई वस्तुओं में श्रोता या पाठक को रमानेवाले रति, करुणा, क्रोध, उत्साह, आश्चर्य इत्यादि भाव या मनोविकार होते हैं। इसी से भारतीय दृष्टि ने भावपक्ष को प्रधानता दी और रस के सिद्धान्त को प्रतिष्ठा की। पर पश्चिम में 'कल्पना,' 'कल्पना' की पुकार के सामने धीरे-धीरे समीक्षकों का ध्यान भावपक्ष से हट गया और बोधपक्ष ही पर भिड़ गया। काव्य की रमणीयता उस हल्के आनन्द के रूप में मानी जाने लगी, जिस आनन्द के लिए हम नयी नयी सुन्दर, भड़कीली और विलक्षण वस्तुओं को देखने जाते हैं। इस प्रकार कवि तमाशा दिखानेवाले के रूप में और श्रोता या पाठक तटस्थ तमाशबीन के रूप में समझे जाने लगे। केवल देखने का आनन्द कुछ विलक्षण को देखने का कुतूहलमात्र होता है।

'व्यक्तित्व' ही को ले उड़ने से जो परिणाम हुआ है, उसका कुछ आभास ऊपर दिया जा चुका है। 'कल्पना' और 'व्यक्तित्व' पर एकदेशीय दृष्टि रखकर पश्चिम में कई प्रसिद्ध वादों की इमारतें खड़ी हुईं। इटली-निवासी क्रोचे ने 'अभिव्यंजनावाद के निरूपण में बड़े कठोर आग्रह के साथ कला की अनुभूति को ज्ञान या बोध-स्वरूप ही माना है। उन्होंने उसे स्वयं प्रकाश ज्ञान (Intuition)—प्रत्यक्ष ज्ञान, बुद्धि-व्यवसाय-सिद्ध या विचार-प्रसूत ज्ञान—से भिन्न केवल कल्पना में आई हुई वस्तु-व्यापार-योजना का ज्ञानमात्र माना है। वे इस ज्ञान को प्रत्यक्ष ज्ञान और विचार-प्रसूत ज्ञान दोनों से सर्वथा निरपेक्षः स्वतन्त्र और स्वतःपूर्ण मानकर चले हैं। वे इस निरपेक्षता को बहुत दूर तक घसीट ले गए हैं। भावों या मनोविकारों तक को उन्होंने काव्य की उक्ति का विधायक अवयव नहीं माना है। पर न चाहने पर भी अभिव्यंजना

या उक्ति के अनभिव्यक्त-पूर्व रूप में भावों की सत्ता उन्हें स्वीकार करनी पड़ी है। उससे अपना पीछा वे छुड़ा नहीं सके हैं।[1]

काव्य-समीक्षा के क्षेत्र में व्यक्ति की ऐसी दीवार खड़ी हुई, 'विशेष' के स्थान पर सामान्य या विचार-सिद्ध ज्ञान के आ घुसने का इतना डर समाया कि कहीं-कहीं आलोचना भी काव्य-रचना के ही रूप में होने लगी। कला की कृति की परीक्षा के लिए विवेचन-पद्धति का त्याग-सा होने लगा। हिन्दी की मासिक पत्रिकाओं में समालोचना के नाम पर आजकल जो अद्भुत और रमणीय शब्द-योजनामात्र कभी-कभी देखने में आया करती है, वह इसी पाश्चात्य प्रवृत्ति का अनुकरण है। पर यह भी समझ रखना चाहिए कि यूरोप में साहित्य सम्बन्धी आन्दोलनों की आयु बहुत थोड़ी होती है। कोई आन्दोलन दस-बारह वर्ष से ज्यादा नहीं चलता। ऐसे आन्दोलनों के कारण वहाँ इस बीसवीं शताब्दी में आकर काव्य-क्षेत्र के बीच बड़ी गहरी गड़बड़ी और अव्यवस्था फैली। काव्य की स्वाभाविक उमंग के स्थान पर नवीनता के लिए आकुलतामात्र रह गई। कविता चाहे हो चाहे न हो, कोई नवीन रूप या रंग-ढंग अवश्य खड़ा हो। पर कोरी नवीनता केवल मरे हुए आन्दोलन का इतिहास छोड़ जाये, तो छोड़ जाये, कविता नहीं खड़ी कर सकती। केवल नवीनता और मौलिकता की बढ़ी-चढ़ी सनक में सच्ची कविता की ओर ध्यान कहाँ तक रह सकता है? कुछ लोग तो नये-नये ढंग की उच्छृङ्खलता, वक्रता, असम्बद्धता, अनर्गलता इत्यादि का ही प्रदर्शन करने में लगे। थोड़े-से ही सच्ची भावना वाले कवि प्रकृत मार्ग पर चलते दिखाई पड़ने लगे। समालोचना भी अधिकतर हवाई ढंग की होने लगी।[2]

यूरोप में इधर पचास वर्ष के भीतर 'रहस्यवाद', 'कलावाद', 'व्यक्तिवाद' इत्यादि जो अनेक 'वाद' चले थे, वे अब वहाँ मरे हुए आन्दोलन समझे जाते हैं।[3]

---

1. "Matter is emotivity not aesthetically elaborated i. e., impression Form is elaboration and expression..sentiments of impressions pass by means of words from the obscure region of the soul into the clarity of contemplative spirit." —Aesthetic
2. "Wherever attempts at sheer newness in poetry were made, they merely ended in dead movements....Criticism became more dogmatic and unreal, poetry more eccentric and chastic." —A Survey of Modernist Poetry by Laura Riding and Robert Graves (1927)
3. The Modernist poest does not have to issue a programme declaring his intentions toward the reader or to call himself an individualist (as the imagist poet did) or a mystic (as the poet of the Anglo-Irish dead movement did) or a naturalist (as the poet of the Georgian movement did)."

—A Survey of Modernist Poetry by Laura Riding and Robert Graves (1927)

इन नाना 'वादों' से ऊबकर लोग अब फिर साफ हवा में आना चाहते हैं। किसी कविता के सम्बन्ध में किसी 'वाद' का मान लेना अब फैशन के खिलाफ माना जाने लगा। अब कोई 'वादी' समझे जाने में कवि अपना मान नहीं समझते।

३

रसात्मक बोध के विविध रूप

संसार-सागर की रूप-तरंगों से ही मनुष्य की कल्पना का निर्माण और इसी की रूप-गति से उसके भीतर विविध भावों या मनोविकारों का विधान हुआ है। सौन्दर्य, माधुर्य, विचित्रता, भीषणता, क्रूरता इत्यादि की भावनाएँ बाहरी रूपों और व्यापारों से ही निष्पन्न हुई हैं। हमारे प्रेम, भय, आश्चर्य, क्रोध, करुणा इत्यादि भावों की प्रतिष्ठा करनेवाले मूल आलम्बन बाहर ही के हैं—इसी चारों ओर फैले हुए रूपात्मक जगत् के ही हैं। जब हमारी आँखें देखने में प्रवृत्त रहती हैं तब रूप हमारे बाहर प्रतीत होते हैं। जब हमारी वृत्ति अन्तर्मुखी होती है तब रूप हमारे भीतर दिखाई पड़ते हैं। बाहर-भीतर दोनों ओर रहते हैं रूप ही। सुन्दर, मधुर, भीषण या क्रूर लगनेवाले रूप या व्यापारों से भिन्न सौन्दर्य माधुर्य, भीषणता या क्रूरता कोई पदार्थ नहीं। सौन्दर्य की भावना जगना सुन्दर-सुन्दर वस्तुओं या व्यापारों का मन में आना ही है। इस प्रकार मनोवृत्तियों या भावों की सुन्दरता, भीषणता आदि की भावना भी रूप होकर मन में उठती है। किसी की दयाशीलता या क्रूरता की भावना करते समय दया या क्रूरता के किसी विशेष व्यापार या दृश्य का मानसिक चित्र ही मन में रहता है, जिसके अनुसार भावना तीव्र या मन्द होती है। तात्पर्य यह है कि मानसिक रूप-विधान का नाम ही सम्भावना या कल्पना है।

मन के भीतर यह रूप-विधान दो तरह का होता है। या तो यह कभी प्रत्यक्ष देखी हुई वस्तुओं का ज्यों का त्यों प्रतिबिम्ब होता है अथवा प्रत्यक्ष देखे हुए पदार्थों के रूप, रंग, गति आदि के आधार पर खड़ा किया हुआ नया वस्तु-व्यापार विधान। प्रथम प्रकार की आभ्यन्तर रूप-प्रतीत 'स्मृति' कहलाती है और द्वितीय प्रकार की रूप-योजना या मूर्ति-विधान को कल्पना कहते हैं। कहने की आवश्यकता नहीं कि इन दोनों प्रकार के भीतरी रूप-विधानों के मूल है प्रत्यक्ष अनुभव किए हुए बाहरी रूप-विधान। अतः रूप-विधान तीन प्रकार के हुए—१. प्रत्यक्ष रूप-विधान, २. स्मृति रूप-विधान, और ३. कल्पित रूप-विधान।

इन तीनों प्रकार के रूप-विधानों में भावों को इस रूप में जागरित करने की शक्ति होती है कि वे रस कोटि में आ सकें, यही हम यहाँ दिखाना चाहते हैं। कल्पित रूप-विधान द्वारा जागरित मार्मिक अनुभूति तो सर्वत्र मानी जाती है। प्रत्यक्ष या स्मरण द्वारा जागरित वास्तविक अनुभूति भी विशेष दशाओं में [रसानुभूति की कोटि में आ सकती है, इसी बात की ओर ध्यान दिलाना इस लेख का उद्देश्य है।

प्रत्यक्ष रूप-विधान

भावुकता की प्रतिष्ठा करनेवाले मूल आधार या उपादान ये ही हैं। इन प्रत्यक्ष रूपों की मार्मिक अनुभूति जिनमें जितनी ही अधिक होती है, वे उतने ही रसानुभूति के उपयुक्त होते हैं। जो किसी मुख के लावण्य, वनस्थली की सुषमा, नदी या शैलतटी की रमणीयता, कुसुम-विकास की प्रफुल्लता, ग्राम-दृश्यों की सरल माधुरी देख मुग्ध नहीं होता; जो किसी प्राणी के कष्ट-व्यंजक रूप और चेष्टा पर करुणार्द्र नहीं होता, जो किसी पर निष्ठुर अत्याचार होते देख क्रोध से नहीं तिलमिलाता, उसमें काव्य का सच्चा प्रभाव ग्रहण करने की क्षमता कभी नहीं हो सकती। जिसके लिए ये सब कुछ नहीं हैं, उसके लिए सच्ची कविता की अच्छी से अच्छी उक्ति भी कुछ नहीं है। वह यदि किसी कविता पर वाह-वाह करे तो समझना चाहिए कि या तो वह भावुकता का सहृदयता की नकल कर रहा है अथवा उस रचना के किसी ऐसे अवयव की ओर दत्तचित है जो स्वतः काव्य नहीं है। भावुकता की नकल करनेवाले श्रोता या पाठक ही नहीं, कवि भी हुआ करते हैं। वे सच्चे भावुक कवियों की वाणी का अनुकरण बड़ी सफाई से करते हैं और अच्छे कवि कहलाते हैं। पर सूक्ष्म और मार्मिक दृष्टि उनकी रचना में हृदय की निश्चेष्टता का पता लगा लेती है। किसी काल में जो सैकड़ों कवि प्रसिद्ध होते हैं, उनमें सच्चे कवि—ऐसे कवि जिनकी तीव्र अनुभूति ही वास्तव में कल्पना को अनुकूल रूप-विधान में तत्पर करती है—दस-पांच ही होते हैं।

'प्रत्यक्ष' से हमारा अभिप्राय केवल चाक्षुष ज्ञान से नहीं है। 'रूप' शब्द के भीतर शब्द, गन्ध, रस और स्पर्श भी समझ लेना चाहिए। वस्तु-व्यापार वर्णन के अन्तर्गत ये विषय भी रहा करते हैं। फूलों और पक्षियों के मनोहर आकार और रंग का ही वर्णन कवि नहीं करते, उनकी सुगन्ध, कोमलता और मधुर स्वर का भी वे बराबर वर्णन करते हैं जिन लेखकों या कवियों की घ्राण शक्ति तीव्र होती है, वे ऐसे स्थलों की गन्धात्मक विशेषता का वर्णन कर जाते हैं, जहाँ कि गन्ध विशेष का थोड़ा-बहुत अनुभव तो बहुत से लोग करते हैं, पर उसकी ओर स्पष्ट ध्यान नहीं देते। खलिहानों और रेलवे स्टेशनों पर जाने से भिन्न-भिन्न प्रकार की गन्ध का अनुभव होता है। पुराने कवियों ने तुरन्त की जोती हुई भूमि से उठी हुई सोंधी महक का, हिरनों के द्वारा चरी हुई दूब की ताजी गमक का उल्लेख किया है। फ्रांसीसी उपन्यास-कार लोला की गन्धानुभूति बड़ी सूक्ष्म थी। उसने यूरोप के कई नगरों और स्थानों की गन्ध की पहचान बताई है। इसी प्रकार बहुत से शब्दों का अनुभव भी बहुत सूक्ष्म होता है। रात्रि में, विशेषतः वर्षा की रात्रि में झींगुरों और झिल्लियों के झंकारमिश्रित चीत्कार का बंधा तार सुनकर लड़कपन में मैं यही समझता था कि रात बोल रही है। कवियों ने कलियों के चटकने तक के शब्द का उल्लेख किया है।

ऊपर गिनाए हुए तीन प्रकार के रूप-विधानों में से अंतिम (कल्पित) की काव्य-समीक्षकों और साहित्य मीमांसकों के विचार-क्षेत्र के भीतर लिए गए हैं और लिए जाते हैं। बात यह है कि काव्य शब्द-व्यापार है। वह शब्द-संकेतों के द्वारा ही अन्तस्

में वस्तुओं और व्यापारों का मूर्ति-विधान करने का प्रयत्न करता है। अतः जहाँ तक काव्य की प्रक्रिया का सम्बन्ध है, वहाँ तक रूप और व्यापार कल्पित ही होते हैं। कवि जिन वस्तुओं और व्यापारों का वर्णन करने बैठता है, वे उस समय उसके सामने नहीं होते, कल्पना में ही होते हैं। पाठक या श्रोता भी अपनी कल्पना द्वारा ही उसका मानस-साक्षात्कार करके उनके आलम्बन से अनेक प्रकार के रसानुभव करता है। ऐसी दशा में यह स्वाभाविक था कि कवि-कर्म का निरूपण करनेवालों का ध्यान रूप-विधान के कल्याण-पक्ष पर ही रहे; रूपों और व्यापारों के प्रत्यक्ष बोध और उससे सम्बद्ध वास्तविक भावानुभूति की बात अलग ही रखी जाये।

उदाहरण के रूप में ऊपर लिखी बात यों कही जा सकती है। एक स्थान पर हमने किसी रूपवती स्त्री का स्मित आनन और चंचल भ्रू विलास देखा और मुग्ध हुए अथवा किसी पर्वत के अंचल की सरस सुषमा देख उसमें लीन हुए। इसके उपरान्त किसी प्रतिमालय और चित्रालय में पहुँचे और रमणी की वैसी ही मधुर मूर्ति अथवा उसी प्रकार के पर्वतांचल का चित्र देख लुब्ध हुए। फिर एक तीसरे स्थान पर जाकर कविता की कोई पुस्तक उठाई और उसमें वैसी ही नायिका अथवा वैसे ही दृश्य का सरस वर्णन पढ़ रसमग्न हुए। पिछले दो स्थलों की अनुभूतियों को ही कलागत या काव्यगत मान प्रथम प्रकार की (प्रत्यक्ष या वास्तविक) अनुभूति का विचार एकदम किनारे रखा गया। यहाँ तक कि प्रथम से शेष दो का कुछ सम्भव ही न समझा जाने लगा। कोरे शब्द व्यवसायी केशवदास जी को कमल और चन्द्र को प्रत्यक्ष देखने में कुछ भी आनन्द नहीं आता था, केवल काव्यों में उपमा-उत्प्रेक्षा आदि के अन्तर्गत उनका वर्णन या उल्लेख ही भाता था—

देखे मुख भावै, अनदेखेई कमल चन्द
ताते मुख मुखं, सखी ! कमलौ न चन्द री।"

इतने पर भी उनके कवि होने में कोई सन्देह नहीं किया गया।

यही बात यूरोप में भी बढ़ती-बढ़ती बुरी हद को पहुँची। कलागत अनुभूति को वास्तविक या प्रत्यक्ष अनुभूति से एकदम पृथक् और स्वतन्त्र निरूपित करके वहाँ कवि का एक अलग काल्पनिक जगत् कहा जाने लगा। कला समीक्षकों की ओर से यह धारणा उत्पन्न की जाने लगी कि जिस प्रकार कवि के काल्पनिक जगत् के रूप-व्यापारों की संगति प्रत्यक्ष या वास्तविक जगत् के रूप व्यापारों से मिलाने की आवश्यकता नहीं, उसी प्रकार उसके भीतर व्यंजित अनुभूतियों का सामंजस्य जीवन की वास्तविक अनुभूतियों में ढूंढ़ना आवश्यक नही है। इस दृष्टि से काव्य का हृदय पर उतना ही और वैसा ही प्रभाव स्वीकार किया गया जितना और जैसा परदे के बेलबूटे, मकान की नक्काशी, सरकस के तमाशे तथा भाँड़ों की लफ्फाजी, उछल-कूद या रोने-धोने का पड़ता है। इस धारणा के प्रचार से जान में या अनजान में, कविता का लक्ष्य बहुत नीचा कर दिया गया। कहीं कहीं तो वह अमीरों के शौक की चीज समझी जाने लगी। रसिक और गुण-ग्राहक बनने के लिए जिस प्रकार वे तरह-तरह की नयी-पुरानी, भली-बुरी तसवीरें इकट्ठी करते, कलावन्तों का गाना-बजाना सुनते, उसी

प्रकार कविता की पुस्तकें भी अपने यहाँ बनाकर रखते, और कवियों की चर्चा भी दस आदमियों के बीच बैठकर करते। सारांश यह कि 'कला' शब्द के प्रभाव से कविता का स्वरूप तो हुआ सजावट या तमाशा; और उद्देश्य हुआ मनोरंजन या मनबहलाव। यह 'कला' शब्द आजकल हमारे यहाँ भी साहित्य चर्चा में बहुत जरूरी-सा हो रहा है। इससे न जाने कब पीछा छूटेगा ? हमारे यहाँ के पुराने लोगों ने काव्य को चौंसठ कलाओं में गिनना ठीक नहीं समझा था।

अब यहाँ पर रसात्मक अनुभूति की उस विशेषता का विचार करना चाहिए, जो उसे प्रत्यक्ष विषयों की वास्तविक अनुभूति से पृथक् करती प्रतीत हुई है। इस विशेषता का निरूपण हमारे यहाँ साधारणीकरण के अन्तर्गत किया गया है। साधारणीकरण का अभिप्राय यह है कि किसी काव्य में वर्णित आलम्बन केवल भाव की व्यंजना करनेवाले पात्र (आश्रय) का ही आलम्बन नहीं रहता, बल्कि पाठक या श्रोता का भी—एक ही नहीं अनेक पाठकों और श्रोताओं का भी—आलम्बन हो जाता है। अतः उसे आलम्बन के प्रति व्यंजित भाव में पाठकों या श्रोताओं का भी हृदय योग देता हुआ उसी भाव का रसात्मक अनुभव करता है। तात्पर्य यह है कि रस-दशा में अपनी पृथक् सत्ता की भावना का परिहार हो जाता है अर्थात् काव्य में प्रस्तुत विषय को हम अपने व्यक्तित्व से सम्बद्ध रूप में नहीं देखते, अपनी योग-क्षेम-वासना की उपाधि से ग्रस्त हृदय द्वारा ग्रहण नहीं करते, बल्कि निर्विशेष, शुद्ध और मुक्त हृदय द्वारा ग्रहण करते हैं। इसी को पाश्चात्य समीक्षा-पद्धति में अहं का विसर्जन और (निःसंगता Impersonality and detachment) कहते हैं। इसी को चाहे रस का लोकोत्तरत्व या ब्रह्मानन्द-सहोदरत्व कहिए, चाहे विभिन्न व्यापार का अलौकिकत्व। अलौकिकत्व का अभिप्राय लोक से सम्बन्ध रखनेवाली कोई स्वर्गीय विभूति नहीं। इस प्रकार के केवल भाव व्यंजक (तथ्य-बोधक नहीं) और स्तुतिपरक शब्दों को समीक्षा के क्षेत्र में घसीटकर पश्चिम में इधर अनेक प्रकार के अर्थशून्य वागाडम्बर खड़े किए गए थे। 'कला कला के लिए' नामक सिद्धांत के प्रसिद्ध व्याख्याकार डॉ० ब्रैडले बोले, "काव्य आत्मा है।" डॉ० मकेल साहब ने फरमाया, काव्य एक अखंड तत्त्व या शक्ति है जिसकी गति अमर है।[1] बंगभाषा के प्रसाद से हिन्दी में भी इस प्रकार के अनेक मधुर प्रलाप सुनाई पड़ा करते हैं।

अब प्रस्तुत विषय पर आते हैं। हमारा कहना यह है कि जिस प्रकार काव्य में वर्णित आलम्बनों के कल्पना में उपस्थित होने पर साधारणीकरण होता है, उसी प्रकार हमारे भावों के कुछ आलम्बनों के प्रत्यक्ष सामने आने पर भी उन आलम्बनों के सम्बन्ध में लोक के साथ—या कम से कम सहृदयों के साथ—हमारा तादात्म्य रहता

---

1. (a) "Poetry is spirit."

—Bradley

(b) "Poetry is a continuous substance or energy whose progess is immortal."

—Mackail

है। ऐसे विषयों के आलम्बनों के प्रति हमारा जो भाव रहता है, वही भाव और भी बहुत से उपस्थित मनुष्यों का रहता है। वे हमारे और लोक के सामान्य आलम्बन रहते हैं। साधारणीकरण के प्रभाव से काव्य श्रवण के समय व्यक्तित्व का जैसा परिहार हो जाता है, वैसा ही प्रत्यक्ष या वास्तविक अनुभूति के समय भी कुछ दशाओं में होता है। अतः इस प्रकार की प्रत्यक्ष या वास्तविक अनुभूतियों को रसानुभूति के अन्तर्गत मानने में कोई बाधा नहीं। मनुष्य जाति के सामान्य आलम्बनों के आँखों के सामने उपस्थित होने पर यदि हम उनके प्रति अपना भाव व्यक्त करेंगे, तो दूसरों के हृदय भी उस भाव की अनुभूति में योग देंगे और यदि दूसरे लोग भाव व्यक्त करेंगे तो हमारा हृदय योग देगा। इसके लिए आवश्यक इतना ही है कि हमारे आँखों के सामने जो विषय उपस्थित हों, वे मनुष्यमात्र सहृदयमात्र के भावात्मक सत्त्व पर प्रभाव डालने वाले हों। रस में पूर्णतया मग्न करने के लिए काव्य में भी यह आवश्यक होता है। जब तक किसी भाव का कोई विषय इस रूप में नहीं लाया जाता कि वह सामान्यतः सबके उसी भाव का आलम्बन हो सके तब तक रस में पूर्णतया लीन करने की शक्ति उसमें नहीं होती। किसी काव्य में वर्णित किसी पात्र का अत्यन्त कुरूप और दुःशील स्त्री पर प्रेम हो सकता है, पर उस स्त्री के वर्णन द्वारा शृङ्गार रस का आलम्बन नहीं खड़ा हो सकता। अतः यह काव्य भाव-व्यजकमात्र होगा, विभाव का प्रतिष्ठापन कभी नहीं होगा। उसमें विभावन व्यापार हो ही न सकेगा। इसी प्रकार रौद्र रस के वर्णन में जब तक आलम्बन का चित्रण इस रूप में न होगा कि वह मनुष्यमात्र के क्रोध का पात्र हो सके, तब तक वह वर्णन भाव-व्यंजक मात्र रहेगा, उसका विभाव पक्ष या तो शून्य होगा अथवा अशक्त। पर भाव और विभाव दोनों पक्षों के सामंजस्य के बिना रस में पूर्ण मग्नता हो नहीं सकती। अतः केवल भाव-व्यंजक काव्यों में होता यह है कि पाठक या श्रोता अपनी ओर से अपनी कल्पना और रुचि के अनुसार आलम्बन का आरोप या आक्षेप किए रहता है।

जैसा कि ऊपर कह आए हैं, रसात्मक अनुभूति के दो लक्षण ठहराए गए हैं—१. अनुभूति-काल में अपने व्यक्तित्व के सम्बन्ध की भावना का परिहार, और २. किसी भाव के आलम्बन का सहृदयमात्र के साथ साधारणीकरण अर्थात् उस आलम्बन के प्रति सारे सहृदयों के हृदयों में उसी भाव का उदय। यदि हम इन दोनों बातों को प्रत्यक्ष उपस्थित आन्दोलनों के प्रति जगनेवाले भावों की अनुभूतियों पर घटाकर देखते हैं, तो पता चलता है कि कुछ भावों में ये दो बातें कुछ ही दशाओं में या कुछ अंशों तक घटित होती हैं और कुछ में बहुत दूर तक या बराबर।

'रति भाव' को लीजिए। गहरी प्रेमानुभूति की दशा में मनुष्य रसलोक में ही पहुँचा रहता है। उसे अपने तन-बदन की सुध नहीं रहती, वह सब कुछ भूल कभी फूला फूला फिरता है, कभी खिन्न पड़ा रहता है। हर्ष, विषाद, स्मृति इत्यादि अनेक संचारियों का अनुभव वह बीच-बीच में अपना व्यक्तित्व भुलाकर करता है। पर अभिलाष, औत्सुक्य आदि की कुछ दशाओं में अपने व्यक्तित्व का सम्बन्ध जितना ही अधिक और घनिष्ठ होकर अन्तःकरण में स्फुट रहेगा, प्रेमानुभूति उतनी ही रसकोटि

के बाहर रहेगी। 'अभिलाष' में जहाँ अपने व्यक्तित्व का सम्बन्ध अत्यन्त अल्प या सूक्ष्म रहता है—जैसे, रूप-अवलोकनमात्र की अभिलाष, प्रिय जहाँ रहे इस बात की अभिलाष—वहाँ वास्तविक अनुभूति रस के किनारे तक पहुँची हुई होती है। आलम्बन के साधारणीकरण के सम्बन्ध में यह समझ रखना चाहिए कि रति भाव की पूर्ण पुष्टि के लिए कुछ काल अपेक्षित होता है। पर अत्यन्त मोहक आलम्बन को सामने पाकर कुछ क्षणों के लिए तो प्रेम के प्रथम अवयव[1] का उदय एक साथ बहुतों में होगा। वह अवयव है—अच्छा या रमणीय लगना।

'हास' में यही बात होती है कि जहाँ उसका पात्र सामने आया कि मनुष्य अपना सारा सुख-दुःख भूल एक विलक्षण आह्लाद का अनुभव करता है, जिसमें बहुत-से एकसाथ योग देते हैं।

अपने निज के लाभवाले विकट कर्म की ओर जो उत्साह होगा वह तो रसात्मक न होगा, पर जिस विकट कर्म को हम लोककल्याणकारी समझेंगे, उसके प्रति हमारे उत्साह की गति हमारी व्यक्तिगत परिस्थिति के संकुचित मंडल से बद्ध न रहकर बहुत व्यापक होगी। स्वदेश-प्रेम के गीत गाते हुए नवयुवकों के दल जिस साहसभरी उमंग के साथ कोई कठिन या दुष्कर कार्य करने के लिए निकलते हैं, वह वीरत्व की रसात्मक अनुभूति है।[2]

क्रोध, भय, जुगुप्सा और करुणा के सम्बन्ध में साहित्य-प्रेमियों को शायद कुछ अड़चन दिखाई पड़े, क्योंकि इनकी वास्तविक अनुभूति दुःखात्मक होती है। रसास्वाद आनन्दस्वरूप कहा गया है, अतः दुःखरूप अनुभूति रस के अन्तर्गत कैसे ली जा सकती है, यह प्रश्न कुछ गड़बड़ डालता दिखाई पड़ेगा। पर 'आनन्द' शब्द को व्यक्तिगत

---

१. देखिए 'चिन्तामणि,' प्रथम भाग, 'लोभ और प्रीति' शीर्षक निबन्ध, पृष्ठ ६८-६९।

२. आजकल के बहुत गम्भीर अंग्रेज समालोचक रिचर्ड्स (I. A. Richards) को भी कुछ दशाओं में वास्तविक अनुभूति के रसात्मक होने का आभास-सा हुआ है, जैसा कि इन पंक्तियों से प्रकट होता है—

"There is no such gulf between poetry and life as over literary persons sometimes suppose. There is no gap between our everyday emotional life and the material of poetry The verbal expression of this life, at its finest, is forced to use the technique of poetry....If we do not live in consonance with good poetry, we must live in consonance with bad poetry. I do not see how we can avoid the conclusion that a general insensitivity to poetry does witness a low level of general imaginativity of life.

—Practical Criticism (Summary)

सुख-भोग के स्थूल अर्थ में ग्रहण करना मुझे ठीक नहीं जँचता। उसका अर्थ मैं हृदय का व्यक्तिबद्ध दशा से मुक्त और हलका होकर अपनी क्रिया में तत्पर होना ही उपयुक्त समझता हूँ। इस दशा की प्राप्ति के लिए समय-समय पर प्रवृत्ति होना आश्चर्य की बात नहीं। करुणरस प्रधान नाटक के दर्शकों के आँसुओं के सम्बन्ध में यह कहना कि 'आनन्द में भी तो आँसू आते हैं' केवल बात टालना है ? दर्शक वास्तव में दुःख ही का अनुभव करते हैं। हृदय के मुक्त दशा में होने के कारण वह दुःख भी रसात्मक होता है।

अब क्रोध आदि को अलग-अलग देखिये। यदि हमारे मन में किसी ऐसे के प्रति क्रोध है जिसने हमें या हमारे किसी सम्बन्धी को पीड़ा पहुँचाई है, तो उस क्रोध में रसात्मकता न होगी। पर किसी लोक-पीड़क या क्रूरकर्मा अत्याचारी को देख-सुनकर जिस क्रोध का संचार हम में होगा, वह रसकोटि का होगा जिसमें प्रायः सब लोग योग देंगे। इसी प्रकार यदि किसी झाड़ी से शेर निकलता देख हम भय से काँपने लगें, तो यह भय हमारे व्यक्तित्व से इतना अधिक सम्बद्ध रहेगा कि आलम्बन के पूर्ण स्वरूप-ग्रहण का अवकाश न होगा और हमारा ध्यान अपनी ही मृत्यु, पीड़ा आदि परिणामों की ओर रहेगा। पर जब हम किसी वस्तु की भयंकरता को, अपना ध्यान छोड़, लोक से सम्बद्ध देखेंगे तब हम रसभूमि की सीमा के भीतर पहुँचे रहेंगे। इसी प्रकार किसी सड़ी-गली दुर्गन्धयुक्त वस्तु के प्रत्यक्ष सामने आने पर हमारी संवेदना का जो क्षोभपूर्ण संकोच होगा वह तो स्थूल होगा; पर किसी ऐसे घृणित आचरणवाले के प्रति, जिसे देखते ही लोकरुचि के विघात या आकुलता की भावना हमारे मन में होगी, हमारी जुगुप्सा रसमयी होगी।

'शोक' को लेकर विचार करने पर हमारा पक्ष बहुत स्पष्ट हो जाता है, अपनी इष्ट-हानि या अनिष्ट-प्राप्ति से जो 'शोक' नामक वास्तविक दुःख होता है, वह तो रसकोटि में नहीं आता, पर दूसरों की पीड़ा, वेदना देख जो 'करुणा' जागती है, है, उसकी अनुभूति सच्ची रसानुभूति कही जा सकती है। 'दूसरों' से तात्पर्य ऐसे प्राणियों से है जिनसे हमारा कोई विशेष सम्बन्ध नहीं। 'शोक' अपनी निज की इष्ट-हानि पर होता है और 'करुणा' दूसरों की दुर्गति या पीड़ा पर होती है। यही दोनों में अन्तर है। इसी अन्तर को लक्ष्य करके काव्यगत पात्र (आश्रय) की शोकपूर्ण व्यंजना द्वारा उत्पन्न अनुभूति को आचार्यों ने शोक रस न कहकर 'करुण रस' कहा है। करुणा ही एक ऐसा व्यापक भाव है जिसकी प्रत्यक्ष या वास्तविक अनुभूति सब रूपों में और सब दशाओं में रसात्मक होती है। इसी से भवभूति ने करुण रस को ही रसानुभूति का मूल माना और अंग्रेज कवि शेली ने कहा कि "सबसे मधुर या रसमयी वाग्धारा वही है जो करुण प्रसंग लेकर चले।"

अब प्रकृति के नाना रूपों पर आइए। अनेक प्रकार के प्राकृतिक दृश्यों को सामने प्रत्यक्ष देख, हम जिस मधुर भावना का अनुभव करते हैं, क्या उसे रसात्मक न मानना चाहिए ? जिस समय दूर तक फैले हरे-भरे टीलों के बीच से घूम-घूमकर बहते हुए स्वच्छन्द नालों, इधर-उधर उभरी हुई बेडौल चट्टानों और रंग-बिरंगे फूलों से

गुथी हुई झाड़ियों की रमणीयता में हमारा मन रमा रहता है, उस समय स्वार्थमय जीवन की शुष्कता और विरसता से हमारा मन कितनी दूर रहता है ! यह रसदशा नहीं तो और क्या है ? उस समय हम विश्व-काव्य के एक पृष्ठ के पाठक के रूप में रहते हैं। इस अनन्त दृश्यकाव्य के हम सदा कठपुतली की तरह काम करनेवाले अभिनेता ही नहीं बने रहते; कभी-कभी सहृदय दर्शक की हैसियत को भी पहुँच जाते हैं। जो इस दशा को नहीं पहुँचते, उनका हृदय बहुत संकुचित या निम्न कोटि का होता है। कविता उनसे बहुत दूर की वस्तु होती है; कवि वे भले ही समझे जाते हों। शब्द-काव्य की सिद्धि के लिए वस्तु-काव्य का अनुशीलन परम आवश्यक है।

उपर्युक्त विवेचन से यह सिद्ध है कि रसानुभूति प्रत्यक्ष या वास्तविक अनुभूति से सर्वथा पृथक् कोई अन्तर्वृत्ति नहीं है; बल्कि उसी का एक उदात्त और अवदात स्वरूप है। हमारे यहाँ के आचार्यों ने स्पष्ट सूचित कर दिया है कि वासनारूप में स्थित भाव ही रसरूप में जगा करते हैं। यह वासना या संस्कार वंशानुक्रम से चली आती हुई दीर्घ भाव-परम्परा का मनुष्य जाति की अन्तःप्रकृति में निहित संचय है।

स्मृति रूप-विधान

जिस प्रकार हमारी आँखों के सामने आए हुए कुछ रूप-व्यापार हमें रसात्मक भावों में मग्न करते हैं, उसी प्रकार भूतकाल में प्रत्यक्ष की हुई कुछ परोक्ष वस्तुओं का वास्तविक स्मरण भी कभी-कभी रसात्मक होता है। जब हम जन्मभूमि या स्वदेश का, बाल-सखाओं का, कुमार अवस्था के अतीत दृश्यों और परिचित स्थानों आदि का स्मरण करते हैं तब हमारी मनोवृत्ति स्वार्थ या शरीर-यात्रा के रूखे विधानों से हटकर शुद्ध भाव-क्षेत्र में स्थित हो जाती है। नीतिकुशल लोग लाख कहा करें कि 'बीती ताहि बिसारि दे', 'गड़े मुर्दे उखाड़ने से क्या लाभ', पर मन नहीं मानता; अतीत के मधुस्रोत में कभी-कभी अवगाहन किया ही करता है। ऐसा स्मरण वास्तविक होने पर रसात्मक होता है। हम सचमुच स्मरण करते हैं और रसमग्न होते हैं।

स्मृति दो प्रकार की होती है—(क) विशुद्ध स्मृति, और (ख) प्रत्यक्षाश्रित स्मृति या प्रत्यभिज्ञान।

(क) विशुद्ध स्मृति

यों तो नित्य न जाने कितनी बातों का हम स्मरण किया करते हैं पर इनमें से कुछ बातों का स्मरण ऐसा होता है, जो हमारी मनोवृत्ति को शरीर-यात्रा के विधानों की उलझन से अलग करके शुद्ध-मुक्त भाव-भूमि में ले जाता है। प्रिय का स्मरण, बाल्यकाल या यौवनकाल के अतीत जीवन का स्मरण, प्रवास में स्वदेश के स्थलों का स्मरण ऐसा ही होता है। 'स्मरण' संचारी भावों में माना गया है जिसका तात्पर्य यह है कि स्मरण रसकोटि में तभी आ सकता है जबकि उसका लगाव किसी स्थायी भाव से हो। किसी को कोई बात भूल गई हो फिर याद हो जाये, या कोई वस्तु कहाँ रखी है यह ध्यान में आ जाये तो ऐसा स्मरण रस-क्षेत्र के भीतर न होगा। अब रहा यह

कि वास्तविक स्मरण—किसी काव्य में वर्णित स्मरण नहीं—कैसे स्थायी भावों के साथ सम्बद्ध होने पर रसात्मक होता है ? रति, हास और करुणा से सम्बद्ध स्मरण ही अधिकतर रसात्मक कोटि में आता है।

'लोभ और प्रीति' नामक निबन्ध में हमने रूप, गुण आदि से स्वतन्त्र साहचर्य को भी प्रेम का एक सबल कारण बताया है। इस साहचर्य का प्रभाव सबसे प्रबल रूप में स्मरण-काल के भीतर देखा जाता है। जिस व्यक्तियों की ओर हम कभी विशेष रूप से आकर्षित नहीं हुए थे, यहाँ तक कि जिनसे हम चिढ़ते या लड़ते-झगड़ते थे, देश या काल का लम्बा व्यवधान पड़ जाने पर हम उनका स्मरण प्रेम के साथ करते हैं। इसी प्रकार जिन वस्तुओं पर आते-जाते केवल हमारी नजर पड़ा करती थी, जिनको सामने पाकर हम किसी विशेष भाव का अनुभव नहीं करते थे; वे भी हमारी स्मृति में मधु में लिपटी हुई आती हैं। इस माधुर्य का रहस्य क्या है ? जो हो, हमें तो ऐसा दिखाई पड़ता है कि हमारी यह काल-यात्रा जिसे जीवन कहते हैं, जिन-जिन रूपों के बीच से होती चली आती है, हमारा हृदय उन सबको पास समेटकर अपनी रागात्मक सत्ता के अन्तर्भूत करने का प्रयत्न करता है। यहाँ से वहाँ तक वह एक भावसत्ता की प्रतिष्ठा चाहता है। ज्ञान-प्रसार के साथ-साथ रागात्मक वृत्ति का यह प्रसार एकीकरण या समन्विति की एक प्रक्रिया है। ज्ञान हमारी आत्मा के तटस्थ स्वरूप का संकेत है; रागात्मक हृदय उसके व्यापक स्वरूप का। ज्ञान ब्रह्म है तो हृदय ईश्वर है। किसी व्यक्ति का वस्तु को जानना ही वह शक्ति नहीं है, जो उस व्यक्ति या वस्तु को हमारी अन्तस्सत्ता में सम्मिलित कर दे। वह शक्ति है राग या प्रेम।

जैसा कह आए हैं, रति, हास और करुणा से सम्बद्ध स्मरण अधिकतर रस-क्षेत्र में प्रवेश करता है। प्रिय का स्मरण बालसखाओं का स्मरण, अतीत जीवन के दृश्यों का स्मर प्रायः रतिभाव से सम्बद्ध स्मरण होता है। किसी दीन-दुःखी या पीड़ित व्यक्ति के, उसकी विवर्ण आकृति, चेष्टा आदि के स्मरण का लगाव करुणा से होता है। दूसरे भावों के आलम्बनों का स्मरण भी कभी रससिक्त होता है; पर वहीं जहाँ हम सहृदय द्रष्टा के रूप में रहते हैं अर्थात् जहाँ आलम्बन केवल हमारी ही व्यक्तिगत भाव-सत्ता से सम्बद्ध नहीं, सम्पूर्ण नर-जीवन की भावसत्ता से सम्बद्ध होते हैं।

(ख) प्रत्यभिज्ञान

अब हम उस प्रत्यक्ष मिश्रित स्मरण को लेते हैं जिसे प्रत्यभिज्ञान कहते हैं। प्रत्यभिज्ञान में थोड़ा-सा अंश प्रत्यक्ष होता है और बहुत-सा अंश उसी के सम्बन्ध से स्मरण द्वारा उपस्थित होता है। किसी व्यक्ति को हमने कहीं देखा और देखने के साथ ही स्मरण किया कि यह वही है जो अमुक स्थान पर उस दिन बहुत-से लोगों के साथ झगड़ा कर रहा था। वह व्यक्ति हमारे सामने प्रत्यक्ष है। उसके सहारे से हमारे मन में झगड़े का वह सारा दृश्य उपस्थित हो गया जिसका वह एक अंग था। 'यह वही है,' इन्हीं शब्दों में प्रत्यभिज्ञान की व्यंजना होती है।

स्मृति के समान प्रत्यभिज्ञान में भी रस-संचार की बड़ी गहरी शक्ति होती है।

बाल्य या कौमार जीवन के किसी साथी के बहुत दिनों पीछे सामने आने पर कितने पुराने दृश्य हमारे मन के भीतर उमड़ पड़ते हैं और हमारी वृत्ति उनके माधुर्य में किस प्रकार मग्न हो जाती है ! किसी पुराने पेड़ को देखकर हम कहने लगते हैं कि यह वही पेड़ है, जिसके नीचे हम अपने अमुक साथियों के साथ बैठा करते थे। किसी घर या चबूतरे को देखकर भी अतीत दृश्य इसी प्रकार हमारे मन में आ जाते हैं और हमारा मन कुछ और हो जाता है। कृष्ण के गोकुल से चले जाने पर वियोगिनी गोपियाँ जब जब यमुना तट पर जाती हैं, तब तब उनके मन में यही भावना उठती है कि यह वही यमुना-तट है' और उनका मन काल का परदा फाड़ अतीत के उस दृश्य के क्षेत्र में जा पहुँचता है, जहाँ श्रीकृष्ण गोपियों के साथ उस तट पर विचरते थे : "मन ह्वै जात अजौं वहै वा जमुना के तीर।"

प्राचीन कवियों ने भी प्रत्यभिज्ञान के रसात्मक स्वरूप का बराबर विधान किया है। कहने की आवश्यकता नहीं कि प्रत्यभिज्ञान की रसात्मक दशा में मनुष्य मन में आई हुई वस्तुओं में ही रमा रहता है, अपने व्यक्तित्व को पीछे डाले रहता है।

दशा की विपरीतता की भावना लिए हुए जिस प्रत्यभिज्ञान का उदय होता है, उसमें करुण वृत्ति के संचालन की बड़ी गहरी शक्ति होती है। कवि और वक्ता बराबर उसका उपयोग करते हैं। जब हम किसी ऐसी बस्ती, ग्राम या घर के खंडहर को देखते हैं, जिसमें किसी समय हमने बहुत चहल-पहल या सुख-समृद्धि देखी थी तब 'यह वही है' की भावना हमारे हृदय को अनिर्वचनीय करुण स्रोत में मग्न करती है। अंग्रेजी के परम भावुक कवि गोल्डस्मिथ ने एक अत्यन्त मार्मिक स्वरूप दिखाने के लिए 'ऊजड़ ग्राम' की रचना की थी।

स्मृत्याभास कल्पना

अब तक हमने रसात्मक स्मरण और रसात्मक प्रत्यभिज्ञान को विशुद्ध रूप में देखा है अर्थात् ऐसी बातों के स्मरण का विचार किया है जो पहले कभी हमारे सामने हो चुकी हैं। अब हम उस कल्पना को लेते हैं जो स्मृति या प्रत्यभिज्ञान में पहले देखी हुई वस्तुओं या बातों के स्थान पर या तो पहले सुनी या पढ़ी हुई बातें हुआ करती हैं अथवा अनुमान द्वारा पूर्णतया निश्चित। बुद्धि और वाणी के प्रसार द्वारा मनुष्य का ज्ञान प्रत्यक्ष बोध तक ही परिमित नहीं रहता, वर्तमान के आगे पीछे भी जाता है। आगे आनेवाली बातों से यहाँ प्रयोजन नहीं, प्रयोजन है अतीत से। अतीत की कल्पना भावुकों में स्मृति की-सी सजीवता प्राप्त करती है और कभी-कभी अतीत का कोई बचा हुआ चिह्न पाकर प्रत्यभिज्ञान का रूप ग्रहण करती है। ऐसी कल्पना के विशेष मार्मिक प्रभाव का कारण यह है कि यह सत्य का आधार लेकर खड़ी होती है। इसका आधार या तो आप्त शब्द (इतिहास) होता है अथवा शुद्ध अनुमान।

पहले हम स्मृत्याभास कल्पना के उस स्वरूप को लेते हैं जिसका आधार आप्त शब्द या इतिहास होता है। जैसे अपने व्यक्तिगत अतीत जीवन की मधुर स्मृति मनुष्य में होती है, वैसे ही समष्टिरूप में अतीत नर जीवन की भी एक प्रकार की स्मृत्याभास

कल्पना होती है जो इतिहास के संकेत पर जगती है। इसकी मार्मिकता भी निज के अतीत जीवन की स्मृति की मार्मिकता के ही समान होती है। मानव-जीवन की चिर-काल से चली आती हुई अखंड परम्परा के साथ तादात्म्य की यह भावना आत्मा के शुद्ध स्वरूप की नित्यता, अखंडता और व्यापकता का आभास देती है। यह स्मृतिस्वरूप कल्पना कभी-कभी प्रत्यभिज्ञान का भी रूप धारण करती है। प्रसंग उठने पर जैसे इतिहास द्वारा ज्ञात किसी घटना या दृश्य के ब्योरों को कहीं बैठे-बैठे हम मन में लाया करते हैं और कभी-कभी उनमें लीन हो जाते हैं, वैसे ही किसी इतिहासप्रसिद्ध स्थल पर पहुँचने पर हमारी कल्पना चट उस स्थल पर घटित किसी मार्मिक पुरानी घटना अथवा उससे सम्बन्ध रखनेवाले कुछ ऐतिहासिक व्यक्तियों के बीच हमें पहुँचा देती है, जहाँ से हम फिर वर्तमान की ओर लौटकर कहने लगते हैं कि 'यह वही स्थल है जो कभी सजावट से जगमगाता था, जहाँ अमुक सम्राट् सभासदों के बीच सिंहासन पर विराजते थे; यह वही फाटक है जिस पर वे वीर अद्भुत पराक्रम के साथ लड़े थे,' इत्यादि। इस प्रकार हम उस काल से लेकर इस काल तक अपनी सत्ता के प्रसार का आरोप या अनुभव करते हैं।

सूक्ष्म ऐतिहासिक अध्ययन के साथ-साथ जिसमें जितनी ही गहरी भावुकता होगी, जितनी तत्पर कल्पना शक्ति होगी, उसके मन में उतने ही अधिक ब्योरे आएंगे और पूर्ण चित्र खड़ा होगा। इतिहास का कोई भावुक और कल्पना-सम्पन्न पाठक यदि पुरानी दिल्ली, कन्नौज, थानेसर, चित्तौड़, उज्जयिनी, विदिशा इत्यादि के खंडहरों पर पहले-पहले भी जा खड़ा होता है, तो उसके मन में वे सब बातें आ जाती हैं जिन्हें उसने इतिहासों में पढ़ा था या लोगों से सुना था। यदि उसकी कल्पना तीव्र और प्रचुर हुई तो बड़े-बड़े तोरणों से युक्त उन्नत प्रासादों की, उत्तरीय और उष्णीषधारी नागरिकों की अलक्त रंजित चरणों में पड़े हुए नूपुरों की झंकार की, कटि के नीचे लटकती हुई कांची की लड़ियों की, धूप-वासित केश-कलाप और पत्रभंग मंडित गंड-स्थल की भावना उसके मन में चित्र-सी आ खड़ी होगी। उक्त नगरों का यह रूप उसने कभी देखा नहीं है, पर पुस्तकों के पठन-पाठन से इस रूप की कल्पना उसके भीतर संस्कार के रूप में जम गई है, जो उन नगरों के ध्वंसावशेष के प्रत्यक्ष दर्शन से जग जाती है।

एक बात कह देना आवश्यक है कि आप्त वचन या इतिहास के संकेत पर चलनेवाली कल्पना या मूर्त भावना अनुमान का ही सहारा लेती है। किसी घटना का वर्णन करने में इतिहास उस घटना के समय की रीति, वेशभूषा, संस्कृति आदि का ब्योरा नहीं देता चलता। अतः किसी ऐतिहासिक काल का कोई चित्र मन में लाते समय ऐसे ब्योरों के लिए अपनी जानकारी के अनुसार हमें अनुमान का सहारा लेना पड़ता है।

यह तो हुई आप्त शब्द या इतिहास पर आश्रित स्मृतिरूपा या प्रत्यभिज्ञानरूपा कल्पना। एक प्रकार की प्रत्यभिज्ञानरूपा कल्पना और होती है, जो बिलकुल अनुमान के ही सहारे पर खड़ी होती और चलती है। यदि हम एकाएक किसी अपरिचित स्थान

के खँडहरों में पहुँच जाते हैं—जिसके सम्बन्ध में हमने कहीं कुछ सुना या पढ़ा नहीं है—तो भी गिरे पड़े मकानों, दीवारों, देवालयों आदि को सामने पाकर हम कभी-कभी कह बैठते हैं कि 'यह वही स्थान है जहाँ कभी मित्रों की मंडली जमती थी, रमणियों का हास-विलास होता था, बालकों का क्रीड़ा-रव सुनाई पड़ता था,' इत्यादि। कुछ चिह्न पाकर केवल अनुमान के संकेत पर ही कल्पना इन रूपों और व्यापारों की योजना में तत्पर हो गई। ये रूप और व्यापार हमारे जिस मार्मिक रागात्मक भाव के आलंबन होते हैं, उसका हमारे व्यक्तिगत योग-क्षेम से कोई सम्बन्ध नहीं, अतः उसकी रसात्मकता स्पष्ट है।

अतीत की स्मृति में मनुष्य के लिए स्वाभाविक आकर्षण है। अर्थपरायण लाख कहा करें कि 'गड़े मुर्दे उखाड़ने से क्या फायदा', पर हृदय नहीं मानता; बार बार अतीत की ओर जाया करता है; अपनी यह बुरी आदत नहीं छोड़ता। इसमें कुछ रहस्य अवश्य है। हृदय के लिए अतीत एक मुक्ति लोक है जहाँ वह अनेक प्रकार के बन्धनों से छूटा रहता है और अपने शुद्ध रूप में विचरता है। वर्तमान हमें अन्धा बनाए रहता है, अतीत बीच-बीच में हमारी आँखें खोलता रहता है। मैं तो समझता हूँ कि जीवन का नित्य स्वरूप दिखानेवाला दर्पण मनुष्य के पीछे रहता है, आगे तो बराबर खिसकता हुआ दुर्भेद्य परदा रहता है। बीती बिसारनेवाले 'आगे की सुध' रखने का दावा किया करें, परिणाम अशान्ति के अतिरिक्त और कुछ नहीं। वर्तमान को सँभालने और आगे की सुध रखने का डंका पीटनेवाले संसार में जितने ही अधिक होते जाते हैं, संघ-शक्ति के प्रभाव से जीवन की उलझनें उतनी ही बढ़ती जाती हैं। बीती बिसारने का अभिप्राय है जीवन की अखंडता और व्यापकता की अनुभूति का विसर्जन; सहृदयता और भावुकता का भंग—केवल अर्थ की निष्ठुर क्रीड़ा।

हमारी समझ में अतीत की ओर मुड़-मुड़कर देखने की प्रवृत्ति सुख-दुःख की भावना से परे है। स्मृतियाँ केवल सुखपूर्ण दिनों की झाँकियाँ नहीं समझ पड़तीं। वे हमें लीन करती हैं, हमारा मर्म स्पर्श करती है, बस इतना ही हम कह सकते हैं। यही बात स्मृत्याभास कल्पना के सम्बन्ध में भी समझनी चाहिए। इतिहास द्वारा ज्ञात बातों की मूर्ति भावना कितनी मार्मिक, कितनी लीन करनेवाली होती है, न सहृदयों से छिपा है, न छिपाते बनता है। मनुष्य की अन्तःप्रकृति पर इसका प्रभाव स्पष्ट है। जैसा कि कहा जा चुका है, इसमें स्मृति की-सी सजीवता होती है। इस मार्मिक प्रभाव और सजीवता का मूल है सत्य! सत्य से अनुप्राणित होने के कारण ही कल्पना-स्मृति और प्रत्यभिज्ञान का-सा रूप धारण करती है। कल्पना के इस स्वरूप की सत्यमूलक सजीवता और मार्मिकता का अनुभव करके ही संस्कृत के पुराने कवि अपने महाकाव्य और नाटक, इतिहास-पुराण के किसी वृत्त का आधार लेकर रचा करते थे।

'सत्य' से यहाँ अभिप्राय केवल वस्तुतः घटित वृत्त ही नहीं, निश्चयात्मकता से प्रतीत वृत्त भी है। जो बात इतिहासों से चली आ रही है, वह यदि पक्के प्रमाणों से पुष्ट भी न हो तो भी लोगों के विश्वास के बल पर उक्त प्रकार की स्मृतिस्वरूपा कल्पना का आधार हो जाती है। आवश्यक होता है केवल इस बात का बहुत दिनों से

जमा हुआ विश्वास कि इस प्रकार की घटना इस स्थल पर हुई थी। यदि ऐसा विश्वास सर्वथा विरुद्ध प्रमाण उपस्थित होने पर विचलित हो जाएगा तो वैसी सजीव कल्पना न जगेगी। संयोगिता के स्वयंवर की कथा को लेकर कुछ काव्य और नाटक रचे गए। ऐतिहासिक अनुसंधान द्वारा वह सारी कथा अब कल्पित सिद्ध हो गई है। अतः इतिहास के ज्ञाताओं के लिए उन काव्यों या नाटकों में वर्णित घटना का ग्रहण शुद्ध कल्पना की वस्तु के रूप में होगा, स्मृत्याभास कल्पना की वस्तु के रूप में नहीं।

पहले कहा जा चुका है कि मानव जीवन का नित्य और प्रकृत स्वरूप देखने के लिए दृष्टि जैसी शुद्ध होनी चाहिए, वैसी अतीत के क्षेत्र के बीच ही वह होती है। वर्तमान में तो हमारे व्यक्तिगत राग-द्वेष से वह ऐसी बँधी रहती है कि हम बहुत-सी बातों को देखकर भी नहीं देखते। प्रसिद्ध नगरों और गढ़ों के खँडहर राजप्रासाद आदि जिस प्रकार सम्राटों के ऐश्वर्य, विभूति, प्रताप, आमोद-प्रमोद और भोग-विलास के स्मारक हैं उसी प्रकार उनके अवसाद, विषाद, नैराश्य और घोर पतन के। मनुष्य की ऐश्वर्य, विभूति, सुख-सौन्दर्य की वासना अभिव्यक्त होकर जगत् के किसी छोटे या बड़े खण्ड को अपने रँग में रंगकर मानुषी सजीवता प्रदान करती है। देखते देखते काल उस वासना के आश्रय मनुष्यों को हटाकर किनारे कर देता है। धीरे-धीरे उसका चलाया हुआ ऐश्वर्य-विभूति का वह रंग भी मिटता जाता है जो कुछ शेष रह जाता है वह बहुत दिनों तक इंट-पत्थर की भाषा में एक पुरानी कहानी कहता रहता है। संसार का पार्थिक मनुष्य उसे अपनी कहानी समझकर सुनता है, क्योंकि उसके भीतर झलकता है जीवन का नित्य और प्रकृत स्वरूप।

कुछ व्यक्तियों के स्मारक चिह्न तो उनके पूरे प्रतिनिधि या प्रतीक बन जाते हैं और उसी प्रकार हमारे घृणा-प्रेम के आलम्बन को जगाते हैं जिस प्रकार लोक के बीच अपने जीवनकाल में वे व्यक्ति थे। ऐसे व्यक्ति घृणा या प्रेम को अपने पीछे भी बहुत दिनों तक जगत् में जगाते रहते हैं। ये स्मारक न जाने कितनी बातें अपने पेट में लिए कहीं खड़े, कहीं बैठे, कहीं पड़े हैं।

किसी अतीत जीवन के ये स्मारक या तो यों ही—शायद काल की कृपा से—बने रह जाते हैं अथवा जान-बूझकर छोड़ जाते हैं। जान-बूझकर कुछ स्मारक छोड़ जाने की कामना भी मनुष्य की प्रकृति के अन्तर्गत है अपनी सत्ता के सर्वथा लोप की भावना मनुष्य को असह्य है। अपनी भौतिक सत्ता तो वह बनाए नहीं रख सकता, अतः वह चाहता है कि उस सत्ता की स्मृति ही किसी जन-समुदाय के बीच बनी रहे। बाह्य जगत् में नहीं तो अंतर्जगत् के किसी खंड में ही वह बना रहना चाहता है। इसे हम अमरत्व की आकांक्षा या आत्मा के नित्यत्व का इच्छात्मक आभास कह सकते हैं। अपनी स्मृति बनाये रखने के लिए कुछ मनस्वी कला का सहारा लेते हैं और उसके आकर्षक सौन्दर्य की प्रतिष्ठा करके विस्मृति के खड्ड में झोंकनेवाले काल के हाथों को बहुत दिनों तक—सहस्रों वर्ष तक—थामे रहते हैं। इस प्रकार ये स्मारक काल के हाथों को कुछ थामकर मनुष्य की कई पीढ़ियों की आँखों में आँसू बहाते हैं। मनुष्य अपने पीछे होनेवाले मनुष्यों को अपने लिए रुलाना चाहता है।

सम्राटों की अतीत जीवन-लीला के ध्वस्त रंगमंच वैषम्य की एक विशेष भावना जगाते हैं। उनमें जिस प्रकार भाग्य के ऊँचे से ऊँचे उत्थान का दृश्य निहित रहता है वैसे ही गहरे से गहरे पतन का भी। जो जितने ही ऊँचे पर दिखाई देता है, गिरने पर वह उतना ही नीचे जाता दिखाई देता है। दर्शकों को उसके उत्थान की ऊँचाई जितनी कुतूहलपूर्ण और विस्मयकारिणी होती है, उतनी ही उसके पतन की गहराई मार्मिक और आकर्षक होती है। असामान्य की ओर लोगों की दृष्टि भी अधिक दौड़ती है और टकटकी भी अधिक लगती है। अत्यन्त ऊँचाई से गिरने का दृश्य कोई कुतूहल के साथ देखता है, कोई गम्भीर वेदना के साथ। कहने की आवश्यकता नहीं कि सुख और दुःख के बीच का वैषम्य जैसा मार्मिक होता है वैसा ही उन्नति और अवनति, प्रताप और ह्रास के बीच का भी। इस वैषम्य-प्रदर्शन के लिए एक ओर तो किसी के पतन-काल के असामर्थ्य, दीनता, विवशता, उदासीनता इत्यादि के दृश्य सामने रखे जाते हैं, दूसरी ओर उसमें ऐश्वर्य-काल के प्रताप, तेज, पराक्रम इत्यादि के वृत्त स्मरण किये जाते हैं।

कल्पना

काव्य-वस्तु का सारा रूप-विधान इसी की क्रिया से होता है। आजकल तो 'भाव' की बात दब-सी गई है, केवल इसी का नाम लिया जाता है; क्योंकि 'कवि की नूतन सृष्टि' केवल इसी की कृति समझी जाती है। पर, काव्य के प्रयोजन की कल्पना वही होती है जो हृदय की प्रेरणा से प्रवृत्त होती है और हृदय पर प्रभाव डालती है। हृदय के मर्मस्थल का स्पर्श तभी होता है जब जगत् या जीवन का कोई सुन्दर रूप, मार्मिक दशा या तथ्य मन में उपस्थित होता है। ऐसी दशा या तथ्य की चेतना से मन में कोई भाव जगता है, जो उस दशा या तथ्य की मार्मिकता का पूर्ण अनुभव करने और कराने के लिए उसके कुछ चुने हुए ब्यौरों की मूर्त भावनाएँ खड़ी करता है। कल्पना का यह प्रयोग प्रस्तुत के सम्बन्ध में समझना चाहिए जो विभाव-पक्ष के अन्तर्गत है। शृङ्गार, रौद्र, वीर, करुण आदि रसों के आलम्बनों और उद्दीपनों के वर्णन, प्राकृतिक दृश्यों के वर्णन, सब इसी विभाव पक्ष के अन्तर्गत हैं।

सारा रूप-विधान कल्पना ही करती है, अतः अनुभाव कहे जानेवाले व्यापारों और चेष्टाओं द्वारा आश्रय को जो रूप दिया जाता है वह भी कल्पना द्वारा। पर भावों के द्योतक शारीरिक व्यापार या चेष्टाएँ परिमित होती हैं, वे रूढ़ या बँधी हुई होती हैं। उनमें नयेपन की गुंजायश नहीं, पर आश्रय के वचनों की अनेकरूपता की सीमा नहीं। इन वचनों की भी कवि द्वारा कल्पना की जाती है। वचनों द्वारा भाव-व्यंजना के क्षेत्र में कल्पना को पूरी स्वच्छन्दता रहती है। भाव की ऊँचाई-गहराई की कोई सीमा नहीं। उसका प्रसार लोक का अतिक्रमण कर सकता है, उसकी सम्यक् व्यंजना के लिए प्रकृति के वास्तविक विधान कभी-कभी पर्याप्त नहीं जान पड़ते। मन की गति का वेग अबाध होता है। प्रेम के वेग में प्रेमी प्रिय को अपनी आँखों में बसा हुआ कहता है, उसके पाँव रखने के लिए पलकों के पाँवड़े बिछाता है, उसके अभाव में दिन के प्रकाश में भी चारों ओर शून्य या अन्धकार देखता है, अपने शरीर की

भस्म उड़ाकर उसके पास तक पहुँचाना चाहता है। इसी प्रकार क्रोध के वेग में मनुष्य शत्रु को पीसकर चटनी बना डालने के लिए खड़ा होता है, उसके घर को खोदकर तालाब बना डालने की प्रतिज्ञा करता है। उत्साह या वीरता की उमंग में वह समुद्र पाट देने, पहाड़ों को उखाड़ फेंकने का हौसला प्रकट करता है।

ऐसे लोकोत्तर विधान करनेवाली कल्पना में भी यह देखा जाता है कि जहाँ कार्य-कारण विवेचनापूर्वक वस्तु-व्यंजना का टेढ़ा रास्ता पकड़ा जाता है, वहाँ वैचित्र्य रह जाता है, मार्मिकता दब जाती है। जैसे, यदि कोई कहे कि 'कृष्ण के वियोग में राधा का दिन-रात रोना सुनकर लोग घर-घर में नावें बनवा रहे हैं' तो यह कथन मार्मिकता की हद के बाहर जान पड़ेगा।

विभाव-पक्ष के ही अन्तर्गत हम उन सब प्रस्तुत वस्तुओं और व्यापारों को भी लेते हैं जो हमारे मन में सौन्दर्य, माधुर्य, दीप्ति, कान्ति, प्रताप, ऐश्वर्य, विभूति इत्यादि की भावनाएँ उत्पन्न करते हैं। ऐसी वस्तुओं और व्यापारों की योजना करने वाली प्रतिभा को भी विभाव विधायिनी ही समझना चाहिए। कवि कभी कभी सौन्दर्य, माधुर्य, दीप्ति इत्यादि की अनूठी सृष्टि खड़ी करने के लिए चारों ओर से सामग्री एकत्र करके पराकाष्ठा को पहुँची हुई लोकोत्तर योजना करते हैं। यह भी कवि कर्म के अन्तर्गत है, पर सर्वत्र अपेक्षित उसकी कोई नित्य प्रक्रिया नहीं। मन के भीतर लोकोत्तर उत्कर्ष की झाँकियाँ तैयार करना भी कल्पना का एक काम है। इस काम में कविता उसे प्रायः लगाया करती है। कुछ लोग तो कल्पना और कविता का यही काम बताते हैं—खासकर वे लोग जो काव्य को स्वप्न का सगा भाई मानते हैं। जैसे, स्वप्न को वे अन्तस्संज्ञा में निहित अतृप्त वासनाओं की अन्तर्व्यंजना कहते हैं, वैसे ही काव्य को भी। संसार में जितना अद्भुत, सुन्दर, मधुर, दीप्त हमारे सामने आता है; जितना सुख, समृद्धि, सद्वृत्ति, सद्भाव, प्रेम, आनन्द हमें दिखाई पड़ता है; उतने से तृप्त न होने के कारण अधिक की इच्छाएँ हमारी अन्तस्संज्ञा में दबी पड़ी रहती हैं। इसी प्रकार शक्ति, उग्रता, प्रचंडता, उथल-पुथल, ध्वंस इत्यादि को हम जितने बढ़े चढ़े रूप में देखना चाहते हैं उतने बढ़े-चढ़े रूपों में कहीं न देख हमारी इच्छा, चेतना या संज्ञा के नीचे अज्ञात दशा में दबी पड़ी रहती है। वे ही इच्छाएँ तृप्ति के लिए कविता के रूप में व्यक्त होती हैं और श्रोताओं को भी तृप्त करती हैं।

इस सम्बन्ध में हम यहाँ इतना ही कहना चाहते हैं कि काव्य सर्वथा स्वप्न के रूप की वस्तु नहीं है। स्वप्न के साथ यदि उसका कुछ मेल है तो केवल इतना ही कि स्वप्न भी हमारी बाह्य इन्द्रियों के सामने नहीं रहता और काव्य-वस्तु भी। दोनों के आविर्भाव का स्थान ही एक है, स्वरूप में भेद है। कल्पना में आयी हुई वस्तुओं की प्रतीति से स्वप्न में दिखाई पड़नेवाली वस्तुओं की प्रतीति भिन्न प्रकार की होती है। स्वप्न काल की प्रतीति प्रायः प्रत्यक्ष ही के समान होती है। दूसरी बात यह है कि काव्य में शोक के भी प्रसंग रहते हैं। शोक की वासना की तृप्ति शायद ही कोई प्राणी चाहता हो।

उपर्युक्त सिद्धान्त का ही एक अंग काम-वासना का सिद्धान्त है, जिसके

अनुसार काव्य का सम्बन्ध और कलाओं के समान काम-वासना की तृप्ति से है। यहाँ पर इतना ही समझ रखना आवश्यक है कि यह मत काव्य को ललित कलाओं में गिनने का परिणाम है। कलाओं के सम्बन्ध में, जिनका लक्ष्य केवल सौन्दर्य की अनुभूति उत्पन्न करना है, यह मत कुछ ठीक कहा जा सकता है। इसी से चौंसठ कलाओं का उल्लेख हमारे यहाँ कामशास्त्र के भीतर हुआ है पर काव्य की गिनती कलाओं में नहीं की गई है।

अब तक जो कुछ कहा गया है, वह प्रस्तुत के सम्बन्ध में है। पर काव्य में प्रस्तुत के अतिरिक्त अप्रस्तुत भी बहुत अधिक अपेक्षित होता है, क्योंकि साम्य भावना काव्य का बड़ा शक्तिशाली अस्त्र है। कहने की आवश्यकता नहीं कि अप्रस्तुत की योजना भी कल्पना ही द्वारा होती है। आधुनिक पाश्चात्य समीक्षा-क्षेत्र में तो 'कल्पना' शब्द से अधिकतर अप्रस्तुतविधायिनी कल्पना ही समझी जाती है। अप्रस्तुत की योजना के सम्बन्ध में वही बात समझनी चाहिए जो प्रस्तुत के सम्बन्ध में हम कह आये हैं अर्थात् उसकी योजना भी यदि भाव के संकेत पर होगी; सौन्दर्य, माधुर्य, भीषणता, कान्ति, दीप्ति इत्यादि की भावना में वृद्धि करनेवाली होगी, तब तो वह काव्य के प्रयोजन की होगी; यदि केवल रंग, आकृति, छोटाई आदि का ही हिसाब-किताब बैठाकर की जायेगी तो निष्फल ही नहीं बाधक भी होगी। भाव की प्रेरणा से जो अप्रस्तुत लाये जाते हैं उनकी प्रभविष्णुता पर कवि की दृष्टि रहती है; इस बात पर रहती है कि इनके द्वारा भी वैसी ही भावना जगे जैसी प्रस्तुत के सम्बन्ध में है। यह देखकर सन्तोष होता है कि हिन्दी की वर्तमान कविताओं में प्रभाव-साम्य पर ही विशेष दृष्टि रहती है।

भाषा-शैली को अधिक व्यंजक, मार्मिक और चमत्कारपूर्ण बनाने में भी कल्पना ही काम करती है। कल्पना की सहायता यहाँ पर भाषा की लक्षणा और व्यंजना नाम की शक्तियाँ करती हैं। लक्षणा के सहारे ही कवि ऐसी भाषा का प्रयोग बेधड़क कर जाते हैं, जैसी सामान्य व्यवहार में नहीं सुनाई पड़ती। ब्रजभाषा के कवियों में घनानन्द इस प्रसंग में सबसे अधिक उल्लेख-योग्य है। भाषा को वे इतनी वशवर्तिनी समझते थे कि अपनी भाषा के प्रवाह के साथ उसे जिधर चाहते थे, उधर बेधड़क मोड़ते थे।

आजकल हमारी वर्तमान काव्य-धारा की प्रवृत्ति इसी प्रकार की लाक्षणिक वक्रता की ओर विशेष है। यह अच्छा लक्षण है। इसके द्वारा हमारी भाषा की अभि-व्यंजना-शक्ति के प्रसार की बहुत-कुछ आशा है। इन नये प्रयोगों का आधार या तो किसी न किसी प्रकार की साम्य भावना है अथवा किसी वस्तु का उपलक्षण या प्रतीक के रूप में ग्रहण। दोनों बातें कल्पना ही के द्वारा होती हैं। उपलक्षणों या प्रतीकों का चुनाव मूर्तिमत्ता, मार्मिकता या आतिशय्य आदि की दृष्टि से होता है—जैसे, शोक या विषाद के स्थान पर अश्रु; हर्ष और आनन्द के स्थान पर हास; प्रिय-प्रेमी के लिए मुकुल-मधुप; यौवन-काल या संयोग-काल के लिए मधुमास; शुभ्र के स्थान पर रजत या हंस; दीप्ति के स्थान पर स्वर्ण इत्यादि। यह सारा व्यवसाय कल्पना ही का है।

काव्य की पूर्ण अनुभूति के लिए कल्पना का व्यापार कवि और श्रोता दोनों के लिए अनिवार्य है। काव्य की कोई उक्ति कान में पड़ते समय जब काव्य-वस्तु के साथ-साथ वक्ता या बोद्धव्य पात्र की कोई मूर्त भावना भी खड़ी रहती है, तभी पूरी तन्मयता प्राप्त होती है।

४
जायसी का विरह-वर्णन

जायसी का विरह-वर्णन कहीं-कहीं अत्युक्तिपूर्ण होने पर भी मजाक की हद तक नहीं पहुँचने पाया है, उसमें गाम्भीर्य बना हुआ है। इनकी अत्युक्तियाँ बात की करामात नहीं जान पड़तीं, हृदय की अत्यन्त तीव्र वेदना के शब्द-संकेत प्रतीत होती हैं। उनके अन्तर्गत जिन पदार्थों का उल्लेख होता है वे हृदयस्थ ताप की अनुभूति का आभास देनेवाले होते हैं, बाहर-बाहर से ताप की मात्रा नापनेवाले मानदण्डमात्र नहीं। जाड़े के दिनों में भी पड़ोसियों तक पहुँच उन्हें बेचैन करनेवाले, शरीर पर रखे हुए कमल के पत्तों को भूनकर पापड़ बना डालनेवाले, बोतल का गुलाबजल सुखा डालनेवाले ताप से कम ताप जायसी का नहीं है, पर उन्होंने उसके वेदनात्मक और दृश्य अंश पर जितनी दृष्टि रखी है उतनी उसकी बाहरी नाप-जोख पर नहीं जो प्रायः ऊहात्मक हुआ करती है। नाप जोखवाली ऊहात्मक पद्धति का जायसी ने कुछ ही स्थानों पर प्रयोग किया है। जैसे, राजा की प्रेम-पत्रिका के इस वर्णन में—

आखर जरहि, न काहू छुआ। तब दुख देखि चला लेइ सूआ॥

अथवा नागमती के विरह-ताप की इस व्यंजना में—

जेहि पंखी के नियरे होइ, कहै बिरह कै बात।
सोई पंखी जाई जरि, तरिवर होंहि निपात॥

इस ऊहात्मक पद्धति का दो-चार जगह व्यवहार चाहे जायसी ने किया हो पर अधिकतर विरह-ताप के वेदनात्मक स्वरूप की अत्यन्त विशद व्यंजना ही जायसी की विशेषता है। इन्होंने अत्युक्ति की है और खूब की है, पर वह अधिकांश संवेदना के स्वरूप में है, परिणाम-निर्देश के रूप में नहीं है। संवेदना का यह स्वरूप उत्प्रेक्षा अलंकार द्वारा व्यक्त किया गया है। अत्युक्ति या अतिशयोक्ति और उत्प्रेक्षा में सिद्ध और साध्य का भेद होता है। उत्प्रेक्षा में अध्यवसान साध्य (संभावना या संवेदना के रूप में) होता है। और अत्युक्ति या अतिशयोक्ति में सिद्ध। 'धूप ऐसी है कि रखते-रखते पानी खौल जाता है यह वाक्य मात्रा का आधिक्यमात्र सूचित करता है। मात्रा के आधिक्य का निरूपण ऊहा द्वारा कुछ चक्कर के साथ भी हो सकता है, जैसा कि बिहारी ने प्रायः किया है। पर यह पद्धति काव्य के लिए सर्वत्र उपयुक्त नहीं। लाक्षणिक प्रयोगों को लेकर कुछ कवियों ने ऊहा का जो विस्तार किया है वह अस्वाभाविक, नीरस और भद्दा हो गया है। वह 'कुल का दीपक है' इस बात को लेकर कोई कहे कि 'उसके घर तेल के खर्च की बिलकुल बचत होती है' तो इस उक्ति में कवित्व की

कुछ भी सरसता न पाई जायेगी। बिहारी का 'पत्रा ही तिथि पाइए' वाला दोहा इसी प्रकार का है। अस्तु, 'धूप ऐसी है कि रखते-रखते पानी खौल जाता है' यह कथन ऊहा द्वारा मात्रा-निरूपण के रूप में हुआ। यही बात यदि इस प्रकार कही जाये कि 'धूप क्या है, मानों चारों ओर आग बरस रही है' तो यह संवेदना के रूप में कहा जाना होगा। पहले कथन में ताप की मात्रा का आधिक्य व्यंग्य है, दूसरे में उस ताप से उत्पन्न हृदय की वेदना। एक वस्तु व्यंग्य है, दूसरे में संवेदना, पहला वाक्य बाह्य वृत्त का व्यंजक है और दूसरा आभ्यंतर अनुभूति का। मतलब यह कि जायसी ने यह कम कहा है कि विरह-ताप इतनी मात्रा का है, यह अधिक कहा है कि ताप हृदय में ऐसा जान पड़ता है, जैसे—

(क) जानहुँ अगिनि के उठहिं पहारा। औ सब लागहिं अंग अँगारा॥
(ख) जरत बजागिनि करु, पिउ छाहाँ। आइ बुझाउ अँगारन्ह माहाँ॥
लागिउँ जरै-जरै जस भारू। फिरि फिरि भूँजेसि, तजिउँ न बारू॥

'फिरि फिरि भूँजेसि, तजिउँ न बारू' : भाड़ की तपती बालू के बीच पड़ा हुआ अनाज का दाना जैसे बार-बार भूने जाने पर भी उछल-उछल पड़ता है पर उस बालू से बाहर नहीं जाता, उसी प्रकार इस प्रेमजन्य संताप के अतिरेक से मेरा जी हट-हटकर भी उस संताप के सहने की बुरी लत के कारण उसी की ओर प्रवृत्त रहता है। मतलब यह कि वियुक्त प्रिय का ध्यान आते ही चित्त ताप से विह्वल हो जाता है; फिर भी वह बार-बार उसी का ध्यान करता रहता है। प्रेम-दशा चाहे घोर यंत्रणामय हो जाये पर हृदय उस दशा से अलग होना नहीं चाहता। यहाँ इसी विलक्षण स्थिति का चित्रण है। यहाँ हम कवि को वेदना के स्वरूप-विश्लेषण में प्रवृत्त पाते हैं, ताप की मात्रा नापने में नहीं। मात्रा की नाप तो बाहर-बाहर से भी हो सकती है, पर प्रेम-वेदना के आभ्यंतर स्वरूप की पहचान प्रेमवेदनापूर्ण हृदय में ही हो सकती है। जायसी का ऐसा ही हृदय था। विरहताप का वर्णन कवि ने अधिकतर सादृश्य-सम्बन्धमूलक गौणी लक्षणा द्वारा किया है।

आधिक्य का न्यूनता सूचित करने के लिए ऊहात्मक या वस्तु-व्यंजनात्मक शैली का विधान कवियों में तीन प्रकार का देखा जाता है—

१. ऊहा की आधारभूत वस्तु असत्य अर्थात् कवि-प्रौढ़ोक्ति सिद्ध है।

२. ऊहा की आधारभूत वस्तु का स्वरूप सत्य या स्वतःसंभवी है और किसी प्रकार की कल्पना नहीं की गई है।

३. ऊहा की आधारभूत वस्तु का स्वरूप तो सत्य है, पर उसके हेतु की कल्पना की गई है।

इनमें से प्रथम प्रकार के उदाहरण वे हैं जो बिहारी के विरह-ताप के वर्णन में दिए हैं—जैसे, पड़ोसियों को जाड़े की रात में भी बेचैन करनेवाला, या बोतल में भरे गुलाबजल को सुखा डालनेवाला ताप। दूसरे प्रकार का उदाहरण एक स्थान पर जायसी ने बहुत अच्छा दिया है, पर वह विरह-ताप के वर्णन में नहीं है, काल की दीर्घता के वर्णन में है। आठ वर्ष तक अलाउद्दीन चित्तौरगढ़ घेरे रहा। इस बात का

एक बार तो कवि ने साधारण इतिवृत्त के रूप में कहा, पर उससे वह गोचर प्रत्यक्षीकरण न हो सका जिसका प्रयत्न काव्य करता है। आठ वर्ष के दीर्घत्व के अनुमान के लिए फिर उसने यह दृश्य आधार सामने रखा—

आइ साह अमराव जो लाए। फरे, झरे पै गढ़ नहिं पाए ॥

सच पूछिए तो वस्तु-व्यंजनात्मक या ऊहात्मक पद्धति का इसी रूप में अवलंबन सबसे अधिक उपयुक्त जान पड़ता है। इसमें अनुमान का आधार सत्य या स्वतःसंभवी है। जायसी अनुमान या ऊहा के आधार के लिए ऐसी वस्तु सामने लाए हैं जिसका स्वरूप प्राकृतिक है और जिससे सामान्यतः सब लोग परिचित होते हैं। इसी प्रकार एक गीत से एक वियोगिनी नायिका कहती है कि 'मेरा प्रिय दरवाजे पर जो नीम का पेड़ लगा गया था वह बढ़कर अब फूल रहा है, पर प्रिय न लौटा।' आधार के सत्य और प्राकृतिक स्वरूप के कारण इस उक्ति से कितना भोलापन बरस रहा है !

विरह-ताप की मात्रा का आधिक्य सूचित करने के लिए जहाँ कहीं जायसी ने ऊहात्मक या वस्तु-व्यंजनात्मक शैली का अवलंबन किया है वहाँ अधिकतर तीसरे प्रकार का विधान ही देखने में आता है जिसमें ऊहा की आधार भूत वस्तु का स्वरूप तो सत्य और स्वतःसंभवी होता है, पर उसके हेतु को कुछ और भी कल्पना की जाती है। इस प्रकार का विधान भी प्रथम प्रकार के विधान से अधिक उपयुक्त होता है। इसमें हेतूत्प्रेक्षा का सहारा लिया जाता है जिसमें 'अप्रस्तुत' वस्तुओं का गृहीत दृश्य वास्तविक होता है, केवल उसका हेतु कल्पित होता है। हेतु परोक्ष हुआ करता है, इससे उसकी अतथ्यता सामने आकर प्रतीति में बाधा डालती नहीं जान पड़ती। इस युक्ति से कवि विरह ताप के प्रभाव की व्यापकता को बढ़ाता-बढ़ाता सृष्टि-भर में दिखा देता है। एक उदाहरण काफी होगा—

अस परजरा बिरह कर गठा। मेघ मास भए धूम जो उठा ॥
दाढ़ा राहु, केतु गा दाधा। सूरुज जरा, चाँद जरि आधा ॥
औ सब नखत तराई जरहीं। टूटहिं लूक, धरति महँ परहीं ॥
जरै सो धरती ठावँहि ठाऊँ। दहकि पलास जरै तेहि दाऊँ ॥

इन चौपाइयों में मेघों का श्याम होना, राहु केतु का काला (झुलसा-सा) होना, सूर्य का तपना, चन्द्रमा की कला का खंडित होना, पलास के फूलों का लाल (दहकते अंगारे-सा) होना आदि सत्य है। वे विरह-ताप के कारण ऐसे हैं, केवल यह बात कल्पित है।

ताप के अतिरिक्त विरह के और-और अंगों का भी विन्यास जायसी ने इसी हृदयहारिणी और व्यापकत्व विधायिनी पद्धति पर बाह्य प्रकृति को मूल्य आभ्यंतर जगत् का प्रतिबिम्ब सा दिखाते हुए किया है। काम हेतूत्प्रेक्षा से लिया गया है। प्रेमयोगी रत्नसेन के विरह-व्यथित हृदय का भाव हम सूर्य, चन्द्र, वन के पेड़, पक्षी, पत्थर, चट्टान सब में देखते चलते हैं—

रोवँ रोवँ वै बान जो फूटे। सूतहि सूत रुहिर मुख छूटे ॥
नैनहि चली रकत के धारा। कंथा भीजि भएउ रतनारा ॥

सूरुज बूड़ि उठा होइ ताता। औ मजीठ टेसू बन राता॥
भा बसंत, राती बनसपती। औ राते सब जोगी जती॥
भूमि जो भीजि भएउ सब गेरू। औ राते तहँ पंखि पखेरू॥
राती सती, अगिनि सब काया। गगन मेघ राते तेहि छाया॥
इंगुर भा पहार जौ भीजा। पै तुम्हार नहि रोवँ पसीजा॥

इसी प्रकार नागमती के आँसुओं से सारी सृष्टि भीगी हुई जान पड़ती है—

कुहुकि कुहुकि जस कोइल रोई। रकत-आँसु घुंघुची बन बोई॥
जहँ तहँ ठाढ़ि होइ बनवासी। तहँ तहँ होइ घुंघुचि कै रासी॥
बूंद बूंद महँ जानहु जीऊ। गुंजा गूँजि करै, 'पिउ पीऊ'॥
तहि दुख भए परास निपाते। लोहू बूड़ि उठे होइ राते॥

नागमती का विरह-वर्णन हिन्दी-साहित्य में एक अद्वितीय वस्तु है। नागमती उपवनों के पेड़ों के नीचे रात-रात भर रोती फिरती है। इस दशा में पशु, पक्षी, पेड़, पल्लव जो कुछ सामने आता है, उसे वह अपना दुखड़ा सुनाती है। वह पुण्य दशा धन्य है जिसमें ये सब अपने सगे लगने लगते हैं ओर यह जान पड़ने लगता है कि इन्हें दुःख सुनाने से भी जी हलका होगा। सब जीवों का शिरोमणि मनुष्य और मनुष्यों का अधीश्वर राजा! उसकी पटरानी जो कभी बड़े-बड़े राजाओं और सरदारों की बातों की ओर भी ध्यान न देती थी, वह पक्षियों से अपने हृदय की वेदना कह रही है, उनके सामने अपना हृदय खोल रही है। हृदय की इस उदार और व्यापक दशा का कवियों ने केवल प्रेम-दशा के भीतर ही वर्णन किया है, यह बात ध्यान देने योग्य है। मारने के लिए शत्रु का पीछा करता हुआ क्रोधातुर मनुष्य पेड़ों और पक्षियों से यह पूछता हुआ कहीं नहीं कहा गया है कि 'भाई! किधर गया?' वाल्मीकि, कालिदास आदि से लेकर जायसी, सूर, तुलसी आदि भाषा-कवियों तक सबने इस दशा का सन्निवेश विप्रलम्भ (या कहीं-कहीं करुण) में ही किया है। वाल्मीकि के राम सीता-हरण होने पर वन-वन पूछते फिरते हैं—

"हे कदम्ब! तुम्हारे फूलों से अधिक प्रीति रखनेवाली मेरी प्रिया को यदि जानते हो तो बताओ। हे बिल्व-वृक्ष! यदि तुमने उस पीत वस्त्रधारिणी को देखा हो तो बताओ। हे मृग! उस मृगनयनी को तुम जानते हो?' इसी प्रकार तुलसी के राम भी वन के पशु-पक्षियों से पूछते हैं—

हे खग, मृग, हे मधुकर श्रेनी। तुम देखी सीता मृगनैनी?

कालिदास का यक्ष भी चेतनाचेतन-भेद इसी प्रेम-दशा के ही भीतर भूला है। इससे यह सिद्ध है कि कवि परम्परा के बीच यह एक मान्य परिपाटी है कि इस प्रकार की दशा का वर्णन प्रेम-दशा के भीतर ही हो।

इस संबंध में मामूली तौर पर तो इतना ही कहना काफी समझा जाता है कि 'उन्माद' की व्यंजना के लिए इस प्रकार का आचरण दिखाया जाता है। 'उन्माद' ही सही, पर एक खास ढर्रे का है। इसका आविर्भाव प्रेम-ताप से पिघलकर फैले हुए हृदय में ही होता है। संबंध का मूल प्रेम है, अतः प्रेम-दशा के भीतर ही मनुष्य का

हृदय उस संबंध का आभास पाता है, जो पशु, पक्षी, द्रुम, लता आदि के साथ अनादि काल से चला आ रहा है।

नागमती उपवनों में रोती फिरती है। उसके विलाप से घोंसलों में बैठे हुए पक्षियों की नींद हराम हो गई है—

फिरि फिरि रोव, कोइ नहिं डोला। आधी रात बिहंगम बोला॥
तू फिरि-फिरि दाहै सब पांखी। केहि दुख रैनि न लावसि आंखी॥

और कवियों ने पशु-पक्षियों को संबोधन भर करने का उल्लेख करके बात और आगे नहीं बढ़ाई है जिससे ऊपर से देखनेवालों का ध्यान 'उन्माद' की दशा ही तक रह जाता है पर जायसी ने जिस प्रकार मनुष्य के हृदय में पशु-पक्षियों से सहानुभूति प्राप्त करने की संभावना की है, उसी प्रकार पक्षियों के हृदय में सहानुभूति के संचार की भी। उन्होंने सामान्य हृदय-तत्त्व की सृष्टि-व्यापिनी भावना द्वारा मनुष्य और पशु-पक्षी सबको एक जीवन सूत्र में बद्ध देखा है। राम के प्रश्न का खग, मृग और मधुकर कुछ जवाब नहीं देते। राजा पुरूरवा कोकिल, हंस इत्यादि को पुकारता ही फिरता है, पर कोई सहानुभूति प्रकट करता नहीं दिखाई पड़ता (विक्रमोर्वशीय, अंक ४)। पर नागमती की दशा पर एक पक्षी को दया आती है। वह उसके दुःख का कारण पूछता है। नागमती उस पक्षी से कहती है—

चारिउ चक्र उजार भए, कोई न संदेशा टेक।
कहौं विरह-दुख आपन, बैठि सुनहु दंड एक॥

इस पर वह पक्षी संदेशा ले जाने को तैयार हो जाता है।

पद्मावती से कहने के लिए नागमती ने जो संदेशा कहा है वह अत्यंत मर्मस्पर्शी है। उसमें मान, गर्व आदि से रहित, सुख-भोग की लालसा से अलग, अत्यन्त नम्र, शीतल और विशुद्ध प्रेम की झलक पाई जाती है—

पदमावति सौं कहेहु, बिहंगम। कत लोभाइ रही करि संगम॥
तोहि चैन सुख मिलै सरीरा। मो कहँ हिए दुन्द दुख पूरा॥
हमहुँ बिआही संग ओहि पीऊ। आपुहि पाइ, जानु पर जीऊ॥
मोहि भोग सौं काज न बारी। सौंह दिस्टि कै चाहनहारी॥

मनुष्य के आश्रित, मनुष्य के पाले हुए, पेड़-पौधे किस प्रकार मनुष्य के सुख से सुखी और दुःख से दुःखी दिखाई देते हैं, यह दृश्य बड़े कौशल और बड़ी सहृदयता से जायसी ने दिखाया है। नागमती की विरह-दशा में उसके बाग-बगीचों से उदासी बरस रही थी। पेड़-पौधे सब मुरझाए पड़े थे। उनकी सुध कौन लेता ? पर राजा रत्नसेन के चित्तौर लौटते ही—

पलुटी नागमती के बारी। सोने फूल फूलि फुलवारी॥
जावत पंखि रहे सब दहे। सबै पंखि बोले गहगहे॥

जब पेड़-पौधे सूख रहे थे तब पक्षी भी आश्रय न पाकर ताप से झुलस रहे थे। इस प्रकार नागमती की वियोग-दशा का विस्तार केवल मनुष्य जाति तक ही नहीं, पशु-पक्षियों और पेड़-पौधों तक दिखाई पड़ता था। कालिदास ने पाले हुए मृग और

पौधों के प्रति शकुन्तला का स्नेह दिखाकर इसी व्यापक और विशद भाव की व्यंजना की है ।

विप्रलम्भ शृङ्गार ही 'पद्मावत' में प्रधान है । विरह-दशा के वर्णन में जहाँ कवि ने भारतीय पद्धति का अनुसरण किया है, वहाँ कोई अरुचिकारक वीभत्स दृश्य नहीं आया है । कृशता, ताप, वेदना आदि के वर्णन में भी उन्होंने शृङ्गार के उपयुक्त वस्तु सामने रखी है, केवल उसके स्वरूप में कुछ अन्तर दिखा दिया है । जो पद्मिनी स्वभावतः पद्मिनी के समान विकसित रहा करती थी, वह सूखकर मुरझाई हुई लगती है—

कंवल मूख, पखुरी बेहरानी । गलि गलि कै मिल छार हेरानी ।।

इस रूप में प्रदर्शित व्यक्ति के प्रति सहानुभूति और दया का पूरा अवसर रहता है । पाठक उसकी दशा व्यंजित करनेवाली वस्तु की ओर कुछ देर दृष्टि गड़ाकर देख सकते हैं । मुरझाया फूल भी फूल ही है । अतीत सौन्दर्य के स्मरण से भाव और उद्दीप्त होता है । पर उसके स्थान पर यदि चीरकर हृदय का खून, नसें और हड्डियाँ आदि दिखाई जायें तो दया होते हुए भी इन वस्तुओं की ओर दृष्टि जमाते न बनेगा ।

विरह-दशा के भीतर 'निरवलंबता' की अनुभूति रह-रहकर विरही को होती है । देखिए, कैसा परिचित और साधारण प्राकृतिक व्यापार सामने रखकर कवि ने इस 'निरवलंबता' का गोचर प्रत्यक्षीकरण किया है—

आवा पवन बिछोह कर पात परा बेकरार ।
तरिवर तजा जो चूरि कै लागै केहि के डार ।।

'लागै केहि के डार' मुहावरा भी बहुत अच्छा आया है ।

'पद्मावत' में यद्यपि हिन्दू-जीवन के परिचायक भावों की ही प्रधानता है, पर बीच-बीच में फारसी साहित्य द्वारा पोषित भावों के भी छींटे कहीं-कहीं मिलते हैं । विदेशीय प्रभाव के कारण वियोग-दशा के वर्णन में कहीं-कहीं वीभत्स चित्र सामने आ जाते हैं, जैसे 'कबाबे सीख' वाला यह भाव—

विरह-सरागन्हि भूंजै माँसू । गिरि-गिरि परै रकत कै आँसू ।
कटि-कटि माँसु सराग पिरावा । रकत कै आंसु-माँसु सब रोवा ।
खिन एक वार माँसु अस भूंजा । खिनहि चबाइ सिंघ अस गूंजा ।

वियोग में इस प्रकार के बीभत्स दृश्य का समावेश जायसी ने जो किया है वह तो किया ही है, संयोग के प्रसंग में भी वे एक स्थान पर ऐसा ही बीभत्स चित्र सामने लाए हैं । बादल जब अपनी नवागता वधू की ओर से दृष्टि फेर लेता है, तब वह सोचती है कि क्या मेरे कटाक्ष तो उसके हृदय को बेधकर पीठ की ओर नहीं जा निकले हैं ? यदि ऐसा है तो तूंबी लगाकर मैं उसे खींच लूं और जब वह पीड़ा से चौंककर मुझे पकड़े तो गहरे रस से उसे धो डालूं ।

मकु पिउ दिस्टि समानेउ सालू । हुलसा पीठि कढ़ावौं सालू ।
कुच-तूंबी अब पीठि गड़ोवौं । गहै जो हूकि, गाढ़ रस धोवौं ।।

कटाक्ष या नेत्रों को 'अनियारे', 'नुकीले' तक कह देना तो ठीक है, पर

ऊहात्मक या वस्तु-व्यंजनात्मक पद्धति पर इस कल्पना को और आगे बढ़ाकर शरीर पर सचमुच घाव आदि दिखाने लगना काव्य की सीमा के बाहर जाना है।

विरहजन्य कृशता के वर्णन में भी जायसी ने कवि-प्रथानुसार पूरी अत्युक्ति की है, पर उस अत्युक्ति में भी गंभीरता बनी हुई है, वह खिलवाड़ या मजाक नहीं होने पाई है।

जायसी का यह वर्णन सुन हृदय द्रवीभूत होता है, हँसी नहीं आती—

(क) दहि कोइला भई कंत-सनेहा। तोला माँसु रही नहिं देहा॥
रकत न रहा, बिरह तन जरा। रती-रती होइ नैनन्ह ढरा॥

(ख) हाड़ भए सब किंगरी, नसैं भई सब ताँति।
रोवँ-रोवँ तें धुनि उठै, कहौं बिथा केहि भाँति॥

इस नागमती के विरह-वर्णन के अन्तर्गत वह प्रसिद्ध बारहमासा है जिसमें वेदना का अत्यन्त निर्मल और कोमल स्वरूप, हिन्दू दाम्पत्य जीवन का अत्यन्त मर्म-स्पर्शी माधुर्य, अपने चारों ओर की प्राकृतिक वस्तुओं और व्यापारों के साथ विशुद्ध भारतीय हृदय की साहचर्य-भावना तथा विषय के अनुसार भाषा का अत्यन्त स्निग्ध, सरल, मृदुल और अकृत्रिम प्रवाह देखने योग्य है। पर इन कुछ विशेषताओं की ओर ध्यान जाने पर भी इसके सौन्दर्य का बहुत कुछ हेतु अनिर्वचनीय रह जाता है। इस बारहमासे में वर्ष के बारह महीनों का वर्णन विप्रलंभ शृङ्गार के उद्दीपन की दृष्टि से है जिसमें आनन्दप्रद वस्तुओं का दुःखप्रद होना दिखाया जाता है।

प्रेम में सुख और दुःख दोनों की अनुभूति की मात्रा जिस प्रकार बढ़ जाती है उसी प्रकार अनुभूति के विषयों का विस्तार भी। संयोग की अवस्था में जो प्रेम सृष्टि की सब वस्तुओं से आनन्द का संग्रह करता है वही वियोग की दशा में सब वस्तुओं से दुःख का संग्रह करने लगता है। इसी दुःखद रूप में प्रत्येक मास की उन सामान्य प्राकृतिक वस्तुओं और व्यापारों का वर्णन जायसी ने किया है जिनके साहचर्य का अनुभव मनुष्य मात्र—राजा से लेकर रंक तक—करते हैं। अतः इस बारहमासे में मुख्यतः दो बातें देखने की हैं—

१. प्राकृतिक वस्तुओं और व्यापारों का दिग्दर्शन।

२. दुःख के नाना रूपों और कारणों की उद्भावना।

प्रथम के सम्बन्ध में यह जान लेना चाहिए कि प्राचीन संस्कृत कवियों का-सा संश्लिष्ट विशद चित्रण उद्दीपन की दृष्टि से किए हुए ऋतु-वर्णन में नहीं हुआ करता, केवल वस्तुओं और व्यापारों की अलग अलग झलक भर दिखाकर प्रेमी के हृदय की अवस्था की व्यंजना हुआ करती है। परिचित प्राकृतिक दृश्यों को साहचर्य द्वारा और कवियों की वाणी द्वारा जो मर्मस्पर्शी प्रभाव प्राप्त है उसका अनुभव उनकी ओर संकेत करने मात्र से भी सहृदयों को हो जाता है। इस प्रकार बहुत ही सुन्दर संकेत—बहुत ही मनोहर झलक इस बारहमासा में से हम पाते हैं। कुछ उदाहरण लीजिए—

(क) चढ़ा असाढ़, गगन घन गाजा। साजा बिरह, दुंद दल बाजा॥
घूम; साम धौरे घन धाए। सेत धजा बग-पाँति देखाए॥
खड़ग बीजु चमकै चहुँ ओरा। बुंद-बान-बरिसहिं चहुँ ओरा॥

(ख) बाट असूझ अथाह गंभीरी। जिउ बाउर भा फिरै भँभीरी।।
जग जल बूड़ जहाँ लगि ताकी। मोरि नाव खेवक बिनु थाकी।।
जेठ जरै जग चलै लुवारा। उठहि बवंडर परहि अँगारा।।
उठे आगि ओ आवै आँधी। नैन न सूझ, मरौं दुख बाँधी।।

अपनी भावुकता का बड़ा भारी परिचय जायसी ने इस बात में दिया है कि रानी नागमती विरह-दशा में अपना रानीपन बिलकुल भूल जाती है और अपने को केवल साधारण स्त्री के रूप में देखती है। इसी सामान्य स्वाभाविक वृत्ति के बल पर उसके विरह-वाक्य छोटे-बड़े सबके हृदय को समान रूप से स्पर्श करते हैं। यदि कनक-पर्यंक, मखमली सेज, रत्नजटित अलंकार, संगमरमर के महल, खसखाने इत्यादि की बातें होतीं तो वे जनता के एक बड़े भाग के अनुभव से कुछ दूर की होतीं। जायसी ने स्त्री जाति की या कम से कम हिन्दू गृहिणी मात्र की सामान्य स्थिति के भीतर विप्रलंभ शृङ्गार के अत्यन्त समुज्ज्वल रूप का विकास दिखाया है। देखिए, चौमासे में स्वामी के न रहने से घर की जो दशा होती है वह किस प्रकार गृहिणी के विरह का उद्दीपन करती है—

पुष्य नखत सिर ऊपर आवा। हौं बिनु नाह, मंदिर को छावा।

इसी प्रकार शरीर का रूपक देकर बरसात आने पर साधारण गृहस्थी की चिन्ता और आयोजना की झलक दिखाई गई है—

नपै लागि अब जेठ असाढ़ी। मोहि पिउ बिनु छाजनि भइ गाढ़ी।।
तन तिनउर भा, झूरौं खरी। भइ बरखा, दुख, आगरि जरी।।
बंध नाहि ओ कंध न कोई। बात न आव, कहौं का रोई।।
साँठि-नाठि, जग बात को पूछा। बिन जिउ फिरै मूंज-तनु छूछा।।
भई दुहेली टेक-बिहूनी। थांभ नाहिं, उठि सकै न थूनी।।
बरसै मेह चुवहिं नैनाहा। छपर-छपर होइ रहि बिनु नाहा।।
कोरो कहाँ, ठाट नव साजा। तुम बिनु कंत न छाजनि छाजा।।

यह आशिक-मशूकों का निर्लज्ज प्रलाप नहीं है, यह हिन्दू-गृहिणी की विरह-वाणी है। इसका सात्विक मर्यादापूर्ण माधुर्य परम मनोहर है।

यद्यपि इस बारहमासे में प्राकृतिक वस्तुओं और व्यापारों की रूढ़ि के अनुसार अलग-अलग झलक भर दिखाई गई है, उनका संश्लिष्ट चित्रण नहीं है, पर एक-आध जगह कवि का अपना निरीक्षण भी बहुत सूक्ष्म और सुन्दर है।

अब दुःख के नाना रूपों और कारणों की उद्भावना लीजिए। जायसी के विरहोद्गार अत्यन्त मर्मस्पर्शी हैं। जायसी को हम विप्रलंभ शृङ्गार का प्रधान कवि कह सकते हैं। जो वेदना, जो कोमलता, जो सरलता और जो गम्भीरता इनके वचनों में है, वह अन्यत्र दुर्लभ है। नागमती सब जीव-जन्तुओं, पशु-पक्षियों में सहानुभूति की भावना करती हुई कहती है—

पिउ सौं कहेहु संदेसड़ा, हे भौंरा ! हे काग !
सो धनि बिरहै जरि मुई, तेहि क धुवाँ हम्ह लाग।।

इस सहानुभूति की संभावना रानी के हृदय में होती कैसे है ? यह समझकर होती है कि भौंरा और कौवा दोनों उसी विरहाग्नि के धुएं से काले हो गए हैं जिसमें मैं जल रही हूँ। समदुःख-भोगियों में परस्पर सहानुभूति का उदय अत्यन्त स्वाभाविक है। 'संदेसड़ा' शब्द में स्वार्थे 'ड़ा' का प्रयोग भी बहुत ही उपयुक्त है। ऐसा शब्द उस दशा में मुँह से निकलता है जब हृदय प्रेम, माधुर्य, अल्पता, तुच्छता आदि में से कोई भाव लिए हुए होता है। 'हे भौंरा ! हे काग !' से एक-एक को अलग-अलग संबोधन करना सूचित होता है। आवेग की दशा में यही उचित है। 'हे भौंरा ओ काग' कहने में यह बात न होती।

दुःख और आह्लाद की दशा में एक बड़ा भारी भेद है। जब हृदय दुःख में मग्न रहता है तब सुखद और दुःखद दोनों प्रकार की वस्तुओं से दुःख का संग्रह करता है। पर आनन्द की दशा का पोषण केवल सामान्य या आनन्ददायक वस्तुओं से ही होता है, दुखप्रद वस्तुओं से नहीं। विरह-दशा दुःख-दशा है। इसमें काष्टदायक वस्तुएँ तो और भी कष्टदायक हो ही जाती हैं, जैसे—

(क) काँपे हिया जनावे सीऊ। तौ पै जाइ होइ संग पीऊ ॥
पहल-पहल तन रूई झाँपै। हहरि-हहरि अधिकौ हिय काँपै ॥

(ख) चारिहु पवन झकोरै आगी। लंका दाहि पलंका लागी ॥
उठै आगि औ आवै आँधी। नैन न सूझ, मरौं दुख-बाँधी ॥

सुखदायक वस्तुएँ भी दुःख को बढ़ाती हैं, जैसे—

कातिक सरद-चंद उजियारी। जग सीतल हौं बिरहै जारी ॥
चौदह करा चाँद परगासा। जनहुँ जरै सब धरति अकासा ॥
तन, मन, सेज करै अगिदाहू। सब कहँ चंद भयउ मोहिं राहू ॥

कहीं संयोग सुख या आनंदोत्सव देखकर अपने पक्ष में उसके अभाव की भावना से विरह की आग और भी भड़कती है—

(क) अबहूँ निठुर आउ एहि बारा। परब देवारी होइ सँसारा ॥
सखि झूमुक गावै अँग मोरी। हौं झुरावँ, बिछुरी मोरि जोरी ॥

(ख) करहि बनसपति हिये हुलासू। मो कहँ भा जग दून उदासू ॥
फागु करहिं सब चाँचरि जोरी। मोहिं तन लाइ दीन्हि जस होरी ॥

नागमती देखती है कि बहुतों के बिछुड़े हुए प्रिय मित्र आ रहे हैं, पर मेरे प्रिय नहीं आ रहे हैं। इस वैषम्य की भावना उसे और भी व्याकुल करती है। किसी वस्तु के अभाव से दुःखी मनुष्य के हृदय की यह एक अत्यन्त स्वाभाविक वृत्ति है। पपीहे का प्रिय पयोधर आ गया, सीप के मुँह में स्वाति की बूंद पड़ गई, पर नागमती का प्रिय न आया—

चित्रा मित्र मीन कर आवा। पपिहा पीउ पुकारत पावा ॥
स्वाति-बूँद चातक मुख परे। समुद सीप मोती सब भरे ॥
सरवर सँवरि हंस चलि आए। सारस कुरलहि खंजन देखाए ॥

विरह का दुःख ऐसा नहीं कि चारों ओर जो वस्तुएँ दिखाई पड़ती हैं उनसे

कुछ जी बहले। उनसे तो और भी अपनी दशा की ओर विरही का ध्यान जाता है, और भी उस दशा का दुःसह स्वरूप स्पष्ट होता है—चाहे वे उनकी दुःख-दशा से भिन्न दशा में दिखाई पड़े, चाहें कुछ सादृश्य लिए हुए। भिन्न भाव में दिखाई पड़नेवाली वस्तुओं के नमूने तो ऊपर के उदाहरणों में आ गए हैं। अब भिन्न-भिन्न ऋतुओं की नाना वस्तुओं और व्यापारों को विरही लोग किस प्रकार सादृश्य-भावना द्वारा अपनी दशा की व्यंजना का सुलभ साधन बनाया करते हैं, यह भी देखिए—

(क) बरसै मघा झकोरि झकोरी। मोर दुइ नैन चुवै जस ओरी ॥
पुरवा लाग, भूमि जल पूरी। आक जवास भई तस झूरी ॥

(ख) सखिन्ह रचा पिउ संग हिंडोला। हरियर भूमि, कुसंभी चोला ॥
हिय हिंडोल अस डोलै मोरा। बिरह झुलाइ देइ झकझोरा ॥

(ग) तन जस पियर पात भा मोरा। तेहि पर बिरह देइ झकझोरा ॥

विरहिणी की इस सादृश्य-भावना का वर्णन कवि-परम्परा-सिद्ध है। सूरदास का 'निसि-दिन बरसत नैन हमारे' यह पद प्रसिद्ध है। और कवियों ने भी ऋतु-सुलभ वस्तुओं और व्यापारों के साथ विरहिणी के तन और मन की दशा का सादृश्य-वर्णन किया है। यह सादृश्य-कथन अत्यन्त स्वाभाविक होता है, क्योंकि इसमें उपमान ऊहा द्वारा सोचकर निकाला हुआ नहीं होता बल्कि सामने प्रस्तुत रहता है; और प्रस्तुत रहकर उपमेय की ओर ध्यान ले जाता है। वैशाख में विरहिणी एक ओर सूखते तालों की दरारों को देखती है, दूसरी ओर विदीर्ण होते हुए अपने हृदय को। बरसात में वह एक ओर तो टपकती हुई ओलती देखती है, दूसरी ओर अपने आँसुओं की धारा। एक ओर सूखे हुए 'आक जवास' को देखती है, दूसरी ओर अपने शरीर को। शिशिर में एक ओर सूखकर झड़े हुए पीले पत्तों को देखती है, दूसरी ओर अपनी पीली पड़ी देह को। अतः उक्त उपमाएँ 'दूर की सूझ' नहीं है। उनमें सादृश्य बहुत सोच-विचार हुआ नहीं है, उसका उदय विरह-विह्वल अंतःकरण में बिना प्रयास हुआ है।

इस बारहमासे में हृदय के वेग की व्यंजना अत्यन्त स्वाभाविक रीति से होने पर भी भाव अत्यन्त उत्कर्ष-दशा को पहुँचे हुए दिखाए गए हैं। देखिए, अभिलाषा का यहाँ कैसा उत्कर्ष है—

राति दिवस बस यह जिउ मोरे। लगौं निहोर कत अब तोरे ॥
यह तन जारौं छार कै कहौं कि पवन उड़ाव।
मकु तेहि मारग उड़ि परै कंत धरैं जहँ पाँव ॥

वाजपेयी जी की समीक्षा-पद्धति

भगवतस्वरूप मिश्र

काव्य की धाराएँ और समीक्षा-पद्धतियाँ समानान्तर होते हुए भी एक-दूसरे से आदान-प्रदान करती हैं, एक-दूसरे को प्रभावित करती हैं। इस प्रकार उनका विकास होता रहता है और कभी-कभी दोनों मिलकर एक नवीन तीसरी धारा में परिणत हो जाती हैं। हिन्दी-समीक्षा का इतिहास भी यही है। द्विवेदी जी, मिश्रबन्धु आदि की प्रणालियों का उपयोग शुक्ल जी ने किया तथा एक नवीन, प्रौढ़ और शास्त्रीय प्रणाली को जन्म दिया। पहले भाषा सम्बन्धी निर्णयात्मक, तुलनात्मक तथा नीतिवादी आदि पद्धतियाँ एक-दूसरे के कुछ समानान्तर चलीं, लेकिन शुक्ल जी में इन सबने मिलकर एक नवीन पद्धति का रूप धारण कर लिया। इसी प्रकार प्रसाद जी आदि में जिस स्वच्छन्दतावादी विचारधारा का विकास हो रहा था, उसने शुक्ल जी की समीक्षा-पद्धति से आदान-प्रदान किया, भारतीय रस-पद्धति को स्वीकार किया। इससे कलाकार और कला-कृति में सम्बन्ध स्थापित करनेवाली विश्लेषणात्मक भावना नवीन समीक्षा-पद्धति के रूप में विकसित हो गई। इस प्रकार इस पद्धति ने शुक्ल जी की पद्धति का पूरा उपयोग किया, उनकी शैलियों को अपने अनुरूप बनाकर अपना लिया। वाजपेयी जी की समीक्षा-पद्धति में इस सामंजस्य की अवस्था के दर्शन होते हैं। उन्होंने शुक्ल जी की विश्लेषणात्मक पद्धति को कुछ आगे बढ़ाकर पूर्णतः निगमनात्मक कर दिया है। उन्होंने उनके वर्णव्यवस्था वाले नीतिवादी दृष्टिकोण को मानकर कल्याण और लोकमंगल में बदल दिया, साहित्य को वैयक्तिक चारित्रिक निर्माण के संकुचित क्षेत्र से ऊपर उठाकर सांस्कृतिक चेतना प्रदान करनेवाला मानकर एक विस्तीर्ण और व्यापक क्षेत्र में प्रतिष्ठित कर दिया और भारतीय रस-सिद्धान्त का पाश्चात्य संवेदनीयता से सामंजस्य स्थापित करके उसे एक व्यापक सत्य के रूप में स्वीकार कर लिया। रस की यह व्यापकता प्राचीन आचार्यों द्वारा प्रतिष्ठित थी। वाजपेयी जी की उपज्ञता तो उसके ग्रहण करने में ही है। वाजपेयी जी शुक्ल जी की अमूल्य निधि को लेकर, जिस पर उनका पूर्ण अधिकार है, आगे बढ़ते हैं और हिन्दी साहित्य में नवीन अध्याय प्रारम्भ करते हैं। इस अध्याय का उपक्रम प्रसाद जी में कुछ पहले ही हो चुका था। पन्त जी, निराला जी, इलाचन्द्र जोशी, शान्तिप्रिय द्विवेदी, गंगाप्रसाद पाण्डेय आदि अनेक व्यक्तियों ने इसके विकास में महत्त्वपूर्ण सहयोग दिया है। पर इसका पूर्ण विकास वाजपेयी जी में ही मिलता है। आज फिर हिन्दी-साहित्य में समन्वयवादी

प्रवृत्ति प्रबल हो रही है। ऐतिहासिक, प्रगतिवादी, फ्रायडवादी, स्वच्छन्दतावादी, प्रभाववादी आदि सभी शैलियाँ कुछ दूर तक सामान्यतः पृथक् और स्वतन्त्र रूप से विकसित होकर मिल रही हैं। इस प्रकार एक नवीन पद्धति विकसित हो रही है जिसे समन्वयवादी नाम दिया जा सकता है। यही प्रगति का लक्षण है। अन्य पद्धतियों की तरह शुक्ल सम्प्रदाय और स्वच्छन्दतावादी समीक्षा पद्धति का भी सम्मिलन और विकास हुआ है, इस समन्वय का बहुत अधिक श्रेय वाजपेयी जी को ही है। इस प्रकार वाजपेयी जी की आलोचना समय की दृष्टि से समकालीन होते हुए भी प्रगति की दृष्टि से विकास के आगे की अवस्था मानी जा सकती है।

वाजपेयी जी ने काव्यशास्त्र के सिद्धान्तों का विवेचन बहुत कम किया है। प्रयोगात्मक आलोचना में प्रासंगिक रूप से जितने विवेचन की आवश्यकता हुई है, उतने के आधार पर ही उनकी काव्य-सिद्धान्त सम्बन्धी मान्यताओं का परीक्षण करना पड़ता है। उन्हें भारतीय रसवाद का सिद्धान्त मान्य है। पर पाश्चात्य समीक्षा-सिद्धान्तों का पर्याप्त प्रभाव होने के कारण उन्होंने उसकी व्याख्या शास्त्र के शब्दों में नहीं की है। वस्तुतः वे काव्य में हृदयस्पर्शित और आह्लाद को ही प्रधान मानते हैं। रस को काव्य की मूलभूत वस्तु मानते हुए भी वे उसके ब्रह्मानन्दसहोदरत्व अथवा अलौकिकता से सहमत नहीं प्रतीत होते। उन्होंने कहा है कि रसानुभूति सम्बन्धी अलौकिकता के पाखण्ड से काव्य का अनिष्ट ही हुआ है।[1] उससे वैयक्तिकता की वृद्धि हुई और सांस्कृतिक ह्रास हुआ है। उनकी यह भी मान्यता है कि रस-सिद्धान्त को इतना विशद और व्यापक रूप प्रदान किया जा सकता है कि वह सारी साहित्य-समीक्षा का मूल आधार बन सके। इसके लिए उसमें पाश्चात्य काव्य-सिद्धान्त और प्रणालियों के आकलन की अत्यधिक आवश्यकता है। इस प्रकार से वह साहित्यमात्र की समीक्षा का मापदण्ड हो सकता है। इस सबका तात्पर्य केवल रस को वेद्यान्तर-संस्पर्शशून्यत्व और ब्रह्मानन्दसहोदरत्व आदि विशेषणों द्वारा प्राप्त सीमित अर्थ से युक्त करके उसे केवल आह्लादकता का सूचक मानकर भाव, रसाभास, भावाभास, अलंकार, ध्वनि, वस्तु-ध्वनि आदि सबके आनन्द का प्रतीक मानना और कलामात्र के आनन्द को 'रस' नाम से अभिहित करना है। रस की अलौकिकता की बाढ़ में बहुत-से असांस्कृतिक चित्र उपस्थित किये गए हैं तथा रस की परिधि को इन विशेषणों से संकुचित करके बहुत-सा सत्साहित्य भी उपेक्षित हुआ है। इसलिए रस के सम्बन्ध में एक व्यापक दृष्टिकोण अपनाने की नितान्त आवश्यकता है। रस के सम्बन्ध में वाजपेयी जी का यही दृष्टिकोण है। वाजपेयी जी के रस सम्बन्धी दृष्टिकोण से स्पष्ट है कि वे अभिव्यंजनावादी नहीं हैं। वे काव्य में अनुभूति की तीव्रता को ही प्रधान मानते हैं, अभिव्यंजनाओं को निम्न स्तर की वस्तु मानते हैं : "काव्य अथवा कला का सम्पूर्ण सौन्दर्य अभिव्यंजना का ही सौन्दर्य नहीं है। अभिव्यंजना काव्य नहीं है। काव्य अभिव्यंजना से उच्चतर तत्त्व है। उसका सीधा सम्बन्ध मानव-जगत् और मानस-

१. हिन्दी-साहित्य : बीसवीं शताब्दी, पृष्ठ ६७

वृत्तियों से है, जब कि अभिव्यंजना का सम्बन्ध केवल सौन्दर्यपूर्ण प्रकाशन से है।"[1] इस उद्धरण से स्पष्ट है कि वे अभिव्यंजना के अनावश्यक महत्त्व का ही विरोध करते हैं, अनुभूति की तीव्रता और हृदयस्पर्शिता से सामंजस्य रखनेवाली अभिव्यक्ति उन्हें मान्य है। उनकी यह मान्यता उनके अलंकार सम्बन्धी दृष्टिकोण से और भी अधिक स्पष्ट हो जाती है। वे अलंकारों को रस-सिद्धि का साधनमात्र मानते हैं। उनका यह मत भारतीय और सर्वमान्य है। 'अलंकार शब्द से उनका तात्पर्य उसके बँधे हुए प्रकारों से ही प्रतीत होता है, शब्द की भंगिमा से नहीं; जो काव्य की भाषा का अनिवार्य तत्त्व है। वाजपेयी जी का कथन है कि कविता अपने उच्चतम स्तर को पहुँचकर अलंकार विहीन हो जाती है। कविता जिस स्तर पर पहुँचकर अलंकारविहीन हो जाती है यहाँ वह वेगवती नदी की भाँति हाहाकार करती हुई हृदय को स्तम्भित कर देती है। उस समय उसके प्रवाह में अलंकार, ध्वनि, वक्रोक्ति आदि न जाने कहाँ बह जाते हैं और सारे सम्प्रदाय न जाने कैसे मटियामेट हो जाते हैं।[2] वाजपेयी जी तो यहाँ तक कहते हैं कि इस प्रकार की उत्कृष्ट कविता में अलंकार वही कार्य करते हैं जो दूध में पानी।[3] अलंकार शास्त्र ने काव्य-तत्त्व और कवि-कर्म की जो बँधी हुई प्रणाली बताई है, उसके सम्बन्ध में यह धारणा सर्वथा समीचीन है। पर अभिनवगुप्त आदि ने इन्हें जिस व्यापक अर्थ में ग्रहण किया है, वहाँ इनका पृथक् अस्तित्व ही नहीं रह जाता। वहाँ अलंकार कवि-प्रयत्न-सापेक्ष न होकर अभिव्यक्ति के स्वाभाविक और सहज अंश हो जाते हैं। आलोचक भी इनमें आह्लाद की बृद्धि की क्षमता ही देखता है। वाजपेयी जी का यह दृष्टिकोण पूर्णतः सौष्ठववादी है, जिसमें अनुभूति और अभिव्यक्ति का सामंजस्यमात्र है। उनके अलंकार सम्बन्धी दृष्टिकोण का अभिनवगुप्त आदि के मतों से पूर्ण सामंजस्य है।

वाजपेयी जी को काव्य की स्थूल उपयोगिता मान्य नहीं है। वे काव्य में जीवन की प्रेरणा, सांस्कृतिक चेतना और भावनाओं के परिष्कार की क्षमता मानते हैं। काव्य से नीति का बहिष्कार करना तो उनको अभिप्रेत नहीं है, पर वे काव्य पर नैतिक सिद्धान्त का नियन्त्रण परोक्ष ही मानते हैं। उच्च आदर्शों की दुहाई और प्रगतिशील विचारधारा का साहित्य की उत्कृष्टता से नित्य और अनिवार्य सम्बन्ध उन्हें बिलकुल मान्य नहीं है। फिर भी, वे काव्य के सम्बन्ध में उठाए गए श्लील, अश्लील के प्रश्न की नितान्त अवहेलना नहीं करते। उनकी निश्चित धारणा है कि उत्कृष्ट काव्य कभी अश्लील नहीं हो सकता। पर उनकी श्लील और अश्लील सम्बन्धी धारणाएं रूढ़ नहीं हैं। वे उच्च मानवता की दृष्टि से इस प्रश्न पर विचार करते हैं, धर्म शास्त्र की सीमित परिभाषाओं के आधार पर नहीं : "मेरी समझ में इसका सीधा उत्तर यह है कि महान् कला कभी अश्लील नहीं हो सकती। उसके बाहरी स्वरूप में यदा-कदा

---

१. हिन्दी साहित्य : बीसवीं शताब्दी, पृष्ठ ५६
२. वही, पृष्ठ ६८
३. वही, पृष्ठ ६८

श्लीलता-अश्लीलता सम्बन्धी रूढ़ आदर्शों का व्यतिक्रम भले ही हो और क्रान्ति काल में ऐसा हो भी जाता है। पर वास्तविक अश्लीलता, अमर्यादा या मानसिक स्खलन उसमें नहीं हो सकता। साहित्य सदैव सबल सृष्टि का ही हिमायती होता है।"[१] जैसा कि ऊपर कहा जा चुका है कि वाजपेयी जी साहित्य की निरुद्देश्यता के समर्थक नहीं हैं। वे विकासोन्मुख जीवन का प्रेरक होना साहित्यकार की श्रेष्ठता का प्रमाण मानते हैं। साहित्य में निर्बल भावनाओं का चित्रण केवल अपर पक्ष के लिए ग्रहण करना चाहिए। उसी को आदर्श मान लेना साहित्य के उच्च और महान् उद्देश्य से च्युत हो जाना है। वाजपेयी जी उपदेश-वृत्ति को भी साहित्य नहीं मानते। उनकी दृष्टि में जीवन-सन्देश के साथ ही उदात्त भाव और ललित कल्पनाएँ भी साहित्य के आवश्यक तत्त्व हैं।[२] काव्यशास्त्र के तत्त्वों से ऊपर उठकर सौन्दर्य का उद्घाटन ही उनकी दृष्टि से आलोचक का प्रधान कार्य है।[३] "उसमें तो भावना का उद्रेक, उच्छ्वास, परिष्कृति और प्रेरकता हो मुख्य मापदण्ड होंगे।"[४]

सौष्ठववादी समालोचक भावों के उदात्त, सार्वजनिक स्वरूप और उनकी साहित्यिक मार्मिकता के दर्शन कर लेता है। इस प्रकार का चित्रण उसकी प्रौढ़ क्षमता और भाव-पारदर्शिता का परिचायक है। जब आलोचक कवि के भाव-सौन्दर्य की वास्तविकता और उदात्त मार्मिकता का उद्घाटन करता है तब वह स्वयं तो असीम, अनिर्वचनीय आह्लाद का अनुभव करता हो है, साथ ही पाठक को भी अपने साथ उस भाव-भूमि में ले जाता है। यही आलोचक की पूर्ण सफलता है। हिन्दी-साहित्य में इतनी गहराई तक बहुत कम समालोचक जाने का प्रयत्न करते हैं। कवि के भाव-सौन्दर्य के मार्मिक उद्घाटन में कवि का व्यक्तित्व भी उद्घाटित हो जाता है। साथ ही भावों की मार्मिकता की अनुभूति और चित्रण में आलोचक को विचित्र तल्लीनता और आह्लाद का अनुभव होता है। उसी का थोड़ा आभास नीचे की पंक्तियों से मिलता है। लेखक की इन पंक्तियों में पाठक के हृदय में अनुभूति जाग्रत करने की क्षमता है, पाठक को भी उस भाव-सौष्ठव का अनुभव कराने का सफल प्रयास है—

"रास की वर्णना में सूरदास जी का काव्य परिपूर्ण आध्यात्मिक ऊँचाई पर पहुँच गया है। केवल श्रीमद्भागवत की परम्परागत अनुकृति कवि ने नहीं की है, वरन् वास्तव में वे अनुपम आध्यात्मिक रास से विमोहित होकर रचना करने बैठे हैं। उन्होंने रास की जो पृष्ठभूमि बनाई है, जिस प्रशान्त और समुज्ज्वल वातावरण का निर्माण किया है, पुनः रास की जो सज्जा, गोपियों का जैसा संगठन और कृष्ण की ओर सबकी दृष्टि का केन्द्रीकरण कराया है और रास की वर्णना में संगीत की

---

१. हिन्दी साहित्य : बीसवीं शताब्दी, भूमिका भाग, पृष्ठ २३
२. देखिए 'जयशंकर प्रसाद,' पृष्ठ २४-२५
३. देखिए 'हिन्दी साहित्य : बीसवीं शताब्दी,' पृष्ठ ७४
४. जयशंकर प्रसाद, पृष्ठ ११-१२

तल्लीनता और नृत्य की बँधी गति के साथ एक जागरूक आध्यात्मिक मूर्च्छना, अपूर्व प्रसन्नता के साथ प्रशान्ति और दृश्य के चटकीलेपन के साथ भावना की तन्मयता के जो प्रभाव उत्पन्न किये गए हैं, वे कवि की कला-कुशलता और गहन अन्तर्दृष्टि के द्योतक हैं।''

वाजपेयी जी में हिन्दी-समीक्षा की सौष्ठववादी धारा की पूर्ण प्रतिष्ठा हुई है। उनकी आलोचना पूर्णतः निगमनात्मक और इंगित शैली की कही जा सकती है। उन्होंने भारतीय अलंकारशास्त्र से तथा पाश्चात्य समीक्षाशास्त्र से बहुत-कुछ ग्रहण किया है, उन दोनों के सम्मिलित तथा समन्वित रूप को आत्मसात् कर लिया है। हिन्दी की सौष्ठववादी आलोचना-पद्धति भी रस-सिद्धान्त के व्यापक और विशद स्वरूप को अपनाकर चली है, इसलिए वह पश्चिम के स्वच्छन्दतावादी (रोमांटिक) की तरह पूर्ण स्वच्छन्दतावादी नहीं कही जा सकती; उसका अविकल अनुकरण तो किसी प्रकार भी नहीं कही जा सकती। इसलिए मैंने इसे सौष्ठववादी कहना अधिक समीचीन समझा है। रस की जो प्रतिष्ठा अभिनवगुप्त, पण्डितराज आदि द्वारा हुई है, वह सौष्ठववादी समीक्षा की ही समर्थक है, यह हम पहले कह चुके हैं। वाजपेयी जी में इसी के प्रयोगात्मक रूप के दर्शन होते हैं। इस पद्धति का हिन्दी में पूर्ण विकास हो गया है, यह नहीं माना जा सकता। वाजपेयी जी में इसके विकसित और प्रौढ़ रूप के दर्शन अवश्य होते हैं। उनमें भी विकास हुआ है, वे पहले कलाकार के व्यक्तित्व के परिचायक थे और धीरे-धीरे काव्य-सौष्ठव के परीक्षक बने हैं। अभी इस समन्वय में विकास की क्षमता है। वाजपेयी जी में इसके तत्त्व विद्यमान हैं। इस समीक्षा-पद्धति के सभी आलोचक जीवित हैं, इसलिए अभी यह निश्चयपूर्वक नहीं कहा जा सकता कि इसका इत्थंभूत रूप यही है। अभी यह विकासशील है, स्थिर नहीं हुई है। वाजपेयी जी की आलोचना का एक विशेष व्यक्तित्व तो बन गया है, पर अभी वह विकासशील है। प्रगतिवादी और मनोविश्लेषणात्मक आलोचना की ओर भी उनका ध्यान गया है, पर उन शैलियों में उनके सत्य का आंशिक रूप ही दिखाई पड़ता है। इनमें काव्य के सार्वजनिक और सार्वकालिक भाव-संवेदन की दृष्टि से आलोचना का अभाव है। इस प्रकार यह अनुमान लगाया जा सकता है कि वाजपेयी जी प्रगति का तात्पर्य भावों की सार्वजनिकता तथा जीवन-सन्देश की सर्वव्यापकता से लेते हैं। पर, उनका यह रूप अभी पूर्णतः स्पष्ट नहीं है।

•

समन्वयशील आलोचक वाजपेयी जी

रामचन्द्र तिवारी

'सूर' और 'प्रसाद' की प्रसिद्ध समीक्षाओं के अतिरिक्त 'हिन्दी-साहित्य : बीसवीं शताब्दी' तथा 'आधुनिक साहित्य' वाजपेयी जी की प्रौढ़ आलोचनात्मक कृतियाँ हैं। वाजपेयी जी ने समीक्षा-सिद्धान्त का कोई पृथक् ग्रन्थ नहीं लिखा है, फिर भी इन कृतियों के आधार पर उनके सिद्धान्तों का स्वरूप स्पष्ट हो गया है।

'हिन्दी-साहित्य : बीसवीं शताब्दी' की भूमिका में अपना दृष्टिकोण स्पष्ट करते हुए आपने आलोचना सम्बन्धी अपनी सात चेष्टाओं की ओर संकेत किया है। कवि की अन्तर्वृत्तियों का अध्ययन, कलात्मक सौष्ठव का अध्ययन, टेकनीक (शैली) का अध्ययन, समय और समाज तथा उनकी प्रेरणाओं का अध्ययन, कवि की जीवनी और रचना पर उसके प्रभाव का अध्ययन, कवि के दार्शनिक, सामाजिक और राजनीतिक विचारों का अध्ययन; और काव्य के जीवन सम्बन्धी सामंजस्य और सन्देश का अध्ययन। विशेष बात यह है कि इन चेष्टाओं में ऊपर से नीचे की ओर प्रमुखता कम होती गई है। इस प्रकार वाजपेयी जी मूलतः कवि की अन्तर्वृत्तियों और कलात्मक सौष्ठव पर बल देते हैं।

वाजपेयी जी का दृष्टिकोण समझने के लिए 'आधुनिक साहित्य' की भूमिका भी द्रष्टव्य है। इसमें आप पश्चिम के अस्ताचलगामी सूर्य-प्रकाशित चार प्रमुख समीक्षा-पद्धतियों से बचने की बात कहते हैं :

१. वैयक्तिक मनोविज्ञान पर आधारित (फ्रायड, युंग और एडलर से प्रभावित),

२ समाजवादी समीक्षा (मार्क्सवादी)

३. कलाविज्ञानवादी पुरानी परम्परा, तथा

४. उपयोगितावादी या नीतिवादी (आई० ए० रिचर्ड्स द्वारा उद्घाटित)

इस ग्रंथ में आपका एक और महत्त्वपूर्ण वाक्य है, जिसका हमें ध्यान रखना होगा। आपने विश्वासपूर्वक कहा है कि "पिछले पचास वर्षों से हिन्दी-साहित्य की जो मर्यादा बन गई है, उसे हम किसी भी स्थिति में टूटने न देंगे।"[१] वाजपेयी जी का भारतीय साहित्यशास्त्र का पूर्ण ज्ञान ही नहीं; सम्यक् बोध भी है। यह उनके

---

१. आधुनिक साहित्य, पृष्ठ ५०

'भारतीय काव्य-शास्त्र का नवनिर्माण' शीर्षक निबन्ध से तथा अन्य प्रयोगात्मक समीक्षाओं मे सुस्पष्ट हैं। 'रस' का आप भारतीय काव्यशास्त्र का अंतरंग सत्त्व मानते हैं। अलंकार को सौन्दर्य का उद्‌घाटक तथा वक्रोक्ति, रीति और ध्वनि को काव्य के अभिव्यंजनापक्ष से सम्बद्ध मानते हैं। भारतीय काव्यशास्त्र के नवनिर्माण के लिए आप इन प्राचीन मान्यताओं को व्यापक अर्थ में प्रतिष्ठित करना चाहते हैं। साथ ही काव्यशास्त्र के आधुनिक इतिहासकारों द्वारा प्रयुक्त दो प्रकार की सामग्रियों का आप सन्तुलित उपयोग करना चाहते हैं—एक तो 'युग विशेष की प्रमुख सामाजिक और सांस्कृतिक धाराओं का विवरण' और दूसरे 'मुख्य विषय के साथ कला और साहित्य के क्षेत्र में होनेवाले तत्कालीन सृजन-कार्यों का परिचय।'

उपर्युक्त समस्त विवेचन के आधार पर कहा जा सकता है कि वाजपेयी जी परिचय के अतिवादों से बचते हुए भारतीय साहित्यशास्त्र की मान्यताओं को समुन्नत एवं व्यापक अर्थ में प्रतिष्ठित करके उसके आधार पर कवि की अन्तर्वृत्तियों का सामाजिक भूमि पर विश्लेषण करना चाहते हैं।

समीक्षात्मक दृष्टिकोण : वाजपेयी जी का समीक्षात्मक दृष्टिकोण समझने के लिए उनकी 'सूर' और 'प्रसाद' की प्रयोगात्मक समीक्षाएँ भी ध्यान देने योग्य हैं। सूर की आलोचना में आप लिखते हैं : "स्थितिविशेष का पूरा दिग्दर्शन भी करें, घटना-क्रम का आभास भी दें और साथ ही समुन्नत कोटि के रूप-सौन्दर्य और भाव-सौन्दर्य की परिपूर्ण झलक भी दिखाते जायें, यह विशेषता हमें कवि सूरदास में ही मिलती है। गोचारण अथवा गोवर्धन-धारण के प्रसंग कथात्मक हैं, किन्तु उन कथाओं को भी सजाकर सुन्दर भाव-गीतों में परिणत कर दिया गया है। हम् आसानी से यह नहीं समझ पाते कि कथानक में भीतर रूप-सौन्दर्य अथवा मनोगतियों से चित्र देख रहे हैं; अथवा मनोगतियों और रूप की वर्णना के भीतर कथा का विकास देख रहे हैं। स्पष्ट है कि वाजपेयी जी सौन्दर्य-बोध पर अधिक बल देते हैं। घटना-क्रम तथा स्थितिविशेष को आप पृष्ठभूमि में उपस्थिति करना अधिक समीचीन मानते हैं। कदाचित् इसीलिए आधुनिक कवियों में 'प्रसाद' आपको सर्वप्रिय हैं। घटनाओं की विशदता उनमें नहीं है। वाजपेयी जी रूप का स्थूल चित्रण भी नहीं चाहते, चेतन चेष्टाओं की झलक देखना चाहते हैं। कहना चाहें तो यह कह सकते हैं कि आचार्य शुक्ल के काव्य-सिद्धान्त 'तुलसी' के आधार पर निर्मित हुए हैं तो वाजपेयी जी की मान्यताएँ 'प्रसाद' से प्रभावित हैं। प्रसाद जो रसवादी (आनन्दवादी) कलाकार थे, वाजपेयी जी रसवादी समीक्षक; किन्तु प्रसाद जी का 'रसवाद' नैतिकता या स्थूल उपयोगिता का आधार लेकर नहीं चला है। वाजपेयो जी भी नैतिकता का बन्धन स्वीकार नहीं करते। 'सौन्दर्य स्वतः शिव है', ऐसा आपका विश्वास है। इसीलिए आप कहते हैं : "मेरी समझ में इसका सीधा उत्तर यह है कि महान् कला कभी अश्लील नहीं हो सकती।" और सौन्दर्य असत्य तो हो ही नहीं सकता। वह तो चेतना की झलक है। नैतिकता और स्थूल उपयोगिता के आग्रह से वाजपेयी जी को एक खतरा दिखलाई पड़ता है। वे कहते हैं कि "इसमें साहित्य और समाज की विविध

ऐतिहासिक स्थितियों और कवियों की रुचि और परिस्थिति से बननेवाले काव्य व्यक्तियों का आकलन नहीं किया जा सकता ?"[1] अपनी इसी मान्यता के कारण आपने आई० ए० रिचर्ड्स तथा उनके समर्थक आचार्य शुक्ल दोनों से अपना पथ अलग कर लिया।

वाजपेयी जी के विषय में कहा गया है कि "यह बतलाना कि उनका अमुक दृष्टिकोण पर आग्रह है कठिन है, क्योंकि उनका स्वयं का दृष्टिकोण परिवर्तित होता रहा है।"[2] वस्तुतः ऐसी बात नहीं है। कलाकारों के विषय में उनकी धाराणाएं अवश्य बदली हैं, किन्तु उनकी आलोचना का मानदण्ड नहीं बदला है। उसमें गहराई आ गई है। वे सच्चे भावक हैं। सौन्दर्य के प्रति उनका आग्रह पहले भी था और आज भी है। प्रेमचन्द की आलोचना में उन्होंने कहा है : "इस 'शिव' शब्द को हम व्यर्थ समझकर निकाल देना चाहते हैं। 'सत्य' और 'सुन्दर' पर्याप्त है।"[3] वाजपेयी जी न तो प्रभाववादी आलोचकों की भाँति हृदय की क्षणिक प्रतिक्रिया को आलोचना मानते हैं और न वादग्रस्त प्रचारों को। उनका विश्वास है कि "सुन्दरतम साहित्यिक रचनाओं में सार्वजनिकता होती है, युग का प्रतिबन्ध या वाद का वितंडा नहीं होता।....यह असत्य नहीं कि कवि भी मनुष्य है और अपने युग की स्थितियों तथा प्रवृत्तियों का उस पर भी प्रभाव पड़ता है। ये दोनों मत नितांत विरोधी नहीं हैं।"[4] अपनी इन्हीं मान्यताओं को लेकर आप आगे बढ़ रहे हैं।

समीक्षा-शैली : शैली की दृष्टि से आपकी समीक्षा व्याख्यात्मक और विवेचनात्मक है। आपके विवेचन में गहराई, संयम एवं शालीनता है। कहीं-कहीं आप किसी कृति के सम्बन्ध में नवीन बातों का उल्लेख करते समय क्रमशः नम्बर देते हुए पहली, दूसरी, तीसरी विशेषताओं का उल्लेख करते हैं यह पद्धति अपने को पूर्णतः स्पष्ट करने के लिए ही अपनाई गई है। शुक्ल जी की तरह आप किसी एक तथ्य को सूत्र रूप में उपस्थित करके उसकी व्याख्या नहीं करते, वरन् बराबर एक के बाद दूसरे तथ्यों का उल्लेख करते जाते हैं। व्याख्या को पूर्ण एवं प्रभावोत्पादक बनाने के लिए आप तुलना का आधार भी ग्रहण करते हैं। 'संकेत की आधुनिकता पर विचार करते समय आप 'कामायनी', 'कुरुक्षेत्र' और 'मानस' सभी से उसकी तुलना कर जाते हैं। प्रसाद की आलोचनाओं में कहीं-कहीं अधिक रस-मग्न हो जाने के कारण आप आह्लादित से हो जाते हैं और प्रभाववादी आलोचना की झलक-सी आ जाती है। 'सूर' की आलोचना में भी यह स्थिति कहीं-कहीं आ गई है; किन्तु बहुत कम। वैसे वाजपेयी जी ने इस प्रकार की आलोचना की निन्दा की है। वे कहते हैं—जिन्हें छायावाद की नई प्रगति का पृष्ठपोषक समझा जाता था, वे समीक्षा के नाम पर बिल्कुल कोरे थे।

---

१. आधुनिक साहित्य, पृष्ठ ५३
२. समीक्षा की समीक्षा, पृष्ठ २३६
३. हिन्दी-साहित्य : बीसवीं शताब्दी, पृष्ठ १११
४. आधुनिक साहित्य, पृष्ठ २८२

वे समीक्षक नाम-धारी अपना स्वतन्त्र गद्यकाव्य लिखने में लगे हुए थे, जिसे वे अपनी 'मर्मज्ञता' के कारण समीक्षा समझने लगे थे और पाठकों का भावुक दल उन्हें समीक्षक कहकर पुकारने भी लगा था।''[१] कहीं-कहीं अपनी आलोचनाओं में अवांछित स्थल आ जाने पर आप आवेश में आ जाते हैं और एक साथ कई प्रश्न कर जाते हैं। 'शेखर : एक जीवनी' की आलोचना में आप कहते हैं—

''शशि दुखिनी है शेखर दुःखी हैं।····शशि केवल शेखर का उन्माद दूर करना चाहती है···वह बहुत प्रयत्न करती है। असामाजिक सीमा तक पहुँचती है। पति द्वारा परित्यक्त हो जाती है। अब वह और भी निराश्रित हो गई, किन्तु शेखर को और भी बल मिला। संस्कार के लिए? समाधान के लिए? शान्ति के लिए? नहीं, आत्म-प्रवंचना के लिए, विषाद-तृप्ति के लिए, अहं-पूर्ति के लिए।''[२]

यथास्थान वाजपेयी जी व्यंग्य करने से भी नहीं चूकते। प्रसाद जी के कुछ आलोचकों पर व्यंग्य करते हुए आपने लिखा है—''हमारे विश्वविद्यालयों के गम्भीरतावादी महानुभाव, जो सनातन शास्त्रीय पद्धति पर साहित्य के सिद्धान्तों का संग्रह करने में महाराज दक्ष की लक्षणा का लक्ष्य-भेद कर चुके हैं; पर जिनका सामयिक साहित्य की परीक्षा करने का व्यावहारिक ज्ञान कछुए के मुँह के समान सदैव काया प्रवेश ही किए रहता है—उक्त अन्तर्दृष्टि के बहुत बड़े हिस्सेदार हैं।''[३]

भाषा : वाजपेयी जी की भाषा पूर्ण संयत तथा गम्भीर है। उसमें सूक्ष्मताओं के ग्रहण की अद्भुत शक्ति है। वाक्यों में विचार गुंफित रहते हैं। आवश्यकतानुसार आप अंग्रेजी शब्दों का प्रयोग भी करते हैं; किन्तु उसके समानान्तर उपयुक्त हिन्दी-शब्द भी रख देते हैं। उर्दू के शब्द— ढूंढने पर भी नहीं मिलते। जहाँ कोरे तथ्यों का उल्लेख करना होता है, वहाँ वाक्य बहुत छोटे छोटे हो जाते हैं; जहाँ भावों का प्रवाह रहता है, वहाँ वाक्य बड़े हो जाते हैं।

वस्तुत: शुक्ल जी के पश्चात् हिन्दी-समीक्षा के क्षेत्र में अनेक वादों से बचते हुए भारतीय रसवादसम्मत सौष्ठववादी समीक्षा की स्थापना में वाजपेयी जी सर्वश्रेष्ठ हैं। गुलाबराय जी के उदार दृष्टिकोण ने सौन्दर्य का आधार अवश्य ग्रहण किया था, किन्तु एक तो वे 'शिव' के साथ उसका समन्वय चाहते थे; अत: उसके पृथक् मानदण्ड की स्थापना न कर सके, दूसरे प्रयोगात्मक आलोचना के क्षेत्र में उनका व्यक्तित्व अधिक विकसित नहीं हुआ। साहित्य के वर्तमान गत्यवरोधों में इसकी क्या स्थिति होगी? यह भविष्य ही बता सकता है।

●

---

१. जयशंकर प्रसाद, भूमिका, पृष्ठ ३
२. आधुनिक साहित्य, पृष्ठ १८४
३. जयशंकर प्रसाद, पृष्ठ ७०

चार निबन्ध

आचार्य नन्ददुलारे वाजपेयी

१. साहित्य का प्रयोजन : आत्मानुभूति

साहित्य का प्रयोजन आत्मानुभूति है, यहाँ 'प्रयोजन' और 'आत्मानुभूति' शब्दों पर पहले विचार कर लेना आवश्यक है। 'प्रयोजन' शब्द कभी निमित्त के अर्थ में आता है, और कभी उद्देश्य के अर्थ में व्यवहृत होता है। इससे कभी हेतु या कारण का अर्थ लिया जाता है और कभी फल या कार्य का। विशेषकर हिन्दी में इसके प्रयोगों में बड़ी विभिन्नता है। वहाँ हम इसके प्रयोग हेतु या प्रेरक के अर्थ में ही कर रहे हैं। आत्मानुभूति साहित्य का प्रयोजन है, इसका अर्थ हम लेते हैं कि आत्मानुभूति की प्रेरणा से ही साहित्य की सृष्टि होती है।

'आत्मानुभूति' शब्द भी निश्चयार्थक नहीं है। इसके प्रयोग में भी बड़ा मत-भेद है। यह दर्शनशास्त्र का शब्द है, परन्तु कुछ दार्शनिक तो इस छन्द को स्वीकार नहीं करते। उनका कहना है कि आत्मा के साथ अनुभूति का सम्बन्ध ही नहीं है, अतः ये दोनों शब्द एक साथ नहीं रह सकते। आत्मा निरपेक्ष तत्त्व है और अनुभूति सापेक्ष गुण है। निरपेक्ष तत्त्व का सापेक्ष वस्तु से कोई योग नहीं हो सकता। अखंड, अज, अव्यय, नित्य अविकारी, आत्मा से सीमित, व्यक्तिगत अथवा समूहगत अनुभूति का सम्बन्ध नहीं है। 'न जायते म्रियते वा कदाचिन्नायं भूत्वा भविता वा नभूयः।' त्रिकाल में भी न उत्पन्न होनेवाली और न मरनेवाली आत्मा से देशकाल-परिच्छिन्न अनुभूतियों की क्या संगति ?

जहाँ एक ओर यह धारणा या मत है, वहीं दूसरी ओर आत्मा और अनुभूति का परस्पर सम्बन्ध माननेवाले दार्शनिक और विचारक भी हैं। यदि पहला तत्त्वज्ञान उपनिषद् और गीता का है तो दूसरे मत की प्रतिष्ठा भी उपनिषद् और गीता से ही की जाती है। भारतीय तत्त्व-चिंतन में पुरुष और प्रकृति के साथ-साथ आत्मा और अनुभूति का सापेक्ष सम्बन्ध स्थिर करनेवाले अनेक आचार्य हैं। विशेषकर द्वैतवादी दर्शनों में इस प्रकार की विचार-भूमिकाएँ मिलती हैं। शक्ति-सिद्धांत को माननेवाले सम्प्रदाय जो अपने मत-चिंतन को शक्ति-अद्वैत के नाम से घोषित करते हैं, आत्मा को शक्तिरूप ही स्वीकार करते हैं। उनके विचार में शक्ति ही आत्मा है, अनुभूति शक्ति है, अतः अनुभूति ही आत्मा है।

इस प्रकार आत्मा और अनुभूति के सम्बन्ध की अनेकरूपता का आभास हमें भारत की विभिन्न चिंताधाराओं से प्राप्त होता है हम यहाँ किसी एक मत को स्वीकार करने या दूसरे मत का तिरस्कार करने की दृष्टि से इस दार्शनिक चर्चा में नहीं पड़े हैं। हमारा प्रयोजन केवल 'आत्मानुभूति' शब्द और उसके अर्थ पर दृष्टिपात करना है, और हम देखते हैं कि इस शब्द को लेकर दार्शनिकों में मतैक्य नहीं है। मतैक्य तो दूर, आत्मा और अनुभूति के पारस्परिक सम्बन्ध को लेकर सभी संभव दृष्टियों के स्थापन की चेष्टाएँ की गई हैं, जिनमें साम्य या समन्वय ढूंढ़ने का प्रयास हम यहाँ नहीं कर सकेंगे। एक ओर निरपेक्ष और स्वाधीन आत्म-तत्त्व के साथ त्रिकाल में भी अनुभूति का कोई सम्बन्ध न माननेवाले अद्वैत दार्शनिक हैं, दूसरी ओर अनुभूति के बिना आत्मा की सत्ता ही न स्वीकार करनेवाले शक्ति-तन्त्र के संस्थापक आचार्य हैं। और इन दोनों के मध्य आत्मा और अनुभूति का बहुरूपी सम्बन्ध स्थिर करनेवाले सापेक्षवादी अद्वैत चिंतक हैं। हम इस अंतहीन विचार-व्यूह में प्रवेश करने में अभिमन्यु की भाँति ही शंकित हैं, अतएव हम इससे विरत रहकर ही सन्तोष करेंगे।

सच तो यह है कि हमें इस दार्शनिक ऊहापोह में जाने की आवश्यकता ही नहीं है। हमारा प्रस्तुत विषय इसकी अपेक्षा नहीं करता। आत्मानुभूति के स्थान पर हमारा काम केवल अनुभूति से चल सकता है। अतः हम आत्मानुभूति के शब्द-प्रपंच में न पड़कर 'अनुभूति' से ही काम निकालेंगे।

काव्य की प्रेरणा अनुभूति से मिलती है, यह स्वतः एक अनुभूत तथ्य है। गोस्वामी तुलसीदास ने रामचरितमानस का निर्माण करते समय लिखा था : "स्वांतः-सुखाय तुलसी रघुनाथ गाथा भाषानिबन्धमतिमंजुलमातनोति।" यहाँ 'स्वान्तःसुखाय' से उनका तात्पर्य आत्मानुभूति या अनुभूति से ही है। रस-सिद्धांत का निरूपण करने-वाले शास्त्रज्ञों ने काव्य का उत्पादन, विभाव, अनुभाव संचारी भाव आदि को बताया है। साहित्यमात्र के मूल में अनुभूति या भावना कार्य करती है, यह रस-सिद्धान्त की प्रक्रिया से स्पष्ट हो जाता है।

हम एक नाटक का अभिनय देखते हैं जिसमें अनेक पात्र भिन्न-भिन्न भूमिकाओं में उपस्थित होकर परस्पर वार्त्तालाप करते हैं और अनेक परिस्थितियों का दिग्दर्शन कराते हुए नाटकीय व्यापार को आगे बढ़ाते हैं। इसमें हमें नाटककार की अनुभूति प्रत्यक्ष दिखाई नहीं देती, परन्तु यह स्पष्ट है कि प्रत्येक पात्र की अनुभूति के रूप में रचयिता की अनुभूति काम करती रहती है। हम कोई उपन्यास पढ़ते हैं, जिसमें विविध व्यक्तियों की दैनिक घटनावली का चित्रण रहता है। पढ़ते हुए ऐसा प्रतीत होता है कि हम जीवन के वास्तविक रूप को ही देख रहे हैं और उन घटनाओं का परिचय पा रहे हैं जो वास्तव में घटित हुई हैं। हम इस ऊपरी जीवन-व्यापार में रचयिता की सत्ता को भूल जाते हैं, पर क्या उसकी अनुभूति के बिना वह रचना किसी प्रकार सम्भव है? क्या स्रष्टा की अनुभूति से रहित काव्य-सृष्टि की कल्पना भी की जा सकती है?

काव्य में अनुभूति की इस व्यापकता का निर्देशन करने में भारतीय साहित्य-

शास्त्र का ध्वनि-सिद्धान्त अत्यन्त उपयोगी है। वह प्रमुख रूप से इसी तत्त्व पर प्रकाश डालता है कि काव्य और साहित्य की बाहरी रूपरेखा के मर्म में आत्मानुभूति या विभावन व्यापार ही काम करता है। काव्य की संपूर्ण विविधता के भीतर एकात्म्य स्थापित करने वाली यही शक्ति है। संपूर्ण काव्य किसी रस को अभिव्यक्त करता है, और वह रस किसी स्थायी भाव का आश्रित होता है और वह स्थायी भाव रचयिता की अनुभूति से उद्गम प्राप्त करता है।

यहाँ कुछ ऐसे प्रश्न उपस्थित होते हैं जिनकी ओर हमें आवश्यक रूप से ध्यान देना पड़ता है। काव्य-साहित्य में अनुभूति की व्यापकता को स्वीकार करते हुए भी क्या हम उसे सम-रस या सम-रूप कह सकते हैं? क्या समस्त कवियों और रचनाकारों की अनुभूति एकरूप या समान होती है? यदि नहीं तो क्या अनुभूति में स्वरूपगत भेद होते हैं? इसके साथ ही दूसरा प्रश्न यह है कि साधारण अनुभूति और काव्यानुभूति एक ही है या उनमें भी अन्तर है? अन्तर है तो किस प्रकार का? साधारणतः हम देखते हैं कि प्रत्येक व्यक्ति में कुछ अनुभूति होती है, परन्तु प्रत्येक व्यक्ति में काव्य-शक्ति नहीं होती। उसमें अपनी अनुभूतियों के प्रकाशन की क्षमता नहीं होती। तो क्या ये दोनों वस्तुएँ—अनुभूति और काव्यानुभूति—स्वरूपतः भिन्न हैं?

यहाँ सुविधा के लिए हम दूसरे प्रश्न को पहले लेंगे। यह संभव है कि प्रत्येक व्यक्ति कवि नहीं होता, उसमें अपनी अनुभूतियों के प्रकाशन की योग्यता नहीं होती। पर इतने से ही यह नहीं कहा जा सकता कि साधारण अनुभूति और काव्यगत अनुभूति दो भिन्न वस्तुएँ हैं। इस संबंध में वर्तमान युग के प्रसिद्ध कलाशास्त्री बेनिडीटो क्रोचे का मत ध्यान देने योग्य है। क्रोचे का कथन है कि अनुभूति वही है जो काव्य या कलाओं के रूप में अभिव्यक्त होती है। जिस अनुभूति में यह अभिव्यक्ति-क्षमता नहीं है, वह वास्तव में अनुभूति न होकर कोरी इन्द्रियता या मानसिक जमुहाईमात्र है। वह अनुभूति जो आत्मिक व्यापार का परिणाम है, सौंदर्य-रूप में अभिव्यक्त हुए बिना रह ही नहीं सकती। उसे काव्य-स्वरूप ग्रहण करना ही पड़ेगा। क्रोचे के मत में अनुभूति अभिव्यक्ति ही है और अभिव्यक्ति ही काव्य है। ये तीनों अन्वयार्थ या समानार्थी शब्द हैं, इनमें परस्पर पूर्ण तादात्म्य है।

यदि क्रोचे के इस निर्देश को हम स्वीकार कर लें, तो पहले प्रश्न का उत्तर भी हमें आप ही आप मिल जाता है। वह प्रश्न अनुभूति की समरूपता या समरसता का है। क्रोचे के निरूपण के अनुसार अनुभूति का समरस या समरूप होना अनिवार्य है। एक ही अखंड अनुभूति समस्त कवियों और रचनाकारों में होती है। काव्यमात्र में उसकी अखंडता स्वयंसिद्ध है। समस्त कवि एक हैं, उनमें परस्पर भेद नहीं है। अनुभूतिशील मानवता ही सर्वत्र और सब काल में एक है। काव्य और कला की अजस्र धारा देश और काल का भेद नहीं जानती। भेद वास्तविक नहीं है, उसका यथार्थ रूप हमें समझना होगा।

काव्यगत अनुभूति के सम्बन्ध में यह क्रोचे की स्थापना है। भारतीय विचार भी इससे भिन्न नहीं है। अभी मैंने विभाव, अनुभाव आदि रस के प्रमुख उपादानों में

भावना या अनुभूति की व्याप्ति का उल्लेख किया है। काव्य के आस्वादन के निमित्त 'सहृदय' की योग्यता बताकर और शब्दों पर उलझनेवाले न्यायशास्त्रियों तथा वैयाकरणों को काष्ठ-कुड्य की उपमा देकर हमारे विनोदप्रिय पूर्वजों ने काव्यगत अनुभूति की विशेषता सिद्ध की थी। उन्होंने काव्य के विविध प्रकारों, शैलियों और पद्धतियों के बीच कोई ऐसी विभेदक रेखा नहीं खींची है जिससे उसके सर्वसामान्य स्वरूप पर किसी प्रकार का व्याघात या विक्षेप आए। समस्त काव्य-शैलियों और काव्य-स्वरूपों में अनुभूति की अखंड एकरूपता का अनवरत प्रवाह दिखाकर भारतीयों ने काव्य की सार्वजनीनता औरसार्वभौमिकता सिद्ध की थी।

आत्माभिव्यंजक रचना से कभी-कभी उन कृतियों का अर्थ लिया जाता है जिनमें रचनाकार की व्यक्तिगत अनुभूति अधिक प्रत्यक्ष होकर आती है। परन्तु इसी कारण दूसरी रचनाओं को अनुभूति-रहित नहीं कहा जा सकता। कुछ समीक्षकों ने 'सब्जेक्टिव' (व्यक्तिगत) और 'आब्जेक्टिव' (वस्तुगत) काव्य के दो भेद कर आत्मानुभूति की प्रधानता 'सब्जेक्टिव' काव्य में मानी है, परन्तु इस भेद को हम वास्तविक नही कह सकते। यह तो केवल प्रकार-भेद है। 'व्यक्तिगत अनुभूति' से प्रेरित रचनाएँ कभी-कभी तो वास्तविक अनुभूति के स्तर पर पहुँचती ही नहीं, अतएव उन्हें तो काव्य की संज्ञा भी नहीं दी जा सकती। वास्तव में अनुभूति के व्यक्तिगत और वस्तुगत भेद किए नहीं जा सकते, उसकी तो अखंड सत्ता है। आत्मानुभूति तो काव्यमात्र की विशेषता है। किसी एक प्रकार की रचना को आत्माभिव्यंजक कहकर दूसरी काव्य-रचनाओं को आत्माभिव्यंजना से रहित मानना कोरी भ्रांति है।

इसी प्रकार हम कभी किसी रसविशेष की रचना को दूसरे रसों की रचना से श्रेष्ठ सिद्ध करते हैं और कभी महाकाव्य, खण्डकाव्य, प्रगीत आदि काव्य-भेदों की निरपेक्ष रूप में तुलना करने लगते हैं। उदाहरण के लिए, प्रायः श्रृङ्गार रस को रसराज घोषित किया जाता है। परन्तु इसका यह अर्थ नहीं कि कोई भी श्रृङ्गारिक रचना किसी भी अन्य रस की रचना से स्वतः श्रेष्ठ है। सभी रसों में एक ही अनुभूति धारा प्रवाहित रहा करती है, अतएव यह भेद कृत्रिम है। महाकाव्य इसलिए महाकाव्य नहीं है कि उसमें 'काव्य' की सत्ता किसी लघुगीत या प्रगीत की काव्य-सत्ता से प्रकृत्या भिन्न है, दोनों काव्यत्व की भूमि पर समान हैं। आकार-प्रकार और परिमाण आदि के अन्तर भले ही हों।

किसी प्रचंड बुद्धिवादी समस्या-नाटक में और किसी अतितरल गीतिनाट्य में, सहस्रों पृष्ठों के समाहित उपन्यास में और चार या दस पंक्तियों के गद्यगीत में भी अनुभूति की समानता रहती है। इसी समता के बल पर वह समस्या-नाटक भी काव्य है, वह विशाल उपन्यास भी और वह अति लघु गद्यगीत भी। यदि अनुभूति की सत्ता में अन्तर होता तो इनमें से किसी एक, दो या सबको काव्य की पदवी ही न मिलती। यदि ये सभी काव्य-साहित्य के अंग हैं, तो इनमें अनुभूति की अजस्र एकरूपता है ही।

एक ओर सूर, तुलसी और मीरा आदि कवियों और दूसरी ओर देव, बिहारी

और मतिराम आदि रचनाकारों में क्या अन्तर है ? क्या यह कि वे भक्त और सन्त थे और उनकी रचनाओं से भक्ति और ईश्वर प्राप्ति को शिक्षा मिली और ये संसारी और दरबारी व्यक्ति थे और इनकी कृतियों से लोक-कल्याण न हो सका ? परन्तु भक्ति और ईश्वर प्राप्ति के संदेशवाहक सभी तो कवि नहीं हुए और न सभी संसारी और दरबारी व्यक्तियों ने कलम हाथ में ली। ऐसी अवस्था में तुलना की भूमि भक्ति, ईश्वर प्राप्ति या लोक कल्याण नहीं हो सकतीं। तुलना का आधार होगा कवित्व या काव्यत्व, जिससे ऊपर गिनाई वस्तुओं का कोई सम्बन्ध नहीं और जिसका एकमात्र मानदण्ड है अनुभूति। सम्भव है हम यह कहें कि देव, बिहारी आदि में अनुभूति थी ही नहीं; वे कवि ही नहीं थे। यह कहने का हमें अधिकार है; पर इस कारण हम यह कहने के अधिकारी नहीं हो जाते कि सूर और तुलसी पहुँचे हुए भक्त थे, अतएव वे श्रेष्ठ कवि भी थे। इस प्रकार का तर्क करनेवाले व्यक्ति ही भक्ति को स्वतन्त्र काव्य-रस सिद्ध करना चाहते हैं, पर उनकी यह उपपत्ति सच्चे काव्य-प्रेमियों को मान्य नहीं हो सकती।

अनुभूति को काव्य का प्रयोजन माननेवाले के सम्मुख यह प्रश्न भी आता है कि अनुभूति के प्रकाशन का माध्यम क्या हो। कभी कागज और कूँची की सहायता से, कभी स्वर, ताल, लय के योग से, कभी पत्थर को काट-छाँटकर और कभी शब्दों की अर्थ-व्यंजक शक्ति का आश्रय लेकर अनुभूति प्रकाशित होती है। इन विभिन्न माध्यमों का उपयोग भिन्न-भिन्न कलाकार अपनी रुचि और सामर्थ्य के अनुसार करते हैं। इन माध्यमों में कौन अधिक उपयुक्त और कौन कम उपयुक्त होगा, यह तो रचयिता की योग्यता पर अवलम्बित है। इस सम्बन्ध में नियम-निर्देश करना सम्भव नहीं। परन्तु एक ही माध्यम द्वारा प्रकाशित होनेवाली अनुभूति के संबंध में यह अवश्य कहा जा सकता है कि प्रत्येक अनुभूति एक ही उत्कृष्ट अभिव्यक्ति पा सकती है। हम एक शब्द के स्थान पर दूसरा शब्द अथवा एक छन्द के स्थान पर दूसरा छन्द रखकर 'आदर्श' अभिव्यक्ति नहीं कर सकते : आदर्श अभिव्यक्ति सदैव एक ही होगी।

यदि प्राचीन वन्य कलाकार के सम्मुख आज के समृद्ध साधन नहीं थे तो इसका यह अर्थ नहीं कि उसकी अनुभूति अपनी 'आदर्श' अभिव्यंजना नहीं प्राप्त कर सकती। वन्य कलाकार की वही आदर्श अभिव्यंजना है जो उसने अपने मोटे साधकों से की है। महात्मा कबीर के पास शुद्ध परिष्कृत शब्द-राशि नहीं थी, किन्तु उन्होंने जिस किसी प्रकार से अपने भाव व्यक्त किए, वही उनका आदर्श प्रकार है। अनुभूति और अभिव्यक्ति में ऊपरी सापेक्षता रहते हुए दोनों की अंतरंग अनन्यता में सन्देह नहीं किया जा सकता।

वह काव्य भी काव्य ही है जिसमें अनुभूति और अभिव्यक्ति की पूर्ण एकरूपता न स्थापित हो पाई हो, जिसमें कवि अपनी अनुभूति के प्रकाशन का उपयुक्त और आदर्श माध्यम प्राप्त करने में असफल रहा हो। पर वह रचना काव्य नहीं है, जिसमें वास्तविक अनुभूति का ही अभाव हो। भारतीय समीक्षा के अनुसार ऐसी रचना ध्वन्यात्मक या रसात्मक काव्य के अन्तर्गत नहीं आती, उसे गुणीभूत व्यंग्य या चित्रकाव्यमात्र कहते

हैं। अनुभूति की अस्पष्टता अथवा उसका अभाव ही इन दोनों प्रकार की रचनाओं के मूल में रहा करता है।

अनुभूति का स्वरूप और समस्त काव्य-साहित्य में उसकी व्यापकता दिखाने का जो प्रयत्न ऊपर किया गया, उससे हम इस निष्कर्ष पर पहुँचते हैं कि काव्यानुभूति स्वतः एक अखंड आत्मिक व्यापार है जिसे किसी भी दार्शनिक, राजनीतिक, सामाजिक, या साहित्यिक खंड-व्यापार या वाद से जोड़ने की कोई आवश्यकता नहीं। समस्त साहित्य में इस अनुभूति या आत्मिक व्यापार का प्रसार रहता है। काव्य के अनन्त भेद हो सकते हैं, उसके निर्माण में असंख्य सामाजिक या सांस्कृतिक परिस्थितियों का योग हो सकता है, परन्तु उसका काव्यत्व तो उसकी सर्वसंवेद्य अनुभूति-प्रवणता में ही रहेगा। किसी महामहिम उपदेशक की रचना भी काव्य-दृष्टि से निःसार हो सकती है और किसी क्षुद्रतम जीव की चार पंक्तियाँ भी काव्य का अनुपम शृङ्गार हो सकती हैं। वर्ग-संघर्ष की भावना किसी युग में काव्य-प्रेरणा का कारण हो सकती है; परन्तु वह भावना काव्यानुभूति का स्थान नहीं ले सकती, जो काव्य-साहित्य की मूल आत्मा है। काव्य का प्रयोजन मनोरंजन अथवा सामाजिक वैषम्य के दूर भागना अथवा पलायन भी नहीं हो सकता, क्योंकि वैसी अवस्था में आत्मानुभूति के प्रकाशन का पूरा अवसर रचयिता को नहीं मिल सकेगा, उसकी रचना अधूरी और अपंग रहेगी। इसी प्रकार स्थूल इन्द्रियता पर आधारित अनुभूति भी श्रेष्ठ काव्यत्व में परिणत नहीं हो सकती क्योंकि वहाँ आत्मानुभूति के प्रकाशन में विकारी कारण मौजूद रहेंगे। कवि के पूर्ण व्यक्तित्व का उत्सर्जन करनेवाली आत्म-प्रेरणा ही काव्यानुभूति बनकर उस कल्पना-व्यापार का संचालन करती है जिससे काव्य बनता है। काव्य और कला की मुखर वर्णमयता में समस्त वर्णभेद, वर्गभेद और वादभेद तिरोहित हो जाते हैं। मानव-कल्पना का यह अनुभूति-लोक नित्य और शाश्वत है। चिरंतन विकास की सरिता इसे चिरकाल से सींचती आ रही है और चिरकाल तक सींचती जायेगी।

ध्वनि और रस

भरत ने अपने नाट्यशास्त्र में रस के सम्बन्ध में कहा : "विभावानुभाव व्यभिचारिसंयोगाद्रसनिष्पत्तिः"। इसका अर्थ है कि विभाव, अनुभाव और संचारी भावों के संयोग से रस की निष्पत्ति होती है। इस काव्य में आए हुए 'सयोग' और 'निष्पत्ति' का अर्थ समझाने के लिए चार आचार्यों ने अपने मत उपस्थित किए।

१. भट्ट लोल्लट का मत है कि भरत ने 'निष्पत्ति' से उत्पत्ति और 'संयोग' से सम्बन्ध का अर्थ लिया है। इस मत को उत्पत्तिवाद का नाम दिया गया। इस मत के अनुसार विभाव-अनुभाव आदि कारण हैं और रस कार्य है। इन्होंने रस की स्थिति नायक आदि पात्रों में मानी है। वेशभूषा आदि द्वारा नट जो अभिनय करता है, उससे चमत्कृत हो श्रोताओं को भी रस की प्रतीति होती है।

परन्तु यह मत सर्वमान्य न हुआ। इसके विरोध में कहा गया कि नट नायक के भावों का अनुकरण कैसे कर सकता है! वह विभाव-अनुभाव आदि के प्रदर्शन से भावों की सूचना दे सकता है, अनुभूतिजन्य अनुकरण नहीं कर सकता। जब दर्शकों को वास्तविक भाव का अनुभव ही न होगा, तब वे उसका आनन्द कैसे प्राप्त कर सकेंगे?

भट्ट लोल्लट ने प्रस्तुत 'विभावानुभावसंचारिसंयोगाद्रसनिष्पत्तिः' सूत्र की लोकपरक व्याख्या की है और विभावादि को इसका कारण न मानकर केवल विभाव से कारण माना है तथा अनुभाव को कार्य बताया है। यह लोकपरक व्याख्या काव्य-भूमिका पर स्वीकार नहीं की जा सकती। फिर भट्ट लोल्लट की व्याख्या सहृदय की दृष्टि से आरोपपरक है, यह भी अनुभव से असंगत है। जब अनुभवसंगत व्याख्याएँ हो सकती हैं, तब इसे क्यों स्वीकार किया जाये!

२. शंकुक ने इसे दूसरी तरह समझाया। उन्होंने भरत की 'निष्पत्ति' की अनुमिति माना। उनके मतानुसार विभाव आदि अनुमापक हैं और रस अनुमाप्य। रस की स्थिति नायक में होती है और नट उन्हें हाव-भाव द्वारा प्रदर्शित करता है। यद्यपि नट में रस की स्थिति नहीं होती, फिर भी उसमें यह अनुमित कर ली जाती है। नट के कुशल अभिनय को देखकर प्रेक्षक भ्रम में पड़कर नट में नायक का अनुमान कर लेता है। इस सुखद भ्रम में पड़कर प्रेक्षक को जो आनन्द प्राप्त होता है, वही रस है।

इस सिद्धांत का भी विरोध हुआ। सर्वप्रथम इसमें प्रत्यक्षानुभव की अपेक्षा अनुमान की स्थिति में रस का उत्पन्न होना माना गया है। उत्पत्तिवाद और अनुमितिवाद दोनों में रस की सत्ता प्रेक्षक में नहीं मानी गई।

भट्टनायक ने इस पर आक्षेप करते हुए कहा कि विभाव-अनुभाव आदि को देखकर प्रेक्षकों के हृदय में रस-स्थिति मानते नहीं बनती, क्योंकि वे विभावादि नायक के स्थायी भावों के सम्बन्ध में हैं, प्रेक्षक के नही। परन्तु कुछ विद्वानों का कथन है कि नायक के विभावादि से प्रेक्षकों को भी स्थायी भाव की प्रतीति होती है। सहृदयगण सुन्दर अभिनय देखकर अपने आपको भूल जाते हैं और नायक के भावों को अपना समझकर रस लेने लगते हैं। इसी भाव-भ्रम को 'संयोग' कहते हैं। नायक के भावों का अनुभव प्रेक्षक करता है, जिसके विषय में हम यह कह सकते हैं कि वह सत्य है, क्योंकि नायक और प्रेक्षक एक नहीं हैं और हम न यही कह सकते हैं कि वह मिथ्या है, क्योंकि प्रेक्षक को उसकी अनुभूति तो होती ही है।

परन्तु आलम्बन के प्रति जो नायक के भाव हैं, वे ही दर्शकों में उत्पन्न हों, ऐसा भी कहते नहीं बनता, क्योंकि राम और सीता का अभिनय देखकर सीता के प्रति जगन्माता की भावना रहेगी, न कि स्त्री की। नायक के अद्भुत पराक्रमयुक्त कार्यों को देखकर, जिन्हें श्रोता करने में असमर्थ है, उस (श्रोता) के मन में नायक का-सा वीर भाव कैसे उत्पन्न हो सकता है? यदि नायक के भावानुरूप भावों की उत्पत्ति मान लें, तो रस को आनन्दस्वरूप नहीं कह सकते, क्योंकि नायक के लिए दुःखद प्रसंग आने पर प्रेक्षक को दुःख ही होना चाहिए, परन्तु ऐसा नहीं होता। यदि ऐसा होता, तो भवभूति के करुण नाटकों को कौन पढ़ता, वे सर्वप्रथम कैसे होते? यह स्पष्ट है कि

उनकी कृतियों से आनन्दात्मक अनुभूति होती है।

३. अतएव आचार्य भट्टनायक ने कहा कि रस की स्थिति प्रेक्षक के ही हृदय में होती है। स्थायी भाव से लेकर रस की उत्पत्ति तक काव्य की तीन शक्तियाँ रहती हैं—१. अभिधा, २. भावकत्व, और ३. भोजकत्व। अभिधा के द्वारा काव्यगत अलंकारादि का ज्ञान होता है तथा उसके अर्थ की अभिज्ञता होती। भावकत्व द्वारा प्रेक्षक का हृदय वैयक्तिक संबंधों को छोड़कर साधारण मनुष्य की भाव-भूमि पर आ जाता है। वैयक्तिक विशेषताओं और संबंधों से परे पहुँचकर विक्षेपरहित मन नाटक में प्रदर्शित भाव का आस्वाद लेता है। वह दुष्यंत को पुरुष-सामान्य और शकुन्तला को स्त्री-सामान्य समझता है। इसी प्रकार स्थायी भाव सहृदयमात्र के द्वारा उपभोग्य हो जाता है। इस साधारण भक्ति स्थिति को ही संयोग कहते हैं। जिस क्रिया के द्वारा साधारणीकृत स्थायी भाव का रसरूप भोग होता है, उसे भोजकत्व कहते हैं। यह भोग ही निष्पत्ति है। रजस् और तमस् विहीन सात्विक मन ही काव्य-रस का भोग करता है। इस स्थिति में सांसारिक दृश्य और संवेदनाएँ तिरोहित हो जाती हैं और शुद्ध साहित्यिक (कल्पनाजन्य) आनन्द उपलब्ध होता है। यह आनन्द इसीलिए ब्रह्मानन्द-सहोदर कहलाता है।

४ अभिनवगुप्त का अभिव्यक्तिवाद—इस मत पर यह शंका हुई कि इन तीन काव्य-शक्तियों को मानने के लिए कोई आधारभूत प्रमाण नहीं है। अभिनवगुप्त के मतानुसार भावकत्व और भोजकत्व इन दोनों का काम व्यंजना या ध्वनि से चल जाता है। भावकत्व (भावना करने की सामर्थ्य) भाव का अपना गुण है। भरत मुनि ने कहा ही है कि जो काव्यार्थों को भावना का विषय बनाते वही भाव है। काव्यार्थ रस का भावक है, क्योंकि उसी से रस व्यंजित होता है। रस का भोग उसका आस्वाद ही है। रस में भोग का भाव रहता है, क्योंकि रस वही है जिसका भोग हो सके। अतएव भोजकत्व को अलग मानने की आवश्यकता नहीं, क्योंकि वह ध्वनि के द्वारा संपन्न हो जाता है। इसलिए 'संयोग' का अर्थ है ध्वनित या व्यंजित होना, और 'निष्पत्ति' का अर्थ है आनन्दरूप में प्रकाशित होना।[1]

रस की निष्पत्ति किस प्रकार होती है, इसका निर्देश ऊपर के चार सिद्धांतों द्वारा किया गया है आचार्य भट्ट लोल्लट ने उत्पत्तिवाद का सिद्धांत उपस्थित किया और बताया कि विभाव-अनुभाव आदि कारण हैं और रस कार्य है। आचार्य शंकुक ने प्रतिपादित किया कि विभाव-अनुभाव आदि अनुमापक हैं और रस अनुमाप्य है अर्थात् विभाव-अनुभाव आदि के द्वारा रस का अनुमान किया जाता है। तीसरा सिद्धांत भट्ट नायक का है जिनके अनुसार रस आस्वाद्य है; उसका आस्वादन सर्वप्रथम अभिधा-व्यापार द्वारा काव्यार्थ को जान लेने के पश्चात् भावना-व्यापार द्वारा काव्यार्थ का

---

१. यहाँ इन चारों मतों को आचार्य श्यामसुन्दरदास जी के 'साहित्यालोचन' ग्रन्थ में की गई व्याख्या के आधार पर रखा गया है। इसकी अन्य व्याख्याएँ भी हैं, किन्तु इन व्याख्याओं में प्रायः समानता पायी जाती है।

साधारणीकरण हो जाने पर होता है। आचार्य लोल्लट ने रस की सत्ता नायक में मानी। नट उसका अभिनय करके नायक के रस को आत्मसात् करता है और उसकी चमत्कारयुक्त प्रतीति दर्शक या प्रेक्षक को होती है। शंकुक के मतानुसार रस की सत्ता नायक में है, किन्तु उसका अनुमान नटों में कर लिया जाता है जो नायक के कार्यों का सुन्दर अभिनय करते हैं। भट्टनायक के मतानुसार रस की सत्ता प्रेक्षक में है। काव्यार्थ का बोध और उसका साधारणीकरण हो जाने पर प्रेक्षक रस का आस्वादन करता है।

ऊपर के तीनों सिद्धान्त उत्पत्तिवाद, अनुमितिवाद और भुक्तिवाद रस की प्रक्रिया को समझाने के लिए उपयुक्त नहीं माने गए। इनमें कितने ही प्रकार के प्रत्यक्ष और अप्रत्यक्ष दोषों का आरोप किया गया और अन्त में आचार्य अभिनवगुप्त ने रस की प्रक्रिया का निरूपण करते हुए अपने अभिव्यक्ति-सिद्धान्त को उपस्थित किया, जिसे व्यंजना या ध्वनि-सिद्धान्त भी कहते हैं। अभिनवगुप्त के अनुसार भाव की सत्ता सहृदय पाठक में रहा करती है। संस्कार रूप से सहृदय के हृदयांतर्गत भावों की सत्ता रहती है। काव्य या नाटक के अनुशीलन द्वारा वह भाव-सत्ता अनुकूल प्रेरणा प्राप्त कर उद्‌बुद्ध हो उठती है और सहृदय को काव्य से रसानुभूति होने लगती है। रस आनन्दात्मक अनुभूति है और वह साधारण भौतिक संवेदनाजन्य सुख-दुख से भिन्न है।

इस प्रकार रस को तथा उसके आस्वादन की प्रक्रिया को समझने के लिए ध्वनिमत का आविष्कार हुआ। आचार्य अभिनवगुप्त का ध्वनिमत उनका अपना निर्माण किया हुआ है अथवा उनके पहले भी इस बात का प्रचार था, इस संबंध में विद्वानों ने बताया है कि अभिनवगुप्त के कुछ पूर्व आचार्य आनन्दवर्धन द्वारा 'ध्वन्यालोक' नामक ग्रंथ की रचना हो चुकी थी जिसमें ध्वनि-सिद्धांत का निरूपण किया गया था। यह भी कहा जाता है कि वक्रोक्ति और अनुमान आदि के साहित्य-सिद्धान्तों के विरोध में ध्वनि-सिद्धांत की सृष्टि हुई थी, किन्तु अभिनय गुप्त ने उक्त ध्वनि सिद्धान्त को इस सिद्धान्त के साथ संयुक्तकर उसके जिस स्वरूप की प्रतिष्ठा की; वह आगे चलकर सर्वमान्य बन गया और रस के स्वरूप का स्पष्टीकरण करके के निमित्त ध्वनि की उपयोगिता सर्वशास्त्र-सम्मत हो गई।

परन्तु ध्वनि और रस का यह तारतम्य यहीं तक सीमित नहीं रहा। ध्वनि-वादियों ने उसे और आगे बढ़ाने की चेष्टा की और क्रमशः उसे स्वतन्त्र सिद्धान्त के रूप में स्थापित करना चाहा। आरम्भ में ध्वनि द्वारा रसानुभूति को समझने का प्रयत्न किया गया था, परन्तु आगे चलकर रस ध्वनि का एक भेदभाव रह गया और रसध्वनि के अतिरिक्त अलंकारध्वनि तथा वस्तुध्वनि नामक दो अन्य ध्वनि-प्रकारों का निरूपण किया गया। इस निरूपण का यही अर्थ निकला कि काव्य रस तक ही सीमित नहीं है। रसध्वनि से भिन्न ध्वनियाँ भी काव्य हो सकती है, अर्थात् काव्य में रस की अपेक्षा ध्वनि की व्याप्ति अधिक है।

ध्वनिमतानुयायियों ने इस प्रकार ध्वनि को ही काव्य की आत्मा ठहराने का प्रयत्न किया। ध्वनिरहित काव्य चित्रकाव्य के नाम से अभिहित किया गया और वह

निकृष्ट काव्य माना गया। इसी प्रकार ध्वनि की गौणता का आधार लेकर बने हुए काव्य को गुणीभूत व्यंग्य कहा गया और उसे द्वितीय श्रेणी के काव्य की प्रतिष्ठा दी गई। इस वर्गीकरण में हम कहीं भी रस का नाम नहीं पाते। स्पष्ट है कि इसमें ध्वनि की प्रमुखता हो गई है। आश्चर्य यह है कि आचार्य मम्मट, जिनका 'काव्य-प्रकाश' ग्रंथ संस्कृत-साहित्य-समीक्षा की सर्वाधिक मान्य कृति है, स्वयं ध्वनि-सिद्धांत को अत्यधिक प्रतिष्ठा देते हैं। हमें कहना पड़ता है कि संस्कृत-साहित्य समीक्षा में पांडित्य और चमत्कार की अभिवृद्धि के साथ-साथ ध्वनि सिद्धांत का भी आवश्यकता से अधिक प्रसार हुआ और उसी मात्रा और अनुपात में काव्य की आत्मा रस की उपेक्षा हुई। रस को काव्य की आत्मा माननेवाले भरत मुनि तथा ध्वनि को रस से भी अधिक व्यापकता देने वाले इन परवर्ती आचार्यों में कितना दृष्टि-भेद है, यह स्वतन्त्र विवेचन का विषय है। फिर भी इतना कहा जा सकता है कि रसात्मक वाक्य को श्रेष्ठ काव्य माननेवाले सहृदयमात्र ध्वनि के इस अनाकांक्षित विस्तार को उचित नहीं समझते। वे रस को ही काव्य की आत्मा मानते हैं। उसकी दृष्टि में ध्वनि रस के स्वरूप और उसके आस्वादन की प्रक्रिया को स्पष्ट करने का साधनमात्र है।

× × ×

रस सम्बन्धी ऊपर के चारों निर्देशों को आधुनिक मनोवैज्ञानिक या सौन्दर्य-शास्त्र सम्बन्धी दृष्टि से देखने की भी आवश्यकता है। यद्यपि परम्परागत धारणा के अनुसार प्रथम तीन मत अतात्त्विक हैं और चौथा मत ही सिद्धांतरूप से मान्य है, परन्तु जिस तार्किक रूप से ये मत उपस्थित किए गए हैं और मूल पांडुलिपियों के अभाव में भी जिस तत्परता से इन्हें सुरक्षित रखने का प्रयत्न किया गया है, उनसे यह सूचित होता है कि इनके मूल में शास्त्रकारों को मौलिकता और तात्त्विकता का अनुभव अवश्य हुआ था, भले ही किसी दूसरे सिद्धांत की तुलना में उन्हें ये मत सापेक्ष्य दृष्टि से उतने प्राभाणिक न प्रतीत हुए हों। क्रमागत परम्परा द्वारा ये मत क्रमशः मीमांक्षा, न्याय और सांख्य मतों के साहित्यिक प्रतिरूप माने गए हैं। जिस प्रकार वेदान्त मत के रहते हुए भी अपने-अपने स्थान पर मीमांसा, न्याय और सांख्य मतों की भी पूर्ण प्रतिष्ठा है, उसी प्रकार आचार्य अभिनव गुप्त के ध्वनिमत का निरूपण हो जाने पर भी पूर्ववर्ती तीनों आचार्यों की उपपत्तियाँ निरी निरर्थक नहीं हो जातीं।

इस विषय के विस्तृत विवेचन में न जाकर हम यहाँ इतना निर्देश कर सकते हैं कि आचार्य लोल्लट का मत (जिसे उत्पत्तिवाद कहते हैं) काव्य की निर्माणात्मक प्रक्रिया से सम्बन्ध रखता है। उक्त मत के अनुसार रस की सत्ता नायक में रहती है। वहाँ से वह अभिनय के माध्यम से होकर प्रेक्षक तक पहुँचती है और उसे चमत्कृत करती है। इस मत के खंडन-मंडन के प्रश्न को थोड़ी देर के लिए अलग रखकर यदि हम कवि द्वारा काव्य निर्माण की प्रक्रिया पर अपना ध्यान केन्द्रित करें, तो लोल्लट के विचारों में पर्याप्त सार्थकता प्रतीत होगी। कवि मानव-जीवन और जगत् के वास्तविक स्वरूपों, दृश्यों और घटनाओं को काव्य के माध्यम से उपस्थित कर जिस

सृजनात्मिका शक्ति का परिचय देता है, क्या उसके मूल में कवि की सौन्दर्य-भावना या रस की सत्ता नहीं है ? किसी ऐतिहासिक या वास्तविक व्यक्ति या पात्र को कल्पना के माध्यम द्वारा किसी विशेष भाव-व्यंजना के लक्ष्य से काव्य के नायक रूप में उपस्थित करने की चेष्टा ही तो काव्य है फिर ऐसे काव्य में—काव्य के नायक-नायिकागत व्यवहारों में—ही तो वह विशेषता निहित है जो काव्यगत आनन्द या रस कहलाती है। ऐसी अवस्था में उक्त नायक-नायिका में काव्यात्मक सौन्दर्य या रस की सत्ता मानना अनुचित या असंगत कैसे है ? प्रश्न यह है कि क्या किसी प्रकार उक्त काव्यात्मक सृष्टि के—उक्त कवि-निर्मित नायक-नायिका और उनके कवि-वर्णित व्यवहारों के—अभाव में भी काव्यरस संभव है ? इस प्रश्न का उत्तर केवल स्पष्ट नकार में ही दिया जा सकता। यदि वह बात है तो आचार्य भट्ट लोल्लट के उत्पत्ति-वाद में निहित इस सत्य की अवहेलना कैसे की जा सकती है कि काव्य-रस का मूल आधार कवि-कल्पित नायक और नायिका ही है।

भट्ट लोल्लट के इस उत्पत्तिवाद से एक कदम आगे बढ़ने पर हम आचार्य शंकुक द्वारा प्रतिपादित अनुमिति-मत पर पहुँचते हैं। यदि हम यह मान लें कि इस अनुमिति मत की सार्थकता इस बात में है कि वह नायक-नायिका के निर्माण में निहित कवि की सौन्दर्य-साधना को सार्वजनिक बनाने (सहृदयों तक पहुँचाने) की दिशा में अपनी व्याख्या उपस्थित करता है, तो हम इस मत की सार्थकता को स्पष्ट रूप में समझ सकेंगे। काव्य या नाटक में चित्रित नायक-नायिका को साकार करने का प्रयत्न ही तो नट करता है, अतएव यदि नट में (अभिनेता आज का अधिक प्रचलित शब्द है) हम एक ओर उक्त नायक-नायिका और दूसरी ओर सहृदय-समाज की मध्यवर्ती स्थिति या मध्यस्थता का अनुभव करें तो इसमें असंगति क्या है ? यह प्रश्न दूसरा है कि कवि-कल्पित नायक-नायिका में और उसकी अनुकृति करनेवाले नट या अभिनेता के क्रियाकलाप में कितना तात्त्विक साम्य या वैषम्य है (यह प्रश्न काव्य-कला से अधिक अभिनयकला से संबन्धित है), परन्तु इतना मान लेने में कोई आपत्ति नहीं दिखाई देती कि नट या अभिनेता काव्य में वर्णित घटनाओं और दृश्यों को साकार रूप देने का—उन्हें नाट्यदर्शकों के सम्मुख प्रत्यक्ष और हृदयंगम बना देने का—प्रयत्न तो करता ही है। यही उसकी उपयोगिता है, यही उसका अभीष्ट है। तो फिर यह मानने में क्या आपत्ति हो सकती है कि आचार्य शंकुक का रस-प्रक्रिया को अभिनय-योजना द्वारा समझाने का प्रयत्न नितान्त असाहित्यिक नहीं है। वह लोल्लट के उत्पत्ति-सिद्धांत से एक श्रेणी आगे की वस्तु है और किसी भी अवस्था में उतना अनर्गल नहीं जितना उसे समझा जाता है।

तीसरा सिद्धान्त भट्टनायक का है और मेरी दृष्टि में वह शंकुक के अनुमिति-सिद्धांत से ठीक उसी प्रकार एक श्रेणी आगे है जिस प्रकार स्वयं शंकुक का सिद्धांत आचार्य लोल्लट के सिद्धांत से आगे है (यहाँ आगे और पीछे से हमारा आशय निर्दिष्ट विषय की ओर आगे बढ़ने और पीछे हटने से है। अपने अपने स्थान पर तो ये सभी मत एक-से ही उपादेय हैं)। शंकुक का अनुमिति-सिद्धांत नाटक और उसके अभिनय

के आधार पर खड़ा है। वह व्यापक रूप से ऐसी काव्य-रचनाओं पर लागू नहीं होता जिनका सम्बन्ध अभिनय से नहीं है। अभिनेता या नट को देखकर नाट्यदर्शक नायक या अनुमान कर लेता है और एक सुखद भ्रम में पड़कर दोनों के अन्तर को भूल जाता है। अभिनय सम्बन्धी इसी तथ्य का अधिक व्यापक और शास्त्रीय स्वरूप भट्टनायक की साधारणीकरण या भावन-व्यापार की व्याख्या में देखा जाता है। नट को नायक मान लेने और काव्य में वर्णित नायक-नायिका को निर्विशेष पुरुष-स्त्री मान लेने में तथ्य सम्बन्धी कोई अंतर नहीं है। 'अनुमान' के स्थान पर 'भावन' शब्द का प्रयोग अधिक साहित्यिक और अर्थपूर्ण अवश्य है। इसके साथ ही नायक और नायिका के निर्विशेषत्व या सामान्यीकरण का अर्थ एक ओर काव्य में वर्णित उन प्रतीकों का सहृदयमात्र की अनुभूति में आ सकने का सामर्थ्य है और दूसरी ओर सहृदय का वह सामर्थ्य भी है जिसके द्वारा वह कवि-कल्पित नायक-नायिका के व्यवहारों को अपनी अनुभूति का विषय बनाकर रस ग्रहण करता है। जहाँ शंकुक का अनुमिति-सिद्धान्त अभिनय-कला की विशेषता के निरूपण द्वारा काव्य-वस्तु को प्रेक्षक की अनुभूति का विषय बनाता है, वहाँ आचार्य भट्टनायक का साधारणीकरण-सिद्धान्त केवल काव्य के सामर्थ्य का लेखा न लगाकर दर्शक के सामर्थ्य का भी व्याख्यान करता है। इस प्रकार काव्य और सहृदय के सम्बन्ध को स्पष्ट करने की दिशा में—काव्य में निहित प्रेषणीयता के तत्त्व को उदघाटित करने की दिशा में -भट्टनायक का भक्ति-सिद्धान्त शंकुक के अनुमिति-सिद्धान्त की अपेक्षा एक कदम आगे है।

साधारणीकरण के साहित्यिक सिद्धान्त के साथ कुछ असाहित्यिक दलीलें भी लाकर जोड़ दी गई हैं। उदाहरण के लिये यह कहा जाता है कि देवताओं और पूज्य व्यक्तियों के रीति-काल का साधारणीकरण प्रेक्षक को नहीं हो सकता। पर प्रश्न यह है कि रचयिता या कवि के लिये भी तो वे देवता या पूज्य चरित्र उतने ही पूज्य हैं जितने दर्शक या श्रोता के लिये ऐसी अवस्था में कवि द्वारा वर्णित देवताओं का रति-भाव दर्शकों को उसी प्रकार प्रभावित करेगा—उसी भाव की सृष्टि करेगा जिस भाव की अनुभूति कवि या नाटककार ने स्वतः की है। उससे भिन्न भाव की सृष्टि हो ही नहीं सकती, क्योंकि कवि की रचना में उससे भिन्न भाव की स्थिति ही नहीं है। साधारणीकरण का अर्थ रचयिता और उपभोक्ता (कवि और दर्शक) के बीच भावना का तादात्म्य ही है। साधारणीकरण वास्तव में कवि-कल्पित समस्त व्यापार का होता है, केवल पात्रविशेष का नहीं। इस तथ्य को न समझने के कारण ही साधारणीकरण के प्रश्न पर अनेक निरर्थक विवाद होते रहे हैं।

भट्टनायक द्वारा विवेचित रस-निष्पत्ति की प्रक्रिया को अधिक स्पष्ट और तात्त्विक स्वरूप प्रदान करने के निमित्त अभिनवगुप्त के ध्वनि-सिद्धान्त की अवतारणा हुई। इस सिद्धान्त की विशेषता यह है कि यह काव्य-रचना और उसकी सहृदयगत प्रतीति के बीच किसी व्यवधान या अन्तर्वर्ती स्थिति को स्वीकार नहीं करता। जिस काव्य में ध्वन्यात्मक शक्ति नहीं, सहृदय को रस-प्रतीति कराने का सामर्थ्य नहीं, उसके काव्यत्व में ही कमी है। ऐसी त्रुटिपूर्ण रचना गुणीभूत व्यंग्य और चित्रकाव्य की श्रेणी

में परिगणित होगी। ध्वनिमत की दूसरी विशेषता यह है कि वह सहृदय द्वारा किये जाने वाले रसास्वाद के मनोवैज्ञानिक आधार की भी विवृति करता है। संस्काररूप में भावों की सत्ता प्रत्येक सहृदय में निहित रहती है। वही काव्य में प्रदर्शित विभाव-अनुभाव आदि के संयोग (साक्षात्कार) से जाग्रत हो उठती है और काव्य-रसास्वाद का आधार बनती है। सहृदय के मन में संस्काररूप से स्थित इस भावसत्ता के बिना काव्यगत विभावानुभाव की स्थायी भाव के रूप में परिणति और रसरूप में आस्वाद असंभव ही होगा।

इस प्रकार हम देखते हैं कि ये चारों मत क्रमशः काव्य की प्रेषणीयता और काव्य-रस के आस्वादन की समस्या को समझाने का प्रयत्न करते हैं और उनमें से प्रत्येक मत समस्या के एक-एक पहलू को लेकर आगे बढ़ता है। कवि-कल्पित नायक से लेकर अभिनेता के नाट्य प्रदर्शन, सहृदय के भावन और काव्य की ध्वन्यात्मकता के पक्षों की व्याख्या करनेवाले ये मत हमारी दृष्टि में काव्य की एक अत्यन्त आवश्यक समस्या के उद्घाटन की एक क्रमबद्ध योजना के रूप में उपस्थित किये गये हैं—यह बात दूसरी है कि खंडन-मंडन के वाग्जाल में पड़ जाने से उनका मूलवर्ती आशय या प्रयोजन भुला दिया गया हो। परम्परा सुरक्षित है, किन्तु उसका स्वरूप विकृत हो गया है।

३

छायावाद

छायावाद काव्य-प्रवाह हिन्दी में अब अपनी सुनिश्चित धारा बना चुका है। अब वह केवल विरोध की वस्तु नहीं है और न केवल वाचिक अभ्यर्थना का विषय रह गया है। अब तो उसकी सम्यक् समीक्षा और परीक्षा भी की जा सकती है। आरम्भ से ही अपनी छायात्मक निगूढ़ अभिव्यक्तियों के कारण छायावाद आध्यात्मिक काव्य कहा जा रहा था। पूर्ववर्ती भक्ति-काव्य की साकार वर्णनाओं के विपरीत इसकी निराकार पद्धति थी, किन्तु इसका यथार्थ स्वरूप अब तक स्पष्ट नहीं किया गया। छायावाद की पद्धति कबीर आदि की निर्गुण निराकार व्यंजनाओं से भिन्न तो है ही, सूफियों की पद्धति से भी पृथक् है। उक्त दोनों परंपराएँ प्रमुखतः आध्यात्मिक कही जा सकती हैं, यद्यपि सूफी कवियों ने लौकिक संस्कृति के निर्माण में भी कम सहायता नहीं दी। आधिभौतिक पक्ष में देखा जाये तो एक ओर उमर खैयाम और दूसरी ओर शेख सादी तथा भारत के जायसी आदि कवियों में बहुत बड़ा दृष्टिभेद है। इन सभी कवियों ने सामाजिक संस्कृति और देशकाल की विचारधाराओं को भिन्न-भिन्न स्वरूपों में व्यक्त किया है। उदाहरण के लिए उमर खैयाम की काव्य-धारा अदृष्ट, भाग्य या नियति के कठोर चक्र से भयभीत होकर उससे तटस्थ हो जाने का मानो आमंत्रण करती है। उनका काव्य ईरान और फारस की एकांत वाटिकाओं और उपवनों में दो प्राणियों की प्रेम-परिचर्या का ही सरल आदर्श लेकर उपस्थित हुआ। सादी आदि की रचनाएँ

उनसे भिन्न वातावरण और विचार-क्रम का द्योतन करती है। जायसी आदि भारतीय सूफियों की कविता न तो उमर खैयाम का-सा भाग्यवाद प्रवर्तित करती है और न दो प्राणियों के एकान्त जीवन और औपवनिक परिस्थितियों का प्रदर्शन करती हैं, न वह अरबी सूफियों की तरह इस्लाम की छत्रछाया में ही विकसित हुई है। व्यापक भारतीय जीवन और सौन्दर्य के अनेकानेक दृश्यों के बीच से होकर यह काव्य-धारा प्रवाहित हुई है। इस प्रकार देश, काल और विचार-क्रम में भेद होते हुए भी सूफी काव्य मुख्यतः आध्यात्मिक कहा जाता है, क्योंकि उसका लक्ष्य, निराकार प्रेम की अनुभूति, सब में समान रूप से पाया जाता है। उसके लौकिक, देशकाल-सापेक्ष और सांस्कृतिक पहलू प्रधान स्थान नहीं पा सके हैं, काव्य के प्राण प्रेम—अलौकिक प्रेम—में ही अटके हैं।

कबीर आदि ज्ञानमार्गियों की आध्यात्मिकता तो एकदम स्पष्ट है। रहस्यमय सत्ता की अभिव्यक्ति और मिथ्या संसार की सुदृढ़ धारणा उनके अध्यात्म के अविचल स्तम्भ हैं। आध्यात्मिक काव्य के लिए एक अखंड सत्ता का स्वीकार—वह प्रेममय हो, ज्ञानमय या आनन्दमय—जितना आवश्यक था, सांसारिक सत्ता या व्यावहारिक जीवन का अस्वीकार भी उतना ही अनिवार्य हो गया था। आध्यात्मिक या अध्यात्मवादी काव्य की यही विशेषता थी। साकारोपासक भक्तों ने भी राम-कृष्ण आदि के चरित्रों को अखंड अव्यय लीला, दिव्य और अलौकिक कहकर उसी कसौटी को स्वीकार किया है। संसार की प्राकृतिक किसी सत्ता की आत्यंतिक स्वीकृति सिद्धांततः वे भी नहीं करते। यह अवश्य मानना होगा कि साकारोपासक कवियों ने सांस्कृतिक, नैतिक और जीवन के व्यावहारिक पक्षों का विस्तृत दिग्दर्शन कराया है, किन्तु उनकी दृष्टि अलौकिक 'आदर्श' पर ही रही है। संसार की दृश्यमान् वास्तविकता और तज्जन्य प्रगतियों से वे प्रायः दूर ही रहे हैं। तथापि इन कवियों ने जीवन के बहुविध पक्षों का सौन्दर्य दिखाया और तत्कालीन संस्कृति के निर्माण में योग दिया। आदर्श और अलौकिक की भूमि पर वे व्यवहार और प्रत्यक्ष की इतनी चर्चा भी कर गए, यह कम नहीं। कबीर आदि निर्गुणियों ने भी आत्मा की व्यापक सत्ता घट-घट में दिखाई और उसे पहचानने का आग्रह किया। साधन-रूप में उन्होंने सरल और त्याग मय जीवन की शिक्षा दी तथा जाति-पाँति के भेदों का निषेध किया; किन्तु उनका लौकिक क्षेत्र साकारोपासकों की अपेक्षा भी सीमित था, क्योंकि उनका अध्यात्म लोक से परे की वस्तु थी, जिसकी साधना तटस्थ और ऐकांतिक ही हो सकती थी।

इस प्रकार हम देखते हैं कि मध्यकालीन अधिकांश काव्य, वह किसी वाद या संप्रदाय से संबद्ध क्यों न हो, अलौकिक वातावरण और आध्यात्मिकता का ही दावा करता रहा। सिद्धांततः सूर, तुलसी और मीरा तथा कबीर, दादू आदि सगुण और निर्गुण उपासना के कवि एक-सी ही आध्यात्मिक भूमिका का आग्रह करते हैं। सूर के काव्य में कृष्ण-गोपियों की शृङ्गारिक लीला, तुलसी के काव्य में राम और सीता का मर्यादावादी चरित्र, कबीर की तत्त्वनिरूपक साखियाँ और अन्योक्तियाँ—विषय भाव-व्यंजना, काव्य-शैली तथा साहित्यिक विशेषताओं में एक-दूसरे से दूर दीख पड़ती हैं, परन्तु तत्त्वतः वे सभी अध्यात्मवादी काव्य की शाखा-प्रशाखाएँ कही जा सकती हैं।

यहाँ प्रसंगवश हमें यह भी समझ लेना चाहिए कि इस सम्पूर्ण अध्यात्मवादी काव्य की, जो अनेक शताब्दियों तक प्रस्तुत किया जाता रहा, एक-सी-प्रेरणा-भूमि नहीं है। भिन्न भिन्न कवियों ने अपने-अपने मानसिक धरातल में जो काव्य-सृष्टि की है, उसे एक ही 'अध्यात्मवादी' तुला पर तौलना ठीक न होगा। ऐसा करने पर रचनाकारों की वास्तविक जीवन दृष्टि, उनकी मनःस्थिति तथा काव्यात्मक क्षमता का आकलन न हो सकेगा। अतएव इन मध्यकालीन कवियों का वास्तविक साहित्यिक मूल्य आँकने के लिए आवश्यक है कि इनमें प्रत्येक के 'अध्यात्मवाद' की उनके दार्शनिक और सामाजिक निरूपणों के प्रकाश में परीक्षा की जाये, उनके द्वारा चित्रित चरित्रों और व्यक्त भावनाओं की मनोवैज्ञानिक पद्धति पर आलोचना की जाये और उनकी काव्य-शैली तथा साहित्यिक निर्माण की विशेषताओं को स्वतन्त्र भूमि पर रखकर देखा जाये। 'अध्यात्मवादी' होने के कारण ही किसी कवि को काव्य-गौरव नहीं प्राप्त हो जाता, न केवल सांप्रदायिक या साधना-विषयक शब्दावली का प्रचुर प्रयोग ही उसे साहित्यिक उत्कर्ष दे सकता है। आवश्यकता यह समझने की है कि कवि की काव्यानुभूति और उसकी रचना साहित्यिक समीक्षा में स्वतन्त्र सत्ता रखती है, किसी वाद के घेरे में वह घेरी नहीं जा सकती।

अस्तु, यह एक प्रासंगिक बात हुई। नई छायावादी काव्यधारा का भी एक आध्यात्मिक पक्ष है, परन्तु उसकी मुख्य प्रेरणा धार्मिक न होकर मानवीय और सांस्कृतिक है। उसे हम बीसवीं शताब्दी की वैज्ञानिक और भौतिक प्रगति की प्रतिक्रिया भी कह सकते हैं। भारतीय परम्परागत आध्यात्मिक दर्शन की नवप्रतिष्ठा का वर्तमान अनिश्चित परिस्थितियों में यह एक सक्रिय प्रयत्न है। इसकी एक नवीन और स्वतन्त्र काव्य-शैली बन चुकी है आधुनिक परिवर्तनशील समाज-व्यवस्था और विचार-जगत् में छायावाद भारतीय आध्यात्मिकता की, नवीन परिस्थितियों के अनुरूप, स्थापना करता है। जिस प्रकार मध्ययुग का जीवन भी भक्ति काव्य मे व्यक्त हुआ, उसी प्रकार आधुनिक जीवन की अभिव्यक्ति इस काव्य में हो रही है। अन्तर है तो इतना है। जहाँ पूर्ववर्ती भक्ति काव्य में जीवन के लौकिक और व्यावहारिक पहलुओं को गौण स्थान देकर उनकी उपेक्षा की गई थी, वहाँ छायावादी काव्य प्राकृतिक सौन्दर्य और सामयिक जीवन की परिस्थितियों से ही मुख्यतः अनुप्राणित है। इस दृष्टि से वह पूर्ववर्ती भक्ति काव्य की निरपेक्षता और संसार मिथ्या की सैद्धांतिक प्रक्रियाओं का विरोधी भी है। छायावाद मानव जीवन सौन्दर्य और प्रकृति को आत्मा का अभिन्न स्वरूप मानता है, उसे अव्यय की वेदी पर बलिदान नहीं कर देता। इससे यह स्पष्ट हो जाता है कि मध्यकालीन काव्य की सीमा में मानव चरित्र और दृश्य जगत् अपने प्रकृति रूप में उपेक्षित ही रहे, जबकि नवीन काव्य मे समस्त मानव अनुभूतियों की व्यापकता पूरा स्थान पा सकी। अध्यात्मवाद की भूमि पर प्रतिष्ठित होते हुए भी मध्यकालीन भक्ति काव्य और आधुनिक छायावादी काव्य में कितना बड़ा दृष्टि भेद है, यह अनुमान किया जा सकता है। इस दृष्टि भेद के कारण दोनों युगों की काव्य सृष्टियों में जो महत्वपूर्ण अन्तर आ गया है, वह साहित्य के विद्यार्थी

के अनुशीलन की वस्तु है।

मध्यकालीन अधिकांश काव्य जो किसी धार्मिक या साधनात्मक प्रणाली के अन्तर्गत रचा गया एक विशेष अर्थ में साम्प्रदायिक काव्य कहा जा सकता है। तुलसी की 'विनय पत्रिका', सूरदास के विनय के पद, कबीर की साखियाँ, मीरा के भाव गीत वास्तव में किसी सगुण या निर्गुण उपास्य के प्रति किए गए आत्मनिवेदन, स्तुतियाँ या ऋचाएं हैं। राम और सीता सम्बन्धी चरित्र काव्य में अथवा राधा कृष्ण की प्रेम-लीलाओं में स्थिति कुछ भिन्न अवश्य है, क्योंकि वहाँ काव्य अपनी प्रकृत भाव-भूमि पर है और मनोवेगों का नैसर्गिक पद्धति पर किया गया है। फिर भी यह नहीं कहा जा सकता कि वे प्रसंग सर्वथा स्वाधीन हैं और इनका काव्य सौन्दर्य चरित्र काव्य या प्रगति की सामान्य भूमि पर रखकर परखा जा सकता है। समस्या यह हो जाती है कि भक्ति, उपासना या रहस्य साधना के सांप्रदायिक आग्रह प्रमुख बन बैठता है; और काव्य भावना की वास्तविक परख नहीं हो पाती। आवश्यकता इस बात की है कि काव्येतर समस्त तत्व, वाद और साधना-क्रम स्वतन्त्र अध्ययन के विषय अवश्य रहें, परन्तु काव्य विवेचन के अवसर पर उन सब का पर्यवसान रचयिता की मनःस्थिति और जीवन-दृष्टि तथा भाव की भाव-पीठिका के अन्तर्गत हो जाना चाहिए। ऐसा न होने पर काव्य का वास्तविक आकलन अधूरा ही रह जायेगा।

दूसरे शब्दों में हमारा निवेदन यह है कि मध्यकालीन काव्य की समस्त सांप्रदायिक और साधनात्मक प्रेरणाओं को नवीन मनोवैज्ञानिक और साहित्यिक प्रतिमानों में परिणत करना होगा। ऐसा करने पर ही उक्त काव्य की वास्तविक सीमा रेखाएँ निर्धारित हो सकेंगी। नवीन मनोविज्ञान की सहायता से यह कार्य अधिक सुगमतापूर्वक हो सकेगा, क्योंकि सांप्रदायिक साधना सरणियों का काव्य के अन्तर्गत प्रयोग करने में कवियों की व्यक्तिगत मानसिक स्थिति का आवश्यक और महत्त्वपूर्ण हाथ ही मानना पड़ेगा। 'सूर के श्याम' और 'मीरा के प्रभु', 'विद्यापति की राधा' और 'सूर की राधा' चरित के रूप में तो भिन्न हैं ही, उनके निर्माण की मानसिक प्रेरणा भी एक नहीं है। इसी प्रकार कबीर की रहस्य भावना उसी मानसिक स्तर पर नहीं है जिस पर दूसरे निर्गुणियों की है। अतएव इस साहित्यिक निर्माण का कवियों की मानसिक स्थिति से सम्बन्ध स्थापित करना आवश्यक है।

इतना होने पर ही उन कवियों के काव्य की उपयुक्त भूमिका का निर्माण हो सकेगा और उस भूमिका पर रखकर उनका काव्य सौष्ठव परखा जा सकेगा। वर्तमान स्थिति में यह कार्य प्रायः भ्रामक पद्धति पर किया जाता है। पाठकों के धार्मिक विश्वासों का अनुचित उपयोग कर कुछ समीक्षक कृष्ण काव्य को अब भी कला और भाव समीक्षा का वास्तविक विषय नहीं बनने देते और उनकी अनेकविध सांप्रदायिक व्याख्याएं करते रहते हैं। कुछ समीक्षक रहस्यवाद की काव्यभूमि को स्वीकार नहीं करते, और कुछ इसके विपरीत रहस्य काव्य के दार्शनिक विवेचन में ही सारा पांडित्य खर्च कर देते हैं। ये सभी समीक्षा प्रकार साहित्यिक आकलन की दृष्टि से एकाकी और अधूरे हैं और साहित्यिक या कलात्मक विवेचन में बाधा उपस्थित करते हैं।

जब तक इस नई पद्धति पर काव्य-विवेचन की प्रतिष्ठा नहीं होती तब तक मध्यकालीन काव्य का कलात्मक और सांस्कृतिक स्थान निर्धारित करना संभव नहीं होगा। साथ ही मध्ययुग की सामाजिक परिस्थितियों में उक्त काव्य की कितनी और किस प्रकार पैठ हुई तथा उससे सामाजिक कला अभिरुचि किस सीमा तक जाग्रत हुई और सांस्कारिकता कहाँ तक बढ़ी और विकसित हुई, इन प्रासंगिक प्रश्नों को भी इतिहास के आलोक में हल करना होगा। सारांश यह कि इतिहास और सामाजिक विकास की पृष्ठभूमि पर उन कवियों की सांप्रदायिक साधना-विधियों और दार्शनिक निरू णों का उनकी जीवनी और मानसिक गतिविधि से सम्बन्ध स्थापित करते हुए काव्य की नवीन व्याख्या करनी होगी और इस प्रकार उन मध्यकालीन कवियों की काव्य-पीठिका का निर्माण करना होगा। इस पीठिका पर रखकर ही हम उनकी रचनाओं की साहित्यिक विशेषताओं को आँक सकेंगे। तभी हमारा साहित्यिक इतिहास वास्तविक साहित्यिक भूमि पर स्थापित होगा और भिन्न-भिन्न साहित्यिक निर्माणों का यथार्थ स्वरूप समझ सकेंगे।

छायावाद काव्य मध्ययुग की काव्य-धारा से प्रमुखतः इस अर्थ में भिन्न है कि वह किसी क्रमागत सांप्रदायिकता या साधना-परिपाटी का अनुगमन नहीं करता। अध्यात्मवादी काव्य का अधिष्ठान देशकालातीत परम पवित्र सत्ता हुआ करती है। व्ययशील सांसारिक आदर्शों और स्थितियों आदि से उसका मुख्य सम्बन्ध नहीं होता। वह विकास जो समय का आश्रित है; वह विज्ञान, जो व्यक्त द्रव्य तथा उसकी परिणतियों पर अधिष्ठित हैं, मध्यकालीन आध्यात्मिक काव्य के विषय नहीं हैं। प्रत्यक्ष वस्तु का मानव-जीवन के सुख-दुःख, विकास-ह्रास आदि की अवस्थाओं से जो संबंध है, वह काव्य उसकी उपेक्षा कर गया है, किन्तु आधुनिक छायावादी काव्य उसकी उपेक्षा नहीं करता। अध्यात्मवादी परम्परा दृश्यमात्र को विनाशी कहकर चुप ही रहती है, अथवा उसे व्यावहारिक बताकर मुंह मोड़ लेती है। छायावादी काव्य में यह परम्परा स्वीकृत नहीं है। दैन्य से पीड़ित तथा भोगैश्वर्य से प्रसक्त और परिवेष्ठित व्यक्ति, समुदाय, देश, राष्ट्र, या सृष्टि-चक्र के विभेदों में अध्यात्मवादी नहीं हो सका। समय और समाज को आन्दोलित करनेवाली शक्तियों का आकलन उसमें कम ही है। वह तो उस शाश्वत सत्ता से ही सर्वथा संपृक्त है जिसमें परिवर्तन का नाम नहीं। उस सत्ता का स्वरूप सगुण है या निर्गुण, विश्वमय है या विश्वातीत, ये प्रश्न ही उस अध्यात्म में आते हैं। छायावाद की काव्य-सरणी इन अध्यात्मवादी सीमा निर्देशों से आबद्ध नहीं है, वह भावना के क्षेत्र में किसी प्रकार का प्रतिबन्ध स्वीकार नहीं करती।

आधुनिक छायावादी काव्य किसी क्रमागत अध्यात्म-पद्धति को लेकर नहीं चलता। नवीन जीवन-प्रगति में ही उसने आत्म-सौन्दर्य की झलक देखी है। परंपरित अध्यात्म प्रायः पुरुष से प्रकृति की ओर प्रवर्तित होता है—एक चेतन केन्द्र से नाना-चेतना-केन्द्रों की सृष्टि करता है; किन्तु छायावादी काव्य प्रकृति की चेतनसत्ता से अनुप्राणित होकर पुरुष या आत्मा के अधिष्ठान में परिणत होता है। उसकी गति

प्रकृति से पुरुष की ओर—दृश्य से भाव की ओर—होती है और इस दार्शनिक अनुभूति के अनुरूप काव्य-वस्तु का चयन करने में छायावादी कवियों ने प्रकृति के अपार क्षेत्र से यथेष्ट सामग्री ग्रहण की है।

प्रसाद जी, जो छायावाद काव्य के प्रवर्तक माने जाते हैं अपनी आरम्भिक रचनाओं में प्रकृति की रमणीयता से आकृष्ट होकर उसके सौन्दर्य प्रभावों को व्यक्त करते हैं। उनका आरम्भिक काव्य प्राकृतिक और मानवीय सौन्दर्य की भूमि पर अधिष्ठित है। इस व्यक्त सौन्दर्य वस्तु का प्रभाव कवि के काव्य में एक हल्की रहस्य भावना की सृष्टि करता है : 'झरना' और 'आँसू' में यह सौन्दर्य-सत्ता क्रमशः विकसित होकर कवि की भावना में और भी गहराई लाती है और कवि प्रेम-तत्व के निरूपण में संलग्न दिखाई देता है। 'लहर' के गीतों में मानव जीवन के विभिन्न पहलुओं के साथ जीवन तत्व के समन्वय का प्रयत्न है। 'कामायनी' काव्य में जीवन की अनुभूतियाँ अपनी व्यापकता में प्रदर्शित हैं और उन सब का समाहार कवि के जीवन दर्शन, आनन्दवाद में किया गया है। प्रसाद जी के काव्य के अभिनव भाव-विस्तार को देखते हुए मध्ययुग का धार्मिक और सांप्रदायिक अध्यात्म काव्य बहुत कुछ सीमित और परतन्त्र प्रतीत होता है।

केवल एक प्रासंगिक उदाहरण लेकर देखना ही हमारे लिए पर्याप्त होगा। सूरदास का राधा कृष्ण सम्बन्धी शृङ्गारिक काव्य अपनी स्वाभाविक भाव-भूमि पर भी अत्यधिक विशद और आकर्षक है। वृन्दावन के प्राकृतिक सौन्दर्य के बीच गोपियों के प्रेम का विकास एक आध्यात्मिक समारोह ही कहा जा सकता है। परन्तु एक सीमा तक ही यह सुन्दर पद्धति देखने को मिलती है। आगे चलकर गोपियों की मानलीला और कृष्ण द्वारा मान-मोचन के प्रयत्नों का जो दिग्दर्शन कराया गया है, वह अपनी प्रकृत भूमि पर वैसा भावनामय नहीं हो पाया। प्रत्येक गोपी के घर बारी बारी से जाकर उसकी अभिलाषा पूर्ति का प्रयत्न, जैसा वह सूरदास के काव्य में चित्रित है, आध्यात्मिक रूढ़ि के अनुकूल भले ही हो, काव्य की उदात्त भाव व्यंजना में सहायक नहीं है। संभव है तत्कालीन पद्धति में वैसे चित्रण अपवाद न माने जाते हों; पर आज वे चित्रण—संयोग शृङ्गार के वे दृश्य—सुरुचिपूर्ण नहीं कहे जा सकते। फिर भी मध्यकालीन धार्मिक काव्य की परिधि में उसका निर्माण हुआ है और बहुत से भक्त उन्हें गाकर आज भी अलौकिक आनन्द उपलब्ध करते हैं। उनका यह आनन्द उक्त प्रसंग की रहस्यवादी धारणा के कारण है, या उन दृश्यों के यथातथ्य चित्रण में ही उनकी भावना रमती है—यह तो वे ही बता सकते हैं। यहाँ हमें केवल इतना ही कहना है कि नवीन छायावादी काव्य शैली में ऐसे चित्रणों के लिए, चाहे वे किसी वाद के अन्तर्गत हों, स्थान नहीं है।

सारांश यह है कि हमारा नया काव्य अपनी स्वतन्त्र दार्शनिकता के साथ ही अपनी भाव-भूमि और अनुभूति क्षेत्र में भी पूर्ववर्ती काव्य से पृथक् सत्ता रखता है, जिसका यथार्थ परिचय हमें साहित्यिक विवेचन की उस स्वतन्त्र परिपाटी का अभ्यास करने पर ही प्राप्त हो सकता है। जिसका संकेत ऊपर दिया गया है। साहित्यिक

शैलियों का स्वतन्त्र और कलात्मक अनुशीलन आज की साहित्य मीमांसा के लिए आवश्यक है। आज छायावादी काव्य शैली को स्थानान्तरित करती हुई नई शैलियाँ भी हिन्दी के क्षेत्र में अवतरित हो रही हैं। नए वादों का आगमन हो रहा है, नई भाषा शैली प्रतिष्ठित हो चली है। इस समस्त परिवर्तन का साहित्यिक आकलन अपेक्षित है।

छायावाद की साहित्यिक शैली में एक नई दिशा का आभास महादेवी जी के काव्य-क्षेत्र में प्रवेश करने पर प्राप्त हुआ। उनका काव्य पूर्णतः रहस्योन्मुखी और ऐकान्तिक है। छायावाद की सामान्य काव्य शैली से उनकी पृथक्ता स्वीकार करनी होगी। इसके पश्चात् बच्चन जी का नया काव्य वाद हिन्दी के क्षेत्र में आया। इसी समय छायावादी काव्य शैली के कतिपय अनुयायियों ने 'यथार्थवादी' काव्य प्रयोग आरम्भ किए, जिनमें पंत जी भी एक प्रमुख प्रयोक्ता थे। चित्रण शैली और प्रेरणा-भूमि दोनों में पूर्ववर्ती काव्य की अपेक्षा इनमें पर्याप्त अन्तर दिखाई दिया।

नया काव्य-प्रवर्तन आरम्भ हो चुका है, परन्तु शैली के रूप में उसकी नूतन प्रतिष्ठा होने में कुछ समय लगेगा। इस नवीन प्रवर्तन के मूल में नई विचारणा, नयी चिन्तन-पद्धति और नवीन जीवन-दृष्टि ही नहीं है, नयी कला-शैली की भी सत्ता है। स्वभावतः यह नवीन निर्माण कल्पनाप्रधान छायावादी काव्य मिर्माण की अपेक्षा अधिक यथार्थ चित्रण शैली का उपयोग कर रहा है, पर शैली का वह 'यथार्थ' अपने अन्तर्गत कितनी विभिन्न और दूरवर्ती भावना-सरणियों को आत्मसात् कर सकेगा, यह तो नवीन सांस्कृतिक विकास और भविष्य की सामाजिक प्रगति पर ही अवलंबित है। अभी इसके सम्बन्ध में कोई निश्चयात्मक मत व्यक्त नहीं किया जा सकता।

४

प्रसाद और निराला

पिछले कुछ समय से हिन्दी-साहित्य क्षेत्र में यत्र-तत्र यह प्रश्न उठाया जा रहा है कि कवि के रूप में प्रसाद और निराला में श्रेष्ठतर प्रतिभा किसकी रही है और हिन्दी काव्य में किसका प्रदेय अधिक मूल्यवान् और महत्त्वपूर्ण है? विशेषकर निराला जी के स्वर्गवास के पश्चात् इस प्रश्न को साहित्यिकों के बीच आग्रहपूर्वक विचार का विषय बनाया जा रहा है। यद्यपि दो विशिष्ट कवियों की तुलना इतने स्वल्प काल में प्रायः नहीं की जाती और इस प्रकार के प्रश्न के निर्णय के लिए लम्बे समय का व्यवधान आवश्यक माना जाता है, परन्तु इस प्रश्न के उठाये जाने का कुछ न कुछ कारण भी है ही। हमारी दृष्टि में इसका कारण यह है कि निराला के प्रति पिछले वर्षों में हिन्दी के साहित्यिक समाज में अतिशय श्रद्धा और सम्मान की भावना उत्पन्न और व्याप्त हो गई है, जिसका मुख्य कारण निराला जी की वैयक्तिक विषम स्थिति थी। वे न केवल शारीरिक और मानसिक व्याधियों से आक्रांत थे, वरन् उनकी आर्थिक दशा भी शोचनीय थी। अन्तिम वर्षों में उनकी सेवा शुश्रूषा और चिकित्सा

आदि की उपयुक्त व्यवस्था नहीं हो सकी थी, जिसके कारण लोगों की सहानुभूति उनके प्रति अत्यधिक मात्रा में उभर उठी थी। दूसरी बात यह है कि इन विपरीत परिस्थितियों के रहते हुए भी निराला जी ने इन वर्षों में उत्तम कोटि की काव्य-रचना की, जिसमें उन्होंने सामयिक जीवन की असंगतियों पर तीव्र व्यंग्यात्मक प्रकाश डाला और साथ ही अनेकानेक आत्म-निवेदनात्मक गीत भी लिखे, जो श्रेष्ठ काव्य के निदर्शक हैं। यही नहीं इस परवर्ती काल में उन्होंने बहुत कुछ सरल भाषा और सुन्दर उक्तियों का प्रयोग किया है, जो हिन्दी काव्य को उनकी नयी देन कही जा सकती है। जिन लोगों ने निराला जी की पूर्ववर्ती रचनाओं को क्लिष्ट और दुरूह बताया था, उन्हें भी उनकी इस नयी शैली की रचनाओं ने आश्चर्यचकित कर दिया और वे अपने पुराने आरोप को बहुत-कुछ भूल गये। निराला की आरम्भिक शृङ्गारिक और वीर-भावना-पूर्ण रचनाओं की तुलना में जब उन्होंने इन हास्य, व्यंग्य और शान्त-करुण रस की रचनाओं को एक साथ रखकर देखा तब उन्हें निराला की बहुवस्तु-व्यापिनी प्रतिभा का पूरा प्रत्यय प्राप्त हुआ। उन्हें हिन्दी में दूसरा कोई कवि नहीं दिखाई दिया, जो इतने विविध विषयों, शैलियों और भाव-योजनाओं को एक साथ अभिव्यक्त कर सका हो। यह तो निराला के प्रति अनुदार भावना रखनेवालों की बात हुई। जो लोग आरम्भ से ही निराला के प्रशंसक थे, उन्हें तो निराला-काव्य के इस परवर्ती चमत्कार में और भी अधिक अभीप्सित वस्तु मिली और कवि के प्रति उनकी धारणा विशेष रूप से समर्थित और पुष्ट हुई। इसी परिस्थिति में निराला और प्रसाद के आपेक्षिक वैशिष्ट्य का प्रश्न उठाया गया है और साहित्यिक समाज में इसकी चर्चा आरम्भ हुई है।

निराला और प्रसाद की इस तुलना का एक और आशय भी दिखाई देता है। यह न केवल दो कवियों की व्यक्तिगत तुलना है, वरन् एक प्रकार से बीसवीं शताब्दी के सम्पूर्ण काव्य के शीर्ष अंश का समाकलन है। प्रसाद और निराला आधुनिक हिन्दी-काव्य की दो सर्वोत्तम प्रतिभायें हैं, जो वर्तमान युग के समस्त काव्य-प्रयास के उत्कृष्ट उदाहरण के रूप में देखी जाती हैं। हिन्दी साहित्यिकों ने एक ओर द्विवेदी-युग के समस्त काव्य पर दृष्टिपात किया, दूसरी ओर छायावाद और उसके परवर्ती विकास को भी देखा, और इस समस्त काव्य-सृष्टि में दो सर्वप्रमुख प्रतिभाओं का चयन किया, जो क्रमशः प्रसाद और निराला की प्रतिभाएँ हैं। अतएव प्रसाद और निराला की तुलना की प्रेरणा समस्त हिन्दी-काव्य के श्रेष्ठ अंश के निर्वाचन की अभीप्सा भी कही जा सकती है। यों ऐसे अनेक कवि हो सकते हैं, जिनकी एक या अनेक कृतियाँ हिन्दी काव्य में अपूर्व और अतुलनीय हों, परन्तु जब समग्रता में विचार किया जाता है तब ये स्फुट रचनायें एक किनारे रख दी जाती हैं, और सारा ध्यान प्रसाद और निराला के काव्य पर केन्द्रित हो जाता है। इस स्तर पर प्रसाद और निराला की तुलना का यह आशय नहीं है कि हिन्दी में उनके प्रतिस्पर्धी अन्य कवि हैं ही नहीं, परन्तु सम्पूर्ण काव्य-व्यक्तित्व के रूप में इन दो को सर्वोपरि स्थान देने का आशय अवश्य रहा करता है।

वस्तुत: प्रसाद और निराला का काव्य इस युग का सर्वश्रेष्ठ काव्य है। श्रेष्ठ काव्य के जो भी प्रतिमान स्थिर किये जायें, उनका विनियोग इन दो कवियों के काव्य में निर्बाध रूप से किया जा सकता है। सबसे पहली बात जो इन दोनों कवियों में समान रूप से पायी जाती है, जीवनानुभव की वास्तविकता, व्यापकता और गहराई की है। अनुभव की वास्तविकता से यहाँ आशय है कि इन दोनों कवियों के भाव-जगत् में जीवन की विविध स्थितियों और मनोदशाओं का यथार्थ योग है और इनका दृष्टिकोण वास्तविक मानव-जगत् की सच्चाइयों का आकलन करना है। ये दोनों कवि न तो कोरे भावनावादी हैं न कल्पनावादी; इनके काव्य में मानव अनुभूतियों की यथार्थता सन्निविष्ट हुई है। दूसरे शब्दों में ये दोनों कवि सच्चे अर्थों में मानव जगत् की स्थितियों और अनुभूतियों के कवि हैं। इनके काव्य का केन्द्रीय तत्व जीवन-को ऊपर से न देखकर उसके अन्तरंग में जाकर देखने का है। यही कारण है कि जब अन्य अनेक कवि जीवन स्थितियों को छोड़कर केवल उसके आदर्श या अभिलषित रूप का निरूपण करने लगे हैं, तब इन दो कवियों ने मानव-अनुभवों का यथार्थ संस्पर्श कभी नहीं छोड़ा।

एक दूसरी विशेषता, जो इन दोनों कवियों को श्रेष्ठता प्रदान करती है, इनकी काव्य के प्रति अप्रतिम निष्ठा है। इन्होंने अपनी काव्य-रचना में काव्य के बाह्य उपकरणों का प्रयोग नहीं किया। वर्तमान युग के बहुत से कवि नाना प्रकार के वैचारिक तथ्यों और आदर्शों को काव्य में सन्निहित करने का प्रयत्न करते रहे हैं। परन्तु उनकी रचनाओं में इन दोनों तथ्यों का समग्र समन्वय नहीं हो सका। काव्यात्मक अलंकृतियाँ और अन्य उपकरण एक ओर जा रहे हैं तो वैचारिक और बौद्धिक तत्व दूसरी ओर जा रहे हैं। कवि के व्यक्तित्व के गहरे संस्पर्शों से इन दोनों का योग नहीं हो पाया। फलत: इन अनेक कृतियों में सामंजस्य की कमी के कारण एक बिखराव आ गया है। कुछ समीक्षक इस प्रकार के असंश्लिष्ट काव्य-प्रयोगों का समर्थन करते भी देखे जाते हैं। परन्तु महान् काव्य की विशेषता सदैव संश्लेषण में ही हुआ करती है। जीवन के बहुविध विकास और आदर्श-भूमियों का कवि के व्यक्तित्व में समाहार होने पर ही वास्तविक काव्य सृष्टि होती है। अन्यथा काव्य में जीवन्त और अटूट समग्रता निर्मित नहीं हो पाती और कविता अपने सर्वोतम उत्कर्ष पर नहीं पहुँचती।

दो अन्य शब्दों का प्रयोग ऊपर किया गया है—जीवन-अनुभव की व्यापकता और गहराई। अनुभव की व्यापकता कवि के सामाजिक संस्पर्श से सम्बन्धित है, जबकि उसकी गहराई का सम्बन्ध कवि के वैयक्तिक प्रेरणा-स्रोतों से है। सामान्य रूप से कहा जा सकता है कि जो कवि जितना ही वस्तुमुखी होगा, उसमें अनुभवों की व्यापकता उतनी ही अधिक होगी। कवि अपने वैयक्तिक जीवन के संकल्पों और विकल्पों को छोड़कर वास्तविक और बहिर्मुखी जीवन से अपनी काव्य-सामग्री का संचय करेगा। दूसरी ओर जो कवि अधिक अन्तर्मुखी होंगे, और अपने जीवन के अंतरंग द्वन्द्वों को काव्य में प्रतिबिम्बित करना चाहेंगे, उनके काव्य में व्यापकता के स्थान पर गहराई का तत्व अधिक होगा। यों तो विशिष्ट काव्य-प्रतिभा इस प्रकार के सभी बन्धनों

का अतिक्रमण कर जाती है, पर सामान्य रूप से कहा जा सकता है कि काव्य में जीवनानुभव की व्यापकता कवि की वस्तुमुखी दृष्टि पर आश्रित रहती है, जबकि गहरे संवेदनों की सृष्टि कवि के अन्तरंग जीवन-द्वन्द्व से सम्बन्धित होती है। इस दृष्टि से देखने पर प्रसाद और निराला-काव्य के दो विभिन्न निर्माण-स्तर दिखाई देते हैं। प्रसाद का काव्य अन्तर्द्वन्द्व से सम्बन्धित है और इस अन्तर्द्वन्द्व की समस्त मार्मिकता और गम्भीरता उनके काव्य में प्रतिफलित हो सकी है। निराला के काव्य में वस्तुमुखी और बहिरंग तत्त्व की प्रमुखता है। उनके काव्य में अन्तर्द्वन्द्वों से उत्पन्न भावाकुलता और भावोत्कर्ष नहीं है, उसके बदले एक महान् तटस्थता और औदात्य का उत्कर्ष उनके काव्य की विशेषता है। इसके साथ ही निराला का कलापक्ष—रूपात्मक छवियों की कलना, भाषा और छंदों की योजना, दार्शनिक समाहार आदि—प्रसाद की अपेक्षा कहीं अधिक समृद्ध है। इन सबके बदले प्रसाद के काव्य में उनके अंतरंग जीवनपक्ष का अधिक मार्मिक और गहरा समाकलन हो पाया है। जब कि निराला के काव्य का मूल स्वर निःसंगता और तटस्थता के आधार पर निर्मित है, प्रसाद के काव्य का मूल स्वर उनके वैयक्तिक जीवन-द्वन्द्वों से संगठित है। निराला के काव्य में जो बहुरूपता और विस्तार है उसका मुख्य कारण उनकी निजी अनासक्ति है। प्रसाद के काव्य में उत्कर्ष की अधिकतर भूमियाँ एक गम्भीर और अस्थायी विच्छेदभावना से उद्भूत है। इसलिये निराला के काव्य में शृङ्गार और शान्त रसों की प्रमुखता है, जबकि प्रसाद के काव्य में आत्मिक संघर्षों और करुण तत्त्वों की प्रमुखता है।

उपर्युक्त वक्तव्य को स्पष्ट करने के लिये निराला और प्रसाद के काव्य के कुछ विवरणों में जाना आवश्यक होगा। निराला ने अपनी कविता का आरम्भ मुक्त छंद से किया जो काव्य की क्रमागत भूमिका पर एक अभिनव क्रांति थी। निराला ने उस छंद को जन्म दिया, जिस पर आगे चलकर हिन्दी-काव्य की एक नयी ही सरणी तैयार हुई। इस दृष्टि से निराला का प्रभाव अत्यधिक व्यापक कहा जा सकता है। मुक्त छंद के आविर्भाव के पश्चात् निराला ने न केवल छंदात्मक प्रगीतों की सृष्टि की, बल्कि बहुत ही सधे हुए गीत भी लिखें, जो केवल छंदगति से पाठ्य ही नहीं हैं संगीत की भूमिका पर गेय भी हैं। इतना ही नहीं, उनके छंदों में बहुत बड़ी विविधता भी है। उन्होंने अनेकानेक छंद प्रयुक्त किये हैं। छंदों की इतनी विविधता में प्रसाद जी नहीं गये। निराला का काव्य 'जुही की कली' से आरम्भ होकर 'भव अर्णव की तरणी तरुणा' तक पहुँचा है। शृङ्गार से लेकर शांत रस तक उन्होंने समस्त रस-भूमियों को आत्मसात् किया था। उनके आरम्भिक काव्य में शृङ्गार और वीर रस की भूमिका प्रचुर मात्रा में मिलती है, पर विनय और प्रार्थना के वे गीत भी मिलते हैं जो आगे चलकर उनके आत्मनिवेदनात्मक काव्य की पीठिका बन गए हैं। इसके साथ ही उनके हास्य, व्यंग्य और विनोद के अनेकानेक निदर्शन—'कुकुरमुत्ता' आदि के रूपात्मक और वस्तुमूलक प्रयोग—भी उनकी काव्य-रचना में विद्यमान हैं। ये सब निराला के भाव-विस्तार के परिचायक उपकरण हैं।

दूसरी ओर निराला जी ने भाषा सम्बन्धी वैविध्य की अनेक रूपरेखायें प्रस्तुत

की हैं। भाषा के क्षेत्र में निराला एकदम निराले हैं। उनकी-सी भाषा-प्रयोग की अबाध गति अन्यत्र दिखाई नहीं देती। आरम्भ में उन्होंने संस्कृत-हिन्दी-मिश्रित गतिशील और परिष्कृत काव्य-भाषा के उदाहरण उपस्थित किये। कहीं इस परिनिष्ठित भाषा में संस्कृत-पदावली का बाहुल्य है, तो कहीं हिन्दी की ठेठ पद-रचना अपने विशेष वैभव में है। आगे चलकर निराला ने अपने उदात्त काव्य के लिये अधिक संस्कृत-प्रचुर प्रयोग किये हैं, जिन्हें हम 'राम की शक्ति-पूजा', 'तुलसीदास' आदि में देखते हैं। उन्होंने हिन्दी और उर्दू के सम्मिलित प्रयोगों का पथ भी अपनाया, यद्यपि इस दिशा में वे बहुत दूर तक आगे नहीं गये। अपनी काव्य-रचना के अन्तिम वर्षों में उन्होंने फिर एक नयी काव्यभाषा का प्रतिमान निर्मित किया, जिसमें ठेठ हिन्दी की सरलता, विशदता और उक्तिसामर्थ्य है। इन विभिन्न भाषा-प्रयोगों में निराला जी का इतना अधिकार रहा है कि उनकी कृतियों में कहीं भी अशक्तता दृष्टिगत नहीं होती, बल्कि कहा जा सकता है कि उन्होंने शब्द-चयन और वाक्य-योजनाओं में क्रमागत भूमिकाओं को नया विस्तार दिया है। कुछ वर्ष पहले जो निराला-काव्य की क्लिष्टता कही जाती थी, आज वह उनका ऐश्वर्य माना जाता है।

काव्य-रूपों के क्षेत्र में निराला-काव्य अत्यधिक समृद्ध है। उनके से सुविन्यस्त गीत हिन्दी-काव्य में विरलता से उपलब्ध होंगे। छोटे प्रगीतों में, जिनमें से अनेक मुक्त छंद में लिखे गये हैं, निराला का कौशल दर्शनीय हुआ। 'संध्या-सुन्दरी', 'विधवा', 'भिक्षुक' आदि उनके प्रारम्भिक प्रगीत अन्विति के उत्कृष्ट उदाहरण हैं। दीर्घ प्रगीतों में भी निराला की अबाध गति रही है, यद्यपि इस क्षेत्र में उनके कुछ प्रगीत वर्णनात्मक और इतिवृत्त-प्रधान हो गए हैं। 'सरोज स्मृति' दीर्घ प्रगीत का श्रेष्ठतम और समतल उदाहरण है। दीर्घ प्रगीतों से और भी आगे बढ़कर निराला जी की 'राम की शक्ति-पूजा' और 'तुलसीदास' जैसी प्रबन्धमूलक काव्य-रचनायें भी पाई जाती हैं। इन प्रबंधों का विन्यास काव्य-रूप की दृष्टि से इतना सधा हुआ है कि उसमें प्रगीत की समस्त अन्विति भी उपलब्ध हो जाती है। फलतः समीक्षकों ने अब भी यह निर्णय नहीं किया कि ये रचनायें प्रबन्ध काव्य की श्रेणी में रखी जायें, या दीर्घ प्रगीत मानी जायें।

कलापक्ष की इस समृद्धि के साथ जब हम निराला के भाव-जगत् में प्रवेश करते हैं, तो हमें प्रसन्न, स्वस्थ और उदात्त भावलोक के दर्शन होते हैं, जिसमें एक सामाजिक क्रांति का स्वर भी मिला हुआ है। निराला-काव्य में यह क्रांति भावना उन्हें एक प्रगतिशील कवि का महत्त्व भी देती है। सामाजिक भूमिका पर नारी और पुरुष की समानता का पूरा प्रत्यय उनके काव्य में पाया जाता है। बाह्य वैषम्यों के प्रति उनकी दृष्टि विद्रोहात्मक है। अपने इस प्रगतिशील स्वर में निराला की काव्य चेतना समसामयिक सभी कवियों से प्रखर है। परन्तु अन्यत्र निराला सौम्य और संयत शृङ्गार से कवि हैं। उनकी शृङ्गारिक भावना में किसी प्रकार की वैयक्तिक कुण्ठा या खिचाव नहीं है। निराला के शृङ्गारिक चित्रों में स्वस्थता का गुण सर्वत्र पाया जाता है। कदाचित् इस स्वस्थता के कारण ही निराला छायावादियों की ऐकांतिकता की ओर नहीं गए। उन्होंने वीर, शांत और हास्य रस तक की भावभूमियों का परिदर्शन

किया है। जहाँ तक निराला के वीर काव्य का प्रश्न है, उसकी ओजस्विता सर्वविदित है। इस ओजस्विता की सृष्टि के लिए उन्होंने अनुरूप भाषा का निर्माण किया था। निराला इस युग के प्रशस्त और उदात्त भावना के कवियों में अन्यतम कहे जा सकते हैं।

श्री जयशंकर प्रसाद का काव्य एक वैयक्तिक वेदना के मूल स्रोत से समन्वित है। इस वेदना की गहराइयों के अनुरूप ही प्रसाद के काव्य का क्रम-विकास देखा जा सकता है। उनकी आरम्भिक रचनाओं में इस वेदना के कुछ अस्पष्ट चित्र मिलते हैं, परन्तु 'आँसू' में प्रसाद ने उस वैयक्तिक वेदना को पूरी तरह निरावृत्त कर दिया है। रूपवर्णन की जो विशिष्टता प्रसाद में पाई जाती है, अन्यत्र दुर्लभ है। इंद्रिय संवेदनाओं की मूल भूमिका से उत्थित होकर प्रसाद का रूप-वर्णन रहस्यवादी ऊँचाइयों तक पहुँचा है। प्रेम और सौन्दर्य के शारीरिक उपादानों से लेकर अतिशय आध्यात्मिक भाव-स्तर पर ले जाने का श्रेय प्रसाद को ही दिया जा सकता है। इस प्रेम और सौन्दर्य की समग्रता प्रसाद के 'कामायनी' महाकाव्य में पूर्णतः प्रतिफलित हुई है। मनु के चरित्र की समस्त उच्छृङ्खलता, उद्वेग, उसकी सारी अतृप्ति और असंतोष, 'कामायनी' काव्य के आरभिक सर्गों में व्यक्त हुई है। मनु की महत्वाकांक्षायें भी उसकी अभावात्मक मनःस्थिति का ही परिणाम हैं। दूसरी दिशा में श्रद्धा या कामायनी है, जो नारी के समस्त संयम और कल्याण भावना की प्रतिनिधि है। प्रसाद ने श्रद्धा और मनु, नारी और पुरुष के छाया आलोक में 'कामायनी' काव्य के बहुरंगी चित्र सर्जित किये हैं। मनु का प्रत्यावर्तन और उसकी उद्वेग शान्ति के लिए भी प्रसाद जी ने श्रद्धा का ही प्रयोग किया है। 'कामायनी' काव्य के अनेकानेक पक्ष हैं, नाना व्याख्यायें हैं, पर उसकी मूल भाव भूमिका प्रसाद जी के निजी व्यक्तित्व का ही महान प्रतिक्षेपण है। आधुनिक युग के किसी अन्य कवि में प्रतिक्षेपण की यह अद्वितीय शक्ति नहीं पाई जाती है। 'लहर' के प्रगीतों में प्रसाद की प्रतिक्रिया अधिक स्वच्छ हो गई है। 'प्रलय की छाया' में उन्होंने कमला के माध्यम से ऐसे चरित्र की उद्भावना की है, जो सौन्दर्य गर्व की साक्षात् प्रतिमूर्ति है, परन्तु जीवन की अनेक संधियों और मोड़ों को पार करती हुई एक महान् पश्चात्ताप में पर्यवसित हुई है। प्रेम और सौन्दर्य की समग्र परिकल्पना प्रसाद-काव्य की विशेषता है। प्रसाद की काव्य वाणी में जो मार्दव प्राप्त होता है, वह आधुनिक युग के किसी अन्य कवि में नहीं।

कला की आकृतिमूलक और बहिरंग योजनाओं में प्रसाद के समक्ष संस्कृत-काव्य का अशेष आधार और आदर्श रहा है। अपनी 'जयशंकर प्रसाद' शीर्षक पुस्तक में मैंने 'अभिज्ञान शाकुन्तल' की वस्तु-योजना से 'कामायनी' की वस्तु-योजना की समानता और अनुरूपता देखने का प्रयत्न किया है। दोनों ही सृष्टियाँ आशा और प्रमोद के वातावरण से आरम्भ होकर नियति के गम्भीर प्रवाह में उतरती दिखाई देती हैं और फिर एक अनोखी प्रत्यभिज्ञा से परिचालित होकर स्वर्गीय आनन्द की भूमिका पर पहुँचती हैं। दोनों कृतियों में यह वस्तु-योजना इतनी समरूप है कि इसकी ओर ध्यान न जाना संभव ही नहीं अलंकृतियों की विशेषताएँ भी प्रसाद में संस्कृत

काव्य की अशेष राशि से प्रतियोजित हैं। प्रसाद को जब भारतीय संस्कृति का कवि कहा जाता है, तब उसका अर्थ केवल भारतीय दर्शन में देखना पर्याप्त नहीं है। प्रसाद के समस्त काव्य-सृजन में भारतीय काव्य परम्परा का मूल्यवान प्रदेय सन्निहित हैं, परन्तु प्रसाद ने अपनी अतिक्रमांक प्रतिभा के द्वारा इस परम्परा को सभी दिशाओं में आगे भी बढ़ाया है। प्रसाद-काव्य की लाक्षणिकता उनकी अपनी विशेषता है। इसकी दीप्ति उनके काव्य को चतुर्दिक आलोकित करती है।

प्रसाद की काव्य-भाषा समरूप और समरस है। उसमें निराला की भाँति प्रयोगों का बाहुल्य नहीं। जहाँ कहीं प्रसाद को उदात्त भावना की व्यंजना करनी पड़ी है, वहाँ उन्होंने भाषा के बदले छन्द योजना की सहायता ली है और वीर रस के वर्णन में तो वे प्रायः निःसहाय हो गये हैं। 'शेरसिंह का शस्त्र-समर्पण' जैसी कविता में भी वीर भाव की अपेक्षा विगर्हणा की मनोभावना प्रमुख रूप से निर्मित हुई है। हास्य, रौद्र और भयानक रसों की अपेक्षा प्रसाद की काव्य-भाषा वियोग शृङ्गार और करुण रस से अधिक उपयुक्त बन सकी है। प्रसाद की भाषा में लाक्षणिक प्रयोगों के बाहुल्य की चर्चा हम ऊपर कर चुके हैं। वक्रोक्ति बहुत लाक्षणिक पदावली की योजना से प्रसाद की भाषा एक अभिनव भंगिमा से समन्वित हो सकी है।

प्रसाद और निराला की तुलना? ऊपर हम इन दोनों कवियों की जिन पृथक् पृथक् विशेषताओं का उल्लेख कर चुके हैं, उनसे उनकी प्रकृति और प्रवृत्ति की भिन्नता का कुछ आभास मिल गया है। इस भिन्नता के रहते हुए तुलना के लिए अधिक अवकाश ही कहाँ है? कितने आश्चर्य की बात है कि वैयक्तिक अनुभूति की प्रमुखता और प्रबलता रखनेवाले कवि प्रसाद ने एक महाकाव्य लिख डाला जबकि वे मूलतः श्रेष्ठ प्रगीतों के रचयिता की प्रतिभा रखते थे। कदाचित् यही कारण है कि 'कामायनी' प्रगीतात्मक भावनाओं का महाकाव्य कहा जाता है, और यह भी कम आश्चर्य की बात नहीं कि निराला जैसे निःसंग, तटस्थ और वस्तुमुखी सौन्दर्य द्रष्टा कवि ने कोई महाकाव्य न लिखकर लघु-दीर्घ प्रगीतों में ही अपनी सम्पूर्ण काव्य-रचना की है। वे प्रगीत इतनी स्वच्छ और उदात्त भावना का प्रतिफल करते हैं, जबकि प्रगीत काव्य मूलतः वैयक्तिक भावात्मक द्वन्द्वों की क्रीड़ाभूमि है। निराला के प्रगीतों का बाह्य कौशल और तराश भी किसी विषयप्रधान कवि का प्रदेय नहीं है। उसमें सर्वत्र एक 'क्लासिकल' पूर्णता प्राप्त होती है। अपने कई प्रगीतों में तो निराला महाकाव्योचित सौन्दर्य की दृष्टि भी करते हैं। इस प्रकार प्रसाद का महाकाव्य तो प्रगीतात्मक शैली का एक अप्रतिम उदाहरण है, और निराला के प्रगीत महाकाव्य की स्वच्छता और उदात्तता से सम्पन्न है। यह विरोधाभास इस युग की काव्य-रचना की एक स्मरणीय विलक्षणता है। दूसरी ओर हम यह भी देखते हैं कि निराला के अधिकांश प्रगीत सामूहिक भावना और रस की भूमि पर संस्थित हैं, जबकि प्रसाद का महाकाव्य 'कामायनी' वैयक्तिक मनोभावों और परिस्थितियों के संघर्ष और द्वन्द्व पर संस्थित है। रसात्मकता प्रबन्ध काव्य का गुण है, पर वह निराला के प्रगीतों में अपनी सम्पूर्ण विशदता में उपलब्ध है। मनोभावनाओं का ऊहापोह प्रगीत काव्य की विशेषता है, परन्तु कुछ 'कामायनी'

के विशेष प्रबन्ध में सफलता से संयोजित है। यह एक दूसरा उल्लेखनीय विरोधाभास है। वैयक्तिक प्रेरणाओं से उद्भूत काव्य में किसी समय दर्शन की नियोजना सामान्यतः सम्भव नहीं होती। परन्तु प्रसाद के काव्य में और विशेषतः 'कामायनी' में एक संपूर्ण दर्शन की नियोजना हुई है। यह इस युग के हिन्दी काव्य का सबसे बड़ा चमत्कार है जिसका श्रेय प्रसाद को सर्वांशतः प्राप्त है। निराला स्वयं एक श्रेष्ठ दार्शनिक हैं, परंतु उनके काव्य में दर्शन का भार कहीं दिखाई नहीं देता। उसका प्रसन्न व्यक्तित्व उनके शृङ्गार प्रधान गीतों में प्रतिफलित हो गया है। अतिरिक्त दार्शनिकता को एक किनारे रखकर निराला ने सौन्दर्य की ही साधना अपने काव्य में की है। यह एक तीसरा महत्त्वपूर्ण विरोधाभास है। प्रतिभा के इन वैचित्र्यों को देखते हुए प्रसाद और निराला की तुलना का प्रयास अपने आप में असंगत हो जाता है। हम इतना ही कह सकते हैं कि दोनों ही कवि अपनी प्रतिभा में महान अप्रतिम और अपराजेय हैं।

●

आचार्य द्विवेदी की आलोचना-पद्धति और उपलब्धि

शम्भूनाथ सिंह

१

हिन्दी-साहित्य के रंगमंच पर आचार्य हजारीप्रसाद द्विवेदी ने जिस समय अपनी ऐतिहासिक 'भूमिका' लेकर प्रवेश किया उस समय साहित्य के इतिहास और समीक्षा के क्षेत्र में दो प्रकार की विचारधाराएँ एक-दूसरे से टक्कर ले रही थीं। पहली विचारधारा का प्रतिनिधित्व आचार्य रामचन्द्र शुक्ल कर रहे थे, जो साहित्य को युग-सापेक्ष मानते हुए भी संस्कारगत वैष्णव नैतिकता के मानदण्ड से ही सब प्रकार के साहित्य का मूल्यांकन करने में विश्वास रखते थे; दूसरी ओर वे नए आलोचक थे जो छायावादी काव्यधारा के मूल स्रोतों से प्रेरणा ग्रहण करते तथा नवीन मनोविज्ञान और सौन्दर्यशास्त्र का दृष्टिकोण अपनाकर समीक्षा लिखते थे। इस विचारधारा का प्रतिनिधित्व आचार्य नन्ददुलारे वाजपेयी, डा० नगेन्द्र आदि कर रहे थे। गांधी-युग से बहुत-कुछ प्रभाव ग्रहण करते हुए भी आचार्य शुक्ल ने मूलतः सामन्ती आदर्शवाद का अथवा सुधारवादी नैतिक दृष्टिकोण को ही अपनी समीक्षा और मूल्यांकन का मानदंड स्वीकार किया था। इसके विपरीत दूसरी विचारधारा के समीक्षकों पर पूंजीवाद-जनित व्यक्तिवादी जीवन-मूल्यों और व्यक्ति स्वातन्त्र्य की प्रेरणा से उद्भूत सौन्दर्य भावना और जीवनादर्शों का पूरा प्रभाव था। इन दोनों मतवादों में यद्यपि काफी गहराई और व्यापकता थी, किन्तु दोनों की एक बहुत बड़ी कमी यह थी कि उनके पास इतिहास की गतिविधि को पहचानने और साहित्य के साथ उसका सम्बन्ध जोड़ने का कोई वैज्ञानिक साधन नहीं था। इस कारण दोनों ही अपने ढंग की आत्मपरक (सब्जेक्टिव) समीक्षा में लगे रहे। एक में 'लोक मंगल' की भावना हिन्दू राष्ट्रीयता और पुनरुत्थान बनकर रह गई थी तो दूसरे में वैयक्तिक सौन्दर्य चेतना ही 'कला कला के लिए' के सिद्धान्त की सीमा तक पहुँच गई थी। पहला मतवाद महत्तावादी दृष्टि-कोण (क्लासिकल आउटलुक) से अनुप्रमाणित था तो दूसरा रोमानी और प्रभाववादी दृष्टिकोण (रोमांटिक ऐंड इम्प्रेशनिस्ट आउटलुक) से। किन्तु यह तनाव अधिक दिन नहीं रह सकता था। यह वह काल (१९३०-४०) था जब देश में राष्ट्रीयता नवीन अन्तर्राष्ट्रीय भावनाओं से शक्ति ग्रहण करके नया बल और नयी प्रेरणा लेकर नव-जीवन धारण कर रही थी और पूंजीवादी तथा सामन्तवादी भ्रम का कुहरा फट रहा

था। अतः उपर्युक्त दोनों दृष्टिकोणों की सीमाएं भी स्पष्ट होने लगीं। इसी समय हिन्दी-साहित्य के इतिहास और समीक्षा के क्षेत्र में दो नये दृष्टिकोण सामने आए। पहला ऐतिहासिक, सामाजिक और सांस्कृतिक दृष्टिकोण अथवा मानवतावादी समाजशास्त्रीय दृष्टिकोण था और दूसरा था मार्क्सवादी समाजशास्त्रीय दृष्टिकोण। पहले का प्रारम्भ आचार्य हजारीप्रसाद द्विवेदी ने किया और दूसरे का डॉ० रामविलास शर्मा, शिवदानसिंह चौहान आदि ने।

आचार्य हजारीप्रसाद द्विवेदी की हिन्दी-साहित्य की सबसे बड़ी देन यह है कि उन्होंने हिन्दी-समीक्षा को एक नयी, उदार और वैज्ञानिक दृष्टि दी है। इसके पूर्व डॉ० पीताम्बरदत्त बड़थ्वाल जैसे खोजियों ने इस दिशा में कार्यारम्भ अवश्य किया था, किन्तु उनके पास वह मानवतावादी उदार दृष्टिकोण नहीं था जो परम्परा और शास्त्र की विवेचना और निष्कर्षों को वर्तमान जीवन में संयोजित करता और इस प्रकार आलोचक को साहित्य का ही नहीं मानव समाज का भी पथ-प्रदर्शक बनाता है। द्विवेदी जी के पास वह दृष्टिकोण है जो उनके विशाल भारतीय वाङ्मय के अध्ययन-मन्थन, वर्तमान विश्व-समाज की समस्याओं और प्रश्नों के चिन्तन-मनन तथा शान्तिनिकेतन के वातावरण और रवि बाबू तथा आचार्य क्षितिमोहन सेन जैसे उदार व्यक्तित्व वाले मनीषियों के सम्पर्क से निर्मित हुआ है। वस्तुतः द्विवेदी जी हिन्दी के क्षेत्र से भारतीय वाङ्मय के क्षेत्र की ओर नहीं गये हैं, बल्कि भारतीय वाङ्मय के भीतर से गुजरते हुए हिन्दी के क्षेत्र में आ पहुँचे हैं और उसमें अपने विशाल ज्ञान की सुविधाओं के साथ उन्होंने अपना एक सुनिश्चित स्थान बना लिया है। यही कारण है कि पूर्ववर्ती आलोचना से उनकी दृष्टि भिन्न है। द्विवेदी जी ने उस ऐतिहासिक और समाजशास्त्रीय समीक्षा-पद्धति की नींव डाली है जो साहित्य को अपने आप में स्वतन्त्र मानकर नहीं चलती, बल्कि उसे संस्कृति की जीवनधारा का एक महत्त्वपूर्ण अंग मानती है। संस्कृति को वे शाश्वत या एकदेशीय वस्तु नहीं मानते; उनके अनुसार वह प्रगतिशील, परिवर्तनशील और परम्परा-नैरन्तर्य से मुक्त है। इस तरह अनिवार्यतः साहित्य भी, संस्कृति का अंग होने के कारण, परिवर्तनशील किन्तु प्रगतिशील है। इस सम्बन्ध में उनका कहना है कि "मनुष्य की जीवन-शक्ति बड़ी निर्मम है। वह सभ्यता और संस्कृति के वृथा मोहों को रौंदती चली आ रही है....देश और जाति की विशुद्ध संस्कृति केवल बात की बात है। शुद्ध है केवल मनुष्य की दुर्दम जिजीविषा। वह गंगा की अबाधित-अनाहत धारा के समान सब कुछ को हजम करने के बाद भी पवित्र है।"[१]

: २ :

इस तरह तत्कालीन सामाजिक परिस्थिति में सांस्कृतिक गतिविधि, लोक-जीवन, राजनीतिक हलचल आदि के बीच रखकर ही साहित्य का परीक्षण करना

१. अशोक के फूल, पृष्ठ ८

साहित्य-समीक्षा की समाजशास्त्रीय पद्धति है। कहना नहीं होगा कि हिन्दी-समीक्षा के क्षेत्र में इस दिशा में पहला कदम उठानेवाले आचार्य द्विवेदी हैं। आचार्य रामचन्द्र शुक्ल ने साहित्य के इतिहास और आलोचना के सम्बन्ध में जो मानदण्ड स्थिर किया था, उससे द्विवेदी जी का मानदण्ड बिल्कुल भिन्न है; वस्तुतः ये दोनों आचार्य साहित्य को दो दिशाओं और दो भिन्न दृष्टियों से देखते हैं। शुक्ल जी ने अपनी तर्क-शैली की निपुणता, विचारों की अन्विति और दृढ़ता तथा सूक्ष्म साहित्यिक दृष्टि के बावजूद उन तमाम स्रोतों और प्रभावों की अपेक्षा की है जिनका सम्यक् उद्घाटन और विवेचन द्विवेदी जी ने किया है। शुक्ल जी ने यदि हिन्दी-साहित्य को उसका इतिहास दिया है, तो द्विवेदी जी ने सचमुच उस साहित्य की भूमिका प्रस्तुत की है। और इस तरह उनके अधूरे कार्य को पूरा किया है। वस्तुतः ये दोनों व्यक्तित्व एक-दूसरे के पूरक हैं, प्रतिद्वन्द्वी नहीं।

इस सम्बन्ध में ध्यान देने की एक बात यह है कि शुक्ल जी ने अपने इतिहास में सामाजिक, ऐतिहासिक, धार्मिक और अन्य सांस्कृतिक पृष्ठभूमियों को अपेक्षाकृत कम महत्व तो दिया ही है, विभिन्न कालों के साहित्य के मूल्यांकन में उन्होंने तटस्थता भी नहीं बरती। उदाहरणार्थ भक्तिकाल में उन्होंने सगुण मार्ग की रामभक्तिशाखा और निर्गुण मार्ग की प्रेमाश्रयी शाखा के विवेचन में जितना रस लिया और उनकी जितनी विशद विवेचना की है, उतनी ज्ञानाश्रयी शाखा और कृष्णभक्तिशाखा की नहीं। इसका कारण उनका वह वैष्णव संस्कार और दार्शनिक विचारधारा है, जिसकी अभिव्यक्ति उनके विभिन्न ग्रन्थों और निबन्धों में हुई है। साथ ही वे लोकमंगलवादी और रसवादी आलोचक भी थे। इन दोनों कारणों से साहित्य के प्रति उनकी विशेष धारणा थी, जिसका आदर्श रूप उन्हें तुलसी में प्राप्त हुआ था। इसी पूर्वाग्रह के साथ उन्होंने प्रत्येक कवि और प्रत्येक युग के साहित्य पर विचार किया है। अतः यह निश्चित था कि वे कबीर आदि सन्त कवियों के प्रति तटस्थ और उदार दृष्टि नहीं अपना सकते थे। अपभ्रंश के सम्बन्ध में भी उनकी यही धारणा थी। उनके अनुसार निर्गुण सन्त और सिद्ध कवि साम्प्रदायिक और धर्मचालित अधिक थे, उनमें सामाजिक सद्भावना और सहृदयता की कमी थी और उनकी "बानी में लोक-धर्म की अवहेलना छिपी हुई थी।" साहित्य के इतिहासकार और समीक्षक के लिए जिस तटस्थता और उदारता की आवश्यकता होती है और जिसकी शुक्ल जी में अपेक्षाकृत कमी है, वह द्विवेदी जी में पूर्ण रूप से दिखलाई पढ़ती हैं। द्विवेदी जी के समूचे साहित्य में पूर्वाग्रह जैसी चीज कहीं नहीं दिखलाई पड़ती। 'सूर-साहित्य' और 'मध्यकालीन धर्म-साधना' में कृष्णभक्तिशाखा के सम्बन्ध में उन्होंने उसी विशदता और तन्मयता से विचार किया है जिस तरह 'कबीर' और 'हिन्दी-साहित्य की भूमिका' में सन्तों की निर्गुण धारा पर। इसी प्रकार रीतिकाल के सम्बन्ध में भी उन्होंने अपनी पद्धति से सम्यक् विचार किया है और उसे प्राचीन भारतीय साहित्य की परम्परा के मेल में रखकर देखा है।

शुक्ल जी ने मध्यकाल के जिस लोक-धर्म की बात कही है, वस्तुतः वह लोक-

धर्म नहीं, हिन्दू-समाज के सवर्ण वर्ग के विशिष्ट लोगों का धर्म था। वस्तुतः लोक-धर्म तो उस विशाल जन-समुदाय का वह आचार-विचार और विश्वास था, जो शिक्षित और विशिष्ट हिन्दू-जनता के धर्म-आचार से बहुत कुछ भिन्न था। दूसरे शब्दों में, पहला समुदाय ब्राह्मण-संस्कृति से प्रभावित था और दूसरा विशाल बहुजन-समाज समग्र संस्कृति की परम्पराओं से आबद्ध था। अतः अपभ्रंश के सिद्ध कवियों, जैन कवियों और बाद के सन्तों ने जिस धर्म-विश्वास की अभिव्यक्ति की है वही तत्कालीन लोक-धर्म और लोक-विश्वासों का सच्चा रूप है। इस दृष्टि से तत्कालीन संस्कृति के स्वरूप और उस काल की सामाजिक-धार्मिक परिस्थितियों का पता लगाने के लिए निर्गुण धारा के कवियों पर विशेष रूप से विचार होना चाहिए था। यह काम द्विवेदी जी ने अत्यन्त सफलतापूर्वक किया है। जिस कविता को शुक्ल जी ने 'जैन-धर्म के उपदेशविषयक' या 'लोक-धर्म-विरोधी' या 'साम्प्रदायिक' और 'शुष्क ज्ञानोपदेश' कहा है; उसी के सम्बन्ध में द्विवेदी जी कहते हैं : "उनमें कई रचनाएँ ऐसी हैं जो धार्मिक तो हैं, किन्तु उनमें साहित्यिक सरसता बनाये रखने का पूरा प्रयास है। धर्म वहाँ कवि को केवल प्रेरणा दे रहा है।....इधर कुछ ऐसी मनोभावना दिखलाई पड़ने लगी है कि धार्मिक रचनाएँ साहित्य में विवेच्य नहीं हैं। कभी-कभी शुक्ल जी के मत को भी इस सम्बन्ध में उद्धृत किया जाता है। मुझे यह बात बहुत उचित नहीं मालूम देती। धार्मिक प्रेरणा या आध्यात्मिक उपदेश होना काव्यत्व का बाधक नहीं समझा जाना चाहिए।....धार्मिक साहित्य होने मात्र से कोई रचना साहित्य की कोटि से अलग नहीं की जा सकती। यदि ऐसा समझा जाने लगे तो तुलसीदास का 'राम-चरितमानस' भी साहित्य-क्षेत्र में अविवेच्य हो जायेगा और जायसी का 'पद्मावत' भी साहित्य-सीमा के भीतर नहीं घुस सकेगा।"[1] सच बात तो यह है अगर केवल शुक्ल जी के रसवाद की दृष्टि से ही साहित्य को देखा जायेगा तो साहित्य की सीमा बहुत संकीर्ण हो जायेगी।

द्विवेदी जी की जीवन-दृष्टि उनके समीक्षा-साहित्य में प्रत्यक्ष या परोक्ष रूप में सर्वत्र अभिव्यक्त हुई है। वे साहित्य को सामान्य जनता के जीवन से विच्छिन्न कोई अलग वस्तु नहीं मानते। मनुष्य को जीवन के केन्द्र में प्रतिष्ठित करके ही उन्होंने समूचे साहित्य को देखने का प्रयत्न किया है। यह मनुष्य समग्र और मुक्त, एक इकाई के रूप में, है; विभिन्न वर्णों-वर्गों, धर्मों-सम्प्रदायों, जातियों-राष्ट्रों आदि की सीमाओं में बँटा और बँधा मनुष्य नहीं। उन्होंने प्रमाणों और उदाहरणों द्वारा बराबर यह सिद्ध करने का प्रयत्न किया है कि विभिन्न जातियों और देशों के बीच आदिकाल से सांस्कृतिक तत्वों का आदान-प्रदान होता आया है, क्योंकि सत्य एकदेशीय या एक-जातीय नहीं होता। साहित्य और कला भी ऐसे ही सत्य हैं जिनके सम्बन्ध में द्विवेदी कहते हैं : "मनुष्य के सभी विराट् प्रयत्नों के मूल में कुछ व्यक्तिगत या समूहगत विश्वास होते हैं, परन्तु जब वे उस संस्कारजन्य प्रयोजन की सीमा का अतिक्रमण कर

---

१. हिन्दी-साहित्य का आदिकाल, पृष्ठ ११

जाते हैं तो उसमें मनुष्य की विराट् एकता और अपार जिजीविषा का ऐश्वर्य प्रकट होता है। फिर वह किसी समूह में आबद्ध न होकर मनुष्यमात्र की सम्पत्ति हो जाता है।''[1] इस कथन से यह स्पष्ट है कि वे मानवमात्र की एकता में विश्वास करते हैं और पाश्चात्य संस्कृति तथा पौर्वात्य या भारतीय संस्कृति के भेद को कृत्रिम मानते हैं। कुछ प्रतिक्रियावादी आलोचक संकीर्ण राष्ट्रीयता के जोश में यहाँ तक कहने लगते हैं कि संसार का सब ज्ञान-विज्ञान भारत से ही बाहर गया है, अतः हमें भारतीय संस्कृति को दृढ़तापूर्वक पकड़े रहना चाहिए; ऐसे लोगों के सम्बन्ध में द्विवेदी जी कहते हैं कि ''इस प्रतिक्रिया के कारण इस देश में उन अत्यन्त उत्साहपरायण समालोचकों का आविर्भाव हुआ है जो सब समस्याओं का समाधान एक ही कसौटी पर कसकर करने लगे हैं, 'हमारे यहाँ' ऐसा माना है या 'हमारे यहाँ' ऐसा नहीं माना है। 'हमारे यहाँ' उनका अमोघ ब्रह्मास्त्र है, जिससे किसी को भी धराशायी बनाया जा सकता है। 'पाश्चात्य विचार का प्रभाव' उनका ऐसा बहुधा विघोषित निन्दा-वाक्य है कि जिस किसी विचार को परास्त करने के लिए यह एक वाक्यांश बहुत काफी समझा जा सकता है।'' कहने की आवश्यकता नहीं कि द्विवेदी जी का संकेत शुक्ल जी तथा उनके जैसे इतर विचारकों की ओर है।

मनुष्यता या मनुष्य की एकता के सम्बन्ध में 'साहित्य का मर्म' शीर्षक अपने भाषण में द्विवेदी जी ने बहुत ही वैज्ञानिक ढंग से विचार किया है। मानवतावाद निश्चय ही एक आदर्शवाद है, जिसका प्रतिपादन आदिकाल से बड़े-बड़े महात्मा और महापुरुष करते आये हैं। किन्तु, द्विवेदी जी का मानवतावाद यथार्थोन्मुख मानवतावाद है जो इतिहास और विज्ञान से मुंह मोड़कर चलनेवाला नहीं है। इस मानवतावाद की अभिव्यक्ति उन्होंने 'हिन्दी-साहित्य की भूमिका' और 'कबीर' में इतिहास का आश्रय लेकर की है तो 'साहित्य का मर्म' में वह अभिव्यक्ति ज्ञान और विज्ञान के विविध स्वरूपों के उद्घाटन के माध्यम से हुई है। इसमें उन्होंने स्पष्ट शब्दों में कहा है कि ''काव्य और विज्ञान एक ही मानवीय चेतना के दो किनारों की उपज हैं; वे परस्पर विच्छिन्न नहीं हैं, परस्पर विरुद्ध तो नहीं ही हैं। सौन्दर्यशास्त्र का आलोचक इसी परस्पर असम्बद्ध और विच्छिन्न-सी लगनेवाली रस-प्रेरणा के स्रोतों में सामंजस्य खोजता है।'' अर्थात् साहित्य के आलोचक को विज्ञान और राजनीति-अर्थनीति आदि शास्त्रों से सहायता लेनी ही पड़ेगी, अन्यथा वह साहित्य के मर्म तक नहीं पहुँच सकता है। द्विवेदी जी ने आलोचना के क्षेत्र में साहसपूर्ण कदम उठाकर इतिहास, धर्मविज्ञान, पुराणविज्ञान, प्राच्यविद्या, जीवविज्ञान, मनोविज्ञान, प्रजननशास्त्र, नृतत्त्वशास्त्र, पुरातत्त्वविज्ञान, नीतिशास्त्र, कानून, राजनीतिशास्त्र आदि सबसे भरपूर लाभ उठाया है। भारत के लिए यह कोई नयी बात नहीं है। यहाँ काव्यशास्त्र को वेदान्त, मीमांसा, न्याय, धर्मशास्त्र, कामशास्त्र आदि ने किस सीमा तक प्रभावित किया है, यह साहित्य के साधकों से छिपा नहीं है। अतः आज के युग में ज्ञान-विज्ञान के उन

---

१. साहित्य का मर्म, पृष्ठ ३६

अंगों का, जो पश्चिम से आये हैं, समीक्षा के क्षेत्र में उपयोग करने में क्या बुराई है ? उन्होंने जीवविज्ञान के अध्ययन का निष्कर्ष और साहित्य के लिए उसकी उपयोगिता की चर्चा करते हुए मनुष्यता की परिभाषा इस प्रकार की है : "जो जैसा है उसे वैसा ही मान लेना मनुष्य पूर्व जीवों का लक्षण था, पर जो जैसा है वैसा नहीं, बल्कि जैसा होना चाहिए वैसा करने का प्रयत्न करना मनुष्य की अपनी विशेषता है। इसमें प्रयत्न की आवश्यकता होती है, प्रयत्न मनुष्य का स्वाभाविक धर्म है···लोभ सहजात मनोवृत्ति है, वह पशु और मनुष्य में समान हैं। पर औदार्य, परदुःख-संवेदन उसमें नहीं होते, वह मनुष्य की अपनी विशेषता है।····इसी प्रकार आहार, निद्रा आदि पशु सामान्य धरातल से जो ऊपर की चीज हैं, जो संयम से, तप से, औदार्य से और त्याग से प्राप्त होती है वह मनुष्य की अपनी विशेषता हैं; यही मनुष्य की मनुष्यता है। फिर मनुष्य प्रकृति के नियमों का विश्लेषण करता है और इस प्रकार उनका उपयोग करता है कि जिससे वह नयी सृष्टि कर सके। विवेक, कल्पना, औदार्य और संयम मनुष्यता है और इसके विरुद्ध जानेवाले मनोभाव मनुष्यता नहीं है।"[१]

मनुष्यमात्र की मंगल-भावना और जीवन के प्रति सुप्रतिष्ठित दृष्टि से द्विवेदी जी का तात्पर्य यह है कि साहित्यकार का लक्ष्य मनुष्य का हित-साधन करना है और उसे कला के लिए के निरुद्देश्य और कल्पनाश्रित सिद्धान्त से प्रेरणा नहीं ग्रहण करनी चाहिए। स्पष्ट ही यह दृष्टिकोण उदार और सहिष्णुतापूर्ण होते हुए भी सर्वोदयवादी नहीं है। द्विवेदी जी की सामाजिक चेतना विद्रोह पर आधारित है। पर यह विद्रोह मानवशास्त्र का उसके अथक प्रयत्नों के रूप में, सहज विद्रोह है, जिसका विधाता स्वयं 'इतिहास-देवता' है। अतः द्विवेदी जी ने राजनीतिक नहीं, बल्कि सामाजिक क्रान्ति की इतिहास-सम्मत विचारधारा को विशेष रूप से वाणी दी है। यह क्रान्ति मनुष्य अपने परिवेश के अनुरूप विभिन्न प्रकार से करता आ रहा है; भक्ति और संत-साहित्य उसी क्रान्ति की वाणी है। रवीन्द्र और छायावादी कवियों के साहित्य में भी उसी विद्रोह का स्वर फूटा है और द्विवेदी जी ने उन स्वरों को सुनकर युग की आवश्यकता के अनुरूप उनका मूल्यांकन किया है। किन्तु, वे अन्ध क्रान्ति की बात नहीं करते, वे सहज क्रान्ति चाहते हैं। क्रान्ति का अर्थ वे अतीत की परम्परा से वर्तमान को तोड़ लेना नहीं मानते और न यही मानते हैं कि राष्ट्रों और जातियों की अपनी विशेषताएं कभी नष्ट हो जायेंगी और सब एक साँचे में ढल जायेंगे, यह तो आदर्शवादी या काल्पनिक क्रांति है। इस सम्बन्ध में उनका स्पष्ट मत है : "मेरी अल्प बुद्धि में तो यही सूझता है कि समाज के नाना स्तरों के लिए अलग-अलग ढंग की भाषा होगी, नाना उद्देश्यों की सिद्धि के लिए नाना भाँति के प्रयत्न करने होंगे। सारे प्रतीयमान विरोधों का सामंजस्य एक ही बात से होगा, मनुष्य का हित····हमारे समस्त प्रयत्नों का लक्ष्य एकमात्र वही मनुष्य है। उसको वर्तमान दुर्गति से बचाकर मनुष्य के आत्यन्तिक कल्याण की ओर उन्मुख करना ही हमारा लक्ष्य है, यही सत्य है, यही धर्म है, सत्य वह नहीं जो

---

१. साहित्य का मर्म, पृष्ठ ३८

मुख से बोलते हैं, सत्य वह है जो मनुष्य के आत्यन्तिक कल्याण के लिए किया जाता है।"[1] इस प्रकार द्विवेदी जी की विचारधारा क्रान्तिकारी होते हुए भी उदार, सहिष्णु और सामंजस्यपूर्ण है। वे मनुष्य के चरम हित की कामना करते हुए भी उसे मनुष्य-रूप में ही देखना चाहते हैं, अतिमानव या देवता के रूप में नहीं। इसीलिए उन्होंने विज्ञान के बढ़ते हुए कुप्रभावों, युद्धों और राजनीतिक हठवादिता का भी जगह जगह विरोध किया है।

पहले कहा जा चुका है कि द्विवेदी जी का दृष्टिकोण ऐतिहासिक, वैज्ञानिक और समाजशास्त्रीय है। उनकी इतिहास सम्बन्धी मान्यता साहित्य के पूर्ववर्ती इतिहासकारी अथवा इतिहासशास्त्र के अध्यापकों की मान्यता से बिलकुल भिन्न है। इतिहास को वे गड़ा मुर्दा या विगत तथ्यों का ब्योरा नहीं मानते, बल्कि उसे एक जीवन्त शक्ति मानते हैं जिसे वे इतिहासविधाता या इतिहासदेवता कहते हैं। अतः उनके अनुसार मनुष्य ही इतिहास को नहीं बनाता, बल्कि इतिहास भी मनुष्य को बनाता है। इस प्रकार इतिहास सामाजिक जीवनधारा का प्रवाह है, जो एक ओर तो अपने परिवेश से संघर्ष करके आगे बढ़ता है और दूसरी ओर व्यक्ति को समष्टि में डुबोता रहता है। दूसरे शब्दों में, इतिहास केवल व्यक्ति या मनुष्य का नहीं, बल्कि समाज और उसके परिवेश का होता है अथवा युगविशेष के मानव-समाज और उसके परिवेश के संघर्ष का नाम ही इतिहास है अर्थात् मानव-प्रयत्नों और परिवेश की प्रतिक्रियाओं की अटूट परम्परा ही इतिहास है। वह एक अखण्ड धारा के समान है जिनके प्रवाह में कालान्तर में संस्कृतियों के अनावश्यक मृत तत्त्व नष्ट होते रहते हैं और आवश्यक, उपयोगी जीवन-तत्त्व प्रवाहित होते रहते हैं। इस प्रकार इतिहास ने द्विवेदी जी को सांस्कृतिक नैरन्तर्य का वह अबोध अस्त्र प्रदान किया है। जिसके कारण आदिकालीन और मध्यकालीन हिन्दी-साहित्य में उनका प्रवेश सहज और सुकर हो सका है। साहित्य के इतिहास के सम्बन्ध में उनकी धारणा है कि वह ग्रन्थों और ग्रन्थकारों के उद्भव और विलय की कहानी है: "वह काल-स्रोत में बह आते हुए जीवन्त समाज की विकास-कथा है। ग्रन्थकार और ग्रन्थ उस प्राण-धारा की ओर सिर्फ इशारा ही करते हैं। वे ही मुख्य नहीं हैं। मुख्य है वह प्राण-धारा, जो नाना परिस्थितियों से गुजरती हुई आज हमारे भीतर अपने आपको प्रकाशित कर रही है। साहित्य के इतिहास में हम अपने आपको ही पढ़ने का सूत्र पाते हैं।"[2] इस दृष्टि से द्विवेदी जी ने हिन्दी-साहित्य के इतिहास के पुनर्निर्माण का कार्य सफलतापूर्वक किया है। शुक्ल जी के इतिहास की सीमाओं का उल्लेख ऊपर किया जा चुका है। द्विवेदी जी ने शुक्ल जी द्वारा उपेक्षित युगों और कवियों के सम्बन्ध में जो कार्य किया है, वह अत्यन्त महत्त्वपूर्ण है। 'हिन्दी-साहित्य की भूमिका', 'कबीर', 'हिन्दी-साहित्य का आदिकाल', 'नाथ-सम्प्रदाय', 'मध्यकालीन धर्म-साधना' और 'सूर-साहित्य' द्वारा

---

१. अशोक के फूल, साहित्यकारों का दायित्व।
२. कल्पलता, पृष्ठ १७५

उन्होंने अपनी इतिहास सम्बन्धी मान्यता को रूप प्रदान किया है। हिन्दी-साहित्य के आदिकाल अर्थात् अपभ्रंश और वीरगाथा काल की शुक्ल जी ने अपने इतिहास में जो उपेक्षा की थी, उसके सम्बन्ध में द्विवेदी जी ने लिखा है : खेद की बात है उस दृष्टि की प्रतिष्ठा, जो शुष्क घटनाओं और तिथियों को ही इतिहास समझती है, उसी का यह परिणाम हुआ है कि देश की अन्य महत्त्वपूर्ण परिस्थितियाँ उपेक्षित रह गई हैं। यदि इतिहास का अर्थ मनुष्य-जीवन के अखण्ड प्रवाह का अध्ययन हो तो हिन्दी-साहित्य के आदिकाल का इतिहास एकदम उपेक्षणीय नहीं है, पर दुर्भाग्यवश वह सचमुच ही उपेक्षित रह गया है।"[1] इस प्रकार हम देखते हैं कि इतिहास के प्रति द्विवेदी जी का दृष्टिकोण आत्मगत नहीं, वस्तुगत है; इतिहास और समाजशास्त्र की यही वैज्ञानिक दृष्टि है। द्विवेदी जी ने अपने समूचे साहित्य में इसका पूर्ण उपयोग किया है।

: ३ :

द्विवेदी जी का आलोचनात्मक साहित्य मोटे तौर पर दो भागों में बाँटा जा सकता है—१. इतिहास सम्बन्धी, २. समीक्षा सम्बन्धी। साहित्य के इतिहास के सम्बन्ध में उनकी जो दृष्टि है, उसका विवेचन ऊपर किया जा चुका है। उस दृष्टि से उन्होंने हिन्दी-साहित्य के आदि और मध्यकाल का मूल्यांकन और पुनर्विवेचन किया है। इन कालों से उन्होंने ऐसी अनेक विचारधाराओं और कवियों की विशेषताओं का उद्घाटन किया है जो या तो हाल की शोधों का परिणाम है या जिनकी परम्परा के मूलस्रोतों का, वैदिक साहित्य से लेकर अपभ्रंश-साहित्य तक का आलोड़न करके, लेखक ने स्वयं पता लगाया है और इस तरह हिन्दी-साहित्य के इतिहास के लिए विपुल सामग्री प्रस्तुत की है। 'हिन्दी-साहित्य का आदिकाल' और 'हिन्दी-साहित्य की भूमिका' उनके साहित्य के इतिहास सम्बन्धी ग्रन्थ हैं। इनमें उन्होंने तत्कालीन राजनीतिक, सामाजिक, धार्मिक और सांस्कृतिक परिस्थितियों का विशद विवेचन किया है; जिनमें उस काल का अपभ्रंश और पुरानी हिन्दी का साहित्य विकसित हुआ था। हिन्दी के भक्ति-साहित्य के सम्बन्ध में उनका मत है कि वह एक हतदर्प पराजित हिन्दू-जाति की सम्पत्ति नहीं है और न एक निरन्तर पतनशील जाति की चिन्ताओं का मूर्त प्रतीक है। इस सम्बन्ध में वे कहते हैं कि "अगर इस्लाम नहीं आया होता तो भी इस साहित्य का रूप बारह आना वैसा ही होता जैसा आज है।" अपने मत की पुष्टि के लिए द्विवेदी जी ने ईसा की पहली शताब्दी से लेकर पन्द्रहवीं शताब्दी तक की सांस्कृतिक परिस्थितियों का विश्लेषण किया है और यह सिद्ध किया है कि "सन् ई० के हजार वर्ष बाद यहाँ के सभी सम्प्रदाय, शास्त्र और मत धीरे-धीरे लोकमत में घुल-मिलकर लुप्त हो गए जिसकी स्वाभाविक परिस्थिति का मूर्त प्रतीक हिन्दी-साहित्य है।" इस प्रकार द्विवेदी जी हिन्दी के आदिकाल और भक्तिकाल के साहित्य को मुसलमानी आक्रमण की प्रतिक्रिया नहीं मानते और न वे मतों, आचार्यों, सम्प्रदायों और

---

१. कल्पलता, पृष्ठ १६४

दार्शनिक चिन्ताओं के मानदण्ड से लोक-चिन्ता की माप ही करना चाहते हैं। इसके विपरीत वे लोक-चिन्ता की अपेक्षा में उन्हें देखने की सिफारिश करते हैं और इस निष्कर्ष पर पहुँचते हैं कि "भारतीय पांडित्य ईसा की एक सहस्राब्दी बाद आचार-विचार और भाषा के क्षेत्रों में स्वभावतः ही लोक की ओर झुक गया था। यदि अगली शताब्दियों में भारतीय इतिहास की अत्यधिक महत्त्वपूर्ण घटना—अर्थात् इस्लाम का प्रमुख विस्तार—न भी घटी होती तो भी वह इसी रास्ते जाता। उसके भीतर की शक्ति उसे इसी स्वाभाविक विकास की ओर ठेले लिये जा रही थी, उसका वक्तव्य विषय कथमपि विदेशी न था।"[1] इस प्रकार द्विवेदी जी ने हिन्दी-साहित्य को भारतीय साहित्य-परम्परा का स्वाभाविक विकास और लोक-चेतना का प्रतीक माना है। यह मत पूर्ववर्ती इतिहासकारों के मत से सर्वथा भिन्न है।

इस दृष्टि से देखने पर हिन्दी-साहित्य के अध्येता के लिए उन तमाम स्रोतों का अध्ययन करना भी आवश्यक हो जाता है जिनके द्वारा पिछले हजार वर्षों में हिन्दी-भाषा-भाषी जनता की चेतना का निर्माण और विकास हुआ। द्विवेदी जी ने अपने विशाल अध्ययन के द्वारा यह कार्य आसान कर दिया है। उन्होंने भारतीय समाज में विभिन्न कालों में आकर घुल-मिल जानेवाली विभिन्न जातियों और उनके धर्म, साहित्य, रीति-नीति आदि का समाजशास्त्रीय विश्लेषण किया है और इस तरह तत्सम्बन्धी पूर्व-प्रचलित अनेक भ्रमों का निवारण किया है। उन्होंने विभिन्न सम्प्रदायों, धर्मों और शास्त्रों के ऐसे तत्वों का भी विश्लेषण किया है जिनकी अमिट छाप लोक-चेतना के माध्यम से हिन्दी-साहित्य पर पड़ी है। उनकी 'कबीर,' 'नाथ-सम्प्रदाय,' 'मध्यकालीन धर्म-साधना' और 'प्राचीन भारत के कलात्मक विनोद' नामक पुस्तकों में इस प्रकार के शोध और अध्ययन सम्बन्धी अनेक कार्यों की विवृत्ति दिखलाई पड़ती है। इतिहास सम्बन्धी उनका यह कार्य उनकी इस प्रस्तावना के बिलकुल अनुरूप है : "मेरा अनुमान है कि हिन्दी-साहित्य का इतिहास लिखने के पहले निम्नलिखित साहित्यों की जाँच कर लेना बड़ा उपयोगी होगा, जिनकी अच्छी जानकारी के बिना हम न तो भक्ति काल के साहित्य को समझ सकेंगे और न वीरगाथा या रीतिकाल को—१. जैन और बौद्ध अपभ्रंश का साहित्य, २. काश्मीर के शैवों और दक्षिण तथा पूर्व के तान्त्रिकों का साहित्य, ३. उत्तर और उत्तर पश्चिम के नाथों का साहित्य, ४. वैष्णव आगम, ५. पुराण, ६. निबन्ध-ग्रन्थ, ७. पूर्व के प्रच्छन्न बौद्ध वैष्णवों का साहित्य, ८. विविध लौकिक कथाओं का साहित्य।"[2] कहने की आवश्यकता नहीं कि इन सभी दिशाओं में द्विवेदी जी की गति है, जिसका प्रमाण उनका समूचा साहित्य है।

उपर्युक्त विवेचन से यह स्पष्ट है कि द्विवेदी जी की चिन्ताधारा और सोचने-विचारने की शैली पूर्ववर्ती तथा समकालीन इतिहासकारों और समीक्षकों से बिलकुल भिन्न है। उनका इतिहासकार और समीक्षक-रूप परस्पर इतना घुल-मिल गया है कि

---

१. हिन्दी-साहित्य की भूमिका, पृष्ठ १५
२. अशोक के फूल, पृष्ठ ८६

दोनों को अलग अलग करके देखना असम्भव जैसा है। वस्तुतः वे प्राच्य-विद्याविशारद पाश्चात्य विद्वानों—मैक्समूलर, वेबर, मैकडानल्ड, कीथ, पिशेल, विण्टरनित्स, ब्लूमफील्ड आदि—की दिशा में काम करनेवाले हिन्दी के प्रथम विद्वान् हैं, उनकी पैनी दृष्टि जितनी शोध कार्य में रमती है उतनी अमूर्त समीक्षा के क्षेत्र में नहीं। 'साहित्य का मर्म' ओर 'साहित्य का साथी' में उनके विशुद्ध, आलोचनात्मक विचार अभिव्यक्त हुए हैं, जिन्हें देखकर निस्संकोच कहा जा सकता है कि द्विवेदी जी की तात्त्विक आलोचना की दृष्टि उनके इतिहासकार की दृष्टि से कम सूक्ष्म और तल-प्रवेशिनी नहीं है; हाँ, इस दिशा में अधिक कार्य करने का अवकाश उन्हें नहीं मिल सका है, क्योंकि उनकी सारी शक्ति हिन्दी साहित्य के इतिहास के उपेक्षित अंकों के उद्घाटन की ओर ही लगी रही है। फिर भी अपने इतिहास ग्रंथों और फुटकल निबन्धों में उन्होंने आलोचना की दिशा में भी नये ढंग से विचार किया है। हिन्दी के काव्य रूपों के विकास की ओर और किसी आलोचक ने ध्यान नहीं दिया था। 'हिन्दी साहित्य का आदिकाल' में उन्होंने हिन्दी काव्य रूपों का सूत्र प्राकृत और अपभ्रंश के काव्य रूपों में खोजा है, साथ ही विभिन्न प्रान्तों के साहित्य का हिन्दी साहित्य के साथ सम्बन्ध जोड़कर काव्य रूपों का तुलनात्मक अध्ययन किया है। काव्य-रूढ़ियों और कथानक रूढ़ियों या अभिप्रायों के सम्बन्ध में उन्होंने जो विचार किया है उससे हिन्दी के काव्य रूपों के अध्ययन के क्षेत्र में एक नयी दिशा ही खुल गई है। लोक कथाओं, प्राचीन निजन्धरी कथाओं और लोक-गीतों के मेल में रखकर हिन्दी साहित्य को देखने की यह बिलकुल नयी, किन्तु अत्यधिक सम्भावनाओं से भरी दिशा है। ऐतिहासिक व्यक्तियों के नाम पर काव्य-रचना करने की प्रथा के सम्बन्ध में भी उन्होंने 'हिन्दी साहित्य का आदिकाल' में नये ढंग से विचार किया है जिससे 'पृथ्वीराज रासो' की ऐतिहासिकता के उलझन भरे प्रश्न का बहुत कुछ समाधान हो जाता है। आदि और मध्यकालीन हिन्दी कविता में प्रयुक्त छन्दों और उनकी परम्परा के सम्बन्ध में भी इस ग्रन्थ में विशद विवेचन किया गया है।

: ४ :

पहले कहा जा चुका है कि द्विवेदी जी की विचारधारा आत्मगत और पूर्वाग्रहयुक्त नहीं है। उन्होंने जो कुछ लिखा है, ऐतिहासिक और वैज्ञानिक आधार पर उसे प्रमाणों और उदाहरणों से पुष्ट किया है। अतः उनकी आलोचना में उनका सन्तुलित दृष्टिकोण सर्वत्र दिखलाई पड़ता है। इस सम्बन्ध में उनका मत है कि "सन्तुलित दृष्टि वह नहीं है जो अतिवादिताओं के बीच एक मध्य मार्ग खोजती फिरती है, बल्कि वह है जो अतिवादियों की आवेग तरल विचारधारा का शिकार नहीं हो जाती और किसी पक्ष के उस मूल सत्य को पकड़ सकती है जिस पर बहुत बल देने और अन्य पक्षों की उपेक्षा करने के कारण उक्त अतिवादी दृष्टि का प्रभाव बढ़ा है। उनके विचार से संतुलित दृष्टि सत्यान्वेषी दृष्टि है, जो एक ओर यदि सत्य की समग्र मूर्ति को देखने का प्रयास करती है तो वहीं दूसरी ओर वह सदा अपने को सुधारने और शुद्ध करते

रहने को प्रस्तुत रहती है; वह सभी प्रकार के दुराग्रह और पूर्वाग्रह से मुक्त रहने की और सब तरह के सही विचारों को ग्रहण करने की दृष्टि है।" कहने की आवश्यकता नहीं कि द्विवेदी जी की यह सन्तुलित विचारधारा ही सच्चे अर्थों में वैज्ञानिक समाजशास्त्रीय विचारधारा है और यही हिन्दी-साहित्य को उनकी सबसे बड़ी देन है। वैज्ञानिक समाजशास्त्रीय दृष्टि का अर्थ कुछ लोग यह लगाते हैं कि वह मार्क्सवाद के साँचे में ढली हो, उससे भी आगे जाकर कुछ लोग कम्युनिस्ट पार्टी के अनिश्चित राजनीतिक सिद्धान्तों और कार्यक्रमों के अनुसार साहित्य की रचना और व्याख्या करने को ही वैज्ञानिक समाजशास्त्रीय आलोचना कहते हैं। ऐसे ही लोग द्विवेदी जी को कभी पुनरावर्तनवादी और कभी जातीयतावादी (रेशियलिस्ट) तक कह देते हैं। ऐसे संकीर्ण मतवादी आलोचक यह भूल जाते हैं कि पुनरुत्थानवाद और जातीयतावाद का जितना विरोध द्विवेदी जी के साहित्य में मिलता है उतना अन्यत्र एक साथ शायद ही मिले। स्वयं ऐसे लोगों की समीक्षा-पद्धति के सम्बन्ध में द्विवेदी जी का कहना है कि "प्रगतिशील लेखकों में दो श्रेणी के लेखक हैं। एक तो वे, जो कम्युनिस्ट पार्टी से सम्बन्धित हैं और पार्टी की निर्धारित नीति और अंगुलि-निर्देश पर साहित्य लिखते हैं; दूसरे वे, जो पार्टी से सम्बन्धित नहीं हैं पर इन (मार्क्सवादी) विचारों को मानते और तदनुसार यत्न करते हैं····कम्युनिस्ट पार्टी से जिन साहित्यकारों का सम्बन्ध है उनको पार्टी के निर्देश पर चलना पड़ता है। पार्टी का इस प्रकार स्वतन्त्र चिन्तन के मार्ग में आना हितकर नहीं हो सकता····भविष्य में या तो पार्टी को अपना अंकुश उठा लेना पड़ेगा या प्रथम श्रेणी के साहित्यकारों से वंचित रहना पड़ेगा।"[१] निस्सन्देह ये पंक्तियाँ पूर्वाग्रही और उग्र हठवादी आलोचकों की संकीर्ण राजनीतिक विचारधारा से क्षुब्ध होकर लिखी गई हैं जिसके कारण हिन्दी-आलोचना का अपने स्वाभाविक मार्ग पर विकास नहीं हो रहा है और जिसमें पिछले प्रचार और मार्क्सवाद की मनमानी व्याख्या के अतिरिक्त और कुछ नहीं रहता। द्विवेदी जी ने आलोचना के जिस विद्वत्तापूर्ण, किन्तु सहज, वैज्ञानिक तथा तटस्थ, किन्तु सोद्देश्य मार्ग की ओर अंगुलि-निर्देश किया है वह सर्वथा नवीन होते हुए भी कठिन है; उस पर चलने के लिए पांडित्य और शक्ति की आवश्यकता है। उसे पार करना किसी एक व्यक्ति के बूते का भी काम नहीं है। अनेकानेक खोजियों के सम्मिलित प्रयत्न, उनकी शक्ति, योग्यता और ईमानदारी पर द्विवेदी जी द्वारा निर्दिष्ट लक्ष्य की प्राप्ति निर्भर करती है।

●

---

१. हिन्दी साहित्य, पृष्ठ ४६४

चार निबन्ध

आचार्य हजारीप्रसाद द्विवेदी

१

साहित्य में व्यक्ति और समष्टि

जब हम साहित्य में व्यक्ति और समूह के प्रश्नों पर विचार करने के लिए प्रयत्नशील हैं, तो कुछ ऐसी भाषा तो अपने आप आ उपस्थित होगी, जो नित्यव्यवहार्य भाषा से कुछ भिन्न श्रेणी की होगी। वस्तुतः ज्ञान दोमुंहा पदार्थ है। उसके एक ओर तथ्य है, दूसरी ओर सत्य। सभी तथ्य सत्य नहीं होते। ऐसा कह सकते हैं कि तथ्यों के भीतर सत्य ओतप्रोत होकर वर्तमान रहता है।[1] प्रत्येक व्यक्ति अपनी ज्ञानेन्द्रियों के सहारे कुछ तथ्यों की उपलब्धि करता है और कुछ बातों को उपलब्धियों के सहारे स्मरण करता है। इन्हीं उपलब्धियों और स्मृतियों के ताने-बाने से व्यक्ति की दुनिया बनती है। परन्तु यह दुनिया बदलती रहती है। वैयक्तिक तथ्य-जगत् निरंतर दूसरे लोगों के उपलब्ध तथ्य-जगत् से टकराते हैं और सामान्य तत्त्व छंट छंटकर हमारी ज्ञान-राशि के रूप में परिणत होते रहते हैं। इस प्रकार नित्य हमारे वैयक्तिक उपलब्ध ज्ञान में परिवर्तन और परिवर्धन होते रहते हैं। इससे दो बातें सिद्ध होती हैं—एक तो यह कि व्यक्ति के अन्तःकरण से गृहीत तथ्यात्मक ज्ञान-राशि सम्पूर्ण रूप से वैयक्तिक नहीं होती। वह दूसरों की उपलब्धि और स्मृति से बनी तथ्यात्मक ज्ञान-राशि से टकरा-टकराकर बना हुआ एक ऐसा पदार्थ है, जिसे हम 'अन्तर्वैयक्तिक तथ्य-जगत्' कह सकते हैं। यह कामचलाऊ नाम है। आगे हम इसका ठीक-ठीक नामकरण करने का प्रयत्न करेंगे। फिलहाल हमने इस कामचलाऊ नाम को इसलिए स्वीकार कर लिया है कि अधिक परिचित नाम से बिदककर हमारा चित्त मूल विचारधारा से बिदक

---

१. शास्त्र में कहा है कि सत्य का मुंह हिरण्मय पात्र से—सोने के ढक्कन से—ढँका हुआ है (हिरणमयेन पात्रेण सत्यस्यापिहितं मुखम्)! सोने के ढक्कन को हड़बड़ाकर नहीं खोलना चाहिए। उसे सावधानी से, इत्मीनान के साथ, सँभालकर खोलना चाहिए। एकाएक अनावृत्त सत्य का तेज असह्य होता है। गीता के अर्जुन उसे नहीं सह सकते थे, 'रामचरितमानस' की जगदम्बिका सती भवानी भी उससे अभिभूत हो गई थीं।

न जाये। दूसरी बात यह मालूम होती है कि यह अन्तर्वैयक्तिक तथ्य-जगत् निरन्तर परिवर्धमान और परिवर्तमान पदार्थ है—वह गतिशील है। वह नाना वैयक्तिक तथ्य-जगतों के संघर्ष से स्थिरीकृत 'सामान्य जगत्' है। हमारी ज्ञान-राशि अधिकांश में वैयक्तिक न होकर अन्तर्वैयक्तिक है।

हमारी भाषा इन सामान्य तथ्यात्मक अनुभूतियों को एक व्यक्ति के चित्त से दूसरे के चित्त तक ढोने का साधन भी है और दीर्घकाल से अनेक अन्तर्वैयक्तिक तथ्य-जगत् के संघर्ष से विकसित होनेवाली और संचित होती रहनेवाली ज्ञान-राशि का वाहन है। यह भी गतिशील है। भाषा हमारी सामान्य अन्तर्वैयक्तिक उपलब्धियों के गाम्भीर्य और प्रसार का पता बताती है। जिस जाति का जितना ही अधिक विकास हुआ रहता है, वह उतने ही अधिक सूक्ष्म विचारों को प्रकट कर सकती है। अंधविश्वास में निमग्न जाति की भाषा में वैज्ञानिक तथ्यों को प्रकट करने की शक्ति नहीं होती, और यह जानी हुई बात है कि वैज्ञानिक तथ्यों को प्रकट न कर सकनेवाली भाषा के बोलनेवालों का विकास अपेक्षाकृत कम हुआ रहता है। जहाँ विद्यालयों, सभामंचों और मुद्रक-यन्त्रों के द्वारा व्यक्ति की तथ्यात्मक अनुभूतियों की तरंगें दूसरों को विशाल ज्ञान-राशि से सदा टक्कर खाती रहती हैं, वहाँ विचार का स्रोत प्रबल वेग से बहता रहता है। जहाँ यह बात नहीं है, वहाँ के लोग स्तब्धवृत्तिक और आदिम भावापन्न बने रहते हैं। निरन्तर परिवर्तनशील और परिवर्धमान इन उपलब्धियों के लिखित रूप को ही हम सामान्य रूप से 'साहित्य' कहते हैं। विशेष रूप से साहित्य उपलब्धियों के उस लिखित रूप को कहते हैं, जो हमारी सामान्य मनुष्यता को प्रभावित करती रहती है और भाव के आवेग से वेगवती होकर सामान्य मनुष्य के सुख-दुःख को विशेष मनुष्य—श्रोता या पाठक—के चित्त में संचारित कर देती है। भाषा साहित्य का वाहन है।

भाषा : सामाजिक सम्बन्धों का प्रतीक

आदिम मनुष्य के अन्तर्वैयक्तिक सम्बन्ध बहुत सहज थे, परन्तु धीरे-धीरे इन सम्बन्धों ने नवीन भावनाओं को उत्पन्न किया है, जो आगे चलकर नवीन सम्बन्धों का कारण बनी है। नतीजा यह हुआ है कि मनुष्य की सामाजिक व्यवस्था नित्य जटिल-तर बनती जा रही है। मनुष्य का जीवन स्लेट पर लगाया जानेवाला हिसाब नहीं है कि गलती हुई, तो उसे मिटाकर फिर से ठीक-ठीक हिसाब लगा लिया गया। यहाँ तो जो गलती एक बार हुई, वह निश्चित रूप से जीवन को मोड़ने की क्रिया में अपना प्रभाव छोड़ जाया करती है। नाना प्रकार की गलत-सही कार्यवाहियों ने मनुष्य-जीवन को अनन्य-साधारण बनाया है, उसमें की उलझनों में से प्रत्येक ने सुलझने के बजाय नयी उलझनों को पैदा किया है। जीवन की जटिलतर प्रवृत्तियों को समझना आसान काम नहीं रह गया है। यद्यपि समाज-व्यवस्था बहुत जटिल हो गई है, तथापि अद्भुत विरोधाभास यह है कि उनको प्रतीक-रूप में उपस्थित करनेवाली बातें हमारे लिए अत्यन्त सहज हो गई हैं। हम उनके जटिल रूप को एकदम भूल गये हैं। रुपये

का नोट हमारे सामाजिक जटिल सम्बन्धों का प्रतिनिधित्व करता है। हमारे श्रम और तज्जन्य उत्पादन और इनके वितरण की व्यवस्था अत्यन्त जटिल हो गई है। उसी को प्रतीक-रूप में यह रुपये का नोट उपस्थित करता है। प्रत्येक प्रकार के श्रम के लिए प्रत्येक प्रकार के उत्पादन को यदि श्रम-विनिमय का साधन माना जाता, तो हम इस अवस्था तक आये ही न होते। सभ्यता की यह शानदार सवारी निकल ही न पाती। सौ रुपये का यह कागजी नोट हमारी उलझी हुई सामाजिक व्यवस्था को प्रतीक रूप में उपस्थित करता है। अतिपरिचयवश उसके इस रूप की हम उपेक्षा करते हैं। जिस प्रकार बाजार में हमारे श्रम और उत्पादन के जटिल सम्बन्धों को रुपये का नोट प्रतीक रूप में सामने ला देता है, ठीक उसी प्रकार शब्द हमारी सामाजिक भावनाओं का प्रतिनिधित्व करते हैं। प्रत्येक शब्द किसी अर्थ का प्रतिनिधि होता है और इन विशेष अर्थों के लिए विशेष शब्दों का चुनना हमारी उस अन्तर्वैयक्तिक सामान्य सत्ता के प्रति निष्ठा का सबूत है, जिसके बिना व्यक्ति या समाज का विकास संभव ही न होता। इस प्रकार शब्द हमारे अन्तर्वैयक्तिक सम्बन्धों के प्रतीक हैं। इस सम्बन्ध को अधिक स्पष्ट भाषा में सामाजिक कह सकते हैं। वे इस उद्देश्य से बनाए गए हैं कि एक व्यक्ति की भावना दूसरे के चित्त में आसानी से उतारी दी जा सके। व्यक्ति यदि अपने आप में ही परिपूर्ण होता, तो शब्द द्वारा अर्थ को प्रकट करनेवाली भाषा की आवश्यकता नहीं होती। यह अत्यन्त महत्त्वपूर्ण बात है। जो वन में समाधि लगाया करता है, उसे शब्द की जरूरत नहीं होगी। योगी भी जब भाषा का प्रयोग करता है, तो उसका अभिप्राय यह होता है कि दूसरे के चित्त में कुछ भावनाओं को उतार सके, फिर वे भावनाएँ समाधिकालीन एकान्त के अनुभव की ही क्यों न हों। शब्द द्वारा व्यक्त भाषा मनुष्य के सामाजिक सम्बन्धों का प्रतीक है।

प्रतिभा का प्रादुर्भाव

व्यक्ति जब दूसरे व्यक्तियों के उपलब्ध तथ्यों से अपने ज्ञान-भण्डार को बढ़ाता है, तो धीरे-धीरे उसमें अधिकाधिक उपलब्धि की योग्यता भी बढ़ती रहती है। यह क्रिया वंश-परम्परा से भी चलती रहती है। कुछ व्यक्ति कुछ खास बातों को अधिक उपलब्ध कर लेते हैं, कुछ उपलब्ध ज्ञान को दूसरे के चित्त में ज्यादा आसानी से उतार सकते हैं। इस प्रकार उस वस्तु का प्रादुर्भाव होता है, जिसे हम प्रतिभा कहते हैं। यह सम्पूर्ण रूप से वैयक्तिक नहीं है। भूत-प्रेत और ग्रह-नक्षत्रों के अंध-संस्कार में पली जाति में आइन्स्टाइन नहीं पैदा हो सकते, वन्य कोल-किरातों के समाज में कालिदास नहीं उत्पन्न हो सकते। समाज की सामूहिक पहुँच को ही व्यक्तिविशेष की प्रतिभा सूचित करती है। यह निश्चित समझिए कि इस स्थूल जगत् को छोड़कर मनुष्य रह नहीं सकता; और, वह काव्य लिखे या नाटक, अपने इर्द-गिर्द के वातावरण से अस्पृष्ट नहीं रह सकता। प्रतिभावान कवि अपने इर्द-गिर्द के जगत् से ही अपने काव्य का मसाला संग्रह करता है।

शब्द और अर्थ

यह तो निश्चित बात है कि स्थूल जगत् को छोड़कर मनुष्य नहीं रह सकता और न अपने देश और काल की सीमाओं से अस्पृष्ट रहकर ही कोई शिल्प-सृष्टि कर सकता है। साहित्य भी स्थूल जगत् से विच्छिन्न होकर नहीं रह सकता, क्योंकि शब्द और अर्थ ही उसके शरीर हैं और अर्थ शब्दों द्वारा सूचित बाह्य सत्ता को प्रकट करते हैं। एक व्यक्ति के चित्त के उचित अर्थ को दूसरे के चित्त में प्रवेश कराके ही शब्द सार्थक होता है। भावावेग द्वारा कम्पित और आन्दोलित शब्दार्थ अपने सीमित अर्थ से अधिक को प्रकाशित करता है। शब्द के अभिधेय अर्थ से कहीं अधिक को प्रकाशित करनेवाली शक्ति को प्राचीनों ने नाना नाम देकर स्पष्ट करना चाहा है। सबसे अधिक प्रचलित और मान्य शब्द 'व्यंजना' है। अनुरणन के साथ उसकी तुलना करके उसी भाववेगजन्य कम्पन की ओर इशारा किया गया है। छन्द उस आवेग का वाहन है। छन्दोहीन भाषा में कल्पना और सम्मूर्तन तो हो सकते हैं, पर आवेग का कम्पन नहीं होता। प्राचीन कथाओं की गद्य समझी जानेवाली भाषा में भी एक प्रकार का छन्द है, इस प्रकार की वक्र कम्पनशील नृत्य-भंगिमा है। वे कहानी की इस सीधी बात को कि 'एक था राजा' इतने सरल ढंग से नहीं कहेंगे। कहेंगे—'धनदर्प-कन्दर्प-सौंदर्य सोदर्य हृद्यनिरवद्यरूपो भूपो बभूव।' यह भाषा ही छन्दोमयी है। इसमें छन्द है, लोच है, वक्रता है, जो अर्थ में आवेग भरने का प्रयत्न करते हैं। उपन्यास में ये आवेग कम होने हैं, क्योंकि उसकी भाषा में गद्यात्मकता होती है, परन्तु जहाँ कहीं भी उसमें आवेग का कम्पन आता है, वहीं प्रच्छन्न छन्द भी रहता है। उसका यह मतलब नहीं कि आवेग-कम्पित भाषा न होने के कारण उपन्यास कम महत्त्वपूर्ण साहित्यांग है। उपन्यास भी साहित्य के मुख्य उद्देश्य का उसी प्रकार पूरक है, जिस प्रकार काव्य। अनुप्रास भावावेग के वेग में नृत्य का छन्द जोड़ता है। जब एक ही ध्वनि बार-बार दुहराई जाती है, तो श्रोता आवेग को वक्रिमता से सहज ही प्रभावित हो जाता है। यदि काव्य में से अर्थ-प्रकाशक शब्द हटा दिए जाएँ, तो वह ध्वनि-संगीत बन जाएगा।

वस्तुतः अर्थहीन छन्द-प्रवाह संगीत ही है। संगीत में बाह्य जगत् का उस सत्ता से, जो शब्द द्वारा प्रकाशित होती है, कम से कम योग होता है, ठीक उसी प्रकार जिस प्रकार गणित में उस सत्ता से, जो आवेग-कम्पित स्वर से प्रकाशित होती है, कम से कम योग होता है। चेतना के एक प्रान्त पर संगीत है, दूसरे पर गणित। संगीत में जिसे स्वर कहते हैं, वह एक प्रकार का वेग ही है। बाह्य अर्थों से युक्त होने पर वह आवेग के रूप में प्रकट होता है परन्तु काव्य जिस प्रकार शब्द-प्रकाश्य के अर्थ के द्वारा बाह्य विषय-सत्ता से बँधा रहता है, उस प्रकार संगीत नहीं बँधा रहता। वह अपने आप ही स्पन्दित होता है। ताल उसमें उसी प्रकार की अनुभूति-क्षमता भरता है, जिस प्रकार छन्द आवेग में। काव्य द्वारा और संगीत द्वारा स्पन्दित मानव-चित्त के आवेगों में थोड़ा अन्तर होता है। काव्य में आवेग द्वारा जो स्पन्दन उत्पन्न होता है, वह बाह्य सत्ता से पूर्णतया सम्बद्ध होता है, हम बाह्य घटनाओं की अनुभूति से चालित

होते रहते हैं। काव्य पाठक के सुख-दुःख का आवेग उत्पन्न करता है। दूसरों के सुख-दुःख के साथ संमवेदना होती है और अन्त तक वह सुख-दुःख को अनुभव करने लगता है। इस प्रकार काव्य मनुष्य-मनुष्य के भीतर वर्तमान एकत्व का प्रतिष्ठापक हो जाता है। काव्य प्रमाणित कर देता है कि व्यक्ति मानव के ऊपरी विभेदों के नीचे एक अभेद है, एकता है।

आवेग और कम्पन

विभिन्न आवेगों से भिन्न-भिन्न जाति और आकृति के कम्पन उत्पन्न होते हैं। संगीत से भी उसी प्रकार के कम्पन उत्पन्न होते हैं, जिस प्रकार के कम्पन काव्य से उत्पन्न होते हैं; फिर भी संगीत से उत्पन्न कम्पनों का योग बाह्य सत्ता से कम होने के कारण श्रोता के चित्त में उतनी गाढ़ अनुभूति नहीं होती, जितनी काव्यजनित आवेग के कम्पन से होती है। टोड़ी के आलाप से जो एक प्रकार की उदास और विरह-व्याकुल वेदना चित्त में घुमड़ आती है, वह विश्वजनीन तो होती है, पर अविच्छिन्न या 'एब्सट्रैक्ट' होने के कारण अनुभूति में वह सान्द्रता नहीं ले आ पाती, जो काव्य के करुण रस से उत्पन्न होती है, क्योंकि संगीत की अनुभूति अहेतुक होती है। मनुष्य का चित्त सदैव कार्य-कारण की श्रृङ्खला खोजता रहता है—अनुभूति और वेदना के क्षेत्र में भी। काव्यजन्य अनुभूति की सान्द्रता इस बात का पक्का प्रमाण है कि मनुष्य आवेगचालित अवस्था में कार्य कारण श्रृङ्खला के प्रति आस्था बनाए ही रहता है। जहाँ वह उसे नहीं पाता, वहाँ देर तक जमना नहीं चाहता। यही कारण है कि भक्त कवि भगवान् के साथ व्यक्तिगत सम्बन्ध की कल्पना कर लेता है। जिस काव्य में केवल शब्दालंकार ही झंकार उत्पन्न करता है, अर्थ का भार कम होता है, वह बहुत कुछ उसी प्रकार का असान्द्र अनुभूतिजनक आवेग-कम्पन उत्पन्न करता है, जो संगीत करता है, पर उसमें संगीत की अबाध गति भी नहीं होती और अर्थ जगत् से सम्पूर्ण विच्छेद भी नहीं होता, क्योंकि उसके शब्द बराबर बाह्य सत्ता से श्रोता का सम्बन्ध जोड़ते रहते हैं और स्वर के स्वच्छन्द प्रवाह में बाधा उत्पन्न करते रहते हैं। अर्थ-भार हीन शब्दालंकार न तो काव्य की गाढ़ अनुभूति ही पैदा करते हैं और न संगीत का प्रवाह ही। वे दोनों के केवल घटिया प्रभाव भर उत्पन्न करते हैं। परन्तु जहाँ शब्दालंकार में अर्थ-भार बना रहता है, वहाँ वे काव्यगत प्रभाव में संगीत की सहज गति भर देते हैं। परन्तु अर्थालंकार शब्द के प्राणप्रद और विशेषाधानहेतुक दोनों ही धर्मों में गाढ़ अनुभूति का रस ले आते हैं। हम उनकी सहायता से वक्तव्य के व्यक्तित्व को, गुणों को और क्रियाओं को गाढ़ भाव से अनुभव करते हैं। पदार्थ के विशेषाधानु-हेतुक धर्म—चाहे वे सिद्ध हों या साध्य—सादृश्यमूलक अलंकारों से इस प्रकार सम्मूर्तित होते हैं कि पाठक के चित्त में अनुभूति सहज हो जाती है। वस्तुतः अर्था-लंकार जब आवेग-सहचर होकर आते हैं; तो वाक्य में अधिक उर्जस्वल तेज भर देते हैं, पर जब आवेगहीन होकर आते हैं, तो चमत्कारी उक्ति भर रह जाते हैं। वे उस अवस्था में बिजली की कौंध के समान एक क्षणिक ज्योति विकीर्ण करके अन्तर्धान

हो जाते हैं। यह क्षणिक ज्योति हमारे किसी बड़े काम की नहीं होती, केवल अन्तर की चेतना पर मृदुल आघात करके विलीन हो जाती हैं। मध्यकालीन कवि की अज्ञात-यौवना नायिका ने दब अपनी दासी को ईख की दतुअन ले आने के अपराध पर झिड़का था, तो उसकी सरलता ने ऐसी ही एक क्षणिक ज्योति उत्पन्न की थी। अधर के माधुर्य से दतुअन कहीं भी मीठी होकर ऊख-सी नहीं लगने लगती। इसीलिए इस दोहे में मृदु कम्पन उत्पन्न करने की शक्ति होते हुए भी वह उतना अनुभूति प्रेरक नहीं हो पाया, क्योंकि इस कम्पन का हेतु बाह्य सत्ता से असंपृक्त होने के कारण स्थायी नहीं होता और न अनुभूति को गाढ़ रंग ही देता है। दोहा इस प्रकार है :

अधर परसि मीठी भई, दई हाथ सों डारि।
लावति दतुअन ऊख की, नोखी खिजमतिगारि॥

लेकिन प्रश्न यहीं समाप्त नहीं हो जाता। यह कविता भी एक श्रेणी के लोगों को आनन्द देती है, इसीलिए इसे उपेक्षा की दृष्टि से नहीं देखा जा सकता।

सामाजिक मंगल का विधायक साहित्य

यह सत्य है कि दूसरे के चित्त में प्रभाव उत्पन्न करना ही काव्य का सबसे बड़ा कार्य हैं; अर्थात् काव्य सामाजिक वस्तु है। इसीलिए राजशेखर ने कहा है, आदमी सुसंस्कृत हो तो काव्य तो जैसे तैसे बना ही लेता है, परन्तु पढ़ना तो वही जानता है, जिसको सरस्वती सिद्ध होती है :

करोति काव्यं प्रायेण संस्कृतात्मा यथातथा।
पठितुं वेत्ति स परं यस्य सिद्धा सरस्वती॥

—क्योंकि अच्छे पढ़ने के ढंग का अर्थ छन्दोजन्य आवेग-कम्पन का पूर्ण उपयोग है और इस उपयोग का अर्थ है सामाजिक को काव्यार्थ की पूर्ण उपलब्धि।

जो साहित्य हमारी वैयक्तिक क्षुद्र संकीर्णताओं से हमें ऊपर उठा ले जाये और सामान्य मनुष्यता के साथ एक करके अनुभव कराये, वही उपादेय है। उसके भाव-पक्ष के लिए किसी देशविशेष या कालविशेष की नैतिक आचार परम्परा का मुँह जोहना आवश्यक नहीं है। हमें दृढ़ता से केवल एक बात पर अटल रहना चाहिए, और वह यह कि जिसे काव्य, नाटक या उपन्यास-साहित्य कहकर हमें दिया जा रहा है, वह हमें हमारी पशु सामान्य मनोवृत्तियों से ऊपर उठाकर समस्त जगत् के सुख-दुःख को समझने की सहानुभूतिमय दृष्टि देता है या नहीं। हमें उस 'एक की अनुभूति में सहायता पहुँचा रहा है या नहीं, जिसे व्यक्ति ने अपने अनेक स्वार्थों के बलिदान के बाद उपलब्धि-योग्य बनाया है। जो भी साहित्य इसके बाहर पड़े—अर्थात् हमारी पशु सामान्य वृत्तियों को बड़ी करके दिखाये, हमें स्वार्थी और खण्ड-विच्छिन्न बनाये—हम साहित्य नहीं कह सकते—चाहे जितने बड़े साहित्यिक दल या संप्रदाय का समर्थन उसे प्राप्त हो। साहित्य सामाजिक मंगल का विधायक है। यह सत्य है कि वह व्यक्ति विशेष की प्रतिभा से ही रचित होता है, किन्तु और भी अधिक सत्य यह है कि प्रतिभा सामाजिक प्रगति की ही उपज है। एक ही मनोराग जब व्यक्तिगत सुख-

दुःख के लिए नियोजित होता है, तो छोटा हो जाता है, परन्तु जब सामाजिक मंगल के लिए नियोजित होता है, तो महान् हो जाता है, क्योंकि वह सामाजिक कल्याण का जनक होता है। साहित्य में यदि व्यक्ति की अपनी पृथक् सत्ता, उसकी संकीर्ण लालसा और मोह ही प्रबल हो उठे, तो वह साहित्य बेकार हो जाता है। भागवत में मनोरागों के इन सामाजिक उपयोगों को उत्तम बताया गया है, क्योंकि इससे सबका मूल निषेचन होता है, इससे मनुष्यता की जड़ की सिंचाई होती है :

यद्युज्यतेऽसुवक्षु कर्ममनोवचोभि-
देहात्मजादिषु नृभिस्तदसत् पृथक्त्वात
तैरेव सद्भवति चेत् क्रियतेऽपृथक्त्वात्
(सर्वस्य तद्भवति मूलनिषेचनं यत्।)

२

भारतीय साहित्य की प्राण-शक्ति

भारतीय साहित्य का अध्ययन करनेवाले हर किसी को एक बात लगेगी। वह यह कि इस समूचे साहित्य में 'अकस्मात्' घट जानेवाली कोई बात नहीं पाई जाती। जो बात ग्रीक ट्रेजेडी की जान है वही भारतीय साहित्य में सावधानी के साथ दूर रखी गई है। यहाँ के काव्यों और नाटकों के लेखकों में से अधिकांश की प्रवृत्ति यह रही है कि उसकी कथा लोकविश्रुत हो और उसका नायक और उसकी नायिका प्रसिद्ध वंशजात और इतिहास समर्थित पुरुष-स्त्री हों। विदेशी साहित्य में पाठक की कुतूहली वृत्ति को सदा जागरूक रखने की जो चेष्टा है, भारतीय साहित्य में उसका एकांत अभाव कभी-कभी विदेशी पाठक को खटक जाता है और कभी-कभी आधुनिक शिक्षा प्राप्त भारतीय विद्वान् को भी सदोष जान पड़ता है। इसीलिए भारतीय साहित्य के अध्येता के लिए इस प्रवृत्ति का कारण जान लेना बहुत आवश्यक है। अगर वह इस प्रवृत्ति को नहीं जानता तो भारतीय साहित्य के आधे गुण-दोष को वह नहीं पहचान सकता। उसकी प्रशंसा और उसकी निन्दा दोनों ही समान भाव से उपेक्षणीय होगी। सारे संसार की अपेक्षा भारतवर्ष के साहित्य की एक निश्चित विशेषता है और उस विशेषता का कारण एक भारतीय विश्वास है; यह है पुनर्जन्म और कर्मफल का सिद्धान्त। प्रत्येक पुरुष को अपने किये का फल भोगना ही पड़ेगा। प्रलय भी हो जाये तो भी वह अपनी करनी के फल से मुक्त नहीं हो सकता। महाभारत में कहा गया है कि पूर्व सृष्टि में प्रत्येक प्राणी ने जो कुछ कर्म किया हो, वह कर्म पुनःपुनः सृज्यमान होता हुआ उसे परवर्ती काल में भी मिलेगा ही[1], फिर वह उसे भोगने को तैयार हो या नहीं। समस्त भारतीय साहित्य में पुनःपुनः कर्मबन्ध से मुक्त होने का उपाय बताया गया है। समस्त शास्त्र अपना अन्तिम लक्ष्य जन्म-कर्म के बन्धन से

---

१. महाभारत, शान्तिपर्व, २३१।४८।४९

छुटकारा पाने को कहते हैं। इस सिद्धान्त का जितना व्यापक और जबर्दस्त प्रभाव हिन्दू-संस्कृति, हिन्दू-साहित्य और हिन्दू-जीवन पर पड़ा है, उतना किसी भी और दार्शनिक सिद्धान्त का किसी भी और जाति पर पड़ा है या नहीं, नहीं मालूम।

पुनर्जन्म का सिद्धान्त वैसे तो खोजने पर अन्यान्य देशों में भी किसी न किसी रूप में मिल सकता है, परन्तु कर्मफल-प्राप्ति का सिद्धान्त कहीं भी नहीं मिलता। यह बात इतनी सच है कि पिछली शताब्दी में पण्डितों में यह साधारण विश्वास-सा हो गया था कि जहाँ कहीं पुनर्जन्म का सिद्धान्त है, वहीं वह भारतीय मनीषा की देन है। सुप्रसिद्ध ग्रीक दार्शनिक पाइथागोरस ने पुनर्जन्म के सिद्धान्त को माना है और उसे लेकर प्राच्य विद्या-विशारदों में एक समय में काफी मनोरंजक वाग्युद्ध हो गया है। विलियम जोन्स, कोलब्रुक गार्वे, होपकिंस प्रभृति विदेशी विद्वानों ने स्वीकार किया है कि उक्त सिद्धान्त को पाइथागोरस ने किसी भारतीय पण्डित से ही सीखा था। कुछ यूरोपियन पंडितों को यह भारतीय गौरव पसन्द नहीं। इन लोगों ने यह सिद्ध करने का भरपूर प्रयत्न किया है कि हिन्दुओं ने ही उक्त बात ग्रीक पण्डित से सीखी होगी।[1] प्रो० बर्नेट ऐसे ही विद्वानों में प्रमुख हैं। सुप्रसिद्ध प्राच्य-विद्या-विशारद डॉ० बी० ए० कीथ ने इस विषय पर एक बहुत ही अध्ययनपूर्ण प्रबन्ध लिखा था, जिससे ये इस नतीजे पर पहुँचे थे कि पाइथागोरस के ऊपर किसी भारतीय मत का प्रभाव तो नहीं है, पर निस्संदेह कर्मबन्ध का भारतीय सिद्धान्त अद्वितीय है।[2] जो कोई भी भारतीय धर्ममत और साहित्य को जानना चाहता है, वह इस सिद्धान्त को जाने बिना अग्रसर नहीं हो सकता। देखा जावे, यह सिद्धान्त क्या है!

साधारणत: समस्त भारतीय मनीषियों ने इस गुणमय जगत् पर विचार करके यह निष्कर्ष निकाला है कि इसमें दो अत्यन्त स्पष्ट तत्त्व हैं। एक शाश्वत है, दूसरा परिवर्तनशील; एक सदा एकरस है दूसरा नाशमान्; एक चेतन है, दूसरा जड़। मतभेद तब शुरू होता है, जब उनके संबंधों पर विचार किया जाता है। एक तरह के पंडित हैं, जो इन दोनों तत्त्वों को स्वतन्त्र मानते हैं; इन दोनों का सम्बन्ध केवल योग्यता का सम्बन्ध है; परन्तु दूसरे आचार्य हैं, जो मानते हैं कि वस्तुतः इन दोनों की सत्ता नहीं है, दूसरा पहले की ही शक्ति है। पहले को आत्मा कहते हैं, सांख्यवादी उसे 'पुरुष' कहते हैं और दूसरे तत्त्व को प्रकृति या माया कहते हैं। गीता में भगवान् ने प्रकृति को अपने ही अधीन बताया है और कहा है कि मेरे द्वारा नियोजित होकर ही प्रकृति इस सचराचर सृष्टि को प्रसव करती है (गीता—९, १०)। वेद-बाह्य बौद्धादि सम्प्रदाय के लोग यह मानते हैं कि यह चेतन सत्ता साधना के द्वारा जब प्रकृति के बन्धनों से मुक्त होती है तो उसी प्रकार लुप्त हो जाती है, जिस प्रकार दीपक की लौ, परन्तु इस बात में वे भी विश्वास करते हैं कि शरीर और इन्द्रियादि की अपेक्षा वह वस्तु अधिक स्थायी है। वह सैकड़ों जन्म ग्रहण करने के बाद सैकड़ों शरीरों, इन्द्रियों

1. Early Greek Philosophy (1908) P. 21
2. Journal of Royal Asiatic Society, P. 569

से युक्त हो लेने के बाद निर्वाण की अवस्था को अर्थात् बुझ जाने की अवस्था को प्राप्त होती है।

सांख्यशास्त्रियों के मत से पुरुष अनेक हैं और प्रकृति उन्हें अपने मायाजाल में बांधती है। पुरुष विशुद्ध चेतनास्वरूप, उदासीन और ज्ञाता है। जब तक उसे अपने इस स्वरूप का ज्ञान नहीं हो जाता, तभी तक वह उसके जाल में फँसा रहता है। यह दृश्यमान् जगत् वस्तुतः प्रकृति का ही विकास है।

जो हो, इस विषय में भारतीय दार्शनिकों में प्रायः कोई मतभेद नहीं कि आत्मा नामक कोई स्थायी वस्तु है, जो बाहरी दृश्यमान् जगत् के विविध परिवर्तनों के भीतर से गुजरता हुआ सदा एकरस रहता है। ये पंडित स्वीकार करते हैं कि जब तक ज्ञान नहीं हो जाता, तब तक यह आत्मा जन्म-कर्म के बन्धन से मुक्त नहीं हो जाता। अब प्रश्न यह है कि यदि यह पुरुष या आत्मा उदासीन है, या दुःख-सुख से परे है और चित्स्वरूप है तो जन्म और कर्म के बन्धन में पड़ता कैसे है और मृत्यु के बाद एक जन्म का कर्मफल दूसरे जन्म में ढोकर क्यों ले जाता है? जो निर्गुण है; उसे आधार बनाकर पाप और पुण्य के फल कैसे दूसरे जन्म में पहुँच जाते हैं? क्योंकि यह तो सभी मानते हैं कि कर्मफल जड़ है, अतः उनमें इच्छा नहीं होती, इसलिए यह तो साफ प्रकट है कि वे इच्छापूर्वक आत्मा का पीछा नहीं कर सकते, फिर यह कैसे सम्भव है कि इस जन्म का कर्मफल दूसरे जन्म में मिलता ही है? सीधा जवाब यह है कि ईश्वर इस व्यवस्था को इस ढंग से चला रहा है, परन्तु यह उत्तर युक्तिवादी दार्शनिकों को पसन्द नहीं है। वे उसका और कोई कारण बताते हैं।

इस प्रश्न का उत्तर देने के लिए शास्त्रकारों ने लिंग शरीर की बात बताई है। यह तो निश्चित है कि आत्मा एक शरीर से दूसरे में संक्रमित होता है। गीता में भगवान् ने कहा है कि जिस प्रकार मनुष्य पुराने वस्त्र को छोड़कर नया धारण करता है, उसी प्रकार आत्मा जीर्ण शरीर का परित्याग कर नवीन शरीर धारण करता है। (गीता—२।२२)। इसी प्रकार बृहदारण्यक उपनिषद् में बताया गया है कि जोंक जिस प्रकार एक तृण से दूसरे पर जाते समय पहले अपने शरीर का अगला हिस्सा रखता है और फिर बाकी हिस्से को खींच लेता है, उसी प्रकार आत्मा पुराने शरीर को छोड़कर नये शरीर में प्रवेश करता है। आत्मा को जब अपनी और प्रकृति या माया की वास्तविक सत्ता का ज्ञान हो जाता है, तभी कर्मबन्ध से मुक्त हो जाता है। भगवान् ने गीता में कहा है कि ज्ञान की अग्नि समस्त कर्मों को भस्मसात् कर देती है और ज्ञान से बढ़कर कोई वस्तु पवित्र नहीं है (गीता—४।३७-३८)। उपनिषदों में ब्रह्म को सत्य-स्वरूप, ज्ञानस्वरूप और आनन्द-स्वरूप कहा गया है। (तैत्तिरीय—२।१, बृहदारण्यक—३।६।२२)। ऐसा मानने के कारण समूचा हिन्दी-साहित्य ज्ञान को एक विशेष दृष्टिकोण से देखता है। वह यह नहीं मानता कि ज्ञान की प्राप्ति में मनुष्य नित्य अग्रसर होता जा रहा है। उसकी दृष्टि में चरम ज्ञान अपने आप में ही है। यद्यपि ज्ञान अनन्त है, पर उसका अपना वास्तविक रूप भी वैसा ही है इसलिए चरम और अनन्त ज्ञान को पाना असम्भव तो है ही नहीं, उसके साध्य के भीतर ही

है। हिन्दू साहित्य में इसीलिए नित्य नवीन ज्ञान के अनुसंधान के प्रति एक प्रकार की उदासीनता का भाव है। वह उस विद्या को विद्या ही नहीं मानता, जो मुक्ति का कारण न हो, जो मनुष्य को कर्म-बन्धन से छुटकारा न दिला दे। इस बात ने भी सारे हिन्दू-साहित्य को प्रभावित किया है।

शास्त्रकारों ने कर्म को समझाने के लिए कई प्रकार के भेद किये हैं। 'मनुस्मृति' में कहा गया है कि कायिक, वाचिक और मानसिक, ये तीन प्रकार के कर्म हैं और उनकी गति भी उत्तम, मध्यम और अधम भेद से तीन प्रकार की होती है (मनु—१२३)। शीतातप ने सैकड़ों प्रकार के पापों, उनके फलस्वरूप प्राप्त होनेवाले रोगों का उल्लेख किया है और उनके प्रायश्चित्त का भी विधान किया है। पुराणों में कर्मविपाक के विषय में बहुत-कुछ कहा गया है। गरुड़-पुराण में विस्तृत रूप से अनेक कर्म और तज्जन्य प्राप्य फलों का उल्लेख है। शास्त्रों में साधारणतः तीन प्रकार के कर्म बताये गये हैं—संचित, प्रारब्ध और क्रियमाण। मनुष्य ने जो कुछ कर्म किया है, उसे संचित कर्म कहते हैं। जिस पुराने कर्म के फल को वह भोग रहा है, उसे प्रारब्ध कर्म कहते हैं। जो कुछ वह नये सिरे से करने जा रहा है, उसे क्रियमाण कर्म कहते हैं। ज्ञान होने पर संचित कर्म तो नष्ट हो जाते हैं, पर प्रारब्ध कर्म को भोगना ही पड़ता है। ज्ञान की अग्नि से संचित कर्म जलकर दग्धबीज की तरह निष्फल हो जाते हैं और ज्ञानी प्रारब्ध कर्मों के संस्कारवश उसी प्रकार शरीर धारण किये रहता है, जैसे कुम्हार का चलाया हुआ चक्र दण्ड उठा लेने पर भी वेगवश कुछ देर चलता रहता है। इन बातों में स्वर्ग और नरक के विचार भी सम्मिलित हैं। कर्मबन्ध के दार्शनिक रूप के साथ स्वर्ग-नरक के पौराणिक विचारों का सामंजस्य भी किया गया है। साधारणतः पुण्य कर्म के लिए आत्मा का कुछ दिन तक स्वर्ग में रहना और फिर पुण्य क्षीण होने पर मर्त्यलोक में आ जाना (गीता—९।२०-२१) और इसी तरह पाप-भोग के लिए कुछ दिन नरक में जाना और भोग लेने के बाद फिर मर्त्यलोक में आ जाने की बात भी कही गई है। सांख्यकारिका में बताया गया है (सां० का०—४१) कि धर्म (पुण्य) के द्वारा ऊर्ध्वगमन, अधर्म (पाप) के द्वारा अधोगमन होता है। जान से मोक्ष और अज्ञान से बन्धन होता है। महाभारत में यह एक और विचित्र बात बताई गई है (स्वर्गारोहण पर्व—३।१४) कि जो आदमी अधिक पुण्यशाली होता है, वह पहले अपने स्वल्प पापों को भोगने के लिए नरक में जाता है और जो आदमी अधिक पापी होता है, वह उसी प्रकार अपने स्वल्प पुण्यों को भोगने के लिए पहले स्वर्ग में जाता है और फिर नरक में। कुछ विद्वानों का विचार है कि स्वर्ग-नरक-विचार और मोक्ष-विचार दोनों दो जाति के भारतीय मनीषियों की चिन्ता के परिचायक हैं। पहले विचार वैदिक ऋषियों के हैं और दूसरे वेदबाह्य आर्येतर मुनियों के। उपनिषद् काल में ये दोनों विचार मिलने शुरू हुए थे और काव्य-काल में पूर्ण रूप से मिलकर एक जटिल परलोक-व्यवस्था में परिणत हो गये। जो हो, ऊपर की आलोचना का निष्कर्ष यह है कि—

१. आत्मा अविनश्वर है।

२. चरम ज्ञान प्राप्त किया जा सकता है।

३. ज्ञान प्राप्त किये बिना जीव का छुटकारा नहीं होता।

४. ज्ञान वही है, जो जीवात्मा को कर्मबन्ध से मुक्त कर सके।

५. ज्ञान प्राप्त किये बिना शरीर-त्याग करने पर जीवात्मा अपने साथ लिंग-शरीर और कर्मफलजन्य संस्कारों को ले जाता है।

६. जो करता है, वही भोगता है।

७. ज्ञान-प्राप्ति के लिए 'बुद्धि का शोधन' आवश्यक है। शुभ बुद्धि से ही ज्ञान सम्भव है।

इस शास्त्रीय चर्चा को थोड़ा और भी आगे बढ़ाकर इसके प्रभावों की उत्थापना की जाये। हिन्दू-विश्वास के अनुसार मनुष्य पैदा होते ही तीन प्रकार के ऋणों को अपने साथ लेकर उत्पन्न होता है। (मनु—४।२५७, विष्णु-संहिता—३७) ये तीन ऋण हैं—देव-ऋण, ऋषि-ऋण और पितृ-ऋण। पैदा होते ही मनुष्य को कुछ सुविधाएँ प्राप्त हो जाती हैं। वह अपने शरीर और इन्द्रियों को पाता है, जो उसके समस्त आनन्दोपभोग के लिए आवश्यक साधन हैं। यह अपने माता-पिता से पाता है। इस ऋण को वह और किसी भी तरह नहीं चुका सकता, केवल एक उपाय है और वह यह कि इस धारा को आगे बढ़ा दिया जाये। इसी तरह वह समूचे ज्ञान-विज्ञान को, जिसे प्रत्यक्ष और सुलभ करने के लिए अनेकानेक मनीषियों ने अपने जीवन दे दिए हैं, अनायास ही पा जाता है। इस बात के लिए वह अपने पूर्वतन आचार्यों का अवश्य ऋणी है। इस ऋण को भी वह चुका नहीं सकता। चुकाने का एक उपाय यही है कि ज्ञान-विज्ञान की धारा को वह सुरक्षित रखे और यथासम्भव आगे बढ़ा जाये। अध्ययन-अध्यापन से ही यह कार्य हो सकता है। फिर एक तरह की सुविधा भी मनुष्य को जन्म के साथ ही मिल जाती है। समस्त जगत् की प्राकृतिक शक्तियाँ, जिन्हें प्राचीन आर्य देवता कहते थे, न होतीं तो मनुष्य कुछ भी करने में असमर्थ था। प्राचीनों का विश्वास था कि यज्ञ के द्वारा इन शक्तियों को तृप्त किया जा सकता है। मनु ने इसीलिए कहा है कि गृहस्थ को तीन प्रकार के ऋणों से मुक्त होने के बाद ही मोक्ष में मनोनिवेश करना चाहिये। विधिवत् वेदों का अध्ययन करके, पुत्रों का उत्पादन करके और यथाशक्ति यज्ञों का यजन करके ही मोक्ष की चिन्ता में मनोनिवेश करना चाहिए। इन कार्यों को किए बिना ही मोक्ष की इच्छा रखने वाला द्विज अधःपतित होता है (मनु—६,३५-३७)। महाभारत में भी इन ऋणों की चर्चा है। इन्हें चुकाये बिना मनुष्य के समस्त कार्य अधूरे हैं। इस ऋण सम्बन्धी विश्वास का बहुत बड़ा प्रभाव समग्र भारतीय साहित्य पर पड़ा है। हिन्दू आदर्श के लिए पितृत्व या मातृत्व रुचि का प्रश्न नहीं है, बल्कि आवश्यक कर्त्तव्य है। इसका पालन न होने से पाप होता है, परन्तु पालन करने से कोई पुण्य नहीं होता। हिन्दू शास्त्रों में पुरुष के लिए तो ब्रह्मचर्य का आदर स्वीकृत है और मनु कहते हैं कि विधवाएँ भी पुत्र उत्पन्न किये बिना ही सद्गति पा सकती हैं, उसी प्रकार जैसे ब्रह्मचारी लोग पाते हैं (मनु—

५।१६०)। परन्तु यह वचन ही इस बात का सबूत है कि पुत्रोत्पादन किये बिना सद्गति नहीं होती। जिनकी सद्गति ऐसी अवस्था में हो जाती है, वे अपवाद ही हैं। वस्तुत: हिन्दू-विश्वास के अनुसार मातृत्व स्त्री-जीवन की चरम साधना नहीं है, यद्यपि आजकल के कुछ पंडित हिन्दू-विश्वासों की ऐसी ही व्याख्या करने लगे हैं। मातृत्व और पितृत्व भी चरम साधना का अधिकारी होने की आवश्यक शर्त है। चरम लक्ष्य मोक्ष प्राप्ति है, या और भी सही अर्थों में आत्मज्ञान है। इसी प्रकार अब तक संसार के मनीषियों ने जो कुछ भी ज्ञान अर्जन किया है, उसका अध्ययन-अध्यापन उक्त बात का अधिकारी होने के लिए आवश्यक शर्त है। यही कारण है कि हिन्दुओं के निकट कोई भी ज्ञान उपेक्षणीय नहीं है।

इतिहास इस बात का साक्षी है कि हिन्दुओं ने अपने साहित्य में नाना जाति के ज्ञान-विज्ञान को इस अपनेपन के साथ ग्रहण किया है कि पंडितों को यह निर्णय करने में प्राय: ही अड़चनों का सामना करना पड़ता है कि कौन-सा ज्ञान किस देश से ग्रहण किया गया है। बाहरी विद्वानों के ज्ञान को अपना बनाकर प्रकट करने की कला में कोई भी भारतीयों का मुकाबला नहीं कर सकता। सीरियनों की राशि गणना, ग्रीकों का होरा शास्त्र, अरबों का ताजकशास्त्र, यक्षों की कवि-प्रसिद्धियाँ, आर्येतर जातियों की आध्यात्मिक चिन्ताएँ और देव-कल्पनाएँ इस प्रकार आर्य मनीषियों की चिन्ता-राशि में मिल गई हैं और ऐसी प्राण-शक्ति पाकर जीवन्त हो उठी हैं कि उनको अलग कर सकना आज साहस का कार्य हो गया है। बाहरी ज्ञान को हिन्दू आचार्य ने इतने दर्द के साथ अपनाया है, ऐसा समादर दिया है, इतना मार्जित कर लिया है कि देखनेवालों को आश्चर्य होता है। इसी प्रकार देव-ऋण को चुकाने में भी हिन्दुओं ने कमाल किया है। उसके साहित्य में प्रकृति की प्रत्येक शक्ति इतनी जीवित और सम्पन्न रूप में चित्रित हुई है कि संस्कृत के किसी काव्य में से उसे अलग नहीं किया जा सकता। यह स्पष्ट ही है कि ऐसा करके हिन्दू कुछ धनात्मक कार्य नहीं करता, वह महज ऋणात्मक कर्त्तव्यों का पालन करता है, केवल ऋण चुकाता है।

ऊपर की बातों को संक्षेप में इस प्रकार रखा जा सकता है—

१. पुत्रोत्पादन आवश्यक कर्त्तव्य है। इसके किए बिना पुरुष या स्त्री-ब्रह्मचारी और विधवा के अपवादों को छोड़कर—आत्मज्ञान के अधिकारी नहीं हैं।

२. इसीलिए पुत्रोत्पादन अर्थात् पितृत्व या मातृत्व की प्राप्ति केवल साधन है, साध्य नहीं।

३. ज्ञान—अर्थात् मोक्ष-प्राप्ति के लिए सहायक मानी जानेवाली विद्या—कहीं से भी ग्रहण करना, उसकी रक्षा करना और वृद्धि करना केवल उचित ही नहीं, आवश्यक कर्त्तव्य हैं। यह भी मोक्ष का साधन है।

४. देवताओं या प्राकृतिक शक्तियों को सम्पन्न बनाना आवश्यक कर्त्तव्य है।

यह कहना अनावश्यक जान पड़ता है कि न तो पूर्वार्जित कर्मों के भोग में मनुष्य स्वाधीन है और न ऋण चुकाने के ऊपर कहे हुए कर्त्तव्य-पालन में। एक को उसे भोगना ही पड़ेगा और दूसरे को उसे करना ही पड़ेगा। ऐसी अवस्था में यह

सन्देह हो सकता है कि हिन्दू-विश्वास मनुष्य को सम्पूर्ण निराशावादी और भाग्यवादी बना देता है। ऊपर से देखने पर यह बात गलत भी नहीं मालूम पड़ती और साहित्य में भी इन विश्वासों का सुदूर प्रसारी फल साफ प्रकट होता है। इसने कवियों और शास्त्राध्यापकों की मनोवृत्ति इस प्रकार मोड़ दी है, जिसकी तुलना सारे संसार में नहीं मिलती। हजारों वर्ष के भारतीय इतिहास में जो नीच समझी जानेवाली जातियों ने कभी भी उत्कट विद्रोह नहीं किया; वह इन्हीं विश्वासों को स्वीकार करने के कारण। प्रत्येक व्यक्ति जानता है कि उसके द्वारा संपादित किसी का कर्म-फल दूर नहीं हो सकता। चांडाल अपनो दुर्गति के लिए कर्मफल को दुहाई देता है। और ब्राह्मण अपने उच्च पद के लिए भी कर्म की ही दुहाई देता है। जब प्रत्येक व्यक्ति अपने कर्मफल के लिए आप ही जिम्मेदार है, तो न तो कोई उसे किसी दूसरे के बदले भोग ही सकता है और न उद्योग करके उसके संचित और प्रारम्भ कर्मों को बदल ही सकता है। इस सिद्धान्त ने कर्म के सामूहिक उद्योग के क्षेत्र में हिन्दुओं की बाधा पहुँचाई है और उनकी मनोवृत्ति को विच्छेदप्रवण बनाने में सहायता दो है। इतना ही नहीं, उन्हें जागतिक व्यवस्था के प्रति उदासीन भी बना दिया है। जब प्रत्येक कार्य का निश्चित और न्यायसंगत कारण है तो किसी अन्याय के विरुद्ध विद्रोह करने का सवाल ही नहीं उठता। और जब विद्रोह करने की भावना दब जाती है तो जाति स्थिर भाव से अधःपतन की ओर बढ़ती है। हिन्दू-साहित्य और समाज का यह पहलू सचमुच ही बहुत ही शोचनीय है। परन्तु इसके सिवा भी एक बात है, जो निश्चय ही महान् है।

वह बात है पुरुषार्थों की कल्पना। हिन्दू शास्त्र मनुष्य के लिए केवल कर्मफल-भोग और ऋण चुकाने की ही व्यवस्था नहीं करते, वे कुछ धनात्मक कार्य करने का भी विधान करते हैं। ये धनात्मक कार्य ही पुरुषार्थ हैं। पुरुषार्थ चार हैं—धर्म, अर्थ, काम और मोक्ष। इन्हीं पुरुषार्थों की प्राप्ति के उपाय बताने के लिए समूचा संस्कृत-साहित्य लिखा गया है। जो कुछ भी इस साहित्य में पुरुषार्थ की प्राप्ति के लिए लिखा गया है, वह दुनिया के साहित्य में बेजोड़ है। जो कुछ कर्मफल का और ऋणो के चुकाने का निर्देश देने के लिए लिखा गया है, वह केवल समाजशास्त्री के कुतूहल का विषय है। पुरुषार्थ में सबके श्रेष्ठ पुरुषार्थ—परम पुरुषार्थ—मोक्ष है। मोक्ष के विधायक वेद, उपनिषद्, आरण्यक, दर्शनशास्त्र आदि विषय केवल भारतीय साहित्य की ही नहीं, संसार के साहित्य के गर्व और गौरव की वस्तु हैं। बहुत बाद में वैष्णव आचार्यों ने इन चारों के अतिरिक्त एक पाँचवें पुरुषार्थ की कल्पना की है। यह है भक्ति या भगवद्विषयक प्रेम : 'प्रेमा पुमर्थो महान् ।' और निस्सन्देह इस पुरुषार्थ की प्राप्ति के लिए जो कुछ लिखा गया है, वह अद्वितीय है।

हमारा आलोच्य विषय काव्य क्या है? क्या वह कर्मफल का निर्देशक है, या ऋण चुकाने का व्यवस्थापक, या पुरुषार्थ-निर्देशक? मम्मट कहते हैं कि काव्य यश के लिए लिखे जाते हैं, व्यवहार-ज्ञान के लिए लिखे जाते हैं, अशुभ फल से निवृत्त होने के लिए लिखे जाते हैं; कांतासम्मित उपदेश के लिए लिखे जाते हैं और आसानी से मोक्ष प्राप्त करने के लिए लिखे जाते हैं। अर्थात् काव्य सब पुरुषार्थों का दाता है। यदि

व्यवहार ज्ञान के प्रसंग में मम्मट ने मन ही मन काम नामक पुरुषार्थ को भी याद न कर लिया हो तो कहा जा सकता है कि एक यही पुरुषार्थ काव्य के उद्देश्य से छूट जाता है। काव्य के उद्देश्य से काम नामक पुरुषार्थ का छूटना कुछ आश्चर्यजनक जरूर है।

ऊपर की विवेचना से हम भारतीय साहित्य को अच्छी तरह समझ सकते हैं। भारतीय नाटकों में जो कहीं भी धर्मात्मा व्यक्ति पराजित नहीं होता, कभी भी सद्विचार से अनुप्रमाणित होकर कठिनाइयों से जूझता हुआ हार नहीं जाता, वह इसी कर्मफल की व्यवस्था को मानने से। भारतीय काव्य में जो कवि अपने मनोभावों को अभिव्यक्त करने की अपेक्षा दूसरे के मनोभावों को व्यक्त करने का प्रयत्न करता है, वह अपने आपकी आनंदिनी वृत्ति को पहचानने के लिए। यहाँ कभी यूरोपियन नाटकों की भाँति पापात्मा अपनी कूटबुद्धि से धर्मात्मा को अंत तक पछाड़ने में सफल नहीं होता। हिन्दू कवि का उद्देश्य रस को व्यक्त करना है, वक्तव्य को अभिव्यक्त करना नहीं। अत्यन्त आधुनिक दृष्टि से देखा जाय तो संस्कृत के सर्वश्रेष्ठ नाटककार कालिदास में कितने ऐसे गुण खोजकर नही निकाले जा सकते थे, जिनके द्वारा नाटक की सफलता मानी जाती है। श्री कीथ कहते हैं :

"मानव-जीवन के गम्भीरतर प्रश्नों के लिए कालिदास ने हमारे लिए कोई भी संदेश नहीं दिया है, जहाँ तक हम देख सकते हैं, ऐसे गम्भीर प्रश्नों ने उसके भी मस्तिष्क में कोई सवाल नहीं पैदा किया। ऐसा जान पड़ता है कि गुप्त सम्राटों ने जिस ब्राह्मण धर्मानुमोदित व्यवस्था की महिमा की प्रतिष्ठा की थी, उससे कालिदास पूर्णतया संतुष्ट थे और विश्व की समस्याओं ने उन्हें उद्विग्न नहीं किया। 'शकुन्तला' नाटक यद्यपि मोहक और उत्कृष्ट है, तथापि यह एक ऐसी संकीर्ण दुनिया में चलता-फिरता है, जो वास्तविक जीवन की क्रूरताओं से बहुत दूर है। वह न तो जीवन की समस्याओं का उत्तर देने का ही प्रयत्न करता है और न उसका समाधान ही खोज निकालने का। यह सत्य है कि भवभूति ने दो कर्त्तव्यों के विरोध के अस्तित्व की जटिलता और कठिनता के भाव दिखाये हैं और उस विरोध से उत्पन्न दुःख को भी दिखाया है। पर उनके ग्रन्थों में भी इस नियम का ही प्राबल्य दिखाई देता है कि सब कुछ का अंत सामंजस्य में ही होना चाहिए····ब्राह्मण धर्मानुमोदित जीवन सम्बन्धी सिद्धान्तों ने नाटकीय दृष्टिकोण में कितनी संकीर्णता ला दी है, इस बात को संस्कृत नाटकों का समूचा इतिहास प्रमाणित करता है। यही नहीं ब्राह्मण धर्मानुमोदित परम्परा को स्वीकार करने के कारण ही 'चंडकौशिक' जैसे नाटक लिखे जा सके हैं, जहाँ एक अभागे राजा की दानशीलता से उत्पन्न, ऋषि विश्वामित्र की विक्षिप्त जनोचित बदला लेने की भावना से तर्क और मनुष्यता के प्रति बेहद विद्रोहाचरण हुआ है।"

ऐसी बातें केवल एक पंडित ने नहीं लिखी है। आये दिन यूरोपियन समालोचक बहुत-सी ऊल-जलूल बातें कहते ही रहते हैं। ऊपर के उदाहरण के लेखक भारतीय साहित्य के एक माने हुए पंडित हैं और ऊल-जलूल टिप्पणी करनेवाल ईसाई

लेखकों की बातों का अनेक बार सप्रमाण खण्डन भी कर चुके हैं। यह नहीं कहा जा सकता कि उन्होंने जान-बूझकर भारतीय साहित्य को छोटा करके दिखाने का प्रयास किया है और न हम यही कहना चाहते हैं कि उनकी बातों में सच्चाई भी है। सच्चाई भी अगर गलत ढंग से देखी जाती है तो अवहेलनीय लगने लगती है। हमने ऊपर जिन सिद्धान्तों को देखा है, उन्हें माननेवाला मनुष्य कभी भी 'जीवन के गंभीरतर' प्रश्नों का उत्तर देने की जरूरत नहीं समझेगा, क्योंकि उनकी दृष्टि में 'जीवन के गंभीरतर' प्रश्नों का समाधान हो चुका रहता है। बाकी प्रश्न केवल ऊपरी और भ्रमजन्य है। वस्तुतः ईमानदारी के होते हुए भी यूरोपियन पंडित और उनके आधुनिक भारतीय शिष्य भारतीय साहित्य के प्रति न्याय नहीं कर पाते। क्योंकि जैसा कि कलकत्ता हाईकोर्ट के भूतपूर्व जज प्रसिद्ध अंग्रेज साधक सर जॉन उडरफ ने कहा है : "साधारण यूरोपियन प्राच्य-विद्या-विशारद तथा वे लोग जो इस देश में (हिन्दुस्तान में) उनकी उँगली पकड़कर चला करते हैं कुछ ऐसे अवहेलनामूलक विश्वासों का पोषण करते हैं कि भारतीय विचार केवल 'ऐतिहासिक' कुतूहल के विषय हैं और इस प्रकार के विचार किसी बौद्धिक प्रदर्शनी के लिए ही स्वागत योग्य वस्तु हैं। इसके सिवा उनका और कोई मूल्य नहीं है, न कोई उनकी वास्तविक सत्ता ही है। यही कारण है कि प्राचीन पूर्वीय ज्ञान और आधुनिक आविष्कारों में जो आश्चर्यजनक साम्य है, इस तथ्य को वे स्वीकार नहीं कर सकते।"

केवल यही नहीं, यूरोपियन पंडित यह अनुभव नहीं कर सकते कि भारतीय साहित्य एक जीवित जाति की साधना है। मनुष्य प्रायः अपने संस्कारों से ऊपर उठकर देखने में असमर्थ होता है। बर्ट्रेण्ड रसेल ने लिखा है कि आधुनिक यूरोपियन सभ्यता तीन उत्सों से आयी है। ग्रीक विचार, बाइबिल और आधुनिक विज्ञान। इन्हीं तीनों से आधुनिक यूरोपियन पंडित की दृष्टि प्रभावित होती है। इन दोनों के घात-प्रतिघात से उनके मानस-पट पर एक विशेष प्रकार का जीवन सम्बन्धी सत्य अंकित होता है। उसी सत्य की माप से वह वस्तुओं को मापता है। जहाँ तक साहित्य का सम्बन्ध है, वह ग्रीक मनीषियों से प्रभावित होता है। उसकी तद्विषयक चिन्ता पर बाइबिल का प्रभाव नहीं के बराबर है। और आधुनिक विज्ञान ने साहित्य के बाह्य रूप को ही अधिक प्रभावित किया है। यहाँ प्रश्न है कि ग्रीक विचार, बाइबिल और आधुनिक विज्ञान के मिश्रण से जो संस्कार बने हैं, वही क्या एकमात्र सत्य सिद्धांत है ? यदि वे सत्य हों तो आर्य-चिन्तन, द्रविड़ विश्वास और आधुनिक विज्ञान के मिश्रण से जो भारतीय संस्कार बना है और बनने जा रहा है, वही क्यों नहीं सत्य होगा ? इस दृष्टि से देखा जाय तो ग्रीस की बड़ी से बड़ी ट्रेजेडी के लेखक के बारे में श्री कीथ की ही शैली में कहा जा सकता है कि "ग्रीक साहित्य के श्रेष्ठ नाटककार भी मायाजन्य भ्रम-मूलक बातों को ही जीवन के गंभीरतर प्रश्न समझते रहे। इस परिवर्तनशील जगत् के भीतर एक शाश्वत सत्ता है, एवं चिन्मय पुरुष है, जो जड़ प्रकृति के कर्म-प्रवाह से एकदम निर्लिप्त है, यह सहज बात उनके मस्तिष्क में कभी आयी ही नहीं। ट्रॉजोन की पौराणिक कल्पनाओं के आधार पर जो नाटक लिखे गये हैं, वे कभी जीवन के

वास्तविक गांभीर्य तक पहुँचे ही नहीं। वे एक उद्देश्यहीन मायाजाल में पड़े छटपटाते रहे, जहाँ पद-पद पर उन्हें परस्पर-विरोधी कर्त्तव्यों की उलझन सताती रही और अंत तक वे किसी सामंजस्यमूलक व्यवस्था का पता न लगा सके। ग्रीक पौराणिक कल्पना से नाटकीय दृष्टि को कितना विशृङ्खल बना दिया है, उस बात को ग्रीक नाटकों का समूचा इतिहास प्रमाणित करता है।'' इत्यादि।

कहना व्यर्थ है कि इस प्रकार भारतीय संस्कारों से देखने पर हम ग्रीक साहित्य का अधिकांश सौन्दर्य खो देंगे और फिर भी अपने विश्वासों के प्रति ईमानदार बने रहेंगे। वस्तुतः यह उचित मार्ग नहीं है। ग्रीक संस्कारों के चश्मे से भारतीय संस्कारों को देखना उतना ही अनुचित है, जितना भारतीय संस्कारों के चश्मे से ग्रीक साहित्य को देखना। दुर्भाग्यवश भारतीय साहित्य को यूरोपियन पंडितों ने ऐसे ही देखा है और आधुनिक शिक्षाप्राप्त भारतवासी भी वैसे ही देखने के अभ्यस्त हो गये हैं। आधुनिक भारतीय शिक्षा में भारतीय संस्कारों की अपेक्षा पश्चिमी संस्कार ही अधिक हैं। यह ध्यान में रखने की बात है कि ग्रीक काव्य और ट्रैजेडी पर उसी प्रकार ग्रीक पौराणिक कथाओं का प्रभाव है, जिस प्रकार भारतीय नाटकों और काव्यों पर भारतीय पुराणों का। ग्रीक पौराणिक कथाएँ ही 'ट्रैजेडी' जैसी चीज को जन्म दे सकती हैं, जहाँ किसी मर्त्यलोकवासी की सुन्दरता, कर्त्तव्यपरायणता का कोई और सद्गुण अकारण ही स्वर्ग के देवता के कोप का कारण हो जाता है। भारतीय पुराणों में एक भी ऐसी कहानी नहीं मिलेगी। यहाँ प्रत्येक सुख-दुःख का कारण अपना ही कर्म है। इस विश्वास को जो लोग संकीर्णता कहते हैं, वे उस विश्वास को मत्स्य न्याय कहना भूल जाते हैं।

वस्तुतः काव्य-जैसी सुकुमार वस्तु की आलोचना के लिए अपने संस्कारों से बहुत ऊपर उठने की जरूरत है, फिर वे संस्कार चाहे देशगत हों या कालगत। भारतीय साहित्यिक समाज-व्यवस्था में कोई असामंजस्य नहीं देख सकता था और न ऐसी बातों का उसके निकट कोई मूल्य ही था, जिन्हें हम जीवन के गंभीरतर प्रश्न कहा करते हैं। वह गलती पर हो सकता है, नहीं भी हो सकता है—प्रधान प्रश्न उसके सिद्धान्तों की सचाई जाँच करने का नहीं है। (क्योंकि वह अन्य क्षेत्र का प्रश्न हैं), प्रधान प्रश्न यह है कि अपने विश्वासों से आबद्ध रहकर उसने जो सृष्टि की है, उसका सौन्दर्य कहाँ है? उसके सौन्दर्य का आदर्श क्या है? और वह उसकी सृष्टि करने में कहाँ तक सफल हुआ है?

३

साहित्य के नये मूल्य

जीवन्त साहित्य के संपर्क में आने से जीवन्त मनुष्य प्रभावित होता है। उन्नीसवीं शताब्दी के अंग्रेजी साहित्य में अद्भुत जीवन-शक्ति उद्वेलित हो रही थी—एक अपूर्व उन्मुक्त भावधारा। इसमें परिपाटी-विहित और परम्पराभुक्त रसदृष्टि के

स्थान पर आत्मानुभूति, आवेगधारा और कल्पना का प्राधान्य था। इस विशिष्ट दृष्टि-भंगी को अपने ध्यान में रखकर कुछ विद्वानों ने उस युग के साहित्य को स्वच्छन्दता-वाद नाम दे दिया है। पर यह शब्द उस साहित्य की आत्मा को सम्पूर्ण रूप से प्रकट करने में समर्थ नहीं है। स्वयं इंग्लैंड में उस युग के साहित्य को रोमांटिक साहित्य कहा गया है। रोमांटिक अर्थात् वह साहित्य जो वस्तुतः जीवन के उस आवेगमय पहलू पर जोर देने के कारण विशिष्ट रूप ले सका है, जो कल्पनाप्रवण अन्तर्दृष्टि द्वारा चालित किंवा प्रेरित होता है और स्वयं भी इस प्रकार की अन्तर्दृष्टि को चालित और प्रेरित करता रहता है। उस देश के क्लासिकल या परम्परा-समर्थित साहित्य में परिपाटी-विहित रसज्ञता या रस-निष्पत्ति पर जोर दिया गया था, इसीलिये उसमें उस अनासक्तिपूर्ण सौन्दर्य-ग्राहिणी दृष्टि का प्राधान्य था जो अधिकाधिक मात्रा में सामान्य होती है, विशेष नहीं। जब कोई सहृदय सौन्दर्य और रसबोध के सामान्य मान को स्वीकार कर लेता है तो उसका ध्यान सामान्य भाव से निर्धारित सौन्दर्य के टाइप और नीति तथा सदाचार के परिपाटी-विहित नियमों की ओर केन्द्रित होता है। व्यक्ति की स्वतन्त्र अनुभूति तो कल्पना और आवेग के माध्यम से ही प्रकट होती है और जब वह प्रकट होती है तो नीति और सदाचार के परिपाटी विहित मूल्यों से सब समय उसका सामंजस्य भी नहीं होता। कई बार उसे ऊपरी सतह के सदाचार के विरुद्ध विद्रोह करना पड़ता है। परन्तु यह विद्रोह उसका मूल स्वर नहीं होता। हिन्दी-साहित्य के छायावादी उत्थान के समय इसी प्रकार की उन्मुक्त आवेगप्रधान और कल्पना-प्रवण अन्तर्दृष्टि दिखी थी। कई कवियों में उसका विद्रोहमूलक रूप ही प्रधान हो उठा, परन्तु यह भलीभाँति समझना चाहिए कि यह विद्रोह केवल विशेष प्रकार की वैयक्तिक दृष्टिभंगी के साथ परिपाटी-विहित रसास्वादन का सामंजस्य न हो सकने के बाह्य रूपमात्र है। यदि यही अन्त तक कवि का मुख्य वक्तव्य बना रह जाये तो कवि सफल नहीं होता। परन्तु जो कवि उसका वास्तविक मूल्य समझता है, वह स्थायी और अमर साहित्य का निर्माण करता है।

उन्नीसवीं शताब्दी के आरम्भ में अंग्रेजी के जिन साहित्यकारों में उन्मुक्त स्वाधीन दृष्टिभंगी विकसित हुई थी वे विद्रोही अवश्य थे, परन्तु वह विद्रोह उनकी नवीन भावधारा का एक बाहरी और तत्काल के लिए आवश्यक रूपमात्र था। केवल परम्परा-प्राप्त साहित्य का विरोध करने के लिए या परिपाटी-विहित रसज्ञता का प्रत्याख्यान करने के लिए यह साहित्य नहीं रचा गया था। इसीलिये उसे 'स्वच्छदता-वाद' कहना केवल एक पहलू को बढ़ा-चढ़ाकर कहना है। भारतवर्ष में इसी स्वाधीन चिन्ताधारा का स्पर्श पाकर नवीन साहित्य निर्मित हुआ था। इसने साहित्य-रसिकों के हृदय में उन्मुक्त भावधारा के प्रति सम्मान बढ़ाया, इस बात का सबसे बड़ा प्रमाण यह है कि आज परिपाटी-विहित कविता के स्थान पर उन्मुक्त आवेग और अन्तर्दृष्टि-युक्त कल्पनावाली कविता लोकप्रिय हो गई है। भारतीय सहृदय के चित्त में इस नयी भावधारा ने नया कम्पन्न उत्पन्न किया है। परन्तु इसे भी 'पाश्चात्य प्रभाव' नहीं कहा जा सकता, क्योंकि यद्यपि यह बात पाश्चात्य देश के साहित्य के सम्पर्क से ही

आई, तथापि वह वहाँ भी नवीन ही थी। उसके लिए जिस नवीन ढंग की मानसिक गठन की आवश्यकता है वह नये विज्ञान द्वारा उपस्थापित परिस्थितियों के कारण ही सम्भव हो सका था। जैसा कि पहले ही कहा गया है इन नवीन साहित्य की वास्तविक उत्स-भूमि वह मानसिक गठन है जिसमें कल्पना के अविरल प्रवाह से घनसंश्लिष्ट निविड़ आवेग की ही प्रधानता होती है। इस प्रकार कल्पना का अविरल प्रवाह और निविड़ आवेग, ये दोनों निरन्तर घनीभूत वृत्तियाँ ही इस व्यक्तित्वप्रधान साहित्य-रूप की प्रधान जननी हैं। परन्तु यह नहीं समझना चाहिए कि ये दोनों एक-दूसरे से अलग रहकर काम करती हैं। वस्तुतः इनको पृथक्-पृथक् नाम देना और स्वरूप बताना केवल आलोचना की चर्चा की सहूलियत के लिए ही परिकल्पित है। काव्य की अभिव्यक्ति में ये दोनों शक्तियाँ एक-दूसरे से इस प्रकार गुँथी रहती हैं कि इन्हें एक-दूसरे से अलग करना कठिन होता है। केवल सहृदय ही यह अनुभव कर सकता है कि कहाँ एक की मात्रा अधिक है और कहाँ दूसरी की कम, कहाँ वे करीब-करीब समान हैं और कहाँ एक ने दूसरी को एकदम दबोच लिया है। परन्तु जैसा कि ऊपर बतलाया गया है उन्मुक्तता केवल इन दो मनोवृत्तियों का समानान्तर धर्म नहीं है। वह केवल काव्य के क्षेत्र में ही अपने आपको प्रकाशित नहीं करती। जीवन के विविध क्षेत्रों में उसकी लीला विराजने लगती है।

यदि उस युग के इंग्लैंड की बाह्य परिस्थितियों का विश्लेषण किया जाये तो एक और तथ्य भी प्रकट होगा। इंग्लैंड की साधारण जनता उन दिनों बहुत व्यवहार कुशल दुनियादारी में लगी थी, रोजगार के नये साधन सामने आ रहे थे, दुनिया के कोने कोने में ब्रिटिश सिंह का जय-निनाद गूँज रहा था और घर में अनायास-लब्ध समृद्धि को भरने का प्रयत्न छोटे-बड़े सभी कर रहे थे। यह बिलकुल ऊपरी सतह की बात है, किन्तु उस देश के विचारशील लोगों में एक प्रकार की मानसिक अशान्ति अत्यन्त स्पष्ट होकर प्रकट हुई थी, संतुलन नष्ट हो रहा था, संवेदनशील चित्त बाहरी समृद्धि और भीतरी औचित्यबोध के संघर्ष से अस्थिर हो उठा था और भीतर-बाहर के इस संघर्ष ने सुकुमार कलाओं के माध्यम से अपने को अभिव्यक्त करना शुरू किया था। कवि-चित्त जब बाह्य परिस्थितियों के साथ समझौता नहीं कर पाता, तब छन्दों की भाषा अत्यन्त प्रभावशाली होकर प्रकट होती है। आन्तरिक सौन्दर्यानुभूति और बाहरी असुन्दर-सी लगनेवाली परिस्थिति की टकराहट से जो विक्षोभ पैदा होता है वह सभी देशों में काव्य की भाषा को मुखर बना देता है। उसमें मूर्त का रूप और आवेग का पंख लगा देता है। आदिकवि के उपाख्यान में इसी तथ्य की ओर इशारा किया गया है। ऋषि का मनुष्योचित रूप अपने आन्तरिक आदेशों के एकदम विरुद्ध पड़नेवाले क्रौंचवधरूपी असुन्दर व्यापार से जब विचलित हुआ था, तभी अशरीरिणी वाणी नवीन छन्दों में मुखर हो उठी थी। रोमांटिक साहित्य इसी प्रकार के कवि-चित्त के आन्तरिक सौन्दर्य के आदर्श और बाहरी जगत् के एकदम विपरीत परिस्थिति के संघर्ष का परिणाम है। कवि-चित्त का प्रिय आदर्श जब दूर रहता है, तब उसका प्रेम और भी निविड़ हो जाता है; और भी व्याकुल वेदना जगा देता है। यह गलत

बात है कि उसके अभाव से कवि मौन हो जाता है। कालिदास के यक्ष ने कहा था :

स्नेहानाहुः किमपि विरहध्वंसिनस्ते त्वभोगा—
दिष्टे वस्तुन्युपचितरसाः प्रेमराशीभवन्ति।

इस संघर्ष में कवि के चित्त में विद्रोह का स्वर भी अवश्य मुखर हो उठता है, पर असली और प्रधान स्वर रचनात्मक ही होता है। वह कुछ दया करने का प्रयत्न है, जो कुछ नया देखने की तीव्र आकांक्षा से उन्प्रेरित होता है और बाह्य असुन्दरता को बदलने के उद्देश्य से परिचालित होता है। इस भावधारा में स्नान करके पुरातन भी नवीन रूप से प्रकट होता है। हकारे देश में कविवर रवीन्द्रनाथ की कविताओं में पुरातन ने जो अपूर्व नवीन सौन्दर्य-लक्ष्मी का रूप लिया है, वह इसी प्रक्रिया का परिणाम है। इस सद्यःस्नाता काव्य-लक्ष्मी की 'प्रत्यग्र मज्जनविशेष-विविक्तकान्तिः' सचमुच दर्शनीय है। वड्सवर्थ, शेली, कीट्स आदि कवियों ने जिस मोहक सौन्दर्य-जगत् का निर्माण किया है, वह अपनी उपमा आप ही है। इस नवीन भावधारा ने हमारे देश के कवियों के संवेदनशील चित्त को उद्‌बुद्ध किया तो इसमें कोई आश्चर्य की बात नहीं। इस नये साहित्य के मनन और चिन्तन ने इस देश में वैयक्तिकता प्रधान नवीन चिन्ताधारा को जन्म दिया है। इसे केवल विदेशी प्रभाव कहकर-समझ-कर उपेक्षणीय समझना ठीक नहीं है। हिन्दी के कई प्रतिभाशाली कवियों को इस उन्मुक्त भावधारा ने प्रेरणा दी है। इसके यथार्थ स्वरूप को नहीं समझने से इसकी आलोचना मध्यकालीन दृष्टि से की जाती है और इस प्रकार कभी-कभी इसे सदोष और त्याज्य समझा जाता है। जो वस्तु त्याज्य हो उसे त्याज्य समझना उचित ही है, पर विवेकपूर्वक वस्तु के यथार्थ का पता लगाना भी आवश्यक है, नहीं तो जैसा कि दुष्यन्त के मुँह से कालिदास ने कहलवाया है कि अंधे के सिर पर यदि मालतो माला डाल दी जाये तो वह सांप समझकर सिर धुनने लगता है :

'स्रजमपि शिरस्यन्धः क्षिप्तां धिनोत्यहिशंकया'

जिन लोगों को इस प्रकार की भावधारा का सच्चा इतिहास नहीं मालूम है वे यदि इसको त्याज्य बताते हैं तो सोचना चाहिए की उनकी बात विवेक-दृष्टि से कहाँ तक ठीक है। कहीं उन्होंने आँखें तो नहीं मूंद लीं। उन दिनों व्यावसायिक क्रांति के कारण इग्लैंड की राजनैतिक और आर्थिक शक्ति धीरे-धीरे सामन्तवर्ग के हाथ से निकलकर व्यावसायिक वर्ग के हाथ आ गई। जिन दिनों वहाँ सामंतशाही के विरुद्ध तीव्र आन्दोलन हुआ था, उन दिनों पूँजीवाद नया शिशु ही था। साधारण प्रजा के स्वार्थ के साथ उसका विरोध नहीं था। साधारण जनता ने उन दिनों पूंजीवाद के नये पुरस्कर्ताओं का साथ दिया था। नये वैज्ञानिक साधनों के उपयोग से जो नई नागरिक सभ्यता उत्पन्न हुई, उसने कुछ ऐसी परिस्थिति उत्पन्न कर दी थीं कि अनायास ही परम्परा की कड़ियाँ टूटती गईं, शहर की भीड़-भाड़ ने पुराने सदाचार के नियमों को शिथिल कर दिया, शिक्षा-प्रचार राज्य का कर्त्तव्य मान लिया गया और वैज्ञानिक शोधों के साथ मिली हुई नयी शिक्षा व्यवस्था ने एक ही साथ वंशगत प्रतिष्ठा और धार्मिक शासन के साथ विद्रोह किया। इस प्रकार परिस्थितियाँ वैयक्तिक स्वाधीनता

के अनुकूल थीं। साधारण जनता साहित्य के क्षेत्र में अबाध भाव से आने लगी। उत्तर-कालीन विक्टोरियन युग की साहित्यिक विशेषता उपन्यासों और समाचार पत्रों की भरमार में प्रकट हुई थी। छापे की मशीन ने साहित्य के क्षेत्र में जनतंत्र को पूर्ण रूप से प्रतिष्ठित कर दिया। समाज के निचले स्तर से अनेक उर्वर मस्तिष्कवाले लेखक इस क्षेत्र में आये जिन्हें शास्त्रीय अध्ययन और परिपाटीविहित शिष्टाचार की शिक्षा एकदम नहीं मिली थी। इस नई जाति की मेधा ने साहित्य के एक तरफ नया प्राण-संचार किया, दूसरी तरफ विचारगत हल्केपन का भी प्रवेश कराया। ये सब बातें थोड़े समय बाद रूप बदलकर हमारे देश के साहित्य में भी आईं।

इस समय भारतवर्ष में जो नई शिक्षा आई, वह इंग्लैंड की इन बहुविध विचार-प्रवृत्तियों से प्रभावित थी। पर इसमें मनुष्यमात्र की समानता सिद्धांत रूप में स्वीकृत हो गई थी, व्यवहार में वह राष्ट्र के मनुष्यों तक ही सीमित थी। व्यवहारगत शिथिलता ने वहाँ उस जातिगत उत्कर्ष के भद्दे सिद्धान्त को जन्म दिया, जिसने आगे चलकर संसार में भयंकर अशान्ति के बीज बो दिए। राष्ट्र के भीतर अवश्य ही स्वतन्त्रता और समानता के सिद्धान्त स्वीकार कर लिए गये थे।

एडम स्मिथ ने सुझाया था कि किसी राष्ट्र की सम्पत्ति उसके व्यक्तियों की योग्यता और स्वाधीनता पर ही निर्भर है। व्यावसायिक क्रांति की उथल-पुथल ने कुलीन पुरुष के इस दावे को निर्मूल सिद्ध किया कि कुलविशेष भगवान की ओर से विशेष गुणों के साथ उत्पन्न किया गया है। व्यवसाय में जनता के व्याख्यान-मंच पर, कानून बनानेवाली सभाओं में और जन-चित्त की प्रतिक्रियाओं को अभिव्यक्त करनेवाले समाचार पत्रों में कौलीन्य का कोई विशेष मूल्य नहीं था। आगे चलकर यह तर्क भी उपस्थित किया जाने लगा कि वैयक्तिक स्वाधीनता यदि व्यवसाय-वाणिज्य और नागरिक सम्बन्धों में अच्छी चीज है तो वह सदाचार और नैतिकता के क्षेत्र में क्यों नहीं अच्छी है? गाडविन ने निस्संदिग्ध होकर घोषणा की थी कि मनुष्य स्वभावतः सदाचारी है। अगर सभी कानून और नियम रद्द कर दिए जाएँ तो मनुष्य की बुद्धि और चरित्र में निस्संदेह अभूतपूर्व उन्नति होगी। शेली ने इन विचारों को छन्दों की परिभाषा प्रदान की थी।

उन दिनों संवेदनशील कवियों के चित्त में ऊपरी सतह की ये हलचलें अपनी निश्चित लांछन-रेखा छोड़ जाती थीं। इन कवियों के चित्त में जो रचनात्मक प्रतिभा थी, उसमें इन ऊपर से कर्कश दीखनेवाले विचारों की कोमल अभिव्यंजना थी। वस्तुतः यह साहित्य अपने युग की सम्पूर्ण चेतना और विचार-संघर्ष की सुन्दर कलात्मक अभिव्यक्ति है। यह कहना ठीक नहीं है कि यह किसी पुराने विचार का नामांतरमात्र है। इस कथन का अर्थ यदि यह हो कि मूल मानव-मनोवृत्तियाँ वही बनी रहती है, केवल विभिन्न परिस्थितियों में उनका ऊपरी रूप परिवर्तित होता रहता है तब तो यह बात किंचित् स्वीकरणीय हो सकती है, किन्तु यदि इसका अर्थ यह हो कि इसी श्रेणी की या यही भावधारा पहले कभी रही और बाद में भी कभी आ सकती है तो यह बात स्वाकार याग्य नहीं होगी। यह कहना की कबोर का रहस्यवाद ही रवीन्द्र-

नाथ का रहस्यवाद है या मीरा का रूपान्तर ही महादेवी वर्मा है, पूर्ण सत्य नहीं है। ऐसी बातों में विचारगत गम्भीरता का दिग्दर्शन नहीं। इतिहास अपने आप को चाहे तथ्यात्मक जगत् में कभी कभी दुहरा भी लेता हो, परन्तु विचार की दुनिया में वह जो गया सो गया, मनुष्य का जीवन अपना उपमान आप ही है। इसमें एक बार जो गलती हो जाती है या भटकाव आ जाता है, वह अनुभव के रूप में और स्मृति के रूप में कुछ न कुछ नया जोड़ जाता है। इस जुड़े हुए अंश को किसी भी पूर्ववर्ती युग में नहीं पाया जा सकता। स्वयं रोमांटिक साहित्यकारों में चौथी शताब्दी में ही विचारगत विभेद और वैशिष्ट्य लक्षित होने लगा था। पडितों ने उन्नीसवीं शताब्दी के दूसरे चरण के साहित्य में एक विशेष प्रकार का नयी प्रवृत्ति का संधान पाया है जो इसीलिए संभव हुई थी कि इन दिनों के साहित्यकार इस बात में सचेत हो गए थे कि वे कुछ नया कर रहे हैं और उनके प्रधान वस्त्र आवेग और कल्पना हैं। पूर्ववर्ती साहित्यकारों में बाह्य जगत् के प्रति जो एक प्रकार का विस्मय का भाव था वह आदिमानव के उस मनोभाव का सजातीय था जिसने पौराणिक विश्वासों और तांत्रिक आचारों को जन्म दिया था, जबकि दूसरे चरण के साहित्यकारों में उस प्रकार का मनोभाव है जो तांत्रिक आचारों को निर्विवाद रूढ़ियों के रूप में स्वीकार करनेवाले मनुष्य में पाया जाता है।

साहित्य-विचार में बौद्धिक घपला यह किया जाता है कि एक युग के विचार को दूसरे युग के विचार के समान माना जाता है। वस्तुतः साधनों के साथ मनोभाव भी बदलते हैं। इसलिए यह समझना कि मनोभाव और संस्कार एक से बने रहते हैं, बिल्कुल गलत बात है। एक-सी बनी रहती हैं आदिम शक्तियाँ जिनका काल-रूप बदलता रहता है। पर जीवन की विविध क्रियाओं के मूल्य निरन्तर बदलते रहे हैं और इस प्रकार साहित्य को समझने का ढंग भी बदल रहा है। जीवन के प्रत्येक क्षेत्र में ऐतिहासिक दृष्टि प्रतिष्ठित हुई है। उसे अस्वीकार कर नये साहित्य को ठीक ठीक नहीं समझा जा सकता। यह बिलकुल गलत बात है कि इस काल में 'बिहारी-सतसई' लिखकर कोई उतना ही सफल हो जायेगा जितना बिहारी हुए। वस्तुतः 'बिहारी-सतसई' इस युग में नहीं लिखी जा सकती। वह जब लिखी गई थी, तभी लिखी जा सकती थी।

यह ध्यान देने की बात है कि जिन दिनों भारतवर्ष का निविड़ संयोग इंग्लैंड से हुआ; उन दिनों इंग्लैंड की साधारण जनता राष्ट्रीयता के नये धर्म में दीक्षित हो चुकी थी, भारतवर्ष उनका अधिकृत देश था। अपने राष्ट्रीय स्वार्थ के लिए इस देश का कसके शोषण किया गया। अंग्रेजी साहित्य के महान् आदर्शों और अंग्रेज जाति के इन शोषणमूलक प्रयत्नों में बड़ा अन्तर था। शिक्षित भारतवासी के चित्त में इसकी तीव्र प्रतिक्रिया स्वाभाविक थी। इसी प्रतिक्रिया ने भारतीय राष्ट्रीयता के रक्षात्मक रूप में आत्मप्रकाश किया। यूरोप की विचारशील सुधी-मंडली का चित्त जितना उन्मुक्त हुआ था उतना साधारण जनता का नहीं। पंडितों में भी कई प्रकार के स्तर-भेद थे। शुरू-शुरू में जिन महान् आदर्शों से अंग्रेज जाति चालित हो रही थी, वह

अन्त तक नहीं बनी रह सकी। पहले-पहल ज्ञान की साधना अनासक्त चित्त से की जाती थी। जिन यूरोपियन पंडितों ने भारतीय पुरातत्त्व और इतिहास के अध्ययन का कार्य आरम्भ किया था, वे बहुत ही उच्च कोटि के आदर्शवादी थे। इनके प्रयत्नों ने भारतीय प्राचीन समृद्धि को प्रकाशित करना शुरू किया। देखा गया कि भारतीय चित्त आज-जैसी स्थिति में हमेशा नहीं रहा है। भूगर्भ से निकले हुए मंदिरों, मूर्तियों, शिलाखण्डों, ताम्रपत्रों ने नये-नये रहस्य का द्वार उद्घाटन किया। देश और विदेश से प्राप्त ग्रन्थों के प्रकाशक ने भारतवर्ष के पढ़े-लिखे लोगों के चित्त में आत्मविश्वास का संचार किया। बहुत-से पुराने विश्वासों में सुधार हुआ, भूले हुए बौद्ध धर्म के उपदेश अब निषिद्ध नहीं रहे। उसने भारतीय प्रतिभाशाली साहित्यकार को नवीन प्रेरणा दी। नृत्य और संगीत के सम्बन्ध में नवीन भारतीय चित्त में नूतन गरिमा का संचार हुआ। यूरोप की नवीन निर्मुक्त भावधारा के साथ प्राचीन गौरव के इन नवाविष्कृत तथ्यों का मणिकांचन योग हुआ। रूढ़ियाँ टूटीं, नवीन काव्यलक्ष्मी ने अभिनव गौरव के साथ प्रवेश किया। उधर धीरे-धीरे अंग्रेजों में साम्राज्यवाद की मनोवृद्धि बढ़ती गई और उन्होंने भारतीय इतिहास को भी इसी आसक्त दृष्टि से देखने का प्रयास किया। शिक्षित भारतीय चित्त पर इसकी बड़ी घोर प्रतिक्रिया हुई। कभी-कभी इस बात से भारतीय नवीन साहित्य-साधना के स्वस्थ विकास में बाधा भी पहुँची। इन्हीं दिनों 'हमारे यहाँ ऐसा मानते हैं या नहीं मानते' का मोहक मंत्र आविष्कृत हुआ। बढ़ती हुई नवीन स्वच्छन्द विचारधारा में स्वभावतः सब प्रकार की बातें थीं; हल्की अप्रामाणिक और गम्भीर भी। विक्टोरियन युग के अंग्रेजी साहित्य में भी ऐसी बातें थीं, पर वहाँ पराधीनता का अभिशाप नहीं था, इसीलिए ऐसी अस्वाभाविक प्रतिक्रिया नहीं हुई। रवीन्द्रनाथ, प्रसाद आदि कवियों में नवीन विषयों का प्राचीन विचारों से बहुत ही सुन्दर समन्वय हो रहा था, परन्तु संकीर्ण राष्ट्रीय गौरव बोध की नई मनोवृत्ति ने हर नवीन बात का इसलिए विरोध किया कि यह बात 'हमारे यहाँ' ऐसी नहीं थी। साधारण भारतीय चित्त में 'हमारे यहाँ' की बोली ने अपूर्व भाव-कम्पन और गुदगुदी पैदा की। परन्तु सब मिलाकर इसने स्वस्थ साहित्यिक चिन्तन के विकास में बाधा ही पहुँचायी। आगे चलकर 'पाश्चात्य प्रभाव' एक आरोप भर रह गया और 'हमारे यहाँ' किसी भी विरोधी को धराशायी करने का अमोघ अस्त्र बन गया। मैं यहाँ यह नहीं कह रहा हूँ कि अपने यहाँ के शास्त्रों का जो विचार किया गया और उसका सहारा लिया गया वह गलत था, बल्कि उसका जैसा उपयोग किया, वह गलत था। यह नहीं समझा गया कि चित्तगत उन्मुक्तता बड़ी चीज है, क्योंकि वह बड़ी संभावना से भरी है। उसका स्वागत होना चाहिए। उसका स्वस्थ विकास हुआ तो भारतीय साहित्य का अच्छा अध्ययन होगा और उसके मर्म को हम अच्छी तरह समझ सकेंगे।

४

करण-विगम और रसास्वाद की प्रक्रिया

कालिदास ने मेघदूत में एक स्थान पर 'करण-विगम' शब्द का प्रयोग किया है। वह श्लोक इस प्रकार है :

तत्र व्यक्तं दृषदि चरणन्यासमर्धेन्दुमौलेः
शाश्वत्सिद्धैरुपचितबलि भक्तिनम्रः परीयाः।
यस्मिन्दृष्टे करणविगमादूर्ध्वमुद्धूतपापाः
संकल्पन्ते स्थिरगणपदप्राप्तये श्रद्दधानाः॥

इसका अर्थ मल्लिनाथ के अनुसार इस प्रकार है, "वहाँ (हिमालय से) शिला पर स्पष्ट दिखाई देनेवाले शिव के पद चिह्न की भक्ति से नम्र होकर प्रदक्षिणा करना। इस चरण-चिह्न पर सिद्ध लोग सदा पूजा की सामग्री चढ़ाते हैं। इसके दर्शन से पाप नष्ट होते हैं और श्रद्धावान लोग शरीर त्यागने के बाद सदा के लिए शिव के गणों का स्थिर पद प्राप्त करने में समर्थ होते हैं।" इसमें मल्लिनाथ ने 'करणविगामर्दूर्ध्वम्' का अर्थ किया है—शरीर त्यागने के बाद। 'करण' शब्द इन्द्रियवाचक है। इसका अर्थ मल्लिनाथ ने शरीर कर लिया है। परन्तु स्वयं वे स्वीकार करते हैं कि करण का अर्थ इन्द्रिय है। इसका 'शरीर' अर्थ करने के लिए उन्हें कुछ आयास करना पड़ा है। वे कहते हैं 'करणानि-इन्द्रियाणि विद्यन्ते यत्र तत्र करणं वपुः अर्श आदिभ्योऽच्' अर्थात् करण शब्द का अर्थ इन्द्रिय है, इन्द्रिय जिसमें रहें, करण अर्थात् शरीर। परन्तु इतनी खींचतान करने की कोई जरूरत नहीं थी। 'करण-विगम' का सीधा-साधा अर्थ है—इन्द्रियों को उल्टी दिशा में मोड़ना, परवर्ती संत-साहित्य में जिसे 'धारा को उलटना कहते हैं अर्थात् इन्द्रियों को बाहरी विषयों की ओर से मोड़कर अन्तर्मुखी करना। चित्तवृत्तियों को बाहर की ओर से प्रयत्नपूर्वक निवृत्त करके चिदानन्द ज्योति की ओर उन्मुख करना आगमशास्त्र का पुराना सिद्धांत है, यद्यपि कालिदास के सभी टीकाकार जिनमें मल्लिनाथ भी शामिल हैं, ये मानते हैं कि उनका परिचय आगम ग्रन्थों से था और कई जगह तो उनकी बात को स्पष्ट करने के लिए आगमशास्त्रियों का हवाला भी देते हैं। फिर भी इस प्रसंग में वैसा नहीं किया गया। इसीलिए इस शब्द की जैसी व्याख्या होनी चाहिए थी, वह नहीं हो पायी। यहाँ कालिदास का आशय यह जान पड़ता है कि शिव के चरणन्यास का दर्शन करने से श्रद्धावान मनुष्य को इन्द्रियों को बहिर्व्यापार से मोड़कर अन्तर्मुखी करने की शक्ति प्राप्त होती है और शाश्वत गणपद प्राप्त करने में सिद्धि प्राप्त होती है। इस शब्द का मिलता-जुलता प्रयोग शूद्रक के 'मृच्छकटिक' नाटक के मंगलाचरणवाले श्लोक में हुआ है। वहाँ 'व्यपगतकरणम्' शब्द क्रियाविशेषण के रूप में प्रयुक्त हुआ है, परन्तु अर्थ इससे मिलता-जुलता ही है। वहाँ कहा गया है कि शिव जिस ब्रह्मसमाधि में लगे हुए हैं उसमें व्यपगतकरण होकर स्वयं को देख रहे हैं अर्थात् उनके इन्द्रियव्यापार बाह्य विषयों से विरत होकर अन्तर्मुखी हो

गये हैं और स्वयं में स्वयं को देखने की दृष्टि प्राप्त हो गई है। 'मृच्छकटिक' का श्लोक इस प्रकार है :

पर्यंकग्रंथिबंधद्विगुणिभुजगाश्लेषसंवीतजानो-
रन्तःप्राणावरोध व्युपरतसकलज्ञानरुद्धेन्द्रियस्य ।
आत्मन्यात्मानमेव व्यपगतकरणं पश्यतस्तत्त्वदृष्ट्या
शम्भोर्वःपातु शून्येक्षणवटितलयः ब्रह्मलग्नः समाधि ।

'करण-विगम' शब्द का प्रयोग कालिदास ने निश्चित रूप से इसी अर्थ में किया होगा। आगमशास्त्रियों ने समाधि के लिए इस प्रकार के अन्तर्मुखीकरण पर बड़ा वल दिया है। 'अमरौघशासन' में बताया हुआ है कि सहज समाधि उसको कहते हैं—यत्रमनसामनःसमीक्ष्यते। अर्थात् जहाँ मन से ही मन को देखा जाता है। 'मृच्छकटिक' के 'आत्मन्यात्मानमेव पश्यतः' का भी यही भाव है। कालिदास के ग्रन्थों से स्पष्ट है कि सुन्दर वस्तु के दर्शन से मनुष्य की चित्तवृत्तियाँ बाह्य विषयों से हटकर अन्तर्मुखी हो जाती है। जिस चित्र, मूर्ति या सुन्दर पदार्थ में अन्तर्निलीन करने की जितनी ही अधिक शक्ति होगी वह उतना ही अधिक उत्तम होगा। यह पहले ही बताया गया है कि कालिदास कलाकार को रचना के समय समाधिस्थ मानते हैं। यदि चित्र में कोई दोष रह जाता है तो उसका कारण रचयिता की समाधि का शिथिल हो जाना है, क्योंकि चित्र या मूर्ति केवल बाहरी अवयवों का संघटनमात्र नहीं है। जब तक रचयिता के चित्त में स्वयं रस की अनुभूति नहीं होती तब तक उसका चित्र दर्शक के हृदय में भी रस का उद्रेक नहीं कर सकता। 'नाट्यशास्त्र' में स्पष्ट रूप से रस को ही समस्त भावों का मूल बताया गया है। भाव अर्थ है। यदि केवल भावचालित होकर चित्र या मूर्ति बनाई जाए तो वह दर्शक को भी भावदशा तक ले जाने में सफल होगी। यदि शारीरिक दृष्टि से चित्र बनाया जाए तो सहृदय दर्शक की दृष्टि भी बाह्य रूप और आकार तक ही आकर रुक जाएगी। इसीलिए सहृदय को भी रसानुभूति होनी चाहिए। केवल रसानुभूति की अवस्था में ही कलाकार का चित्त और अन्य इन्द्रिय बाह्य विषयों से विरत होकर अन्तर्मुखी होते हैं और समाधि की अवस्था में पहुँचते हैं।

सहृदय कौन है ? सहृदय शब्द का अर्थ है—समान हृदयवाला। कवि, चित्रकार मूर्तिकार या शिल्पी के हृदय में जो विशिष्ट भाव रहते हैं उनका वही अनुभव कर सकता है, जो उसी प्रकार का अनुभूति-सम्पन्न हृदय रखता हो। कलाकार के चित्त में जो व्याकुलता होती है, उसे रूप देने का प्रयत्न ही कला है। उसके लिये उसे साधना की आवश्यकता होती है। जिस प्रकार की व्याकुलता उसके चित्त में होगी उसी प्रकार की व्याकुलता उसकी कृति सहृदय के हृदय में उत्पन्न कर सकती है, उससे ज्यादा नहीं। इसीलिए यदि कलाकार समाधिनिष्ठ हो सका है तो बदले में सहृदय को भी समाधिनिष्ठ कर सकता है। यदि वह शिथिल-समाधि है तो सहृदय की भी समाधि शिथिल होगी।[8]

समाधि का अर्थ ही है—इन्द्रियों का बाहरी विषयों से निवृत्त होकर अंतर्मुखी

होना। भारतीय आचार्यों के अनुसार जब तक कलाकार के चित्त में स्वयं रसानुभूति नहीं होती तब तक वह सहृदय को भी रसबोध नहीं करवा सकता। कलाकार अंतरतर की रसानुभूति को रूप देता है और सहृदय उस रूप का बाह्य प्रत्यक्ष करके अंतर्मुखी होता है। सहृदय के रसबोध की प्रक्रिया कलाकार से ठीक उलटी दिशा की ओर होती है। ऐसा जान पड़ता है कि कालिदास यह मानते हैं कि सहृदय पहले बाह्य रूप को प्रत्यक्ष करता है और धीरे-धीरे सूक्ष्म से सूक्ष्मतर तत्त्व की ओर जाता है। इस प्रक्रिया को कालिदास के शब्दों में 'करण-विगम' कह सकते हैं। यद्यपि कालिदास ने इस शब्द का प्रयोग भक्ति के प्रसंग में किया है, परन्तु इसका कलाकृति के प्रसंग में भी प्रयोग किया जा सकता है। किसी सुन्दर वस्तु के रस की अनुभूति 'करण-विगम' से ही होती है, फिर यदि वह सचमुच सुन्दर हुई तो उसकी छाप मन पर पड़ती है। इसी मानसिक छाप का नाम ही 'भाव' है। यदि चित्रकार ने अर्थमात्र की अभिव्यक्ति करनी चाही है तो सहृदय का भीतर की ओर जानेवाला व्यापार यहीं समाप्त हो जाता है। परन्तु यदि कलाकृति और भी अधिक गहराई से निकली है तो अन्तर्मुखी व्यापार या भावन-व्यापार और भी अधिक गहराई की ओर बढ़ता है और 'करण विगम' की प्रक्रिया तीव्र से तीव्रतर होती जाती है। साधारण आचार्यों ने काव्य और नाटक के प्रसंग में ही रसास्वाद की प्रक्रिया को समझाया है। वह कुछ इस प्रकार है।

रस लोकोत्तर अनुभूति है, ऐसा सभी आचार्यों का कहना है। इसका अर्थ यह है कि लोक में जो लौकिक अनुभूति होती है उससे भिन्न कोटि की यह अनुभूति है। प्रत्यक्ष जीवन में जो शकुन्तला और दुष्यन्त का प्रेम है वह लौकिक है। परन्तु नाटक या काव्यास्वादन से जो दुष्यन्त और शकुन्तला हमारे चित्त में बनते हैं वे उनसे भिन्न हैं। लोक में 'घट' शब्द का अर्थ है मिट्टी का बना हुआ पात्रविशेष। किन्तु, यह घड़ा स्थूल होता है। यदि हम इस शब्द का उच्चारण मन ही मन करें तो 'घड़ा' पद और 'घड़ा' पदार्थ सूक्ष्म रूप में चित्त में आ जाते हैं। इस प्रकार जो मानस-मूर्ति तैयार होगी वह सूक्ष्म घड़ा कही जाएगी। इस प्रकार स्थूल जगत् के सिवा एक सूक्ष्म जगत् की मानसमूर्ति रचने की सामर्थ्य मनुष्यमात्र में है। इसे ही भाव-जगत् कहते हैं। लोक में जो घड़ा है वह स्थूल जगत् का अर्थ (पदार्थ = पद का अर्थ) है और मानस अर्थ भाव-जगत् का अर्थ है। ('घट' नामक पद का यह अर्थ सूक्ष्म है) लोक में प्रचलित स्थूल अर्थ से यह भिन्न है। इसलिए लौकिक न होकर अलौकिक, लोकोत्तर या भाव-गम्य है।

ध्वनिवादी आलंकारिक रस को व्यंग्यार्थ मानते हैं। रस विभाव-अनुभाव आदि के द्वारा व्यंजित होता है। न तो विभाव (शकुन्तला, दुष्यन्त), न अनुभाव (स्वेद, कंप आदि ही) और न व्यभिचारी या संचारी भाव ही अपने आप में रस हैं। मीमांसकों ने अभिधा और लक्षणा, इन दो वृत्तियों के अतिरिक्त इस तीसरी वृत्ति (व्यंजना) को स्वीकार नहीं किया। वे मानते हैं कि वाक्य में तात्पर्य नामक वृत्ति होती है जो कहनेवाले के मन में जो अर्थ होता है उसे समाप्त करके ही विरत होती

है। इस प्रकार वाक्यार्थ रसबोध तक जाकर विश्रान्त होता है। व्यंजनावृत्ति को अलग से मानने की वे आवश्यकता नहीं समझते। मीमांसकों के इस मत का मूल है यह सूत्र : 'यत्परः शब्द स शब्दार्थः' (शब्द जिसके लिये प्रयुक्त होता है वह शब्दार्थ होता है)। इसका एक मतलब यह हो सकता है कि जिस अर्थ का बोध कराने के लिए शब्द प्रयुक्त होता है वही उसका अर्थ होता है (तदर्थत्व), दूसरा अर्थ यह हो सकता है कि शब्द सम्बन्ध-मर्यादा से सीमित रहकर जिस अर्थ की सूचना देता है वही उसका अर्थ होता है (तत्परत्व)। पहले अर्थ की व्यापकता स्पष्ट है। परन्तु मीमांसक सम्बन्ध-मर्यादा को भी मानते हैं। इसलिये जिसे वे 'तात्पर्य' कहते हैं वह सीमित हो जाता है। उससे व्यंजनावृत्ति का काम नहीं चल सकता, क्योंकि व्यंजनावृत्ति संसर्ग-मर्यादा से बँधी नहीं होती। दशरूपककार तात्पर्यवृत्ति को पहले अर्थ में लेते हैं। उनकी दृष्टि में तात्पर्य की कोई सीमा नहीं है। वे तात्पर्य और तादर्थ्य में भेद नहीं करते। ऐसा मान लेने पर भी व्यंजनावृत्ति से जो विशिष्ट अर्थ ध्वनित होता है उसको एक विशेष नाम देना आवश्यक हो जाता है। इसलिये इस वृत्ति को अस्वीकार नहीं किया जा सकता। फिर भी रस को व्यंग्यार्थमात्र मानने में कठिनाई होगी। रस अनुभूति है, अनुभूति का विषय नहीं। भाव तो विभाव के चित्त में ही उठते हैं। दर्शक के मन में उनका एक मानस-सूक्ष्म रूप उत्पन्न होता है जिससे वह अपनी ही अनुभूतियों का आनन्द लेने में समर्थ होता है। सभी आलंकारिक आचार्य मानते हैं कि रस न तो 'कार्य' होता है और न 'ज्ञाप्य'। वह पहले से उपस्थित भी नहीं रहता। जो वस्तु पहले से उपस्थित नहीं रहती वह व्यंजनावृत्ति का विषय भी नहीं हो सकती। रस सहृदय श्रोता या दर्शक के चित्त में अनुभूत होता है, पात्र के चित्त में नहीं। अतः व्यंजनावृत्ति केवल श्रोता या दर्शक के चित्त में सूक्ष्म विभाव, अनुभाव और संचारी भाव को उपस्थित कर सकती है और जो कुछ कहा जा रहा है उससे भिन्न; जो नहीं कहा जा रहा है, या नहीं कहा जा सका है, उस अर्थ की उपस्थिति करा सकती है। भरत मुनि के सूत्र का तात्पर्य यही हो सकता है कि सहृदयों के चित्त में वासनारूप से स्थित, किन्तु प्रसुप्त, स्थायी भाव ही विभावादि से व्यजित होकर रसरूप ग्रहण करते हैं। नाटक में व्यंजना के साधन केवल शब्द ही नहीं बल्कि अभिनेता की चेष्टाएँ भी हैं। इस प्रकार नाटक एक ओर तो कवि-निबद्ध शब्दों से रस की व्यंजना करता है, दूसरी ओर अभिनेता के अभिनय द्वारा। परन्तु इतना स्पष्ट है कि व्यंजना यदि शब्द-शक्ति और अभिनय-शक्ति मात्र है तो श्रोता के प्रस्तुत भावों को व्यंजित-भर कर सकती है, उस अनुभूति को नहीं व्यंजित कर सकती जो शब्द और अभिनय के बाहर है और श्रोता या दर्शक के चित्त में अनुभूत होता है। आचार्य रामचन्द्र शुक्ल ने कहा है कि "भाव की अवस्थिति नायक और नायिका में होती है और रस की अनुभूति श्रोता या दर्शक के द्वारा होती है। पात्र के मन में रस नहीं होता जो व्यंजित किया जा सके।" इस कठिनाई से बचने के लिए आलंकारिकों के पुराने आचार्य भट्टनायक के सुझाए दो व्यापारों—भावकत्व और भोजकत्व—को किसी न किसी रूप में मान लिया है। मतलब यह है कि कवि के निबद्ध शब्दों और

अभिनेता के द्वारा अभिनीत चेष्टादि में यह सामर्थ्य भी है कि श्रोता या दर्शक को पात्रों की भावना के साथ अपनी भावना का तादात्म्य स्थापित करा दे। ऐसी स्थिति में उनके भीतर पात्रों का विशेष रूप न रहकर साधारणीकृत रूप (पुरुष, स्त्री) रह जाता है, फिर उसमें एक भोजकत्व-व्यापार का आविर्भाव होता है और वह साधारणीकृत विभावादि और उनकी भावनाओं के आस्वादन में समर्थ हो जाता है।

कवि या नाटककार का कौशल पात्रों के विशेषीकरण में प्रकट होता है। हम उस कवि को ही सफल कवि मानते हैं जो पात्रों का विशेष व्यक्तित्व निखार सकता है। परन्तु ये विशेषीकृत पात्र लौकिक होते हैं। सहृदय के चित्त में जो पात्र बनते हैं वे उसकी अपनी अनुभूतियों से बनने के कारण लोकोत्तर या अलौकिक होते हैं। अपने सात्त्विक अभिनय द्वारा कवि के अन्तर्गत भाव का भावन कराते हुए होने के कारण इन्हें भाव कहा जाता है। नाना अभिनय सम्बन्धवाले रसों को भावित कराने के कारण ये भाव कहे जाते हैं। (नाट्यशास्त्र, ७।१-३) इससे जान पड़ता है कि विभाव द्वारा आहृत अर्थ को अनुभावादि द्वारा प्रतीतियोग्य करने के कारण, कवि के अंतर्गत भाव को अभिनयादि द्वारा भावना का विषय बनाने के कारण, विविध अभिनयों से सम्बन्ध रखनेवाले रसों को सुवासित या रंजित करने के कारण इनका नाम भाव है। तीन स्थितियाँ हुईं—(१) कवि के अन्तर्गत भाव, (२) विभाव द्वारा आहृत अर्थ और (३) अभिनयों से दर्शक के चित्त में अनुभूत होनेवाला रस। एक को प्रतीतियोग्य कराने का कामभाव का है (कवि के अन्तर्गत भाव को), दूसरे को भावना का विषय बनाने का काम भाव का है (विभावाहृत अर्थ को), तीसरे को रंजित या वासित करने का काम भाव का है (अनुभूति को)। इस प्रकार भाव कवि के चित्त में स्थित भावों को प्रतीतियोग्य बनाता है, विभाव द्वार आहृत अर्थ को भावनीय बनाता है और सहृदय के हृदय में वासनारूप में स्थित स्थायी भाव को भावित, वासित या रंजित करता है। ये केवल पात्र की मानसिक अवस्थाएँ नहीं हैं। कवि के भावों की प्रतीति के साधन, अनुकार्य पात्र की मनःस्थिति के साथ सहृदय के मनोभावों का सामंजस्य-स्थापन और उसके अन्तःकरण में प्रसुप्त स्थायी भाव की बहुविचित्र रंगों और वर्णों से रंजित-वासित करके अधिक उपभोग्य बनाने के साधन हैं। भरत मुनि ने 'भाव' शब्द का प्रयोग अभिनेता को दृष्टि में रखकर किया है। उन्होंने परिभाषा देते समय अवश्य ही मानसिक आवेग-संवेगों के अर्थ में इसका प्रयोग किया है। इनमें आठ स्थायी हैं, आठ सत्त्वज हैं और तैंतीस व्यभिचारी हैं। वैसे तो सभी व्यभिचारी हैं, पर आठ अपेक्षाकृत अधिक स्थायी होने के कारण स्थायी कहे गए हैं।

कई बार इन्हें मनोभावमात्र समझने का प्रयत्न किया जाता है। व्यभिचारी या संचारी कहे गए भावों में कुछ तो ऐसे हैं, जिन्हें मानसिक ही चित्त में अपनी ही अनुभूतियों के ताने-बाने के भाव-जगत् के दुष्यन्त और शकुन्तला का निर्माण करता है। उन्हीं के सूक्ष्म भावों के मिश्रण से हम रस का अनुभव करते हैं। इसलिए कवि द्वारा विशेषीकृत पात्र सामान्य मानव-अनुभूतियों से पुनर्निमित होकर साधारण कर दिये जाते हैं। सहृदय अपनी ही मानस-भूमि के ईंट-चूने से इस प्रासाद का निर्माण

करता है। इसलिए जब अर्थ अलौकिक स्तर पर आता है तो उसमें सामान्य मानव-अनुभूतियों से निर्मित होने के कारण लौकिक विशेषताओं का एक ऐसा रूप बनता है जिसे साधारणीकृत रूप कहते हैं।

भावकत्व व्यापार के द्वारा पात्रों की भावनाओं के साथ सहृदय की भावनाओं का तादात्म्य होता है, ऐसा ऊपर कहा गया है, पर यह स्पष्ट रूप से समझ लेना चाहिए कि सर्वत्र पात्र के साथ तादात्म्य नहीं होता। कुछ रसों में श्रोता का आलम्बन वही होता है, जो आश्रय का। इस प्रकार आश्रय के साथ तादात्म्य सम्भव होता है, पर कभी-कभी आश्रय ही श्रोता का आलम्बन हो जाता है। जहाँ आश्रय के साथ श्रोता या दर्शक का तादात्म्य हो जाता है वहीं रस पूर्णांग होता है। दूसरे प्रकार के रस में अपूर्णता रहती है। पहली स्थिति केवल शृङ्गार और वीर इन दो रसों में ही सम्भव है। ये ज्यादा भावात्मक होते हैं, जबकि अन्य रस अधिकतर कल्पनात्मक होते हैं। यही कारण है कि पूर्णांग रूपकों में केवल दो ही रस होते हैं—वीर और शृङ्गार।

इस बात का चित्र और मूर्ति के प्रसंग में भी इसी प्रकार विनियोग किया जा सकता है। चित्र या मूर्ति भी मन में एक मानसमूर्ति की रचना करने में समर्थ होते हैं। वहाँ भी सहृदय दर्शक अपनी ही मानस-भूमि के ताने-बाने से अपने ही चित्त की अनुभूतियों का आस्वादन करता है। यह बात 'करण विगम' की प्रक्रिया से ही सिद्ध हो सकती है।

यह स्पष्ट रूप से समझ लेना चाहिए कि मनुष्य जिन कलाकृतियों का निर्माण करता है वे एक प्रकार की माया ही हैं। उदाहरण के लिए चित्रलिखित शकुन्तला नहीं है, कागज है, रंग है, और रेखा है। उसमे लौकिक शकुन्तला का काम नहीं चल सकता। दुष्यन्त ने शकुन्तला का जो चित्र बनाया था उसे देखकर वह स्वयं ऐसा व्यवहार करने लगा था मानो वह सचमुच हाड-मांस की शकुन्तला हो। विदूषक ने मन ही मन कहा था कि अब यह पागल हो गया है। इसी पागलपन से राजा को निवृत्त करने के लिए उसने राजा को बताया कि यह चित्र है। इस पर राजा ने कहा कि हाय मित्र ! तुमने यह क्या अनर्थ कर डाला ! मेरा हृदय तो शकुन्तलामय हो गया था और मैं उसका साक्षात् दर्शन अनुभव कर रहा था। तुमने याद दिलाकर मेरी प्रिया को फिर से चित्र बना डाला :

> दर्शनसुखमनुभवतः साक्षादिव तन्मयेन हृदयेन।
> स्मृतिकारिणा त्वया मे—पुनरपि चित्रीकृता कान्ता ॥

यहाँ इंगित से 'करण-विगम' की प्रभविष्णुता दिखाई गई है। चित्र से बाहरी रूप ने दर्शक के हृदय में शकुन्तला की मानवी-मूर्ति का निर्माण किया और राजा यह भूल ही गया कि वह कागज, रंग और रेखा देख रहा था। इसके पूर्व भी दुष्यन्त ने एक मनोरंजक बात कही थी। उस समय वह चित्रफलक हाथ में ले ही रहा था। अभी भी चित्र-दर्शन से उत्पन्न 'करण-विगम' की प्रक्रिया शुरू नहीं हुई थी। उस समय वह चित्र-फलक को सचमुच ही चित्रफलक समझ रहा था। उस समय उसके

मन की प्रतिक्रिया यह थी कि मेरी प्रिया जब साक्षात् उपस्थित हुई थी तब तो मैंने उसे त्याग दिया पर अब चित्र में आँकी हुई उसकी तस्वीर ही मुझे बहुत जान पड़ती है। यह बहुत-कुछ वैसा है जैसे कोई आदमी भरी हुई नदी को छोड़कर मृगतृष्णा के पीछे दौड़ पड़े।

साक्षात् प्रियामुपगतामपहाय पूर्व
चित्रार्तियां पुनरिमां बहुमन्यमानः।
स्रोतोवहां पथि निकामजलामतीत्य
जातः सखे प्रणयवान्मृगतृष्णिकायाम् ॥

यहाँ जो चित्र को 'मृगतृष्णा' कहा गया है उसमें उसकी मायाविनी शक्ति की ओर ही इशारा किया है। मृगतृष्णा का पानी लौकिक पानी नहीं है, बल्कि मानस-जगत् का कल्पित है। उसी प्रकार चित्र या मूर्ति मानस-जगत् में भावमूर्ति का निर्माण करते हैं। यह कलाकार को मायाविनी शक्ति नहीं तो और क्या है ?

डॉ० नगेन्द्र की समीक्षा-पद्धति

कुमार विमल

डॉ० नगेन्द्र के साहित्यिक व्यक्तित्व के कई पहलू हैं और प्रारम्भिक जीवन में कवि रह चुकने के कारण सबसे बड़ी बात है कि ये केवल शास्त्रज्ञ आचार्य ही नहीं तद्विद् और आर्द्रचेता रसज्ञ भी हैं। सचमुच, कवि-सुलभ रसिकता और सृजन-संवेदना के कारण ही इनकी आलोचना-शैली सैद्धान्तिक और व्यावहारिक—दोनों ही धरातलों पर रसोत्सिक्त है तथा मर्मस्पर्शी आवर्जना में पगी हुई है। इसीलिए शास्त्रीय विश्लेषण के क्षणों में भी इसकी भाषा कहीं-कहीं प्रातिभ संस्पर्श से रसम्भरा और घनेतर हो उठती है। अतः इनके निबन्धों में एक सधे शैलीकार का पहल किया हुआ अभिव्यक्ति-कौशल देखते ही बनता है; पांडित्य और फनकारी का दुर्लभ मेल। एक ओर रस-शास्त्रीय प्रतिमानों का सौम्य विनियोग और दूसरी ओर कारयित्री प्रतिभा की अभिसिंचित भूमिका। मतलब यह कि शास्त्रनिष्णात आचार्यत्व और कवित्व की सहस्थिति ने डॉ० नगेन्द्र की आलोचना-शैली को एक अप्रतिम दीप्ति से मण्डित कर दिया है। यथानुरूप शैली में शास्त्रशुद्ध विश्लेषण के बीच कुछ भ्राजमान शब्दों के रहने पर भी इनकी गद्य-शैली गुरुपाक नहीं है। उसमें जहाँ-तहाँ नमनीय लोच है। अपने लेखों को अपने से कई बार संशोधित करके ही प्रकाशित करने के अभ्यास के कारण इनके शब्द-प्रयोग में निवती पर तुली हुई सटीकता मिलती है, शब्दों का वह अवव्यय या वागाडम्बर से आक्रान्त निविड़ शैली का वह मोह नहीं मिलता जिससे गद्य-शैली कभी-कभी तुन्दिल हो जाती है और उसके कुछ अंश गलस्तन की तरह व्यर्थ ही लटकते दीख पड़ते हैं। इस प्रकार विदग्धता से स्निग्ध विद्वत्ता के कारण इनके आलोचनात्मक दृष्टिकोण की रेखांकित विशेषता यह है कि ये परम शास्त्रनिष्ठ होकर भी आत्मानुभूति को ही प्रमाण-रूप में स्वीकार करते हैं। फलस्वरूप इनकी आलोचना अनुभूति के उपधान का कभी परित्याग नहीं करती है और स्वभावतः एक चमक या धार के कारण रसनीय तथा पुरअसर बनी रहती है। इसलिए नगेन्द्र शास्त्रनिष्ठ होकर भी मूलतः रागी आलोचक हैं। निश्चय ही इस रागप्रियता का अधिकांश श्रेय इनके उस प्रारम्भिक कवित्व को है, जिसने रूप, रस, गन्ध और स्पर्श की अशेष चाह को संचारित कर इनसे ऐसी पंक्तियाँ लिखवा ली हैं—

"तुमने नयनों में मदिर नयन ये उलझाकर
बौद्धिकता का चिर गर्व आज शतखण्ड किया।"

और, अचरज यह है कि इस रागप्रियता से कहीं औचित्य का व्यतिक्रम नहीं हुआ है। तात्त्विक दृष्टि से देखने पर पता चलता है कि यह रागप्रियतता ही नगेन्द्र की आलोचनात्मक कृतियों में मिलनेवाले सृजनात्मक आग्रह का प्रधान कारण है। डॉ० नगेन्द्र तो सिद्धान्ततः यह स्वीकार करते हैं कि राग-तत्व की उभयनिष्ठ स्थिति के कारण साहित्य-सर्जन और साहित्यालोचन परस्पर-विरोधी कर्म नहीं हैं। इन दोनों में यदि अन्तर है तो इतना ही कि साहित्य-सर्जन में राग-तत्त्व प्रमुख और बुद्धि-तत्व गौण रहता है तथा साहित्यालोचन में बुद्धि-तत्त्व प्रमुख और राग-तत्त्व गौण रहता है। दूसरी बात यह कि साहित्य-सर्जन और साहित्यालोचन—दोनों का आधार आत्माभिव्यक्ति है। इनका कहना है कि आत्माभिव्यक्ति का तत्त्व ही आलोचना को साहित्य का पद प्रदान करता है। आत्माभिव्यक्ति के तत्त्व से हीन होने पर हम आलोचना को सब कुछ कह सकते हैं, परन्तु साहित्य नहीं।

डॉ० नगेन्द्र का जीवन साहित्य-साधना और शास्त्र-चर्या का अनिरुद्ध प्रवाह है। इनकी पुस्तकाकार कृतियों का प्रकाशन १९३७ ई० से प्रारम्भ हुआ। सबसे पहले 'वनबाला' प्रकाश में आई, जिसमें एक भावोच्छ्वासमयी कहानी और छात्र-जीवन की कई गीतियाँ संकलित थीं। इनका पहला आलोचनात्मक निबन्ध ('हिन्दी साहित्य के इतिहास') भी १९३७ ई० में ही 'साहित्य-सन्देश' (आगरा) के प्रथम अंक में प्रकाशित हुआ। तब से १९४४ तक ये 'साहित्य सन्देश' में खूब लिखते रहे। इनकी पहली आलोचना-पुस्तक है—'सुमित्रानन्दन पन्त'। इसके बाद तो 'साकेत : एक अध्ययन', 'आधुनिक हिन्दी-नाटक', 'विचार और विश्लेषण' इत्यादि आलोचनात्मक ग्रन्थों का ताँता बँध गया। 'आधुनिक हिन्दी-नाटक' नामक ग्रन्थ के रचना-काल से ही इनकी आलोचना पर मनोविज्ञान और मनोविश्लेषणशास्त्र के अध्ययन का प्रभाव दीख पड़ता है। इसी अवधि में इन्होंने फ्रायड,[1] क्रोचे, रिचर्ड्स इत्यादि को गहन मनोयोग के साथ पढ़ा। फलस्वरूप, इनकी प्रवृत्ति व्यावहारिक आलोचना की अपेक्षा सैद्धान्तिक आलोचना की ओर अधिक हो गई और ये आलोचना के क्षेत्र में बौद्धिक आभिजात्य के विश्वासी बन गये। इसी बौद्धिक आभिजात्य के कारण इनकी 'सुमित्रानन्दन पन्त', 'साकेत : एक अध्ययन' और 'कामायनी के अध्ययन की समस्याएँ जैसी पुस्तकें भी, जिनके अधिकतर पाठक निस्संदेह कॉलेजों के छात्र और अध्यापक हैं, बटुकतोषिणी पोथियों के स्तर से नितान्त भिन्न हैं।

यह सच है कि डॉ० नगेन्द्र ने बहुत लिखा है, किन्तु, इनका साहित्य उदरम्भरि लेखकों के साहित्य की तरह परिमाण में विपुल होकर भी प्रकार में हीन नहीं है। इस तरह इनकी यह विशेषता है कि इन्होंने बहुत लिखकर भी बहुत अच्छा लिखा है। अतः यह विनत गर्व के साथ कहा जा सकता है कि इन्होंने एक रसनिष्ठ आचार्य के

---

1. फ्रायड के सिद्धान्तों को डॉ० नगेन्द्र पूर्णतः स्वीकार नहीं करते, किन्तु, इन पर फ्रायड के सिद्धान्तों का आंशिक प्रभाव अवश्य है। द्रष्टव्य—'फ्रायड और हिन्दी-साहित्य', विचार और विश्लेषण, पृष्ट ५८।

रूप में अपने ढंग से हिन्दी आलोचना का अभिनियंत्रण किया है। इनकी साहित्य-साधना में एक सातत्य है— वह सातत्य जो वैशिष्ट्य का वाहक हुआ करता है। लेखन के अलावा इनका सम्पादन कार्य भी कम महत्त्वपूर्ण नहीं है। इनके द्वारा सम्पादित या अनूदित कई ग्रन्थ—'अरस्तू का काव्यशास्त्र', 'काव्य में उदात्त' तत्त्व' इत्यादि—हिन्दी-आलोचना की नवीन आधारशिला देनेवाले ग्रन्थ हैं। आनेवाले युग, सम्भवतः नगेन्द्र को हिन्दी-आलोचना का प्रवर स्थपति इसलिए मानेगा कि इन्होंने हिन्दी-आलोचना के स्वरूप या स्थापत्य को गढ़ने का प्रयास किया है। सचमुच, हिन्दी-आलोचना और शोध को आधारभूत सामग्री देने के लिए इन्होंने एक ओर संस्कृत-साहित्य के अनमोल ग्रन्थों के हिन्दी-अनुवाद का भूमिका-सहित सम्पादन किया है और दूसरी ओर अरस्तू, लोंजाइनस और होरेस-जैसे पाश्चात्य विचारकों की कृतियों का हिन्दी-रूपान्तर कर उन पर अभिनव प्रकाश डाला है। इस तरह इन्होंने हिन्दी-आलोचना की जमीन को विभिन्न स्रोतों से सींचा है, उसे जरखेज बनाया है ताकि आनेवाले लोग अच्छी फसल लगा सकें। लेखन, सम्पादन से लेकर 'टीम वर्क' तक आने में इन्होंने स्पृहणीय का परिचय दिया है। 'मानविकी कोश' की योजना का कार्यान्वयन इसका प्रमाण है। किन्तु, 'वनबाला' से प्रारम्भ कर 'रस-सिद्धान्त' जैसे उत्तम ग्रन्थ की रचना कर लेने के बाद भी इनका सृजन-संकल्प शिथिल नहीं हुआ है। 'रस-सिद्धान्त' के प्रकाशित होते-होते इनके लेखन का आगामी कार्यक्रम निर्धारित हो चुका है। अभी कुछ दिनों तक इनका इरादा संस्मरण एवं व्यक्तित्व-चित्र लिखने का है। तदनन्तर, अलंकार-सिद्धान्त पर पुस्तक लिखने की योजना है, जिसकी रचना बिम्ब, प्रतीक आदि काव्य-सर्जना के आधार-तत्त्वों की विवेचना-परम्परा को नवजीवन देने के लिए की जायगी।

डॉ० नगेन्द्र के अद्यपर्यन्त प्रकाशित साहित्य को देखने से यह तथ्य सामने आता है कि इनका प्रमुख क्षेत्र काव्यालोचन है तथा इनकी रसग्राहकता या काव्य-चेतना की सीमा छायावादी कविता है, कारण, छायावादी रुचिबोध के परवर्ती विकास में इनकी रसग्राहकता नहीं रम सकी है। शायद, काव्यानुशीलन में अभ्यस्त हो जाने के कारण गद्य-साहित्य की आधुनिक विधाओं—उपन्यास, कहानी, रेखाचित्र, रिपोर्ताज इत्यादि—के अनुशीलन में इनका मन नहीं रमता है। सम्भवतः इस रुचि-परिसीमन में इनकी रसवादी तत्त्वान्वेषी दृष्टि का हाथ होगा। किन्तु, इस सीमा के बावजूद इनकी आलोचना आचार्य शुक्ल के द्वारा प्रवर्तित शास्त्रीय आलोचना का परिणत फल है, जिसमें शुक्ल जी से भी अधिक सन्तुलन, व्यवस्था और शास्त्रीयता है। अतः नगेन्द्र शुक्लोत्तर हिन्दी-समीक्षा के गौरव-शिखर हैं और उसे तत्त्वनिष्ठ आचार्यत्व से मण्डित करनेवाले विचारकों में अग्रगण्य हैं। इन्होंने कई दृष्टियों से शुक्लोत्तर समीक्षा को समृद्ध किया है और शुक्लोत्तर समीक्षा की इन मुख्य प्रवृत्तियों—शास्त्रीय, सौष्ठववादी, मनोवैज्ञानिक, समाज-शास्त्रीय, ऐतिहासिक, सैद्धान्तिक और शोधपरक—में से कई प्रवृत्तियों को अपने सबल योग से परिपुष्ट किया है।

यह सच है कि शुक्ल जी नगेन्द्र से प्रातिभ अन्तर्दृष्टि की सम्पन्नता में आगे

थे, किन्तु उनमें एक पूर्वाग्रहयुक्त कट्टरता थी, जिसका शिकार क्रोचे के अभिव्यंजनावाद, छायावाद इत्यादि को बनना पड़ा। सौभाग्य से नगेन्द्र के साथ कोई ऐसी पवित्रतावादी, मर्यादावादी या नैतिक कट्टरता जुड़ी हुई नहीं है। दूसरी बात यह है कि शुक्ल पश्चिम के प्रति बहुत अनुदार थे। उन्हें साहस करके, एक प्रकार के उत्कट स्वदेशवाद (Chauvinism) का पोषक कहा जा सकता है। किन्तु, नगेन्द्र के पास स्वदेशी साहित्य के प्रति अडिग अनुराग रहने पर भी पश्चिम के प्रति किसी बद्धमूल वर्जना की जटिल ग्रन्थि नहीं है। अतः आगे चलकर जब विश्व-समालोचना (Welt-Kritik) स्पष्ट स्वरूप ग्रहण करने लगेगी, तब उसके निर्माण में योग देते समय हिन्दी-आलोचना का प्रतिनिधित्व नगेन्द्र ही अच्छी तरह कर सकेंगे, क्योंकि शुक्ल जी की अनेक मान्यताएँ जातीय पूर्वाग्रहों और हठी आदर्शों के कारण विश्व-आलोचना के सार्वदेशिक संकाय में स्थान नहीं पा सकेंगी।

रस-ख्याति और आनन्द-द्रवित रस-बोध के प्रति अत्यधिक आग्रह रखने के बाद भी नगेन्द्र ने कई विचारधाराओं के प्रभाव को वांछित रूप में स्वीकार किया है, जिसे हम मनोविश्लेषणवाद, उपयोगितावाद, प्रभाववाद और क्लासिज्म का समीकृत प्रभाव कह सकते हैं। इन विभिन्न प्रभाव-स्रोतों के कारण ही इनकी आलोचना-पद्धति एक साथ शास्त्रीय, प्रभाववादी तथा वैज्ञानिक है। स्वदेशी विद्वानों के बीच नगेन्द्र पर आचार्य शुक्ल की रसवादी दृष्टि का निश्चित प्रभाव है, क्योंकि नगेन्द्र भी रसवाद को काव्यशास्त्र की अन्तिम परिणति के रूप में स्वीकार करते हैं और रसवाद को शब्द-अर्थ के माध्यम से आत्मसाक्षात्कार का सिद्धान्त मानते हैं। किन्तु, शुक्ल जी की रसवादी धारणा से प्रभावित होकर भी नगेन्द्र कुछ बातों में उनसे असहमत है। जैसे, इन्होंने शुक्ल जी को आधुनिक युग में भारत का सर्वश्रेष्ठ रसवादी आलोचक मानकर और उनके प्रति अत्यधिक आदर-भाव प्रकट करके भी उनकी सगुण रस-धारणा अर्थात् रस के साथ सगुण भावना के प्रकृत सम्बन्ध की अनिवार्यता का खण्डन किया है।[1] इस प्रसंग में इन्होंने अभिनवगुप्त और प्रसाद के मत का समर्थन किया है। दूसरो बात यह है कि शुक्ल जी से प्रभावित रहकर भी इन्होंने उनकी अतिनैतिकता को अस्वीकार किया है। अतिनैतिक दृष्टिकोण के प्रति इनका झुकाव, शायद, इसलिए नहीं है कि ये आनन्दवादी मूल्यों के विश्वासी हैं और अपने साहित्यिक व्यक्तित्व के निर्माण-काल (१९३२ ई० से १९३७ ई० तक) में छायावादी और रोमांटिक कविता से विशेषतः प्रभावित रह चुके हैं। इसलिए स्वभाव से आनन्दवादी होने के कारण इनका व्यक्तित्व प्रवृत्तिमय है, जिसे आचार्यत्व और अध्यापन के पेशे ने गहन-गम्भर बना दिया है। इसलिए इनके संस्कार मूलतः जड़भूत नैतिक आदर्शवाद की अपेक्षा सहज मानव-मूल्यों के अधिक अनुकूल हैं। किन्तु, इससे यह नहीं समझना चाहिए कि इन्होंने नैतिकता की नितान्त अवहेलना की है। मेरी समझ से यह कहना उचित होगा कि इन्होंने नैतिकता को मानवता के बाद स्थान दिया है, कारण, इनका

१. द्रष्टव्य—रस-सिद्धान्त, पृष्ठ ३३३

निर्भ्रान्त मत है कि मानवता का महत्त्व नीति-संहिता से अधिक है और जीवन-मूल्यों की सार्थकता नैतिक होने में नहीं, मानवीय होने में है। इनकी प्रारम्भिक कृतियों में तो निश्चय ही नैतिक मूल्यों के प्रति निविड़ अनुरक्ति का कोई संकेत नहीं मिलता है। इधर आकर नैतिक मूल्य के प्रति ये कुछ उदार होते जा रहे हैं, क्योंकि इनका अतिप्रिय रस-सिद्धान्त भी तो अन्ततोगत्वा नीतिशास्त्र का दार्शनिक आनन्दवादी धारा के ही अन्तर्गत आता है। तीसरी बात यह है कि इन्होने रससिद्धान्त के निरूपण में आचार्य शुक्ल की तरह लोकमंगल और सामाजिक सन्दर्भ पर बहुत अधिक बल नहीं दिया है। साथ ही, इन्होंने शुक्ल जी के असदृश रस-सिद्धान्त के निरूपण में वैयक्तिक चेतना और मनोवैज्ञानिक विश्लेषण को नूतन प्रतिष्ठा दी है।

यद्यपि इन्होंने रसवाद को उसके रूढ़ रूप में स्वीकार नहीं किया है और उसको आधुनिक युग-बोध एवं परिवेश के सन्दर्भ में देखने का प्रयास किया है, तथापि अपनी आनन्दपर्यवसायिनी रस-निष्ठा के कारण ये पुराने आचार्यों के बीच भट्टनायक और अभिनवगुप्त से विशेष प्रभावित रहे हैं। भट्टनायक से प्रभावित होने का मुख्य कारण यह है कि भट्टनायक ने साधारणीकरण-सिद्धान्त की उद्भावना के द्वारा प्रेषणीयता से संबद्ध कई प्रश्नों का समाधान प्रस्तुत कर दिया और इस प्रकार काव्यालोचन का मूल आधार उपस्थित किया।[1] इसी तरह अभिनवगुप्त से प्रभावित होने का एक सबल कारण यह है कि अभिनवगुप्त ने समष्टिगत रस की प्रकल्पना के द्वारा सामाजिक कलानुभूति और सामूहिक रस-चेतना का अभूतपूर्व व्याख्यान उपस्थित किया है।[2] इस तरह विभिन्न प्रभाव-स्रोतों में निमज्जित अध्ययन को गम्भीर व्यापकता, अभिव्यक्ति की प्रांजलता और वैचारिक प्रौढ़ि ने मिल-जुलकर इनकी आलोचना को आकर्षक वैशिष्ट्य तथा इनकी सभी स्थापनाओं को शास्त्रीय पृष्ठाधार प्रदान किया है।

एक शास्त्रनिष्ठ आचार्य, समर्थ चिन्तक और रससिद्ध समीक्षक के रूप में आधुनिकों के बीच नगेन्द्र की कुछ उपलब्धियाँ बहुत ही महत्त्वपूर्ण हैं। उदाहरण के लिए, आचार्य शुक्ल से लेकर अपनी पीढ़ी तक के आलोचकों के बीच इन्होंने क्रोचे को सबसे अधिक अच्छी तरह समझा है और क्रोचे के मन्तव्यों को सर्वाधिक सन्तुलित एवं सुलझे हुए ढंग से उपस्थित किया है। इसी तरह छायावाद के मूल्यांकन को उचित दिशा देनेवाले आलोचकों में नन्ददुलारे वाजपेयी की तरह इनका भी महत्त्वपूर्ण स्थान है। तदनन्तर, नगेन्द्र ने सर्वप्रथम रस-सिद्धांत की व्याख्या में आधुनिक मनोविज्ञान

---

१. डॉ० नगेन्द्र ने भट्टनायक की इस ऐतिहासिक महत्व की उपलब्धि पर यह भावोच्छ्वासमयी टिप्पणी दी है—"मेरी धारणा है कि विश्व के आलोचना-शास्त्र में भट्टनायक से पूर्व इस मूल प्रश्न का ऐसा प्रामाणिक समाधान किसी आचार्य ने प्रस्तुत नहीं किया।"

—रस-सिद्धान्त, पृष्ठ १७०

२. रस-सिद्धान्त, पृष्ठ १७५

को अपेक्षित महत्त्व दिया है और कुछ दूर तक रसवाद का मनोवैज्ञानिक अर्थापन भी किया है। इस प्रकार आधुनिक काव्यालोचन की सिद्धान्त-संहिता को गढ़ने में इनका उल्लेखनीय योग है। इस दृष्टि से इनकी उपलब्धि का प्रकर्ष है—संश्लिष्ट काव्यशास्त्र का उन्नयन। एक ओर इन्होंने हिन्दी-काव्यशास्त्र और हिन्दीतर भारतीय भाषाओं के काव्यशास्त्र के तुलनात्मक अध्ययन तथा गवेषणात्मक अनुशीलन की एक नयी दिशा का निर्देश कर भारतीय वैदुष्य के क्षेत्र में भावनात्मक ऐक्य को स्थापित करने का प्रशंसनीय प्रयास किया है और दूसरी ओर अंग्रेजी साहित्य के अध्ययन एवं अध्यापन का लाभ उठाते हुए इन्होंने वैभवशाली संस्कृत-साहित्यशास्त्र के रिक्थ का पूरा उपयोग किया है। अतः ये पौरस्त्य और पाश्चात्य आलोचनाशास्त्र प्रबुद्ध समवाय के रूप में आधुनिक हिन्दी-आलोचना के समर्थ उन्नायक हैं। विगत दो-ढाई दशकों से ये भारतीय काव्यशास्त्र और पाश्चात्य काव्यशास्त्र के समन्वय के एक ऐसे पूर्णतर काव्यशास्त्र का निर्माण करना चाहते हैं, जिसमें काव्य-सृजन और काव्यास्वाद का व्यापक विवेचन हो। इसलिए यह कहना केवल सत्य को स्वीकार करना है कि ज्ञान-विस्तार और युगीन आवश्यकताओं के अनुरूप हिन्दी-साहित्य में जिस नवीन संश्लिष्ट काव्यशास्त्र का उदय हुआ है, उसे विकास देनेवाले मनीषियों की पंक्ति में आचार्य शुक्ल के बाद डॉ० नगेन्द्र ही दूसरे गौरव-शिखर हैं। इनके साथ यह सुयोग रहा है कि ये अपने आलोचक व्यक्तित्व के निर्माण-क्रम में 'पश्चिम' से 'पूरब' आए और स्वभावतः बहुत अंशों में समन्वयवादी हो गये, फलस्वरूप, रस, अलंकार, रीति, ध्वनि आदि की किंचित् नवीन व्याख्या या पुनराख्यान करने में सफल हो सके। इस संश्लिष्ट काव्यशास्त्र के प्रति अपने रुचि-विकास का बखान करते हुए इन्होंने 'हिन्दी-काव्यालंकारसूत्र' के प्रथम संस्करण के वक्तव्य में लिखा है—"काव्यशास्त्र के अध्ययन में ज्यों-ज्यों मैंने प्रवेश किया है, त्यों-त्यों यह एक तथ्य मेरे मन में स्पष्ट होता गया है कि भारत तथा पश्चिम के दर्शनों की तरह यहाँ के काव्यशास्त्र भी एक-दूसरे के पूरक हैं और पुनराख्यान आदि के द्वारा उनके आधार पर हमारे अपने साहित्य की परम्परा के अनुकूल एक संश्लिष्ट आधुनिक काव्यशास्त्र का निर्माण सहज-सम्भव है।" इन्होंने इस धारणा का व्यावहारिक अन्वय 'हिन्दी-काव्यालंकारसूत्र' और 'हिन्दी ध्वन्यालोक' की पांडित्य-प्रखर भूमिकाओं में तथा 'रस-सिद्धांत' के कतिपय पृष्ठों में उपस्थित किया है। इनका कहना है कि "वर्तमान साहित्य-जगत् में पाश्चात्य आलोचना के मान-प्रतिमान इतने रम गये हैं कि आज का साहित्य-मनीषी उन्हीं के माध्यम से चिन्तन और मूल्यांकन करता है। अतः प्राचीन काव्यशास्त्र के सिद्धान्तों की यथावत् अवतारणा की अपेक्षा उनका नयी आलोचना-पद्धति से विचार-विवेचन करना आवश्यक हो गया है। इसीलिए प्रायः प्रत्येक भाषा का प्रबुद्ध आलोचक कम से कम तीन-चार दशाब्दियों से बड़े मनोयोग के साथ इस कर्त्तव्य का पालन कर रहा है, जिसके फलस्वरूप एक नये संश्लिष्ट काव्यशास्त्र का उदय हो रहा है। इस प्रवृत्ति का भी सर्वाधिक विकास हिन्दी और मराठी में ही हुआ है और इनके बाद बंगला का नाम

आता है।"[1] आशा है, डॉ० नगेन्द्र संश्लिष्ट काव्यशास्त्र के निर्माण में अधिकाधिक रुचि लेंगे और पौर्वात्य तथा पाश्चात्य कला-सिद्धान्तों की समभूमियों का अन्वेषण कर विश्व-संस्कृति की सापेक्षता में आलोचना के अन्तर्राष्ट्रीय मानदण्डों का निर्धारण करेंगे, क्योंकि साहित्य तथा कला की मूलवर्ती धारा इतिहास, भूगोल एवं परम्परा की अनेक उल्लंघ्य सीमित क्यारियों में बैठकर भी एक तत्व को प्रवाहित करती है, जिसकी परख के लिए अब तक किसी सार्वभौम निकष का अभाव है।

उपर्युक्त विवेचन से स्पष्ट है कि डॉ० नगेन्द्र को मूलग्राही (पल्लवग्राही नहीं) प्रवृत्ति से युक्त हिन्दी-आलोचना का जो स्वरूप अभीष्ट है, वह है हिन्दी-साहित्य की परम्परा के आधार पर भारतीय तथा पाश्चात्य काव्यशास्त्र का सामंजस्यपूर्ण पुनराख्यान। किन्तु, इस अभीष्ट की सिद्धि में कुछ बाधा इसलिए हो सकती है कि डॉ० नगेन्द्र के काव्यबोध की सीमा छायावादी काव्य-चेतना है। इनकी रुचि प्रगतिवाद, प्रयोगवाद, नयी कविता एवं गद्य की अनेक आधुनिक विधाओं में पूरी तरह नहीं रम सकी है। दूसरी बात यह है कि इनके आलोचनात्मक विश्लेषणों में समाजशास्त्रीय चैतन्य का वांछित मात्रा में समावेश नहीं है जबकि ये अपनी साहित्यिक धारणाओं के निर्माण-काल में प्रगतिवादी आलोचक प्रो० प्रकाशचन्द्र गुप्त के निकट सम्पर्क में रह चुके हैं। यदि ये मनोविश्लेषणशास्त्र के अनुपात में समाजशास्त्रीय चैतन्य पर भी उचित बल दे पाते, तो इनकी आलोचना और अधिक परिपूर्ण होती। तीसरी बात यह है कि शास्त्र-चर्चा में लीन रहते-रहते ये उस अपरम्परित चिन्तन से लगभग विमुख हो जाते हैं, जिससे नयी आवश्यकताओं के अनुरूप आलोचना के नवीन मानक तैयार होते हैं। अतः इनके कुछ विलक्षण मित्रों ने यह संकेत किया है कि इनकी चिन्तन-पद्धति दिनानुदिन शास्त्रबद्ध और एकेडेमिक होती जा रही है। साथ ही, स्वानुभूति तथा आत्म-प्रीति-प्रतीति के आधार पर आलोच्य कृति के विश्लेषण और मूल्यांकन की प्रवृत्ति, जो इनके पास पहले पर्याप्त मात्रा में थी, धीरे धीरे घटती जा रही है। चौथी बात यह है कि प्राचीन काव्यशास्त्रीय सम्प्रदायों या वादों के बीच रसवाद के प्रति इनका आग्रह पक्षपात से बहुत दूर नहीं है। जो औचित्य-सिद्धान्त कलाशास्त्रीय दृष्टिकोण से अन्य सम्प्रदायों या सिद्धान्तों की अपेक्षा अधिक व्यापक और कला-संयुज है, वह इनके रसवादी आग्रहों के कारण इनसे उचित आशंसा नहीं पा सका है। इधर आकर इन्होंने रसाश्रित औचित्य की दृष्टि से औचित्य-सिद्धान्त के प्रति थोड़ी अनुकूल धारणा व्यक्त की है। रसाश्रित औचित्य इसलिए कि इनकी दृष्टि में औचित्य-सिद्धान्त रस-सिद्धान्त से ही निकला है। अतः औचित्य, इनके अनुसार, एक प्रकार से रस का अंग है और रस की परिधि में ही औचित्य की सत्ता या सार्थकता है। इस तरह यह स्पष्ट है कि इन्होंने अपने रसवादी आग्रहों को विनम्र बनाने की चेष्टा नहीं की है। फलस्वरूप इन आग्रहों की रक्षा के लिए इन्होंने रस-सिद्धान्त की सीमाओं का अपाकरण करते हुए रस-सिद्धान्त की कुछ दूर तक शास्त्र-

---

१. रस-सिद्धान्त, पृष्ठ ७३

रूढ़ियों से मुक्त कर अपने ढंग से उपस्थित किया है । तभी तो इन्होंने रस-परिकर की पूर्णता को रसवत्ता का सार्वत्रिक प्रमाण नहीं मानकर मराठी रसवादी आलोचकों की 'भाव-गंध' वाली प्रकल्पना तक को स्वीकार कर लिया है ।

अब तक की प्रकाशित कृतियों में 'रस-सिद्धान्त' इनकी साहित्य-साधना का उत्तमांश है और इनकी लगभग तीन दशकों की निरन्तर शास्त्र-चर्या की विशिष्ट परिणति । इन्होंने स्वयं ही स्वीकार किया है कि यह 'रस-सिद्धान्त' इनके लिए कोई 'शास्त्र विनोद' नहीं है, बल्कि 'साधुकाव्यनिषेवण' से निर्मित अंतःसंस्कारों की सहज संहति है । इस ग्रन्थ के द्वारा इन्होंने आचार्य शुक्ल के स्वप्न को साकार करने की चेष्टा की है, क्योंकि आचार्य शुक्ल रस-सिद्धान्त को भारतीय काव्यशास्त्र का मेरुदण्ड ही नहीं मानते थे, बल्कि उसे एक सार्वभौम साहित्य-सिद्धान्त के रूप में प्रतिष्ठित करना चाहते थे, जिसे वे अस्वस्थता एवं असामयिक निधन के कारण नहीं कर सके । अतः इस ग्रन्थ ने आधुनिक काव्यशास्त्र के गौरवपूर्ण विकास के इस तृतीय चरण को रस-सिद्धान्त का स्वर्ण-युग बना दिया है । सचमुच, जिस रस-सिद्धान्त का चरम विकास आनन्दवर्धन, भट्टनायक, अभिनवगुप्त, महिमभट्ट भोजराज इत्यादि आचार्यों ने अपनी दार्शनिक प्रौढ़ि के आधार पर किया था, उनका पुर्नविकास डॉ० नगेन्द्र ने मानव-ज्ञान की अत्याधुनिक उपलब्धियों के आलोक में बहुत ही निर्भ्रान्त ढंग से किया है । इन्होंने बहुत पहले 'साहित्य के मानदंड' शीर्षक निबन्ध में लिखा था, "रस की कल्पना वस्तुतः अत्यन्त व्यापक आधार पर की गई है । आज की शब्दावली में उसका पुनराख्यान कर आधुनिक काव्यालोचन के सभी मान उसकी परिधि में आ जाते हैं । यूरोप के आधुनिक सौन्दर्यवादियों की भाँति वह जीवन से असंपृक्त नहीं है—वह तो जीवन के स्थायी भावों पर ही मूलतः निर्भर है । नैतिक मूल्य भी अपने उदात्त रूप में रस में अन्तर्भूत हैं, क्योंकि रस-सिद्धान्त नीति-विरोधी नहीं है—नीति-विरोधी तत्वों को रसभास रूप में अभिशंसित कर वह जीवन के स्वस्थ-नैतिक दृष्टिकोण का पोषण करता है ।"[१] अतएव इनका विनम्र मत है कि "साहित्य का चरम मान रस ही है, जिसकी अखण्डता में व्यष्टि और समष्टि, सौन्दर्य और उपयोगिता, शाश्वत और सापेक्षित का अन्तर मिट जाता है : अन्य कथित मान या तो रस के एकांगी व्याख्यान हैं या फिर असाहित्यिक मान हैं जिनका आरोप साहित्य के लिए अहितकर है ।"[२] अपने इसी रसवादी दृष्टिकोण का विस्तृत पल्लवन और विवेचन इन्होंने 'रस-सिद्धान्त' नामक ग्रन्थ के 'शक्ति और सीमा' शीर्षक अध्याय में किया गया है ताकि मानव-मूल्य पर आश्रित रस-सिद्धान्त की सार्वभौमता एवं सार्वकालिकता सिद्ध हो सके ।

डॉ० नगेन्द्र को रस-सिद्धान्त में इतनी गहरी आस्था इसलिये है कि रस-सिद्धान्त में साहित्य के मूलभूत प्राण-तत्व—अनुभूति के कल्पनात्मक आस्वाद को जो

---

१. विचार और विश्लेषण, प्रथम संस्करण, पृष्ठ ३
२. विचार और विश्लेषण, पृष्ठ ३

संश्लिष्ट एवं सर्वांगपूर्ण धारणा सन्निहित है, वह अन्यत्र दुर्लभ है। इतना ही नहीं, रस वह व्यापक तत्व है, जिसमें काव्यगत सम्पूर्ण भाव-सम्पदा का अन्तर्भाव है। यानी रस साक्षात् भाव-योग है – 'भाव के अभिषेक' से उत्थित। इन्हीं कारणों से नगेन्द्र की अडिग रस-निष्ठा रस-सिद्धान्त की शक्तिमत्ता एवं व्यापकता में इतना विश्वास रखती है कि रस-सिद्धान्त के आधार पर प्रत्येक युग तथा प्रत्येक देश के साहित्य का मार्मिक मूल्यांकन किया जा सकता है। किन्तु, इनका रस-सिद्धान्त रस-सम्प्रदाय की शास्त्रीय खूंटियों तक सीमित नहीं है। यह तो मानव-संवेदनाओं और रागात्मक वृत्तियों पर निर्भर एक विकासशील सिद्धान्त है। अतः नगेन्द्र को दृष्टि में रस सिद्धान्त किसी तालाब का बंधा हुआ जल अथवा विराम पर पहुँची हुई रूढ़ि नहीं है। यह तो स्थिति-स्थापक है, लोचदार है और सवासन व्यक्ति अथवा समुदाय के रागबन्ध और समजित आस्वाद के सतत विकास पर निर्भर है। मतलब यह कि नगेन्द्र की दृष्टि से रस मानव-संवेदना का पर्याय रूप है; रस-धारणा विकासशील मानव-संवेदना का चरम सत्य है और इसलिये रस-सिद्धान्त का विकास मानव-संवेदना के विकास के साथ समगति का निर्वाह करता है।

●

तीन निबन्ध

आचार्य नगेन्द्र

१

रस-सिद्धान्त के विरुद्ध आक्षेप और उनका समाधान

रस-सिद्धान्त का विकास और प्रसार निर्विघ्न नहीं रहा। प्रायः आरम्भ से ही समय-समय पर उसके विरुद्ध अनेक प्रकार के आक्षेप होते रहे हैं। उन आक्षेपों का सार-संग्रह इस प्रकार है :

१. रस को जागतिक अनुभूतियों से सर्वथा विलक्षण—अलौकिक तथा ब्रह्मास्वादसहोदर माना गया है। मध्ययुग में इस प्रकार की कल्पना सम्भव थी, परन्तु आज के मनोवैज्ञानिक युग में वह कैसे ग्राह्य हो सकती है? मनोविज्ञान के द्वारा प्रत्येक अनुभूति का निर्वचन सम्भव है—फिर रस ही अनिर्वचनीय कैसे हो सकता है?

२. रस-सिद्धान्त का पूरा बल भाव पर ही रहता है, परिणामतः काव्य के अन्य रूपों के साथ न्याय नहीं हो पाता जो पाठक की कल्पना को चमत्कृत या उसके विचारों को उद्दीप्त कर अथवा शब्द-अर्थ में कलात्मक चमत्कार उत्पन्न कर अपनी सार्थकता सिद्ध करते हैं। प्राचीन युग में अलंकार, रीति, ध्वनि तथा वक्रोक्ति आदि सिद्धान्त इसी तर्क के आधार पर उठ खड़े हुए थे और वर्तमान युग में अनेक आलोचकों ने भी नवीन शब्दावली में इसी आक्षेप की आवृत्ति की है। उनका तर्क यह है कि काव्य के अनेक प्रयोजन हैं—भाव के उद्‌बोध की अपेक्षा पाठक के मन में सुन्दर ब्रिम्ब की उद्‌बुद्धि या नवीन शब्दार्थ-बोध आदि भी अपने आप में कम महत्त्वपूर्ण नहीं हैं। आज के बुद्धिप्रधान जीवन में हमारी अनुभूतियाँ शुद्ध रागात्मक नहीं रह गयी हैं, उनमें विचारसूत्र अनिवार्यतः गुँथे रहते हैं। अतः काव्य में भी आज बौद्धिक अनुभूतियों का ही प्राधान्य हो गया है। रस-सिद्धान्त में सौन्दर्य-बोध के इन नवीन रूपों के उचित मूल्यांकन की व्यवस्था नहीं है।

३. रस-सिद्धान्त के अन्तर्गत भावों की बँधी हुई संख्या है जो काव्यवस्तु की परिधि को सीमित कर देती है। मानव-मन तो अथाह सागर के समान है जहाँ असंख्य लहरें निरन्तर उठती-गिरती रहती हैं। उन्हें नौ या ग्यारह स्थायी भावों और तैंतीस संचारियों में सीमित कर देना सर्वथा असंगत है। युग-युग के काव्य में व्यक्त मानव-चेतना की असंख्य तरल-चटुल, गुरु-गम्भीर तथा परस्पर संकीर्ण वृत्तियाँ न रस की

पारिभाषिक शब्दावली में बँध सकती हैं और न उनके साथ न्याय हो सकता है। विश्व के काव्य का—स्वयं भारतीय भाषाओं के आधुनिक काव्य का, जो रस-सिद्धान्त की पृष्ठभूमि में नहीं लिखा गया, पर्याप्त अंश ऐसा है जिसमें रस-निर्णय करना सम्भव ही नहीं हो सकता। कौन कह सकता है कि हेमलेट या गोदान का, कुरुक्षेत्र या वेस्ट लैंड का अंगी रस क्या है? इसका कारण यह है कि आदिम वासनाओं पर ही आधृत होने के कारण रस-सिद्धान्त अपर्याप्त है। अवचेतन मन के रहस्य-लोक का उद्घाटन हो जाने पर तो उसकी अपर्याप्तता और भी बढ़ गयी है। निरन्तर विकसनशील मानव-चेतना और उसकी बढ़ती हुई जटिलताओं के लिए इसमें कोई व्यवस्था नहीं है।

४. रस की सिद्धि के लिए एक परिपूर्ण काव्य-विधान की अपेक्षा रहती है जो काव्य के प्रबन्ध-रूपों के अतिरिक्त अन्यत्र प्रायः कठिन ही होता है। भारतीय मुक्तक की कल्पना भी प्रबन्ध के लघुतम रूप में ही की गयी है, अतः वहाँ भी यह विधान बैठ जाता है। किन्तु ऐसे भी अनेक छन्द या सूक्तियाँ मिलती हैं जहाँ कोई अत्यन्त सूक्ष्म भाव-ग्रन्थ या अत्यन्त तरल अनुभूति-चित्र ही कवित्व का सार-सर्वस्व होता है। वहाँ रस की सिद्धि कैसे मानी जा सकती है?

५. रसों के विरोध और अविरोध की स्थिर धारणाओं के कारण रस के क्षेत्र का और भी अधिक परिसीमन हो गया है। मानव-चेतना और उसकी अभिव्यक्तियाँ अन्तर्विरोधों का पुंज हैं। जीवन का चित्र जितना अधिक प्रबल एवं परिपूर्ण होगा उसमें अन्तर्विरोध उतने ही अधिक होंगे—और, कवि तथा काव्य के विषय में भी यही सत्य है। भारतीय वाङ्मय में महाभारत और पाश्चात्य वाङ्मय में शेक्सपियर का नाट्य-साहित्य अपनी समग्रता में जीवन के अनन्त अन्तर्विरोधों को समेटे हुए है। वास्तव में वहाँ तो काव्य का गौरव ही इन प्रबल अन्तर्विरोधों के कारण उभरता है। रस-सिद्धान्त की कसौटी पर तो यह महत्त्व दोष बनकर रह जाएगा।

६. रस-सिद्धान्त की एक बड़ी सीमा यह है कि वह रस को केवल सहृदयनिष्ठ मानकर चलता है जिसके कारण कविगत रस और काव्यगत रस की सर्वथा उपेक्षा हो जाती है। परिणामतः जहाँ किसी प्रकार के पूर्वाग्रह आदि के कारण सहृदय की ग्रहण-शक्ति बाधित हो जाती है वहाँ सरस काव्य का भी उचित मूल्यांकन नहीं हो पाता। इसके अतिरिक्त यह भी सदा आवश्यक नहीं होता कि काव्य या नाट्यगत स्थायी भाव और सहृदय के स्थायी भाव में सर्वत्र तादात्म्य ही हो—कभी-कभी दोनों में केवल असंगति ही नहीं, विरोध तक उत्पन्न हो जाता है। उदाहरण के लिए एक ऐसा दृश्य लीजिए जहाँ नायक-नायिका किसी निबिड़ जंगल में नर-मांस-भक्षण का दृश्य देखते हों। इस परिस्थिति में नायक के हृदय में (यदि वह वीर पुरुष है) क्रोध, नायिका के हृदय में भय और प्रेक्षक या पाठक के चित्त में जुगुप्सा का ही उदय होगा।[1] इस प्रकार काव्य में वर्णित स्थायी भाव के साथ सहृदय के स्थायी भाव का तादात्म्य न होने से रस का

---

१. देखिए, श्री मर्ढेकर का मत : आधुनिक हिन्दी तथा मराठी में काव्यशास्त्रीय अध्ययन, पृष्ठ २८४

परिपाक कैसे होगा ? रस-सिद्धान्त की यह एक अत्यन्त स्पष्ट विसंगति है ।

७. रस की अभिव्यक्ति मानना संगत नहीं है ।—रस का अर्थ यदि काव्यास्वाद है तो उसकी प्रायः निर्मित ही होती है । रस या काव्यास्वाद किसी एक भाव की शुद्ध एवं अमिश्र अनुभूति न होकर अनुभूतियों का एक विधान ही होता है, जिसका उद्‌बोध न होकर निर्माण ही सम्भव है । अतः रस-सिद्धान्त, जिसके अनुसार वासना-रूप से स्थिति किसी एक स्थायी भाव के अभिव्यक्ति रूप का ही नाम रस है, काव्यास्वाद के सच्चे स्वरूप का निरूपण नहीं करता ।

८. आत्मवाद की दृढ़ भूमिका पर प्रतिष्ठित होने के कारण रस-सिद्धान्त स्थायी मूल्यों का ही आधार लेकर चलता है । किन्तु वर्तमान जीवन में तो स्थायित्व की भावना का ही पूर्णतः विघटन हो गया है । आज तो परिवर्तन ही सत्य है जिसमें केवल क्षण की ही सत्ता स्वीकार्य हो सकती है । अतः आज की कविता केवल अनुभूयमान क्षण की ही अभिव्यक्ति कर सकती है । इसके विपरीत रस की सिद्धि के लिए स्थायी भाव की संस्कार रूप में स्थिति अनिवार्य होती है—भाव की सद्यःअनुभूति अथवा अनुभूयमानरूप के निरूपण का आस्वाद रस नहीं हो सकता । इसलिए समसामयिक कविता के सही मूल्यांकन के लिए रस-सिद्धान्त उपयुक्त नहीं है ।

९. रस-सिद्धान्त में आनन्द पर, विशेषकर आनन्द की सिद्धावस्था पर, अनावश्यक बल दिया जाता है । काव्य के अन्य भव्यतर प्रयोजन, जैसे चरित्र का निर्माण, सत्कर्म में प्रवृत्ति, चेतना का उत्कर्ष आदि उपेक्षित हो जाते हैं, और रंजन पक्ष प्रमुख बन जाता है । बलाबल के इस प्रत्यक्ष अथवा अप्रत्यक्ष विपर्यय से काव्य और जीवन दोनों की क्षति हो सकती है और हुई है ।

रस-सिद्धान्त के विरुद्ध प्रायः ये अथवा इसी प्रकार के आक्षेप किये गये हैं और किये जा रहे हैं । पहला आक्षेप रस की ब्रह्मानन्दसहोदरता को लेकर किया जाता है—वह सबसे सरल और बहुर्चित आक्षेप है जिसका प्रयोग रस की मान्यता के विरुद्ध कोई भी किसी समय कर सकता है । ब्रह्मानन्दसहोदर विशेषण केवल इस तथ्य पर प्रकाश डालता है कि रसानुभूति सामान्य ऐन्द्रिय अनुभूति नहीं है, वह भावों के साधारण सुख-दुखात्मक अनुभव से भिन्न है, रागद्वेष से मुक्त होने के कारण उनका स्वरूप सामान्य विषयानुभूति की अपेक्षा अत्यन्त उदात्त और अवदात होता है । अद्वैतवादी आचार्यों ने केवल रस की नहीं, आनन्द के प्रत्येक रूप की कल्पना ही आत्मानन्द के संदर्भ में की है, क्योंकि आनन्द अद्वैत दर्शन के अनुसार आत्मा का ही 'स्वरूप' हैं, मन तथा अन्य ज्ञानेन्द्रियों का विषय नहीं । अपने अत्यन्त सूक्ष्म-परिष्कृत रूप के कारण काव्य का आनन्द विषयानन्द से दूर और आत्मानन्द के निकट है—ब्रह्मानन्दसहोदर का अर्थ इतना ही है । यदि आत्मा में आस्था नहीं है तो आप चेतना शब्द का प्रयोग कर सकते हैं और रस को चेतना की समाहिति मान सकते हैं । कहने का तात्पर्य यह है कि 'ब्रह्मानन्दसहोदर' विशेषण एक विशिष्ट चिन्तन-प्रणाली का पारिभाषिक शब्द है—उसे केवल ऐतिहासिक सन्दर्भ में ग्रहण करना चाहिए और आज का प्रमाता यदि ब्रह्म अथवा आत्मा की धारणा को ग्रहण या स्वीकार नहीं कर सकता

तो इस शब्द का आधुनिक आलोचनाशास्त्र की शब्दावली में आख्यान कर लेना चाहिए। मैं स्वयं रस को आत्मानन्द के सन्दर्भ में ग्रहण नहीं करता, इसलिए नहीं कि आत्मा के अनस्तित्व के विषय में मैं सर्वथा आश्वस्त हो गया हूँ, वरन् इसलिए कि आत्मानन्द की धारणा उलझी और विवादग्रस्त है जबकि रस के विषय में मेरी या प्रत्येक हृदय की अनुभूति सर्वथा असंदिग्ध है। अतः मैं रसशास्त्र में प्रयुक्त पारिभाषिक शब्दावली—सत्त्वोद्रेक, आत्मविश्रान्ति, ब्रह्मानन्दसहोदर आदि—का विवेक-सम्मत अर्थ ही ग्रहण करता हूँ—करना चाहता हूँ। जीवन के सूक्ष्म तत्त्वों की धारणाएँ देश-काल-परिबद्ध और व्यक्ति-सीमित न होकर विकासशील ही होती हैं, इसी रूप में वे सार्वभौम एवं शाश्वत हो सकती हैं। केवल रस-सिद्धान्त का ही नहीं भारतीय काव्य-शास्त्र का यह दुर्भाग्य रहा है कि जिसने उसे पढ़ा और समझा है वह प्राचीन धारणाओं को एकदम रूढ़ मान बैठा है और जिसने कभी पढ़ने और समझने का प्रयत्न नहीं किया वह कुछ उड़ती हुई बातों को लेकर अनर्गल आलोचनाएँ कर रहा है।

दूसरे आक्षेप का उत्तर, ध्वनि और अलंकार के साथ अन्तरंग सम्बन्ध स्थापित कर, रस-सिद्धान्त आज से एक सहस्राब्द पूर्व दे चुका है। काव्य में ध्वनि की प्रतिष्ठा वस्तुतः कल्पना-तत्त्व की प्रतिष्ठा है और अलंकार भी बिम्ब-विधान का पर्याय है। इनमें से ध्वनि तो रस का अनिवार्य माध्यम है ही, अलंकार भी उपेक्षणीय नहीं है—और इसका प्रमाण यह है कि प्रबल से प्रबल रसवादी आचार्य ने भी अपने शास्त्र-ग्रंथ में अलंकार का सविस्तार वर्णन किया है। उसने रस को काव्य का जीवित मानते हुए भी वाग्वैदग्ध्य के महत्त्व को मुक्त कण्ठ से स्वीकार किया है। इस प्रकार बुद्धि-तत्त्व का भी रस के विधान में त्याग नहीं किया गया। उत्कृष्ट कोटि के सरस काव्य के लिए भाव-वैभव के साथ-साथ अर्थ-गौरव की भी अपेक्षा अनिवार्यतः रही है। अतः कल्पना और विचार को रस-सिद्धान्त में अस्वीकृत नहीं किया गया शर्त केवल इतनी है कि ये दोनों ही अनुभूति का विषय बनकर आने चाहिए। अनुभूत कल्पना और अनुभुत विचार रस के अंग बन जाते हैं और केवल कल्पना या केवल विचार अर्थात् अननुभूत कल्पना और विचार तो काव्य के ही विषय नहीं रहते।—रस-सिद्धांत में अगर उसके लिए स्वतन्त्र स्थान नहीं है, तो उसका क्या दोष? वास्तव में अपने व्यापक अर्थ में रस सौन्दर्य का ही पर्याय है, सौन्दर्य अपने तत्त्वरूप में रमणीय अर्थ-बोध का नाम है—और रमणीय वह है जिसमें सहृदय का चित्त रमण करे अर्थात् जो उसकी आनन्द-चेतना का विषय हो। इस प्रकार सौन्दर्य की कल्पना रस के बिना नहीं हो सकती—सुन्दर और सरस में भेद नहीं किया जा सकता।

रस-संख्यान से सम्बद्ध आक्षेप विषय के अल्पबोध पर ही आश्रित है। हम आरम्भ में ही स्पष्ट कर चुके हैं कि संख्या का प्रश्न रस-सिद्धान्त का अत्यन्त गौण विषय है। इसमें सन्देह नहीं कि अधिकांश आचार्यों ने रस-भावादि की निश्चित संख्या को ही स्वीकार किया है, परन्तु यह विषय अन्त तक विवादास्पद ही रहा है और संख्या को बढ़ाने-घटाने के प्रयत्न निरन्तर चलते रहे हैं। साथ ही यह आवाज भी बराबर उठती रही है कि रसों और भावों की संख्या का परिसीमन अधिक संगत नहीं है—प्रत्येक

भाव से, यहाँ तक कि सात्विक भाव से भी, रस की सिद्धि सम्भव है। उधर रसाभास, भाव, भावाभास, भावोदय, भावशान्ति, भावसन्धि, भावशबलता आदि का भी रस में अन्तर्भाव होने से यह सर्वथा निश्चित हो जाता है कि रस-सिद्धान्त रसों और भावों की 'बँधी हुई संख्य' का कायल नहीं है। सामान्य सिद्धान्तों और विषयों का निर्धारण करना प्रत्येक शास्त्र का कर्त्तव्य-कर्म है और उसके लिए वर्गीकरण आदि की प्रणाली, नाम-रूप-संख्या आदि का आश्रय लेना अनिवार्य हो जाता है। अभी किसी शास्त्रकार ने भेद-प्रस्तार या गणना को एकान्त निश्चित एवं अन्तिम नहीं माना—जब कभी भेद-वर्णन का प्रसंग आया है, संस्कृत के आचार्य ने स्पष्ट कह दिया है कि ये भेद उपलक्षण मात्र हैं अर्थात् ईदृक्ता के ही द्योतक हैं, इयत्ता के नहीं। ऐसी स्थिति में बंधी हुई संख्या और लोक का आरोप दुहराते रहना या तो दुराग्रह का द्योतक है या अल्प-बोध का। अतः हेमलेट या गोदान में कौन-सा रस है, यह प्रश्न अधिक महत्त्वपूर्ण नहीं है। यद्यपि परम्परानिष्ठ रसवादी के लिए हेमलेट या वेस्टलैंण्ड, गोदान या शेखर—किसी में भी नियम के अनुसार रस-निर्णय करना कठिन नहीं है, फिर भी समस्या का समाधान हम यह नहीं मानते। शेखर में कौन सा रस है, यह प्रश्न ही रूढ़िवादी दृष्टिकोण का परिचायक है और इसका उत्तर भी उसी दृष्टिकोण से तुरन्त दिया जा सकता है। परन्तु हम तो प्रश्न और उत्तर दोनों को ही महत्त्वहीन मानते हैं—रस-सिद्धान्त का गौरव यह सिद्ध करने में नहीं है कि इन ग्रन्थों का अंगी रस कौन-सा है, वरन् वह सिद्ध करने में है कि इनमें से प्रत्येक की आवश्यकता का मूल आधार रस अथवा रागात्मक प्रभाव या अनुभूति की समृद्धि ही है।

उपर्युक्त समाधान में अपने आक्षेप का उत्तर भी अन्तर्भूत है। रस केवल परिपाक अवस्था का ही नाम नहीं है। यह कहीं नहीं कहा गया कि रसवत्ता के लिए सर्वत्र रस का पूरा परिकर ही प्रस्तुत रहना चाहिए : व्यभिचारी भाव के नहीं केवल अनुभाव के चित्रण से भी रस की सिद्धि हो जाती हैं : जो अवयव वर्णित नहीं हैं उनका आक्षेप हो जाता है। विभावादि के विधान पर रसशास्त्र में बल इसलिए दिया गया है कि उनकी प्रच्छन्न या प्रकट सत्ता के आधार के बिना भाव की कल्पना भी सम्भव नहीं है, अनुभूति तो दूर की बात रही। भाव को निराधार या निरपेक्ष सत्ता रसशास्त्र में ही नहीं मनोविज्ञान में भी सर्वथा अमान्य है और आधुनिक मनोविज्ञान तो भाव की स्वतन्त्र कल्पना के विषय में और भी शंकालु होता जा रहा है। मराठी के रसवादी आलोचकों ने इसी आक्षेप का प्रतिवाद करने के लिए भाव से भी सूक्ष्मतर 'भाव-गन्ध' की कल्पना की है। रस-सिद्धान्त में और भी आगे बढ़ने का अवकाश है : रस का स्थायी धर्म है 'गुण', जो चित्त की द्रुति, दीप्ति, और व्याप्ति आदि अवस्थाओं का वाचक है। अतः ऐसी उक्ति भी जहाँ भाव का स्वरूप स्पष्ट न हो, जो केवल चित्त का स्पर्श ही करती हो, सिंहद्वारों पर स्थापित्त विभाव, अनुभाव, संचारी भाव आदि की दृष्टि बचाकर अनुभूति के मन्त्रबल से रसचक्र में अनायास ही प्रविष्ट हो जाती है। एक उदाहरण देकर मैं अपने मन्तव्य को स्पष्ट करना चाहता हूँ—

सोन-मछली

हम निहारते रूप
कांच के पीछे
हांप रही है मछली ।
रूप - तृषा भी
(और कांच के पीछे)
है जिजीविषा ।

'अज्ञेय' की यह कविता नयी कविता है, और सुन्दर भी । इसके आकर्षण का रहस्य क्या है ? सुन्दर बिम्ब ? हां, पंक्तियों द्वारा प्रमाता की कल्पना में उद्बुद्ध बिम्ब निश्चय ही अत्यन्त आकर्षक और सजीव है । कांच के पीछे अपनी प्राण-रक्षा के लिए जल में थिरकती हुई सोन मछली का चित्र एकदम आँखों के सामने नाच उठता है—चमकती हुई मछली की तरंगित आकृति मानो 'जिजीविषा' शब्द के वलयित उच्चारण के साथ शब्द-मूर्त हो जाती है । इतने कम शब्दों में ऐसा सजीव चित्र प्रस्तुत कर देना निश्चय ही सधे हुए कलाकार का काम है । परन्तु मैं पूछता हूँ कि क्या यह शब्द-चित्र ही इस कविता की अन्तिम सिद्धि है ? क्या प्रस्तुत शब्द-चित्र को रससिक्त करने वाली संवेदना, जो केवल मानव-चेतना को ही वरदान-रूप में प्राप्त है, इसकी चरम सिद्धि नहीं है ? बिम्ब निश्चय हो कला की सिद्धि है, पर उस बिम्ब को जीवन्त करने वाला तत्त्व तो मानव-चेतना का स्पर्श ही है, और उसी का नाम रस है ।

एक अन्य आक्षेप रसों के पारस्परिक विरोधाविरोध को लेकर किया गया है। इसकी मूल ध्वनि यह है कि रस-सिद्धान्त में भावों का परस्पर सम्बन्ध सर्वथा निश्चित मान लिया गया है, परिणामतः अपनी रूढ़ता में रस-प्रक्रिया इतनी सरल और सुलझी बन जाती है की अन्तश्चेतना की उलझनों और गुत्थियों के लिए उसमें अवकाश नहीं रह जाता । हमारा निवेदन है कि यह आक्षेप भी अल्पज्ञान का ही प्रमाण है । जैसा कि हम यथाप्रसंग स्पष्ट कर चुके हैं, रस-सिद्धान्त में रसों के परस्पर विरोध-रूपों के विवेचन के साथ-साथ उनके शमन का भी अत्यन्त विस्तार से वर्णन किया गया है । और, शमन के ये उपाय इतने अधिक एवं विभिन्न हैं कि मानसिक जीवन के सभी प्रकार के सहज अन्तर्विरोध उनमें समाहित हो जाते हैं । केवल एक रस के सन्दर्भ में ही विचार करें तो भी रस-प्रक्रिया पर सरलता का आरोप संगत नहीं है, क्योंकि श्रृङ्गार-जैसे रस के वृत्त में एक-दूसरे से सर्वथा भिन्न और परस्पर विरुद्ध प्रायः सभी भावों का मुक्त संचरण शास्त्र सम्मत माना गया है । शेक्सपियर के जिन नाटकों की दुहाई देकर अंग्रेजी के विद्वानों ने रस-सिद्धान्त पर प्रस्तुत आक्षेप किये हैं उनमें भी ऐसा प्रसंग शायद ही हो जहाँ भावों के विरोध का, रस-शास्त्रीय नियमों के अनुसार, परिहार न हो सके । और, यदि कहीं ये नियम लागू नहीं होते तो भी कुछ अन्तर नहीं पड़ता—क्योंकि एक तो विरोध-कल्पना रस-सिद्धान्त का मौलिक अंग नहीं है और दूसरे यह स्थिर न रहकर काव्य के विकास के साथ-साथ विकासशील रही है, अर्थात् इसमें समय-समय पर आवश्यक संशोधन भी होते रहे हैं । वस्तुतः रस-संख्यान की

भाँति रस-विरोध की कल्पना भी रस-सिद्धान्त की आनुषंगिक सिद्धि मात्र है, यद्यपि उसी की भाँति इसका भी मनोवैज्ञानिक आधार अपने आप में काफी पुष्ट है।

रस को केवल सहृदयनिष्ठ मान लेने से रस-कल्पना में काव्यगत रस और कवि की रस-चेतना की उपेक्षा की गई है—इस आक्षेप पर कई पहलुओं से विचार किया जा सकता है। रस का अर्थ यदि मूलतः काव्यास्वाद है, तब तो उसकी स्थिति सहृदय में ही माननी पड़ेगी, क्योंकि आस्वादन की चेतन-क्रिया व्यक्ति में ही सम्भव है, वस्तु में नहीं। कवि, काव्य और सहृदय के त्रैत में काव्य जड़ पदार्थ है, अतः आस्वाद की क्षमता उसमें नहीं है? हाँ, वह आस्वाद का निमित्त अवश्य ही होता है। कवि भी व्यक्त रूप में रस का स्रष्टा है—शास्त्रीय शब्दावली में रस के अभिव्यंजक काव्य का कर्त्ता है। अतः रस अर्थात् काव्य के आस्वाद का भोक्ता वस्तुतः सहृदय ही है, इसका निषेध कम से कम व्यवहार में नहीं किया जा सकता। तत्त्वदृष्टि से भी, प्रमाता के अतिरिक्त पदार्थ में रस की स्थिति प्रमाणित करना असंभव नहीं तो कठिन अवश्य है : भारतीय तथा पाश्चात्य दर्शनों की समस्त ऊहापोह अभी तक अद्वैत से अधिक प्रामाणिक कल्पना नहीं कर सकी। परन्तु हम इस विवाद में आपको नहीं उलझाना चाहते, क्योंकि काव्य के सत्यों को हम दर्शन और तर्कशास्त्र की उपकल्पनाओं से यथासंभव दूर रखकर काव्य के परिप्रेक्ष्य में ही समझना चाहते हैं। किन्तु यहाँ एक दूसरा प्रश्न सामने आता है कि काव्य का इस रस से क्या संबन्ध है? इसका स्पष्ट उत्तर यह है कि काव्य इस रस का प्रेरक या निमित्त कारण है। स्वयं अभिनव ने गुलालंकारमय शब्दार्थ (=काव्य) के महत्त्व का उच्छ्वासमय वाणी में निर्वचन किया है; यह गुणालंकारमय शब्दार्थ ही विभावादि के साधारणीभाव को देशकाल की सीमा एवं व्यक्तिगत रागद्वेष से मुक्त करता हुआ, रस में परिणत कर देता है। अभिनव के अनुसार स्थायी भाव की निर्विघ्न प्रतीति ही रस है—इस प्रतीति का भोक्ता निश्चय ही सहृदय है, परन्तु प्रस्तुत सन्दर्भ में इसे निर्विघ्न करने का एकमात्र साधन गुणालंकारमय शब्दार्थ या काव्य ही है। अतः काव्य का महत्त्व रस-सिद्धान्त में गौण नहीं है, हो भी कैसे सकता था, उसकी तो जन्मभूमि या आधारभूमि ही काव्य है जिसके बिना उसका अस्तित्व ही काल्पनिक बन जाता है। इसमें सन्देह नहीं कि सहृदय की ग्रहण-शक्ति की विफलता रस का सबसे बड़ा विघ्न है, किन्तु इसका यह अर्थ नहीं है कि उससे काव्य-सौन्दर्य का अस्तित्व ही नष्ट हो जाता है। रसविघ्नों के प्रकरण में इस शंका का निवारण किया जा चुका है; ऐसी स्थिति में कवि या काव्य का दोष नहीं होता, यहाँ तो सहृदयता ही दुष्ट हो जाती है। यहाँ तक तो हुई प्रमातृगत रस की बात, वस्तुगत रस-कल्पना का भी भारतीय रस-शास्त्र में अभाव नहीं है। भरत, लोल्लट और शंकुक द्वारा प्रतिपादित रस निश्चय ही वस्तुगत है—उसकी रंगमंच पर काव्य-कौशल तथा नाट्य-कौशल के द्वारा-सृष्टि होती है और वह आस्वादरूप न होकर आस्वाद्य ही होता है। उधर जैन आचार्यों ने भी रस की स्थिति काव्यगत भाव-सामग्री में ही मानी है। इसी प्रकार कविगत रस की कल्पना भी नयी नहीं है; भरत, आनन्दवर्धन, भट्टनायक अभिनव आदि सभी मूर्द्धन्य रसाचार्यों ने अत्यन्त

स्पष्ट शब्दों में उसे स्वीकार किया है—

कवेरन्तर्गतं भावं भावयन् भाव उच्यते।

—अर्थात् जो कवि की अनुभूति का भावन कराता है, शास्त्र में उसका नाम भाव है।

यथा बीजाद भवेद वृक्षो वृक्षात् पुष्पं फलं यथा।
तथा मूल रसाः सर्वे तेभ्यो भावा व्यवस्थिताः। नाट्य शास्त्र ६-७

अर्थात् जिस प्रकार बीज से वृक्ष होता है और वृक्ष से पुष्प तथा फल होते हैं, इसी प्रकार [कविगत] रस ही मूल हैं और उनके द्वारा ही भावों की स्थिति होती है।

भरत द्वारा उद्धृत इस श्लोक की व्याख्या करते हुए अभिनव ने, आनन्दवर्धन का प्रमाण देकर, कविगत रस का महत्त्व अत्यन्त कर दिया है—

"उसी कविगत साधारणीभूत रससंवित्मूलक काव्य के द्वारा नट का व्यापार होता है। और वही [कविगत] संचित वास्तव में [मूलभूत] रस है। उसकी प्रतीति के वशीभूत उस [कविगत रस से प्रभावित] सामाजिक को अपोद्धारबुद्धि अर्थात् अन्वयव्यतिरेक आदि के द्वारा बाद को विभावादि की प्रतीति होती है। इस प्रकार मूल बीज के स्थान पर कविगत रस [भावादि का मूल कारण] है। कवि सामाजिक के समान ही है। इसीलिए ध्वन्यालोककार श्री आनन्दवर्धनाचार्य ने कहा है कि "यदि कवि शृङ्गारी है तो सारा जगत् रसमय हो जाता है और वह यदि वीतराग है तो सारा काव्य नीरस हो जाता है" इत्यादि। उन [बीजस्थानीय कविगत रस] से वृक्षस्थानीय काव्य (उत्पन्न) होता है। उसमें पुष्पस्थानीय अभिनयादि-रूप नट का व्यापार होता है। उसमें फल स्थानीय सामाजिक का रसास्वाद होता है। इसलिए [सामाजिक के लिए] सारा काव्य-जगत् रसमय ही होता है।"[1]

कविगत रस की इस व्याख्या के उपरान्त श्री मर्ढेकर के आक्षेप का सहज ही निराकरण हो जाता है: मांसभक्षण के उपर्युक्त प्रसंग में कवि की अनुभूति ही मूल रस है, सहृदय की अनुभूति (= रस) का निर्णय उसी के अनुसार होगा। काव्यगत स्थायी भाव से अभिप्राय प्रत्येक पात्र के स्थायी भाव का नहीं है वरन् कविगत स्थायी भाव का ही है: कवि का भाव यदि जुगुप्सा है तो सहृदय को भी जुगुप्सा (बीभत्स रस) का अनुभव होगा, कवि का भाव यदि क्रोध है तो क्रोध (रौद्र रस) का और यदि भय है तो भय (भयानक रस) का।

रस की अभिव्यक्ति का विरोध भी भारतीय काव्यशास्त्र के लिए नया है। ध्वनि की स्थापना से पूर्व लोल्लट तथा शंकुक ने और उसके बाद भी भट्टनायक, महिमभट्ट, धनंजय आदि ने रस की अभिव्यक्ति का प्रत्यक्ष या अप्रत्यक्ष रूप से निषेध किया है। स्वयं भरत का मत ही उसके विरुद्ध है, भरत के अनुसार निष्पत्ति का अर्थ वस्तुतः निर्मिति ही है। निष्पत्ति का अर्थ स्पष्ट करने के लिए उन्होंने षाडवादि रस का जो दृष्टान्त दिया है, उससे यह सन्देह नहीं रह जाता कि उनके मत से रसास्वाद

---

१. हिन्दी-अभिनवभारती, पृष्ठ ५१५

एक मिश्र अनुभूति है जिसमें आधारभूत स्थायी भाव के साथ काव्य तथा नाट्य सौंदर्य की अनुभूतियों का भी मिश्रण रहता है, जिस प्रकार षाडवादि रस के आस्वाद में अन्न के स्वाद के साथ द्रव्य, व्यंजन और औषधि आदि का स्वाद मिला होता है। लोल्लट ने भी उपचिति की प्रकल्पना के द्वारा इसी मत का पोषण किया है और भट्टनायक ने अभिव्यक्ति का खण्डन करते हुए भक्ति की कल्पना इसी आधार पर की है—भट्टनायक के मत के अनुसार भी सहृदय रसरूप में जिस स्थायी भाव का भोग करता है वह अमिश्र इत्यादि न होकर गुणालंकार अर्थात् काव्य-सौन्दर्य और चतुर्विध अभिनय अर्थात् नाटय-सौन्दर्य की अनुभूति से संवलित होता है : वह पाश्चात्य काव्यशास्त्र में निरूपित 'कलात्मक भाव' का ही पर्याय है। अतः निर्मित' की धारणा रसशास्त्र में अज्ञात नहीं थी। किन्तु इसके साथ यह कहना भी संगत नहीं कि रसाभिव्यक्ति का सिद्धान्त सर्वथा अमान्य है। जिस आधुनिक आलोचक ने अत्यन्त निर्भ्रान्त शब्दों में काव्यस्वाद को शुद्ध अनुभूति न मानकर अनुभूतियों का एक विधान माना है, उसी के विश्लेषण के आधार पर 'अभिव्यक्ति' की भी सिधि हो जाती है। डॉ० रिचर्ड्स ने काव्यास्वाद की प्रक्रिया का विश्लेषण करते हुए उसके छह अवस्थान माने हैं : चाक्षुष संवेदन (बिम्ब-विधान), सम्बद्ध बिम्ब-विधान, स्वतन्त्र बिम्बविधान, विचार, भावोद्बोधन और दृष्टिकोण का निर्माण। इस विश्लेषण के अनुसार—किसी मुद्रित या लिखित कविता का अध्ययन करने पर पाठक के मन में पहले तो अक्षरों के बिम्ब उभरते हैं, फिर उनकी रूपाकृतियों और नाद से सम्बद्ध बिम्ब, तब इन अक्षरों द्वारा निर्मित शब्दों के प्रचलित वाच्यार्थ से सम्बद्ध बिम्ब उभरकर आते हैं जो अपेक्षाकृत स्वतन्त्र होते हैं, इसके उपरान्त इन शब्दों के वाच्यार्थ के समन्वित रूप द्वारा पाठक की कल्पना और विचार जाग्रत हो उठते हैं जिनके फलस्वरूप उसके भाव उद्बुद्ध हो जाते हैं—और अन्त में इस प्रक्रिया का संयुक्त परिणाम होता है एक विशेष मनोदशा का निर्माण। इस प्रकार कविता द्वारा प्रमाता के भाव का उद्बोध तो मनोवैज्ञानिक को भी मान्य है। मनोविज्ञान भी भाव की उद्बुद्धि का निषेध नहीं करता, क्योंकि वहाँ भी मानव-चेतना की कुछ प्रवृत्तियों की 'स्थिर वृत्तियों' के रूप में कल्पना की गयी है। कविता के द्वारा प्रमाता की चेतना में जिस भाव या भाव-शबलता का उद्बोध होता है वह निश्चय ही उसका अपना भाव या अनुभव होता है, कवि का भाव या अनुभव उसका प्रेरक या निमित्त कारण अवश्य होता है, परन्तु कवि के भाव का ही यथावत् संचरण या स्थानान्तरण प्रमाता के चित्त में नहीं होता—नहीं हो सकता। यहीं हम अभिव्यक्ति तथा संप्रेषण या संचार-सिद्धान्तों के विवाद की सीमाओं में प्रवेश कर जाते हैं और हमारे सामने एक बार फिर यह प्रश्न उपस्थित होता है कि काव्यानुभूति अथवा रस संचरण (संप्रेषण)[1] होता है अथवा अभिव्यक्ति? इस प्रश्न का समाधान भी हम यथाप्रसंग कर चुके हैं। यहां केवल इतना ही पर्याप्त होगा कि अभिव्यक्ति सिद्धांत के अन्तर्गत प्रमाता के चित्त में जिस अनुभूति के उदय की कल्पना निहित है वह कवि की

---

१. कम्युनिकेशन

अनुभूति से स्वतन्त्र एवं भिन्न नहीं होती, उसका मूल कविगत अनुभूति ही है, अतः वह कविगत अनुभूति के बहुत कुछ समान ही होती है। इसी तरह 'संचरण' का भी यह अभिप्राय नहीं है कि प्रमाता के चित्त में कवि की अनुभूति का ही यथावत् संप्रेषक वा स्थानान्तरण हो जाता है और प्रमाता अपनी अनुभूति का नहीं, कवि की अनुभूति का ही आस्वादन करता है। आई० ए० रिचर्ड्स ने अत्यन्त निर्भ्रान्त शब्दों में ऐसी अनर्गल कल्पना का प्रतिवाद किया है। संचरण सिद्धान्त का भी प्रतिपाद्य यही है कि किसी कविता को पढ़कर प्रमाता के चित्त में उस कविता में व्यक्त कवि की मूल भावना के समान अनुभूति का ही उदय होता है—ठीक वही अनुभूति प्रमाता के चित्त में संचरित नहीं हो जाती, हो ही नहीं सकती। अतः संप्रेषण और अभिव्यक्ति का विरोध प्रायः शास्त्रीय ही है, व्यवहार में दोनों में विशेष भेद नहीं रह जाता, क्योंकि दोनों में 'समान अनुभूति' की कल्पना ही निहित है : न तो संप्रेषण-सिद्धान्त यह दावा करता है कि काव्य के आस्वादन में प्रमाता केवल कवि को ही अनुभूति का आस्वादन करता है—उसमें प्रमाता की अपनी अनुभूति का योग नहीं होता, और न अभिव्यक्तिवाद यह प्रस्तावना करता है कि प्रमाता कवि की अनुभूति से सर्वथा स्वतंत्र शुद्ध स्वानुभूति का ही आस्वादन करता है। कहने का तात्पर्य यह है कि 'निर्मिति' तथा 'संप्रेषण' की स्थापनाओं के द्वारा 'अभिव्यक्ति' का खण्डन करने से रस-सिद्धान्त की अमान्यता सिद्ध नहीं हो जाती, क्योंकि एक तो रस की अभिव्यक्ति का एकान्त निषेध असम्भव है, दूसरे अभिव्यक्ति की कल्पना में 'निर्मिति' और 'संप्रेषण' की कल्पनाओं का भी अभाव नहीं है।

अब केवल दो आक्षेप शेष रह जाते हैं। इनमें से एक तो यह है कि रस-सिद्धांत के साथ आज के साहित्य की मूल चेतना की संगति नहीं बैठती। रस-सिद्धान्त जीवन के स्थायी मूल्यों पर आधृत है, जबकि आज तो स्थायित्व की धारणा ही विघटित हो गयी है। आज के जीवन में आस्था का पूर्णतया विघटन हो गया है, अतः आज की कविता के लिए आनन्दवादी मूल्यों पर आधृत रस-सिद्धान्त निरर्थक है। आस्था का प्रश्न एक व्यापक प्रश्न है जिसका काव्य से ही नहीं वरन् सम्पूर्ण जीवन के साथ घनिष्ठ सम्बन्ध है। इसमें सन्देह नहीं कि आज जीवन के लिए जितना खतरा पैदा हो गया है उतना इतिहास के युग में नहीं था और जब मानवता का अस्तित्व ही प्रति-क्षण खतरे में है तो आस्था के लिए अवलम्ब ही क्या रहा ? इसलिए यह अनास्था, और तज्जन्य विषाद, आज का अनुभूत तथ्य है जिससे कोई सच्चा कलाकार बच नहीं सकता। फिर भी मैं पूछता हूँ कि क्या आज वास्तव में ही आस्था का विघटन हो गया है ? यदि ऐसा है तो प्रभाव-विस्तार, शक्ति-संगठन, शान्ति और सुरक्षा के विश्वव्यापी प्रयत्नों का आधार क्या है ? क्या सर्वनाश का यह खतरा ही हमारी जिजीविषा को तीव्र नहीं कर रहा और क्या जिजीविषा की तीव्रता ही आस्था की अनिवार्यता को सिद्ध नहीं करती। क्या आज की सम्भावनाओं केवल प्रलय की सम्भावना ही काम्य है ? सर्व-नाश के भय से एकत्र मानव-समाज के सार्वभौम संगठन की सम्भावना का कोई मूल्य नहीं है ? सम्भावनाएँ दोनों ही हो सकती हैं : अब यह आप पर निर्भर करता है कि

किसका चयन करें। यदि आप यही मानने का आग्रह करते हैं कि प्रलय का खतरा ही आज एकमात्र सत्य है और उसी की अभिव्यक्ति सच्ची कला है, तो इसमें रस-सिद्धान्त का क्या दोष ?—यद्यपि यह आत्मघाती निराशा भी रस की परिधि से बाहर नहीं पड़ती और यदि आप में सचमुच ही इस निराशा को सुन्दर रूप प्रदान करने की क्षमता है, तो रस-सिद्धान्त ही वस्तुतः आपकी कला का मूल्यांकन कर सकता है। फिर भी, व्यापक दृष्टि से, इस विषय में मैं केवल यह निवेदन करना चाहता हूँ कि जिनकी चेतना अधिक अनाविल और विचारणा अधिक स्वस्थ है, वे आपसे सहमत नहीं हैं। जब तक जीवन है, तब तक आस्था अनिवार्य है और यदि जीवन में ही विश्वास नहीं है तो कला के प्रति विश्वास करने से क्या सिद्ध होगा ? इसी आक्षेप का दूसरा पहलू यह है कि रस के परिपाक के लिए अस्थायी भाव की सद्यःअनुभूति को नहीं, वरन् अतीत अनुभूति के संस्कार या बासना की आवश्यकता होती है जबकि वर्तमान जीवन में केवल क्षण ही सत्य है और आज की कविता सद्यःअनुभूति की भी नहीं वरन् अनुभूयमान क्षण को ही कविता है। किन्तु यह केवल वाग्विलास है : सिद्धांत का कल्पनात्मक प्रतिपादन है, जो तथ्य से भिन्न है। जीवन के किसी भी क्षेत्र में अनुभूति और कर्म, भोग और सृजन की सृजन की युगपत् सत्ता नहीं होती—यह प्रकृति का नियम है। अतः काव्य की सृष्टि भी अनुभूति के भोग की अवस्था में असम्भव है। जब अनुभूत क्षण को शब्द-बद्ध करना ही इतना कठिन होता है तो अनुभूयमान क्षण को आप शब्द में कैसे बाँध सकते हैं ? अनुभूयमान भाव की संवेदनों से अधिक कोई स्थिति नहीं—इसमें सन्देह नहीं कि सूक्ष्मचेता कलाकार की कल्पना इस अरूप संवेदनों को रूप देने का प्रयास करती है, परन्तु ज्यों ही ये संवेदन रूपायित होते हैं त्यों ही अनुभूत भी हो जाते हैं : अनुभूयमान की रूपायिति ही अनुभूति है जहाँ 'क्षण' 'अतीत' बन जाता है। क्रोचे ने इसे ही सहजानुभूति माना है। क्राचे के अनुसार यह सहजानुभूति ही कला है। परन्तु कला के वे दो रूप मानते हैं—एक आन्तरिक रूप और दूसरा व्यावहारिक रूप। सहजानुभूति कला का आन्तरिक रूप ही है जो अवश भाव से कलाकार की चेतना में घटित हो जाता है—व्यवहार-दृष्टि से यह कला की 'प्रकल्पना' है, कला नहीं; व्यवहार में हम जिसे कला कहते हैं, जो विवेचना का विषय है, वह इस सहजानुभूति को मूर्त उपकरणों द्वारा प्रस्तुति का नाम है जिसे कलाकार स्वेच्छा से अपनी अतीत सहजानुभूति के आधार पर ही सिद्ध करता है। अतः अनुभूयमान क्षण की अभिव्यक्ति की कल्पना असिद्ध है, अनुभूत की ही सर्जना या पुनः सर्जना सम्भव है। इस प्रकार पहले असम्भव की कल्पना कर और फिर शब्द को, जो अनादि काल से मानव-जीवन की अभिव्यक्ति का सबसे समर्थ साधन रहा है, सर्वाधिक मध्य उपकरण कहकर, असाध्य-साधन के श्रेय का भागी बनना बुद्धि का चमत्कार तो माना जा सकता है, किन्तु काव्य-सत्य के रूप में उसके लिए मान्यता प्राप्त करना सम्भव नहीं है।

रस-सिद्धान्त के विरुद्ध अन्तिम आक्षेप यह है कि उसके कारण काव्य में पूरा बल आनन्द पर ही पड़ जाता है जिससे भोग-वृत्ति को प्रोत्साहन मिलता है और उदात्त

वृत्तियों की उपेक्षा हो जाती है। यह आक्षेप मूलतः नैतिक है और भिन्न-भिन्न युगों में तरह-तरह के रूप धारण कर जीवन तथा काव्य में आनन्दवाद का विरोध करता रहा है। इसका एक उत्तर तो यह है कि भारतीय दर्शन और काव्यशास्त्र में आनन्द के जिस रूप की कल्पना की गयी है वह मानव-चेतना के परिपूर्ण विकास का पर्याय है—मानव-व्यक्तित्व के सर्वांग उत्कर्ष का भावात्मक रूप या आस्वाद ही आनन्द है। यह विषय-भोग, सुख, मनोरंजन, प्लेजर या लज्जत का पर्याय नहीं है। आनन्द की इसी सर्वांगपूर्ण कल्पना पर आधृत होने के कारण रस की परिधि में मानव-चेतना की मधुर और कटु, सुखमय और दुःखमय सभी प्रकार की वृत्तियों का सहज रूप में अन्तर्भाव कर लिया गया है। उसमें आनन्द की सिद्धावस्था ही नहीं, साधनावस्था की भी पूर्ण स्वीकृति है। अतः रस के वास्तविक स्वरूप का ज्ञान हो जाने पर इस प्रकार का आरोप नहीं लगाया जा सकता—और इसका प्रमाण है आचार्य रामचन्द्र शुक्ल का, रस-विवचन जिन्होंने आनन्द का विरोध करते हुए भी रसवाद को ही काव्य का सबसे अधिक प्रामाणिक सिद्धान्त माना है, इसके अतिरिक्त क्या आनन्द अपने आप में ही कल्याणकर नहीं है—क्या कल्याण की भी चरम सिद्धि आनन्द नहीं है—क्या कल्याण की भी चरम सिद्धि आनन्द नहीं है ?

उपर्युक्त प्रश्नों के समाधान के पश्चात् रस-सिद्धान्त की महत्त्व-प्रतिष्ठा अनायास हो जाती है। शास्त्र-रूढ़ियों से मुक्त रस-सिद्धान्त अपने व्यापक एवं विकासशील रूप में काव्य का सार्वभौम सिद्धान्त है जिसके आधार पर प्रत्येक देश और प्रत्येक काल के सर्जनात्मक साहित्य का, सर्जनात्मक साहित्य की प्रत्येक विधा का उचित मूल्यांकन किया जा सकता। इसकी प्रकल्पना इतनी सर्वांगीण है कि मानव-चेतना की मूल वृत्ति—राग—को धुरी बनाकर यह अन्य सभी प्रमुख तत्त्वों को उचित रूप में स्वीकार कर चलता है। अतः जीवन के समस्त रूपों तथा विविध मूल्यों के साथ रस-सिद्धान्त का पूर्ण सामंजस्य है जिसमें विभिन्न वादों के अन्तर्विरोध समाहित हो जाते हैं। कारण वास्तव में यह है कि रस-सिद्धान्त मानववाद के दृढ़ आधार पर प्रतिष्ठित है। यह मानव को उसकी देह और आत्मा, शक्ति और सीमा तथा समस्त राग-द्वेष के साथ स्वीकार करता है, इसलिए मानव के अतीत; वर्तमान तथा भविष्य के साथ इसका अभिन्न सम्बन्ध है। जिस प्रकार मानववाद मानव को अन्तिम सत्य मानकर जीवन के विकास के साथ निरन्तर विकासशील है, उसी प्रकार मानव-संवेदना को चरम सत्य मानकर रस-सिद्धान्त भी निरन्तर विकासशील है। जैसे-जैसे जीवन की गतिविधि बदलती जाती है, वैसे-वैसे मानववाद की प्रकल्पना में भी संशोधन होता जाता है; ठीक इसो प्रकार जैसे-जैसे साहित्य की गतिविधि में परिवर्तन होता जाता है, वैसे-वैसे रस का स्वरूप भी व्यापक होता जाता है। जीवन की निरन्तर विकासशील धारणाओं और आवश्यकताओं का आकलन जिस प्रकार मानववाद में ही हो सकता है, इसी प्रकार साहित्य की विकासशील चेतना का परितोष भी रस-सिद्धान्त के द्वारा ही हो सकता है। जीवन की भूमिका में जब तक मानवता से महत्तर सत्य का आविर्भाव नहीं होता—और साहित्य की भूमिका में जब तक मानव-संवेदना

से अधिक रमणीय सत्य की उद्भावना नहीं होती तब तक रस-सिद्धान्त से अधिक प्रामाणिक सिद्धान्त की प्रकल्पना भी नहीं की जा सकती।

२

साधारणीकरण

काव्य में वर्णित विशिष्ट रामादि पात्रों के 'भाव' सर्वसाधारण या कम से कम 'सहृदय-साधारण' के आस्वाद के विषय किस प्रकार हो जाते हैं ?—काव्यशास्त्र का यह अत्यन्त मौलिक प्रश्न है। काव्य मानव-जीवन का अत्यन्त प्राचीन एवं मूल्यवान् उपकरण है। वह सहस्राब्दियों से संस्कृत मानव की आत्माव्यक्ति तथा आत्मास्वाद का सुन्दर माध्यम रहा है। ज्यों ही चिंतनशील मनुष्य ने जीवन और जगत् के अनेक तथ्यों के साथ-साथ काव्य के आस्वाद के विषय में विचार आरम्भ किया होगा, पहला प्रश्न यही उठा होगा कि राम और दुष्यन्त आदि से हमारा क्या सम्बन्ध ? जब देश और काल का विराट् व्यवधान हमारे और उनके बीच विद्यमान है, तब उनके भाव हमारे आस्वाद्य किस प्रकार बन जाते हैं। इस प्रश्न का सबने प्रामाणिक समाधान है साधारणीकरण-सिद्धान्त जिसके बीज तो 'नाट्यशास्त्र' आदि में भी मिल जाते हैं—यथा 'एभ्यश्च सामान्यगुणयोगेन रस निष्पद्यन्ते' अर्थात् जब इन भावों को सामान्य रूप से प्रस्तुत किया जाता है तो रसों की निष्पत्ति होती है,[१] परन्तु निश्चित उल्लेख भट्टनायक के उद्धरणों में ही पहली बार मिलता है।

भट्टनायक के उद्धरण का अभीष्ट अंश इस प्रकार है—

विभावादिसाधारणीकरणात्मना × × × भावकत्वव्यापारेणभाव्यमानो रसः × × × भोगेन परं भुज्यत इति।"

—अर्थात् विभावादि के साधारणीकरणरूप भावकत्व नामक व्यापार द्वारा भाव्यमान स्थायिभावरूप रस × × × भोजकत्व व्यापार के द्वारा आस्वादित किया जाता है।

इसका विश्लेषण करने पर निम्नलिखित तथ्य प्राप्त होते हैं :

(क) साधारणीकरण विभावादि का होता है।

(ख) यह साधारणीकरण ही वस्तुतः भावकत्व व्यापार का प्राण है—अर्थात् दोनों एक ही हैं।

(ग) भावकत्व व्यापार द्वारा भाव्यमान स्थायी भाव ही रस-रूप में परिणत हो जाता है। भाव्यमान को 'काव्यप्रकाश' के टीकाकार ने 'साधारणीकृत' का ही पर्याय माना है और इसमें विप्रतिपत्ति के लिए विशेष अवकाश नहीं होना चाहिए।

(घ) साधारणीकरण रसास्वाद से पूर्व की प्रक्रिया है, यह वह प्रक्रिया है जो

---

१. नाट्यशास्त्र, का० मा०, पृष्ठ ५०६

रस के विभिन्न अवयवों को अपने-अपने वैशिष्ट्य से मुक्त कर आस्वाद्य रूप में प्रस्तुत कर देती है ।

अभिनवगुप्त ने भट्टनायक के मत में संशोधन कर साधारणीयकरण के प्रसंग को अपने ढंग से प्रस्तुत किया है : उनके उद्धरण इस प्रकार हैं—

तस्यां च यो मृगपोतकादिर्भाति तस्य विशेषरूपत्वाभावाद्भीत इति, त्रासक-स्यापारमार्थिकत्वाद् भयमेव परं देशकालद्यनालिगितम् ।

—अर्थात् काव्य की उस प्रतीति में जो मृगशावक आदि विषय रूप से भासता है, उसके विशेष रूप न होने से, 'यह भीत है' यह ज्ञान तथा त्रासक (दुष्यन्त आदि) के वास्तविक न होने से, भय ही देशकाल आदि से पूर्णतः असम्बद्ध रूप में प्रतीत होता है ।

इसका अभिप्राय यह हुआ कि आश्रय और आलम्बन का साधारणीकरण हो जाने से स्थायी भाव ही देशकाल के बन्धन से मुक्त हो जाता है ।

इस तथ्य को और स्पष्ट करते हुए अभिनवगुप्त लिखते हैं—

तत एव भीतोऽहं भीतोऽयं शत्रुर्वयस्यो मध्यस्थो वा इत्यादि प्रत्ययेभ्यो दुःखसु-खादिकृतबुद्ध्यन्तरोदयनियमवत्तया विघ्नबहुलेभ्यो विलक्षणं निर्विघ्नप्रतीतिग्राह्य × × × भयानको रसः ।

—इसीलिए मैं भीत हूँ', 'यह भीत है' या 'शत्रु, मित्र अथवा तटस्थ भीत है', इत्यादि सुख-दुःखकारी अन्य प्रत्ययों (ज्ञान) को नियमतः उत्पन्न करने के कारण विघ्न-बहुल प्रतीतियों से भिन्न, निर्विघ्न प्रतीति-रूप में ग्राह्य (भय स्थायी भाव ही) भयानक रस बन जाता है ।

अर्थात् काव्य में स्थायी भाव सभी प्रकार के व्यक्ति-संसर्गों से मुक्त हो जाता है—ये व्यक्ति-संसर्ग अपनी परिमिति के कारण दुःखादि के कारण होते हैं, अतः इनसे मुक्ति का अभिप्राय होता है लौकिक दुःख-सुख आदि की चेतना से मुक्ति ।

यह साधारणत्व परिमित न होकर सर्वव्याप्त होता है—अनादि संस्कारों से चित्रित चित्तवाले समस्त सामाजिकों की एक-जैसी वासना होने के कारण सभी को एक-जैसी ही प्रतीति होती है—

तत एव न परिमितमेव साधारण्यमपि तु विततम्……अतएव सर्वसामा-जिकानामेकघनतथैव प्रतिपत्तिः……सर्वेषामनादिवासनाचित्रीकृतचेतसाम् वास-नासंवादात् ।

—इस प्रकार, एकाग्रचित्त होने के कारण, समस्त सामाजिक जन को रंगमंच पर उपस्थित नृत्त, गीत आदि सुधासागर के समान प्रतीत होते हैं—

तथा ह्य काग्रसकलसामाजिकजनः खलु । नृत्तं गीतं सुधासारसागरत्वेन मन्यते ॥

इन उद्धरणों के आधार पर अभिनव के अनुसार—

(क) साधारणीकरण विभावादि का ही नहीं होता, स्थायी भाव का भी होता है । जिस प्रकार विभावादि स्थायी भाव के कारण होते हैं, उसी प्रकार विभा-

वादि का साधारणीकरण भी स्थायी भाव के साधारणीकरण के कारण होता है।

(ख) स्थायी भाव के साधारणीकरण का अर्थ देशकाल के बन्धन, व्यक्ति-संसर्ग आदि से मुक्ति। व्यक्ति-चेतना के कारण ही भाव की प्रतीति में सु:ख-:दुखात्मकता का समावेश रहता है, उसके अभाव में ऐन्द्रिय सुख-दु:ख की भावना भी नष्ट हो जाती है।

(ग) कला के क्षेत्र में भाव का साधारणीकरण वैयक्तिक ही नहीं वरन् सामूहिक क्रिया है, केवल एक प्रमाता का ही भाव मुक्त नहीं होता—वरन् समस्त सामाजिक एकाग्रचित्त होकर मुक्त भाव का सामूहिक रूप से अनुभव करते हैं।

(घ) अतः साधारणीकरण का सार है स्थायी भाव का साधारणीकरण।

उपर्युक्त संशोधन के प्रकाश में 'काव्यप्रकाश' के टीकाकार गोविन्द ठक्कुर ने भट्टनायक के साधारणीकरण-सिद्धान्त को संक्षिप्त एक स्वच्छ रूप में इस प्रकार उपस्थित किया है—

भावकत्वं साधारणीकरणम्। तेन हि व्यापारेण विभावादयः स्थायी च साधारणीक्रियन्ते। साधारणीकरणं चैतदेव यत्सीतादिविशेषाणां कामिनीत्वादिसामान्येनोपस्थितिः। स्थाय्यनुभावादीनां च सम्बन्धिविशेषानवच्छिन्नत्वेन।[1]

> —अर्थात् भावकत्व का अर्थ है साधारणीकरण। इस व्यापार के द्वारा विभावादि का और स्थायी भावों का साधारणीकरण होता है। साधारणीकरण से अभिप्राय है सीतादि विशेष पात्रों का कामिनी आदि का सामान्य रूपों में उपस्थित होना। स्थायी भाव और अनुभाव के साधारणीरकण का आशय है विशिष्ट सम्बन्धों से मुक्ति।[2]

इस व्याख्या के अनुसार विभाव अर्थात् आश्रय, आलम्बन और उद्दीपन, अनुभाव, स्थायी या संचारी (स्थायी के द्वारा संचारी की भी व्यंजना स्पष्ट ही है) —सभी का साधारणीकरण होता है। उदाहरण से स्थिति और भी स्पष्ट हो जाएगी—

---

१. काव्यप्रकाश, निणयसागर प्रेस, पृष्ठ ६६

२. इस प्रसंग में कुछ विप्रतिपत्तियाँ प्रस्तुत की गयी हैं। (देखिए 'रसगंगाधर का शास्त्रीय विवेचन' पृ० १४४-१५८)। विषय के निर्भ्रान्त ज्ञान के लिए उनका समाधान कर लेना चाहिए। एक विप्रतिपत्ति तो यह है कि साधारणीकरण भावकत्व की आत्मा या मूल तत्त्व है, पर्याय नहीं है। इसके समर्थन में दो तर्क दिए गये हैं—(१) भट्टनायक ने 'साधारणीकरणात्मना' पद का प्रयोग किया है, 'साधारणीकरणरूपेण' का नहीं, (२) भावकत्व व्यापार का कार्य विभावादि का साधारणीकरण मात्र नहीं है, निजमोहसंकटता का निवारण भी है। हमारा विचार है कि इतना बारीक कातने से मूल सिद्धान्त के प्रतिपादन में बाधा पड़ती है। पहला तर्क शाब्दिक अधिक है, दोनों पदों के मूल अर्थ में विशेष भेद नहीं है, दूसरे तर्क का उत्तर यह है कि निजमोहसंकटता का निवारण भी तो साधा-

भूप बागु बर देखेउ जाई। जहँ बसंत रितु रही लोभाई।
लागे बिटप मनोहर नाना। बरन बरन बर बेलि बिताना।
नव पल्लव फल सुमन सुहाए। निज सम्पति सुररूख लजाए।
चातक कोकिल कीर चकोरा। कूजत बिहग नटत कल मोरा।
मध्य बाग सरु सोह सुहावा। मनि सोपान विचित्र बनावा।
बिमल सलिलु सरसिज बहुरंगा। जल-खग कूजत गुंजत भृंगा।

× × ×

तेहि अवसर सीता तहँ आई। गिरिजा पूजन जननि पठाई।

× × ×

कंकन किंकिनि नूपुर धुनि सुनि। कहत लषन सन रामु हृदयँ गुनि।
मानहुँ मदन दुंदुभी दीन्ही। मनसा ब्रिस्व बिजय कहँ कीन्ही।
अस कहि फिरि चितए तेहि ओरा। सिय मुख ससि भए नयन चकोरा।
भए बिलोचन चारु अचंचल। मनहुँ सकुचि निमि तजे दृगंचल।
देखि सीय सोभा सुखु पावा। हृदयँ सराहत बचनु न आवा।

× × ×

सिय सोभा हिअँ बरनि प्रभु, आपनि दसा बिचारि।
बोले सुचि मन अनुज सन, बचन समय अनुहारि॥

रणीकरण-प्रक्रिया का ही अंग है जिसके आधार पर आगे चलकर स्थायी भाव के (निर्विघ्न प्रतीतिरूप) साधारणीकरण की व्यवस्था की गयी है। दूसरी विप्रतिपत्ति भट्टनायक के ही कुछ ऐसे वाक्यों को लेकर उपस्थित की गयी है जो उपर्युक्त स्थापनाओं के विरोधी प्रतीत होते हैं। ये वाक्य इस प्रकार हैं—

न च सा प्रतीतिर्युक्ता। सीतादेरविभावत्वात्। स्वकान्तास्मृत्यसंवेदनात् देवतादौ साधारणीकरणायोग्यत्वात्। समुद्रलंघनादेरसाधारण्यात्।"

अर्थात् वह प्रतीति मान्य नहीं है। वास्तविक सीतादि के विभावरूप में उपस्थित न होने से। अपनी स्त्री आदि की स्मृति अभिनय-काल में न होने से। देवतादि (सीता, पार्वती आदि पूजनीया देवियों के साधारणीकरण के अयोग्य होने से। समुद्रलंघन आदि के असाधारण होने से। (हि० अ० भा०, पृ० ४६२-६३) इन वाक्यों को पढ़कर ऐसा प्रतीत होता है मानो भट्टनायक को अलौकिक पात्रों और कार्यों का साधारणीकरण मान्य नहीं है। किन्तु स्थिति बिलकुल विपरीत है; भट्टनायक तो उसे मानकर ही चलते हैं और चूंकि इनका साधारणीकरण सिद्ध है, इसीलिए रस की [प्रत्यक्ष] प्रतीति असिद्ध हो जाती है। उनका तर्क स्पष्ट है: यदि रस की प्रत्यक्ष प्रतीति मान ली जाए तो सीतादि देवियों का और समुद्रलंघन आदि देवकार्यों का साधारणीकरण नहीं हो सकेगा, परन्तु चूंकि इनका साधारणीकरण सिद्ध है इसलिए रस की प्रतीति असिद्ध है।

तात जनकतनया यह सोई। धनुषजज्ञ जेहि कारन होई।
पूजन गौरि सखी लै आई। करत प्रकास फिरहि फुलवाई।
जासु बिलोकि अलौकिक सोभा। सहज पुनीत मोर मनु छोभा।
सो सबु कारनु जान बिधाता। फरकहिं सुभग अंग सुनु भ्राता।

× × ×

करत बतकही अनुज सन, मनु सिय रूप लोभान।
मुख सरोज मकरंद छबि, करहिं मधुप इव पान॥[1]

यहाँ राम आश्रय हैं, सीता आलम्बन हैं, वासन्ती वैभव से समृद्ध जनक-वाटिका उद्दीपन हैं, राम के पुलक आदि अनुभाव हैं, रति स्थायी है और हर्ष, वितर्क, मति आदि संचारी हैं। उपर्युक्त व्याख्या के अनुसार प्रस्तुत प्रसंग की रसास्वादन-प्रक्रिया में इन सभी का साधारणीकरण हो जाता है। आश्रय राम के साधारणीकरण का अर्थ यह है कि वे राम न रहकर रति-मुग्ध सामान्य पुरुष बन जाते हैं—उनके देश और काल तथा उनसे अनुबद्ध वैशिष्ट्य सिरोभूत हो जाते हैं और नारी के सौंदर्य से अभिभूत सामान्य किशोर मन उभरकर सामने आ जाता है। आलम्बन सीता के साधारणीकरण का आशय भी बहुत कुछ ऐसा ही है।—अर्थात् उनका भी देशकालावच्छिन्न वैशिष्ट्य समाप्त हो जाता है और सामान्य कामिनो रूप शेष रह जाता है। अनुभाव के साधारणीकरण से अभिप्राय यह है कि राम की चेष्टाएं राम से सम्बद्ध न रहकर सामान्य मुग्ध पुरुष की चेष्टाएँ बन जाती हैं। इसी प्रकार रत्यादि स्थायी भाव और हर्ष, वितर्क आदि संचारी भाव भी एक ओर राम-सीता से और दूसरी ओर सहृदय तथा उसके आलम्बन से सम्बद्ध नहीं रह जाते—वे वैयक्तिक रागद्वेष से मुक्त हो जाते हैं। उपर्युक्त प्रसंग में जो रति स्थायी भाव है वह न राम की सीता के प्रति रति है, न सहृदय की सीता के प्रति और न सहृदय की अपने प्रणय-पात्र के प्रति—यह तो निर्मुक्त रति भाव है जिसमें स्व-पर की चेतना निश्शेष हो चुकी है। मूलतः यह सहृदय का ही स्थायी भाव है, परन्तु साधारणीकृति के कारण व्यक्ति-चेदना से निर्मुक्त हो गया है। इस प्रकार रस के अवयवों में जो मूर्त हैं वे विशेष से सामान्य बन जाते हैं और जो अमूर्त भाव-रूप हैं वे व्यक्ति-संसर्गों से मुक्त हो जाते हैं—विभावों की देशकाल के बन्धन से मुक्ति होती है और भावों की स्व-पर की चेतना से।

संस्कृत के परवर्ती शास्त्रकार प्रायः इसी मत की आवृत्ति करते रहे—केवल दो आचार्यों—विश्वनाथ और जगन्नाथ—के विवेचन में वैचित्र्य के कुछ संकेत मिलते हैं। विश्वनाथ ने तो वैसे स्थायी भाव और विभावादि सभी का साधारणीकरण माना है—

साधारण्येन रत्यादिरपि तद्वत्प्रतीयते।
परस्य न परस्येति ममेति न ममेति च॥

सा० द०—३.१२॥

---

१. रामचरितमानस, बालकाण्ड, दोहा २२६-२३१

तदास्वादे विभावादेः परिच्छेदो न विद्यते ।

३.१३ का पूर्वार्ध ॥

—शृङ्गारादि रसों के स्थायी भाव रति आदिक भी काव्य-नाट्यादि में सामान्य रूप से प्रतीत होते हैं। रसास्वाद के समय विभावादिकों का 'ये (विभावादि) मेरे हैं अथवा मेरे नहीं हैं—अन्य से हैं अथवा अन्य के नहीं हैं', इस विशेष रूप से परिच्छेद अर्थात् सम्बन्ध-विशेष का स्वीकार अथवा परिहार नहीं होता है।

किन्तु उन्होंने आश्रय के साथ प्रमाता के अभेद या तादात्म्य को औरों की अपेक्षा अधिक महत्त्व दिया है—

व्यापारोऽस्ति विभावादेर्नाम्ना साधारणीकृतिः ॥३.९॥
तत्प्रभावेण, यस्यासन्पाथोधिप्लवनादयः ।
प्रमाता तदभेदेन स्वात्मानं प्रतिपद्यते ॥३.१०॥
उत्साहादिसमुद्बोधः साधारण्याभिमानतः ।
नृणामपि समुद्रादिलंघनादौ न दुष्यति ॥३.११॥

—यही साधारणीकरण विभावादि का विभावन नामक व्यापार है। इसी के प्रभाव से उस समय प्रमाता अपने को समुद्रलंघन करनेवाले हनुमान आदि से अभिन्न समझने लगता है। (हनुमान आदि के साथ) साधारण्याभिमान अर्थात् अभेद-ज्ञान हो जाने पर मनुष्यों का भी समुद्रलंघन आदि में उत्साह दूषित नहीं है।

इसका सारांश यह है कि साधारणीकरण व्यापार के प्रभाव से प्रमाता का आश्रय के साथ तादात्म्य हो जाता है—सामान्य आश्रय के साथ ही नहीं वरन् अलौकिक शक्ति-सम्पन्न देवादि के साथ भी। उदाहरण के लिये, लौकिक परिस्थिति में सामान्य जन के लिए समुद्रलंघन के उत्साह का अनुभव संभव नहीं है, किन्तु काव्य-नाट्यादि में, साधारणीकरण के प्रभाव से उसका हनुमान आदि के साथ तादात्म्य हो जाने के कारण, इस प्रकार का उत्साह भी सहज सम्भव हो जाता है। यह प्रसंग अभावात्मक रूप में भट्टनायक ने भी उठाया था—विश्वनाथ ने भावात्मक रूप में उसे और भी उभारकर सामने रखा है। पंडितराज जगन्नाथ ने भी नव्यन्याय के आलोक में प्रकारान्तर से आश्रय के साथ तादात्म्य का ही कथन किया है, किन्तु इस सन्दर्भ में उन्होंने 'दोष' शब्द का प्रयोग अधिक शुद्ध माना है—

"काव्ये नाट्ये च, कविता नटेन च प्रकाशितेषु विभावादिषु; व्यंजनव्यापारेण दुष्यन्तादौ शकुन्तलादिरतौ गृहीतायामनन्तरे च सहृदयतोल्लासितस्य भावनाविशेषरूपस्य दोषस्य महिम्ना, कल्पितदुष्यन्तत्वावच्छादिते स्वात्मन्यज्ञानावच्छिन्ने शुक्तिकाशकल इवरजतखण्ड, समुत्पद्यमानोऽनिर्वचनीयः साक्षिभास्यशकुन्तलादिविषयकरत्यादिरेव रसः।"[1]

---

१. हिन्दी-रसगंगाधर, प्रथम अध्याय, पृष्ठ १०१

—इसका अभिप्राय यह है कि पहले तो हमें काव्य और नाटक में कवि तथा नट द्वारा प्रस्तुत विभावादि का ज्ञान होता है। फिर व्यंजना-व्यापार के द्वारा यह प्रतीति होती है कि दुष्यंत शकुन्तला के प्रति अनुरक्त है। इसके उपरान्त सहृदयता के कारण हमारे चित्त में एक प्रकार की भावना उत्पन्न हो जाती है, अर्थात् हम अपनी सहृदयता के कारण दुष्यंतादि के विषय में पुनः-पुनः अनुसंधान करने लग जाते हैं। यह भावना एक ऐसा दोष है जिससे हमारी आत्मा कल्पित दुष्यंतत्व आदि से आच्छादित हो जाती है, अर्थात् उस समय हम अपने को दुष्यंत समझने लगते हैं—"और जब हम अपने को दुष्यंत समझ लेते हैं, तब हमें अपने को शकुन्तला का प्रेमी समझने में कोई बाधा नहीं रह जाती अर्थात् उक्त दोष के कारण कल्पित दुष्यंतत्व से आच्छन्न आत्मा में कल्पित शकुन्तलाविषयक रति भी भासित होने लगती है, जैसे दूरत्व आदि दोषों के कारण जब सीपी के टुकड़े अज्ञान से ढक जाते हैं— वास्तविक रूप से नहीं समझ पड़ते; तब उन टुकड़ों में ही चाकचिक्य दोष से चाँदी के टुकड़े उत्पन्न हो जाते हैं—अर्थात् वे सीप के टुकड़े चाँदी के टुकड़े प्रतीत होने लगते हैं। यद्यपि न हममें शकुन्तला आदि की रति वास्तविक रूप में रहती है, न सीप के टुकड़ों में चाँदीपन, तथापि साक्षी आत्मा उनका भान करा देती है।[1]

बात यह भी वही है जो विश्वनाथ ने कही है, किन्तु इस पर दर्शन का वर्म चढ़ा हुआ है। पण्डितराज के दार्शनिक विधान में साधारणीकरण के लिए स्थान नहीं है—यहाँ तो 'भ्रम' है : भावनादोष है। किन्तु दर्शन के आवरण को हटाकर देखें तो ये भी आश्रय के साथ प्रमाता के तादात्म्य और सहानुभूति की ही बात कर रहे हैं : कवि की भावनारूढ़ कल्पना से सामाजिक की सहृदयता (भावना कल्पना) उद्‌बुद्ध हो जाती है और वह आश्रय के साथ तादात्म्य का अनुभव करता हुआ समान भाव की अनुभूति करता है। लौकिक-अलौकिक का व्यवधान यहाँ नहीं रहता—दुष्यंत के साथ तादात्म्य होने से जिस प्रकार वह (कल्पित) रति का अनुभव करता है, इसी प्रकार हनुमान की भावना से आच्छादित होने के कारण वह समुद्रलंघन के उत्साह

---

१. वस्तुतः पंडितराज ने सामान्य रूप से साधारणीकरण को स्वीकार नहीं किया—

"यदपि विभावादीनां साधारण्यं प्राचांनैरुक्तम् तदपि काव्येन शकुन्तलादिशब्दैः शकुन्तलात्वादिकबोधजनकैः प्रतिपाद्यमानेषु शकुन्तलादिषु दोषविशेष कल्पनं बिना दुरुपपादम्"

—अर्थात् यद्यपि प्राचीन आचार्यों ने विभावादि के साधारणीकरण का कथन किया है, फिर भी यह बात दोष-विशेष की कल्पना के बिना बन नहीं सकती क्योंकि काव्यों में शकुन्तला आदि शब्दों के द्वारा ही शकुन्तला आदि का प्रतिपादन रहता है और जो शब्द शकुन्तलात्वेन शकुन्तला आदि के बोधक हैं, फिर कान्तात्वेन उनका बोध कैसे हो सकता है? (हिन्दी रसगंगाधर, प्र० आ०, पृष्ठ १०५) कहने की आवश्यकता नहीं कि यह अस्वीकृति केवल शाब्दिक या सैद्धान्तिक है, व्यवहार में साधारणीकरण का निषेध यहाँ भी नहीं है।

का भी अनायास ही (कल्पित) अनुभव कर लेता है।

पंडितराज के बाद गम्भीर शास्त्रीय विवेचन का क्रम प्रायः समाप्त ही हो गया। हिन्दी के रीति-कवियों का अनुराग काव्यशास्त्र के रोचक एवं सरल प्रसंगों तथा कविशिक्षा तक ही सीमित रहा—साधारणीकरण आदि तात्त्विक विषयों के प्रति उनके मन में कोई आकर्षण नहीं था। अतः काव्यशास्त्र के इस अत्यन्त महत्त्वपूर्ण एवं मौलिक विषय का विवेचन गतिरुद्ध पड़ा रहा और लगभग तीन शताब्दियों के उपरान्त आचार्य रामचन्द्र शुक्ल ने अपने प्रसिद्ध लेख 'साधारणीकरण और व्यक्ति-वैचित्र्यवाद'[1] में सहसा इसका पुनरुद्धार किया। शुक्ल जी का यह लेख भारतीय काव्यशास्त्र-विषयक अनुसंधान का परिच्छेद या अंग न होकर स्वतन्त्र चिंतन का ही परिणाम है। उनकी दृष्टि अतीत पर न होकर वर्तमान पर ही स्थिर है और उन्होंने इस प्राचीन सिद्धान्त को अपने अभिमत 'लोकधर्म-सिद्धान्त का शास्त्रीय विवेचन नहीं, पुनराख्यान ही प्रमुख है और इसी रूप में इसकी स्थापनाओं का मूल्यांकन करना चाहिए।

विवेच्य विषय से सम्बद्ध शुक्ल जी के उद्धरण इस प्रकार हैं—

१. जब तक किसी भाव का कोई विषय इस रूप में नहीं लाया जाता कि वह सामान्यतः सबके उसी भाव का आलम्बन हो सके, तब तक उसमें रसोद्‌बोधन की पूरी शक्ति नहीं आती। इसी रूप में लाया जाना हमारे यहाँ साधारणीकरण कहलाता है।[2]

२. (क) काव्य का विषय सदा विशेष होता है, सामान्य नहीं, वह व्यक्ति सामने लाता है, जाति नहीं।

(ख) साधारणीकरण का अभिप्राय यह है कि पाठक या श्रोता के मन में जो व्यक्तिविशेष या वस्तुविशेष आती है वह जैसे काव्य में वर्णित 'आश्रय' के भाव का आलम्बन होती है, वैसे ही सब सहृदय पाठकों या श्रोताओं के भाव का आलम्बन हो जाती है।

(ग) जिस व्यक्तिविशेष के प्रति किसी भाव की व्यंजना कवि या पात्र करता है, पाठक या श्रोता की कल्पना में वह व्यक्तिविशेष ही उपस्थित रहता है।[3]

३. कल्पना में मूर्ति तो विशेष ही की होगी पर वह मूर्ति ऐसी होगी जो प्रस्तुत भाव का आलम्बन हो सके, जो उसी भाव को पाठक या स्रोता के मन में भी जगाये जिसकी व्यंजना आश्रय अथवा कवि करता है। इससे सिद्ध हुआ कि साधारणीकरण आलम्बनत्व धर्म का होता है।[4]

४. 'व्यक्ति तो विशेष ही रहता है, पर उसमें प्रतिष्ठा ऐसे सामान्य धर्म की है जिसके साक्षात्कार से सब श्रोताओं या पाठकों के मन में एक ही भाव का उदय

---

१. यह लेख प्रथम बार सन् १९३३ में 'द्विवेदी-अभिनन्दन-ग्रन्थ' में प्रकाशित हुआ था।

२. चिन्तामणि, भाग (१) १९५७—पृष्ठ २२७-२३०

३. चिन्तामणि, भाग (१) १९५७—पृष्ठ २२७-२३०

४. चिन्तामणि, भाग (१) १९५७—पृष्ठ २२७-२३०

थोड़ा या बहुत होता है। × × × विभावादि सामान्य रूप से प्रतीत होते हैं इसका तात्पर्य वही है कि रसमग्न पाठक के मन में यह भेदभाव नहीं रहता कि यह आलम्बन मेरा है या दूसरे का। थोड़ी देर के लिए पाठक या श्रोता का हृदय लोक का सामान्य हृदय हो जाता है।"[१]

५. साधारणीकरण में आलम्बन द्वारा भाव की अनुभूति प्रथम कवि में चाहिए, फिर उसके वर्णित पात्र में और फिर श्रोता या पाठक में। विभाव द्वारा जो साधारणीकरण कहा गया है वह तभी चरितार्थ होता है।[२]

उपर्युक्त उद्धरणों के आधार पर कतिपय तथ्य प्रकाश में आते हैं—

साधारणीकरण का विवेचन करते समय भट्टनायक और अभिनवगुप्त के अभिमत शुक्ल जी के सामने नहीं थे—केवल विश्वनाथ का मत ही उनके सामने था। उसका उन्होंने शास्त्रीय विवेचन न कर केवल स्वतन्त्र चिन्तन या अपने सिद्धान्त के अनुकूल प्रयोगमात्र किया है। पहला तथ्य शुक्ल जी की सामयिक परिसीमा का द्योतक है और दूसरा उनकी मौलिका प्रतिभा का।

वे मूलतः आलम्बन का साधारणीकरण मानते हैं। आलम्बन का अर्थ है भाव का विषय। उसका साधारणीकरण इस प्रकार होता है कि पहले यह कवि के भाव का विषय बनता है और फिर समस्त-सहृदय समाज के भाव का विषय बन जाता है।

आलम्बन के साधारणीकरण का अर्थ यह नहीं कि उसका व्यक्तित्व ही तिरोहित हो जाता है—अर्थात् वह व्यक्ति न रहकर जाति बन जाता है। उसका व्यक्तित्व तो बना रहता है, पर उसमें कुछ ऐसे गुणों का समावेश हो जाता है जिनके कारण यह समस्त सहृदय-समाज के उसी का विषय बन जाता है—अर्थात् सीता कामिनी मात्र बनकर रह जाती हैं, यह बात नहीं, वरन् वे अपने शील-सौन्दर्य आदि सामान्य गुणों के कारण सभी के प्रेम का विषय बन जाती हैं। आलम्बन का व्यक्तित्व बना रहे और फिर भी उसका साधारणीकरण हो जाए—इस विषमता का समाधान करने के लिए शुक्ल जी अपनी मूल स्थापना में थोड़ा संशोधन करते हुए कहते हैं कि साधारणीकरण वस्तुतः आलम्बन-धर्म का होता है; अर्थात् उन सामान्य गुणों का होता है जिनके कारण सीता राम को प्रिय लगती हैं। यहाँ कई बातें उलझ जाती हैं: सीता केवल कामिनी नहीं हैं, व्यक्ति हैं; वे राम की प्रिया हैं, किन्तु राम के प्रेम का आधार उनके शील-सौन्दर्य आदि ऐसे सामान्य गुण हैं जो समस्त सहृदय-समाज में रति-भाव उत्पन्न करते हैं, सीता राम की प्रिया हैं, किन्तु प्रेम का आधार चूंकि सीता के सामान्य गुण ही हैं, अतः वे सहृदय-समाज को भी प्रिय हैं—अर्थात् सहृदय-समाज के प्रेम का विषय सीता व्यक्ति नहीं वरन् उस व्यक्ति के शील-सौन्दर्य आदि गुण हैं। शुक्ल जी के सामने वास्तव में अपने सिद्धान्तों के बीच सामंजस्य स्थापित करने की समस्या उपस्थित हो गयी है, (१) काव्य का विषय (आलम्बन) विशिष्ट होता है, और (२)

---

१. चिन्तामणि, भाग (१) १९५७—पृष्ठ २२७-२३०

२. रस-मीमांसा पृष्ठ ९९

काव्य का आस्वादन भाव की सामान्य भूमिका पर होता है। इस समस्या का समाधान उन्होंने अपने बुद्धि-बल से इस प्रकार कर लिया है। आलम्बन के वैशिष्ट्य की रक्षा करते हुए समर्थ कवि, जिसे लोक-हृदय की पहचान होती है, सामान्य गुणों के आधार पर उसका साधारणीकरण कर लेता है। निदान, सहृदय सीता के प्रति अनुरक्त हो जाता है परन्तु उसके हृदय में यह भेदभाव नहीं रहता कि सीता राम के प्रेम की आलम्बन है या उसके अपने प्रेम की। सहृदय का चित्त व्यक्ति-चेतना से मुक्त हो जाता है।

पहले कवि के हृदय में सीता के प्रति अनुराग का उदय होता है, फिर वह आश्रय के द्वारा उसे व्यक्त करता है और अन्त में काव्य का आस्वादयिता समस्त सहृदय-समाज उस भाव का अनुभव करता है। अभिनव के गुरु भट्टतोत का भी यही मत है—"नायकस्य कवेः श्रोतुः समानोऽनुभवस्ततः।"

शुक्ल जी के मत का सार कदाचित् यही है—यहाँ हमने उन्हीं के मत को स्पष्ट करने का प्रयत्न किया है, उसके सत्यासत्य का निर्णय बाद में करेंगे।

यह मत भारतीय काव्यशास्त्र के स्वीकृत सिद्धान्त से थोड़ा भिन्न है। इसीलिए संस्कृत के शास्त्रविद् पण्डितों ने इस पर आक्षेप किये हैं। पण्डित केशवप्रसाद मिश्र ने शुक्ल जी के इस मन्तव्य को 'भ्रम' की संज्ञा देते हुए लिखा है—

"साधारणीकरण से यहाँ यह अर्थ लिया गया है कि विभाव, अनुभाव आदि को साधारण रूप देकर सामने लाया जाये। विभाव, अनुभाव आदि का साधारण अथवा लोकसामान्य होना दो अर्थों में माना जा सकता है। एक तो स्वरूपतः सामान्य होना और दूसरे परिणाम अथवा उद्देश्य में सामान्य होना। स्वरूपतः सामान्य होने का आग्रह करना ठीक न होगा; क्योंकि उस अवस्था में विभाव, अनुभाव आदि सीमित और शृङ्खलाबद्ध हो जाएंगे और काव्य की व्यापकता नष्ट हो जायेगी। परिणामतः अंतिम ध्येय में सामान्यता (साधारणीकरण) मानने के भी दो प्रकार हो सकते हैं। एक तो बौद्धिक या द्वैतवादी जिसमें काव्य को नैतिक और अनैतिक के द्वन्द्वों के भीतर देखा जाता है और नैतिक पक्ष का रसास्वाद किया जाता है और दूसरा मनोवैज्ञानिक, ध्वन्यात्मक अथवा कलात्मक जिसमें नैतिकता का प्रश्न पृथक् नहीं रहता, 'ध्वनि' के अवसित हो जाता है। इनमें पहला प्रकार भट्टनायक के 'भुक्तिवाद' के अनुकूल पड़ता है और दूसरा अभिनवगुप्त के ध्वनिवाद से सम्बन्धित है। कहने की आवश्यकता नहीं कि उक्त विद्वान् पहले प्रकार के समर्थक हैं, किन्तु हम आचार्य अभिनवगुप्त का मत मानते हैं। साधारणीकरण तो कवि अथवा भावुक की चित्तवृत्ति से सम्बन्ध रखता है। चित्त के एकतान और साधारणीकृत होने पर उसे सभी कुछ साधारण प्रतीत होने लगता है।"[1]

केशव जी ने अपना मन्तव्य अन्त में सर्वथा स्पष्ट कर दिया है। वे अभिनवगुप्त के अनुसार साधारणीकरण से अभिप्राय चित्तवृत्तियों के साधारणीकरण का ही मानते हैं : सहृदय का चित्त जब एकतान हो जाता है तो उसे सभी कुछ साधारण प्रतीत होने

---

१. साहित्यालोचन; डॉ० श्यामसुन्दरदास (१९९९), पृष्ठ २८४-८५ पर उद्धृत।

लगता है। विभाव का साधारणीकरण ही वास्तविक एवं पूर्ण है। अभिनव ने अपने अद्वैत सिद्धान्त के आधार पर इसी अखण्ड चेतना में साधारणीकरण का अनुसन्धान किया था। विभाव पर बल देने का अर्थ है विषय की सत्ता की महत्त्व-प्रतिष्ठा अर्थात् द्वैत की प्रतिष्ठा और द्वैतवादी रस-कल्पना का आधार मूलतः-बौद्धिक एवं नैतिक ही रहेगा। इस प्रकार केशव जी आचार्य शुक्ल की रस-दृष्टि को द्वैतवादी भट्टनायक के भुक्तिवाद के साथ सम्बद्ध कर उसे उतने ही अनुपात में अपूर्ण मानते हैं। अभिनव के अनुसार रस आध्यात्मिक प्रक्रिया है और केशव जी भी इसी आध्यात्मिक कल्पना में रस-दृष्टि की पूर्णता मानते हैं। उनके आक्षेप का सारांश यह है : विभाव बद्ध या सीमित है, भाव मुक्त या असीम, अतः विभाव का साधारणीकरण अपूर्ण एवं सीमित है—वह बौद्धिक एवं नैतिक है जबकि भाव का साधारणीकरण चित्त की मुक्ति अथवा संविद्विश्रान्ति का पर्याय है, अतः वह पूर्ण है। पं० केशवप्रसाद मिश्र का विवेचन अत्यन्त सूक्ष्म एवं तात्त्विक है। उन्होंने आचार्य शुक्ल की विभावनिष्ठ दृष्टि तथा नैतिक चेतना के सम्बन्ध का उद्घाटन अत्यन्त मार्मिकता के साथ किया है और अन्ततः उसे अभिनवगुप्त के अद्वैत की अपेक्षा भट्टनायक के द्वैत-सिद्धान्त के सन्निकट माना है। फिर भी उनके सभी निष्कर्ष यथावत् ग्राह्य नहीं हैं। यह तो ठीक है कि प्राचीन आचार्यों में भट्टनायक के दृष्टिकोण में द्वैत का आधार होने से विषय की सत्ता की स्वीकृति है और चूंकि उन्होंने ही सबसे पहले रसास्वाद के प्रसंग में नैतिक प्रश्न उठाया है, अतः यह भी कल्पना संगत ही है कि उनका दृष्टिकोण आध्यात्मिक या शुद्ध आनन्दवादी न होकर नैतिक आधार लिये हुए है। ये दोनों तत्त्व ऐसे हैं जो शुक्ल जी के दृष्टिकोण में भी विद्यमान हैं, अतः उनका मत भट्टनायक के अनुकूल है, यह निष्कर्ष भी अशुद्ध नहीं है। किन्तु भट्टनायक और शुक्ल जी के मन्तव्यों में कुछ स्पष्ट भेद भी हैं—(१) उदाहरण के लिए भट्टनायक ने सभी का साधारणीकरण माना है, आलम्बन पर बल नहीं दिया। (२) निजकान्ता-स्मृति की सत्ता को उन्होंने रसास्वाद की प्रक्रिया में सर्वथा अस्वीकृत कर दिया है, पर शुक्ल जी विकल्प रूप में यह भी मान लेते हैं कि "यदि किसी पाठक या श्रोता का किसी सुन्दरी से प्रेम है तो श्रृङ्गार रस की फुटकल उक्तियाँ सुनने के समय रह-रहकर आलम्बन रूप में उसकी प्रेयसी की मूर्ति ही उसकी कल्पना में आएगी।" (३) भट्टनायक करुणादि समस्त रसों की अनुभूति को आनन्दमयी मानते हैं, परन्तु शुक्ल जी की रस-कल्पना हृदय की मुक्तावस्था का ही पर्याय है, अर्थात् वह भट्टनायक के भावकत्व-व्यापार-जन्य 'निजमोहसंकटतानिवारण' पर ही समाप्त हो जाती है, 'भोग' तक नहीं पहुँच पाती।

पं० केशवप्रसाद मिश्र के उपरान्त भी यह विवेचन-क्रम चला और डॉ० गुलाबराय तथा पं० रामदहिन मिश्र आदि ने प्रस्तुत प्रसंग पर विस्तार से अपने विचार व्यक्त किये, किन्तु इनके विवेचन में विषय की व्याख्या का ही प्राधान्य है—कोई नवीन विचार हमारे सामने उपस्थित नहीं होता।

सारांश

इस सम्पूर्ण विवेचन का सारांश यह है :

१ रस के समस्त अवयवों—विभाव, अनुभाव, स्थायी और संचारी का साधारणीकरण होता है। साधारणीकरण की प्रक्रिया में थोड़ा-सा (असंलक्ष्य) क्रम रहता है—विभावादि का साधारणीकरण पहले होता है और स्थायी का उसके परिणामस्वरूप बाद में। यह भट्टनायक का मत है और इसमें विषय तथा विषयी दोनों पक्षों का सन्तुलन है।

२. मूलतः रस में विभावादि समस्त अवयवों का ही साधारणीकरण होता है और विभावादि के साधारणीकरण के फलस्वरूप ही स्थायी का साधारणीकरण होता है, जिससे सहृदय की चेतना व्यक्ति-संसर्गों से मुक्त एकतान हो जाती है। परन्तु स्थायी का यह साधारणीकरण—अर्थात् सहृदय चेतना की निर्मुक्ति ही अन्ततः मुख्य हो जाती है और शेष ज्ञान (सामान्य तथा विशेष दोनों प्रकार का) उसमें लीन हो जाता है। यह अभिनवगुप्त का मत है और इनमें अनन्ततः भाव एवं विषयी पक्ष की ही स्वीकृत है।

३. तीसरे मत के अनुसार भी साधारणीकरण तो सभी का माना गया है, किन्तु यहाँ साधारणीकरण की प्रक्रिया में आश्रय के साथ तादात्म्य को रेखांकित कर दिया गया है—प्रमाता की चेतना विकसित होकर हनुमान् की चेतना के साथ तादात्म्य कर समुद्र-लंघन जैसे अलौकिक कार्यों के प्रति भी उत्साह का अनुभव करती है। यहाँ हनुमान (विभाव) का उत्साही पुरुषमात्र के रूप में साधारणीकरण नहीं माना गया, वरन् सम्पूर्ण प्रमातृवर्ग का अलौकिक शक्तिसम्पन्न हनुमान के साथ तादात्म्य स्वीकार किया गया है। इस रूप में यह भट्टनायक और अभिनव के मत से किंचित् भिन्न है। —यह मत विश्वनाथ का है, जगन्नाथ ने भी दर्शन की शब्दावली में इसे ही प्रस्तुत किया है, उनके विचार से भी (भ्रमवश ही सही) आश्रय के साथ तादात्म्य ही मुख्य किया है।

४. शुक्ल जी के मत से साधारणीकरण मूलतः आलम्बन या आलम्बनत्व धर्म का होता है अर्थात् कवि आलम्बन का इस प्रकार वर्णन करता है कि वह अपने वैशिष्ट्य की रक्षा करते हुए भी साधारण धर्मों के कारण सभी पाठकों के मन में वैसा ही भाव उद्बुद्ध करता है जैसा कि काव्य-प्रसंग के अन्तर्गत आश्रय के मन में आता है। इस प्रकार भाव के साधारणीकरण को शुक्ल जी भी यथावत् स्वीकार करते हैं, किन्तु बल-उनका विभाव अर्थात् आलम्बन या आलम्बन-धर्म के साधारणीकरण पर ही है।

५ साधारणीकरण की प्रक्रिया में तीन बिन्दु हैं : कवि, नायक (आश्रय) और श्रोता। इन तीनों के भाव-तादात्म्य से साधारणीकरण पूर्ण हो जाता है। यह भट्टतोत का मत है, आचार्य शुक्ल ने भी उसे यथावत् मान्यता प्रदान की है।

विवेचन

इन विकल्पों में से कौन-सा सत्य है—साधारणीकरण वस्तुतः किसका होता

है ? मूल प्रश्न यही है —जिसका समाधान किये बिना साधारणीकरण का वास्तविक आशय और महत्त्व स्पष्ट नहीं हो सकता।

'मानस' के 'जनक-वाटिका' प्रसंग का अध्ययन करने समय दो सत्ताएँ विद्यमान रहती हैं—एक वस्तु के विषय की ओर दूसरी प्रमाता या विषयी की। विषय के अन्तर्गत विभाग अर्थात् आश्रय और आलम्बन, उद्दीपन, अनुभाव और संचारी आते हैं, विषयी स्वयं सहृदय या प्रमाता है। भट्टनायक के मत से विषय के समस्त अंगों का साधारणीकरण होता है और परिणामतः प्रमाता के स्थायी भाव का भी। यही मौलिक सिद्धान्त है, परन्तु मूल सिद्धान्त की समीक्षा करने से पूर्व इसके विषय में प्रस्तुत संशोधनों पर विचार करना अधिक उपयोगी होगा।

आश्रय के साथ तादात्म्य—साधारणीकरण की प्रक्रिया में, जहाँ रस के समस्त अवयवों का साधारणीकरण होता है, आश्रय का साधारणीकरण भी अन्तर्भूत है—अर्थात् जैसा कि हमने ऊपर स्पष्ट किया है, आश्रय साधारणीकरण भी समस्त प्रक्रिया का अनिवार्य अंग है। किन्तु आश्रय के साधारणीकरण और प्रमाता द्वारा आश्रय के साथ तादात्म्य की अनुभूति में अन्तर है। पहले का अर्थ यह है कि राम या हनुमान अलौकिक शक्ति-सम्पन्न व्यक्ति न रहकर सामान्य पुरुष बन जाते हैं और दूसरे का अर्थ यह है कि प्रमाता उन क्षणों में अपने को राम या हनुमान समझने लगता है और धनुर्भंग अथवा समुद्रलंघन जैसे अलौकिक कृत्यों के प्रति उसके मन में उत्साह जाग्रत हो जाता है। एक में राम या हनुमान का सामान्य मानव-धरातल पर उतरना विवक्षित है और दूसरे में प्रमाता का उठकर विशेष अलौकिक धरातल पर पहुँचना। किन्तु आश्रय के साधारणीकरण का आशय यह नहीं है कि ये अपने गौरव से वंचित होकर जनसाधारण के स्तर पर उतर आते हैं। ऐसा मान लेने पर तो काव्य द्वारा उदात्तीकरण का सिद्धान्त ही खण्डित हो जाएगा। साथ ही उसका यह अर्थ भी नहीं है कि काव्य में 'व्यक्ति' का नहीं 'जाति' या वर्ग का चित्रण होता है और आश्रय अपना व्यक्तित्व खोकर वर्गगत या जातिगत गुणों का प्रतीकमात्र रह जाता है क्योंकि इस प्रकार तो काव्य भावना का न रहकर विचार का विषय रह जायगा और उसकी प्रभावी शक्ति नष्ट हो जाएगी। इसका अर्थ यह है कि आश्रय के गौरव का वैशिष्ट्य-देशकालबद्ध रूप—तिरोहित हो जाता है और सामान्य मानवीय औदात्य उभरकर सामने आ जाता है जो सहृदय-समाज के संस्कारों में भी निसर्गतः विद्यमान है। फिर भी 'प्रमाता का आश्रय के साथ तादात्म्य' यह नहीं है, क्योंकि तादात्म्य की प्रक्रिया में आश्रय तो बदलता ही नहीं : विश्वनाथ के अनुसार प्रमाता अपने में हनुमान का अभिमान करते लगता है—यहाँ तक कि समुद्रलंघन जैसे अलौकिक कृत्यों के प्रति भी उसमें उत्साह जग जाता है। यह स्थिति प्राचीन मत के अनुसार ग्राह्य नहीं है, वास्तव में इसी प्रकार के अलौकिक पात्रों और उनके कार्यों को सामान्य पाठक के लिए ग्राह्य बनाने के उद्देश्य से ही तो साधारणीकरण की आवश्यकता और भी होती है। इसके अतिरिक्त 'आश्रय' शब्द का अर्थ तो बहुत व्यापक है। यहाँ आश्रय का व्यक्तित्व प्रेम और भाव मधुर होने के कारण हम थोड़ी देर के लिए सन्देह में पड़ सकते हैं, परन्तु

राम और दुष्यन्त या हनुमान और अंगद ही नहीं रावण और शूर्पणखा भी तो आश्रय हो सकते हैं, अर्थात् आश्रय तो घृणित क्रूर, भिन्नलिंगी, नीच—हमारे व्यक्तित्व के ठीक विपरीत भी हो सकता है, हम उसके साथ कहाँ तक तादात्म्य करते फिरेंगे ? यदि प्रेय चरित्रों को ही लें, तब भी तादात्म्य सर्वत्र ग्राह्य नहीं हो सकता; मृतवत्सा शैव्या के साथ तादात्म्य तो शोक का कारण ही हो सकता है रस का नहीं। पडितराज के अनुसार, भावना-दोष के कारण कल्पित दुष्यन्तत्व द्वारा सहृदय-चेतना के आच्छादन की प्रकल्पना को भी यदि यथावत् स्वीकार कर लें तब भी इस प्रश्न का उत्तर नहीं मिलता। कल्पना के बीच में आ जाने से वास्तविक शोक का आघात कम तो हो सकता है पर इस कल्पित शोक की रस में परिणति नहीं हो सकती। पंडितराज भी काव्य के चमत्कार के अतिरिक्त इसका कोई तर्कसम्मत उत्तर नहीं दे सके। अतः 'आश्रय के साथ तादात्म्य' की स्वतन्त्र या प्रमुख स्थिति अग्राह्य है, साधारणीकरण की सम्पूर्ण प्रक्रिया के अंगरूप में ही तादात्म्य मान्य हो सकता है।

आश्रय के प्रसंग में ही नायक का प्रश्न भी उठाया जा सकता है। नायक के साथ प्रमाता का तादात्म्य होता है—"नायकस्य कवेः श्रोतुः समानोऽनुभवस्ततः," (तोत)। इसमें क्या आपत्ति है ? आपत्ति स्पष्ट है। संस्कृत-काव्य का नायक ऐसे गुणों से विभूषित होता था कि उसके साथ तादात्म्य करना प्रत्येक सहृदय के लिए सहज और स्पृहणीय था : काव्य के मूल अर्थ की अभिव्यक्ति कवि प्रायः नायक के माध्यम से ही करता था, अर्थात् कवि स्वयं नायक से तादात्म्य स्थापित कर लेता था, अतः सहृदय समाज का भी उसके साथ सहज तादात्म्य हो जाता था। इस प्रविधि का उपयोग आज भी होता है और नायक की परम्परागत गरिमा आज भी नष्ट नहीं हुई। किन्तु स्थिति में थोड़ा परिवर्तन तो हो ही गया है। आज अनेक प्रथम श्रेणी के उपन्यासों में नायक का रूप उक्त आदर्श के बिल्कुल विपरीत मिलता है जिसके साथ तादात्म्य सहृदय के लिए न सहज होगा न स्पृहणीय। उदाहरण के लिए एक साम्यवादी उपन्यासकार किसी हृदयहीन पूंजीपति को नाटक के रूप में हमारे सामने लाकर अपनी सम्पूर्ण घृणा को उसके व्यक्तित्व में पुंजीभूत कर देता है। उपन्यास व्यक्तिप्रधान है क्योंकि उसका उद्देश्य पूंजीवाद की मूल चेतना—व्यक्तिवाद—के प्रति घृणा जगाना है। नायक असंदिग्ध रूप से वही घृणित व्यक्ति है। परन्तु क्या आप उसके साथ तादात्म्य कर सकेंगे ? यदि ऐसा कर सकेंगे तो यह उपन्यासकार की ओर विफलता होगी। इस तरह 'नायक के साथ तादात्म्य' भी सर्वथा सिद्ध नहीं होता और रस-परिपाक के लिए नायक का साधारणीकरण भी आश्रय के साधारणीकरण के समान ही (यद्यपि उतना नहीं) अपर्याप्त ही रहता है।

आलम्बन या आलम्बन-धर्म का साधारणीकरण—आलम्बन-धर्म के साधारणीकरण का अर्थ यह है कि काव्य में वर्णित भाव का विषय—व्यक्ति या वस्तु—यद्यपि विशेष रूप में ही प्रत्येक सहृदय के मानस-पटल पर अंकित होता है, फिर भी वह अपने कुछ सामान्य, अर्थात् सभी को प्रायः समान रूप से प्रभावित करनेवाले, गुणों के कारण समस्त सहृदय-समाज के चित्त में प्रायः एक-सा ही भाव जगाता है। इस

प्रकार साधारणीकरण मूलतः आलम्बन के उन गुणों का होता है जो सम्बद्ध भाव की जाग्रति के कारण हैं। सीता का सीतात्व तो नष्ट नहीं होता, पर उनके ऐसे सामान्य गुण उभरकर सामने आ जाते हैं जिनके कारण वे केवल राम के ही नहीं सम्पूर्ण सहृदय-समुदाय के अनुराग का भाजन बन जाती है। मैं समझता हूँ कि आचार्य शुक्ल के मत का और अधिक स्पष्टीकरण सम्भव नहीं है। परन्तु क्या यह मान्य है ?

इस विषय में कुछ बातें बिल्कुल साफ हैं। एक तो यह कि प्रस्तुत मत भट्ट-नायक तथा अभिनवगुप्त दोनों के मतों से भिन्न है, केवल विश्वनाथ के मन्तव्य से ही इसमें परिणामी समानता है। भट्टनायक और अभिनव दोनों ही आलम्बन आदि के व्यक्तित्व का विगलन मानते हैं—उसके बिना न विभाव का और न भाव का ही साधारणीकरण पूर्ण हो सकता है। इस स्वतःस्पष्ट तथ्य को स्वीकार करने में परेशान होने की जरूरत नहीं है—शुक्ल जी के युग की अपनी मर्यादाएँ थीं क्योंकि अभिनव-गुप्त आदि के ग्रन्थ उस समय सुलभ नहीं थे और साथ ही उनकी चिन्तन-पद्धति भी एकान्त रूप से शास्त्रबद्ध नहीं थी। दूसरी बात यह है कि विशेष रूप को सुरक्षित रखते हुए आलम्बन के साधारणीकरण की सिद्धि वास्तव में नहीं हो सकती। स्वयं शुक्ल जी को इसकी प्रतीति हुई है, इसीलिए वे आलम्बन से हटकर आलम्बनत्व या आलम्बन-धर्म तक पहुँच गए हैं—और फिर उन्हें उसको नैतिक आधार प्रदान करना पड़ा है। ऐसा आलम्बन शुक्ल जी को ग्राह्य नहीं है जिसका आधार नैतिक न हो क्योंकि उसका तो साधारणीकरण ही नहीं हो सकता। यहाँ आप देखें कि कठिनाई किस प्रकार बढ़ती जा रही है—आलम्बन, फिर आलम्बन-धर्म, और फिर उसका औचित्य या नैतिक आधार। यह सब इसलिए हो रहा है कि भाव के विषय को भाव से अधिक महत्त्व दिया जा रहा है और साधारणीकरण की प्रक्रिया में एक अग स्वतंत्र हो गया है। तीसरा आक्षेप यह किया जा सकता है कि इस प्रकार आलम्बन का क्षेत्र सीमित हो जाता है और परम्परा द्वारा निर्धारित आलम्बन ही काव्य में ग्राह्य हो सकते हैं—अर्थात् रामादि सदा प्रीतिकर भावों के और रावणादि अप्रीतिकर भावों के ही आलम्बन बन सकते हैं। अतः यह रस-दृष्टि परम्परागत नैतिक मूल्यों से परिबद्ध है। सामान्यतः परम्परा एवं नैतिक मूल्यों का अनुशासन श्रेयस्कर ही होता है और काव्य-मूल्य उससे सर्वथा स्वतन्त्र नहीं हो सकते, फिर भी नैतिक मूल्य और साहित्यिक मूल्य पर्याय नहीं बन सकते। इस तरह तो भाव-क्षेत्र का विकास ही रुक जाएगा और 'मेघनाद-वध' जैसे महान् काव्यों की रसवत्ता ही खण्डित हो जाएगी। वास्तव में परम्परा और नीति-संहिता का बड़ा महत्त्व है, परन्तु मानवता उससे भी बड़ी है। अतएव परम्परा और नीति-विधान के प्रति निष्ठावान् रहते हुए भी काव्य-मूल्यों को तो मानवीय और सार्वभौम ही बनना पड़ेगा। प्रस्तुत सिद्धान्त को यथावत् स्वीकार कर लेने पर रस का क्षेत्र सीमित हो जाता है—मानवात्मा की वह दिव्य कान्ति, जो प्रथा और नीति के आवरण को चीर जीवन के असाधारण क्षणों में कौंध जाती है, इस रस-दृष्टि के घेरे में नहीं आती और केवल माइकेल के साथ ही नहीं सूर और तोल्सतोय-जैसे कलाकारों के साथ भी अन्याय हो जाता है।

सहृदय की चेतना का साधारणीकरण—सहृदय की चेतना का साधारणीकरण या निर्मुक्ति रसास्वादन की अन्तिम एवं आधारभूत क्रिया है। किन्तु यह परिणाम है विभावादि के साधारणीकृत रूप में उपस्थित होने से अन्ततः प्रमाता की चेतना भी स्व-पर की भावना से मुक्त—एकतान—हो जाती है। स्वर्गीय पं० केशवप्रसाद मिश्र ने अभिनवगुप्त के प्रमाण से इसी को प्रधानता दी है : "चित्त के एकतान और साधारणीकृत होने पर उसे (प्रमाता को) सभी कुछ साधारण प्रतीत होने लगता है।"[1] किन्तु यह धारणा यथावत् मान्य नहीं है—चित्त की एकतानता ही तो संविद्विश्रान्ति है और वही रस है, अतः वह साधारणीकरण का कारण नहीं हो सकती, वह तो कार्य या परिणति है। चित्त के एकतान होने पर तो प्रमाता, अभिनव के अनुसार, आत्मास्वाद-रूप रस का अनुभव करता है, उस समय उसे अन्य पदार्थों की साधारण प्रतीति के लिए अवकाश ही नहीं रहता। साधारणीकरण रसास्वाद का समरूप, सहचारी या संचारी नहीं है, वह तो कारण है। अतः यह स्थापना भी सर्वथा मान्य नहीं है कि प्रमातृ-चेतना की एकतानता ही वस्तुतः साधारणीकरण है।

सर्वांग का साधारणीकरण—अन्त में हम घूम-फिरकर भट्टनायक के इस मन्तव्य पर लौट आते हैं कि साधारणीकरण वास्तव में सर्वांग का ही होता है। उदाहरण के लिए, ऊपर उद्धृत, 'जनक-वाटिका-प्रसंग' में आश्रय राम, आलम्बन सीता, आश्रय की चेष्टाएँ—अनुभाव, जनकवाटिका का रमणीक वातावरण—उद्दीपन, राम के मन में संचरण करनेवाले हर्ष, मति आदि भाव सभी साधारणीकृत हो जाते हैं। दूसरे शब्दों में सम्पूर्ण प्रसंग ही, विशिष्ट देशकाल-बद्ध घटना न रहकर, साधारणीकृत हो जाता है जिसके परिणामस्वरूप प्रमाता की चेतना भी व्यक्ति-संसर्गों से मुक्त—साधारणीकृत हो जाती है। किन्तु यह काव्य-प्रसंग तो अपने आप में जड़ वस्तु है—इसका चैतन्य अंश तो इसका 'अर्थ' है और यह अर्थ क्या है ? कवि का संवेद्य—कवि की अनुभूति; सामान्य भावानुभूति नहीं, सर्जनात्मक अनुभूति, भाव की कल्पनात्मक पुनःसर्जना की अनुभूति—भारतीय काव्यशास्त्र की शब्दावली में 'भावना'। इसी का शास्त्रीय नाम 'ध्वन्यार्थ' है जो एक ओर कवि के अर्थ को व्यक्त करता है और दूसरी ओर प्रमाता के चित्त में समान अर्थ को उदबुद्ध करता है। काव्य-प्रसंग इसी का मूर्त रूप या बिम्ब है। अर्थ के अनुरूप ही यह बिम्ब सरल अथवा संश्लिष्ट होता है—प्रायः संश्लिष्ट ही होता है। उपर्युक्त बिम्ब निश्चय ही संश्लिष्ट है, उसमें अनेक लघु बिम्बों का समन्वय है। राम के विषय में कवि की भावात्मक कल्पना 'आश्रय राम' के रूप में बिम्बित हुई है, सीताविषयक भावना 'आलम्बन सीता' के रूप में, उनके प्रथम मिलन के पावन-रमणीय वातावरण की भावना 'उद्दीपन जनकवाटिका' के रूप में और राम के मन में उदभूत भावनाओं की कल्पना 'हर्ष मति आदि संचारियों' के रूप में बिम्बित हुई है। ये छोटे छोटे बिम्ब मिलकर एक संश्लिष्ट बिंब का निर्माण करते हैं जो राम-सीता-प्रथममिलन-विषयक कवि की संश्लिष्ट 'भावना'

---

१. साहित्यालोचन—(१९९१ वि०), पृष्ठ २८५

को शब्द-मूर्त करता है। अतः काव्य-प्रसंग और कुछ नहीं कवि की 'भावना' का बिंब-मात्र है—यह काव्य-प्रसंग या बिम्ब शरीर है और कवि-भावना उसको प्रकाशित करनेवाली चैतन्य आत्मा है, और, चूंकि साधारणीकरण जड़ यान्त्रिक क्रिया न होकर चैतन्य क्रिया है, अतः काव्य-प्रसंग या रस के समस्त अवयवों का साधारणीकरण मानने की अपेक्षा कविभावना का साधारणीकरण मानना मनोविज्ञान[1] के अधिक अनुकूल है। भट्टनायक की विषयप्रधान धारणा और अभिनव की विषयिप्रधान धारणा—दोनों के साथ इसकी संगति बैठ जाती है, वस्तुतः यह दोनों के बीच अनुस्यूत सम्बन्ध-सूत्र है और वर्तमान युग में रस-सिद्धान्त के सबसे समर्थ प्रतिष्ठापक आचार्य शुक्ल को भी इनमें कोई आपत्ति नहीं है।

पिछले दशक में मेरी इस स्थापना को लेकर काफी विवाद हुआ है और उनके विरुद्ध अनेक प्रकार के तर्क एवं शंकाएं व्यक्त की गई हैं। इनमें से अनेक आक्षेप तो पूर्वग्रह अथवा व्यक्तिगत निष्ठा पर आश्रित हैं, अतः उनके पीछे तर्क अथवा सत्यान्वेषण का आग्रह इतना नहीं है जितना कि शुक्ल जी के प्रति अतर्क्य विश्वास तथा गुरुद्रोही के प्रति आक्रोश है। ये अबोध तार्किक और उनके मन्त्रदाता दया के ही पात्र हैं क्योंकि ये नहीं जानते कि ये क्या कहना चाहते हैं और क्या कह रहे हैं। किन्तु दो आक्षेप ऐसे हैं जिनका समाधान विषय के स्पष्टीकरण के लिए आवश्यक है। एक आक्षेप स्वर्गीय डॉ० गुलाबराय का है—वे यह स्वीकार नहीं करते कि सम्पूर्ण काव्य-प्रसंग (आश्रय-आलम्बन तथा उनसे सम्बद्ध घटना आदि) कवि की अनुभूति का प्रतीकमात्र है, उसकी स्वतन्त्र वस्तु-स्थिति नहीं है :

"यद्यपि यह बात किसी अंश में ठीक है कि राम-सीतादि का रूप विभिन्न कवियों की भावनाओं की अभिव्यक्ति पर ही आश्रित रहता है तथापि जनता के मन में भी परम्परागत संस्कारों से एक सामान्य भावना बनी रहती है, वही आलम्बन का विषयगत अस्तित्व है। जो बात सबके मन में वर्तमान हो वह मानसिक रहती हुई विषयगता (objectivity) धारण कर लेती है।"[2]

वास्तव में बाबूजी के इस मन्तव्य का मेरी स्थापना से कोई विशेष विरोध नहीं रह जाता, क्योंकि अन्ततः वे भी आलम्बन आदि का अस्तित्व मानसिक या संस्कारगत ही मान लेते हैं। एक जनकवाटिका-प्रसंग 'प्रसन्नराघव' में है और दूसरा 'रामचरितमानस' में—'वाल्मीकि-रामायण' में वह है ही नहीं। ऐसी दशा में उसकी वस्तुस्थिति क्या रही! बाबूजी कहेंगे कि जनमानस में इस प्रसंग का जो 'साधारण' संस्कार विद्यमान है—वही उसका वस्तुगत आधार है। किन्तु यह साधारण संस्कार भी तो कवि की अनुभूति से ही बना है—अथवा यों कहिए कि यह अनेक कवियों की अनुभूतियों का संघात ही तो है। और फिर, 'मानस' का जनक-वाटिका-प्रसंग जन-

---

१. कुछ पण्डित-प्रवर मनोविज्ञान से ही चिढ़े हुए हैं, पर इसमें न तो मनोविज्ञान का दोष है और न मेरा।

२. सिद्धान्त और अध्ययन, द्वितीय संस्करण, पृष्ठ २१३

मानस के साधारण संस्कार का बिम्बमात्र नहीं है—तुलसी के तद्विषयक मनोबिंब का शब्द-रूप है। इसलिए बाबूजी द्वारा प्रतिपादित विषय-सत्ता भी अन्ततः विषयिगत ही सिद्ध हो जाती है और उनका मतभेद मूल सिद्धान्त से न रहकर बलाबल मात्र तक सीमित रह जाता है—अर्थात् उन्हें ऐसा लगा है जैसे मैंने पूरा बल कवि की विशिष्ट अनुभूति पर ही केन्द्रित कर 'साधारण' संस्कार की उपेक्षा कर दी हो। परन्तु ऐसा तो है नहीं—मैंने तो कहीं भी कवि की अनुभूति को 'विशिष्ट' या 'वैयक्तिक' अनुभूति नहीं माना।

दूसरा आक्षेप यह है कि जिस प्रकार प्रत्येक स्थिति में आश्रय के साथ तादात्म्य स्थापित करना हमारे लिए संभव नहीं है, इसी प्रकार प्रत्येक स्थिति में कवि के साथ तादात्म्य करने में भी कठिनाई हो सकती है। जिस प्रकार आश्रय की भावनाएँ हमारी भावनाओं के सर्वथा विपरीत हो सकती हैं, इसी प्रकार कवि की भी। उदाहरण के लिए, यदि कोई प्रगतिवादी कवि विद्रोह की उग्र भावना से अभिभूत होकर भारतीय परंपराओं का उपहास करता है या चिरन्तन प्रयोगशीलता का आग्रही कवि जीवन के शाश्वत मूल्यों पर व्यंग्य करता है तो उसके साथ हमारा तादात्म्य कैसे हो सकता है, अर्थात् उक्त प्रगतिवादी या नये कवि की अनुभूति का साधारणीकरण कैसे माना जा सकता है? सांप्रदायिक भक्त-कवियों के सम्बन्ध में भी यही समस्या सामने आती है। उनके 'सहचारी-भाव' का साधारणीकरण किस प्रकार हो सकता है? इस समस्या का समाधान भी कठिन नहीं है। ये सभी परिस्थितियाँ वास्तव में ऐसी हैं जहाँ स्वयं कवि अपनी भावना का साधारणीकरण करने में असमर्थ रहता है—सांप्रदायिक चेतना अथवा राजनीतिक या साहित्यिक पूर्वग्रह के कारण उसकी अनुभूति विशिष्ट रहती है और, जब कवि स्वयं ही अपनी अनुभूति के साधारणीकरण में असमर्थ रहता है तब पाठक या पाठक-समाज के चित्त में समान अनुभूति का उद्बोध वह कैसे कर सकता है? इस प्रकार मूलतः अ-साधारणीकृत या साधारणीकरण के अयोग्य कवि-अनुभूति का उदाहरण देकर हमारी स्थापना को असिद्ध नहीं किया जा सकता। वास्तव में उपर्युक्त उदाहरणों में तो अनुभूति व्यक्तिगत ही रह जाती है, काव्यानुभूति बन ही नहीं पाती, क्योंकि कवि अथवा यों कहें कि कवि-कर्म में रत व्यक्ति स्वय अपने चित्त को एकतान नहीं कर पाता—वह तो अपने व्यक्तिगत (वर्गगत या सम्प्रदायगत)[1] भाव को ही वाणी दे रहा है और व्यक्तिगत भाव की अभिव्यक्ति कविता नहीं होती इसके विपरीत जहाँ उसका कवि-कर्म सफल हो जाता है, जैसे कि 'मेघनाद वध' में वहाँ साधारणीकरण हो जाता है और हिन्दू पाठक भी अपने व्यक्तिगत या जातिगत संस्कारों से मुक्त होकर शुद्ध सहृदयता की भूमि पर कवि के साथ कुछ समय के लिए तादात्म्य कर लेता है।

"अतएव निष्कर्ष यही निकला कि साधारणीकरण कवि की अपनी अनुभूति का होता है अर्थात् जब कोई व्यक्ति अपनी अनुभूति की इस प्रकार अभिव्यक्ति कर

---

१. वर्ग-चेतना और साम्प्रदायिक चेतना भी व्यक्ति-चेतना का ही प्रक्षेपणमात्र है।

सकता है कि वह सभी के हृदयों में समान अनुभूति जगा सके तो पारिभाषिक शब्दावली में हम कहते हैं कि उसमें साधारणीकरण की शक्ति वर्तमान है। अनुभूति सभी में होती है, सभी व्यक्ति उसे यत्किंचित् व्यक्त भी कर लेते हैं, परन्तु साधारणीकरण करने की शक्ति सब में नहीं होती। इसीलिए तो अनुभूति और अभिव्यक्ति के होते हुए भी सब कवि नहीं होते। कवि वह होता है जो अपनी अनुभूति का साधारणीकरण कर सके, दूसरे शब्दों में 'जिसे लोक-हृदय की पहचान हो।' यहाँ आकर ये सभी बधाएँ आप दूर हो जाती हैं कि किसी आश्रय का व्यक्तित्व हमारे विपरीत है, या कोई नायक हमारी घृणा और क्रोध का विषय है, अथवा किसी आलम्बन के प्रति हमारा भावविशेष अनुचित है। आश्रय-रूप रावण यदि कहीं राम की भर्त्सना करता है तो क्या हुआ ? हमारी रसानुभूति में कोई बाधा नहीं आती, क्योंकि हमारे अन्तर में तो वही अनुभूति जागेगी जो कवि ने इस प्रतीक द्वारा व्यक्त की है। माइकेल को रावण से सहानुभूति है इसलिए 'मेघनाद वध' का यह प्रसंग हमारे हृदय में रावण के लिए सहानुभूति और राम के प्रति तुच्छभाव जाग्रत करेगा। तुलसी को यदि राम के प्रति भक्ति और रावण के प्रति घृणा है तो यह प्रसंग उसी के अनुकूल हमारे लिए रावण को उपहास्य या तुच्छ भाव या घृणा का विषय बनाकर राम के प्रति हमारी भक्ति जाग्रत करेगा। हमको रस दोनों ही अवस्थाओं में आएगा। आश्रय यदि भिन्नलिंगी है—पुरुष पाठक के सामने 'खण्डिता' का विरह-निवेदन या नारी पाठक के समक्ष खलनायक की मनुहारों का वर्णन है, तब भी कोई अन्तर नहीं पड़ता क्योंकि हम न खण्डिता से तादात्म्य करते हैं और न खलनायक से। हमारा तादात्म्य तो इन बिम्बों द्वारा व्यक्त कवि-भाव के साथ होता है। इसी प्रकार यदि साम्यवादी लेखक के उपन्यास का पूंजीपति नायक अपनी कुत्साओं में जघन्य है, तो हुआ करे, हम उससे तादात्म्य थोड़े ही स्थापित करते हैं। हम (हमारी अनुभूति) लेखक (की अनुभूति) से तादात्म्य स्थापित करते हैं। अतएव हम लेखक की तरह ही उसकी जघन्यता के प्रति अपनी घृणा और क्रोध जाग्रत कर उपन्यास का रस लेंगे। ठीक इसी तरह यदि सीता में हमारी परंपरागत पूज्य-बुद्धि है, तो हो। यह सीता नहीं है, यह तो कवि की अनुभूति का प्रतीक है। तुलसी को यदि उसके प्रति अमिश्रित रति की अनुभूति न होकर श्रद्धा-मिश्रित रति की अनुभूति होती है तो हमको भी वैसी ही होगी। हम राम से तादात्म्य न करके तुलसी से ही तादात्म्य कर पाएँगे। ऐसी दशा में हमको रसानुभूति तो होगी पर अमिश्रित शृङ्गार की नहीं। इसके विपरीत 'कुमारसंभव' या रीतिकालीन राधा-कृष्ण-प्रेम-प्रसंगों को पढ़कर यदि हमें अमिश्रित शृङ्गार की अनुभूति होती है तो उसका कारण यही है कि तुलसी के विपरीत कालिदास या रीति-युग के कवि की तद्विषयक अनुभूति अमिश्रित रति की ही अनुभूति थी। उसमें कोई मानसिक ग्रन्थि नहीं थी। यह सीधा सत्य है जिसे एक ओर साधारणीकरण के आविष्कारक भट्टनायक और अभिनवगुप्त भारत की अव्यक्तिगत काव्य-परम्परा के कारण, और दूसरी ओर आधुनिक आलोचना में उसके सबसे प्रबल पृष्ठपोषक शुक्ल जी अपनी वस्तुपरक या नैतिक रस-दृष्टि के कारण, अभिज्ञ होते हुए भी, सर्वथा स्पष्ट रूप में व्यक्त नहीं कर पाए।

अगर आप ऊब न गए हों तो आइए और आवश्यक प्रश्न का समाधान कर लिया जाए। साधारणीकरण कवि के लिए किस प्रकार सम्भव होता है? वह किस प्रकार अपनी अनुभूति का साधारणीकरण करता है? स्वदेश-विदेश के पण्डितों ने इसके दो उत्तर दिए हैं—१. साधारणीकरण भाषा या काव्य-भाषा का धर्म है, २. साधारणीकरण का मूलाधार मानव-सुलभ सहानुभूति है, जो सभी मनुष्यों के हृदय में एकतार अनुस्यूत है।

पहले उत्तर में भट्टनायक और अभिनवगुप्त की ध्वनि है। भट्टनायक काव्य (काव्यमय शब्द) में ही एक ऐसी 'भावकत्व' शक्ति मानते हैं जिससे कि भाव का आप से आप साधारणीकरण हो जाता है। अभिनवगुप्त शब्द में भावकत्व की कल्पना को निराधार मानते हुए शब्द की सर्वप्रधान शक्ति व्यंजना में साधारणीकरण की सामर्थ्य मानते हैं। विदेश के पण्डित भी भाषा को ऐसे ज्ञान और भाव-प्रतीकों का समूह मानते हैं, जो उन विशेष ज्ञान-खण्डों और भावों को समान रूप से सबकी चेतना में जगा सकें। ज्ञान और भाव वास्तव में एक-दूसरे के विपरीत न होकर चेतना के दो संस्थान हैं : ज्ञान पहला संस्थान है, भाव दूसरा। कभी तो ऐसा होता है कि कोई प्रतीक-विशेष, हमारी चेतना में किसी वस्तु का ज्ञान-मात्र ही जगाकर रह जाता है और कभी ज्ञान के आगे उसका 'भावन' भी करा देता है। भाषा के ये ही दो प्रयोग हैं। एक वह जिसमें प्रतीक केवल ज्ञान जगाते हैं, दूसरा वह जिसमें भाव भी जगाते हैं। पहला प्रयोग हम सभी साधारणतः व्यवहार में लाते हैं, दूसरा केवल भाव-दीप्त क्षणों में—जब हमारे अपने भाव प्रतीकों पर आरूढ़ होकर उन्हें इतना भावमय बना देते हैं कि उनमें सुननेवालों के हृदयों में समान भाव उद्‌बुद्ध करने की शक्ति आ जाती है। तात्पर्य यह है कि शब्दों को भावोद्दीपन की शक्ति मूलतः हमारे भावों से प्राप्त होती है। अब यदि आप पूछें कि एक व्यक्ति का भाव दूसरों के हृदयों में समान भाव कैसे उत्पन्न कर देता है, तो इसका उत्तर यही है कि मूलतः सम्पूर्ण मानवता एक चेतना से चैतन्य है। मानव-मानव के हृदय में (भारतीय दर्शन तो चराचर को भी अपनी परिधि में समेट लेता है) चेतना का ऐसा एक तार अनुस्यूत है जो एक स्थान पर भी स्पर्श पाकर समग्रतः झंकृत हो जाता है। आपको चाहे इस कथन में रहस्यवाद की गन्ध आए, परन्तु मनोविज्ञान, शरीरशास्त्र और अध्यात्म अभी इससे आगे नहीं बढ़ पाये हैं।

अतएव साधारणीकरण का आधार है भाषा का भावमय प्रयोग। भाषा का भावमय प्रयोग प्रयोक्ता की अपनी भाव-शक्ति पर निर्भर रहता है; और प्रयोक्ता के भावों की संवेदनशक्ति का आधार है—मानव-सुलभ सहानुभूति।

भाव-शक्ति थोड़ी-बहुत सभी में होती है। इसलिए साधारणीकरण की भी शक्ति थोड़ी-बहुत सभी में होती है, अन्यथा जीवन की स्थिति ही सम्भव नहीं। परन्तु साधारणीकरण की विशेष शक्ति उसी व्यक्ति में होगी जिसकी भाव-शक्ति विशेष रूप से समृद्ध हो, जिसकी अनुभूतियाँ विशेष रूप से सजग हों। ऐसा ही व्यक्ति भाषा का भावमय प्रयोग कर सकता है, अर्थात् अपने समृद्ध भावों के बल पर वह उनके प्रतीकों

को सहज ही ऐसी शक्ति प्रदान कर सकता है कि वे दूसरों के हृदयों में भी समान भाव जगा सकें। ऐसा ही व्यक्ति कवि है।"[१]

३

कामायनी का महाकाव्यत्व

ज्यों ही मैं कामायनी का मूल्यांकन करने के लिए प्रवृत्त होता हूँ, मुझे लौंजाईनस की यह प्रसिद्ध उक्ति अनायास ही याद आ जाती है—

"महान् प्रतिभा निर्दोषता से बहुत दूर होती है। क्योंकि सर्वांगीण शुद्धता में अनिवार्यतः क्षुद्रता की आशंका रहती है और औदात्त्य में…कुछ न कुछ छिद्र अवश्य रह जाते हैं।"[२]

कामायनी के शिल्प-विधान में निश्चय ही अनेक छिद्र रह गए हैं—उसका वास्तु-शिल्प अपनी पूर्णता को नहीं पहुँच सका; उसकी आधारभूत प्रकल्पना में जो अखंडता है, उसका प्रतिफलन वस्तु-विन्यास में नहीं हो पाया—अंगों की समन्विति कई जगह टूट गई है; अभिव्यंजना में अनेक त्रुटियाँ रह गई हैं जो व्याकरण और काव्यशास्त्र की कसौटी पर खरी नहीं उतरतीं, कुछ बिम्ब अधूरे रह गए हैं—अलंकार छिन्न-भिन्न हो गए हैं, शब्दों के फूलों की जाली में पंत के कोमल स्पर्श की साज-सँवार नहीं है; कहानी में मैथिलीशरण गुप्त की प्रबन्ध-कला की गठन और प्रवाह नहीं है—आदि-आदि। उसके दोषों की अन्वेषणा आज कुछ अधिक व्यग्रता से की जा रही है। आलोचक उसके गौरव के प्रति जितना आकृष्ट हो रहा है, आज का स्रष्टा कलाकार उसकी अपूर्णता के प्रति उतना ही आग्रहशील हो उठा है। इस प्रकार कामायनी आधुनिक हिन्दी-साहित्य की सर्वाधिक विवादास्पद, और विवादों के रहते हुए भी कदाचित् सबसे महान् उपलब्धि है।

कामायनी की रचना प्रसाद ने महाकाव्य के रूप में की है। आमुख में मनु-श्रद्धा की कथा के ऐतिह्य रूप को सिद्ध करने के लिए उन्होंने जो उत्कट आग्रह व्यक्त किया है, उसका मुख्य प्रयोजन यही है। अतः महाकाव्य के रूप में ही कामायनी का मूल्यांकन करना कवि के मौलिक उद्देश्य के अधिक निकट रहेगा। स्वदेश-विदेश के काव्यशास्त्र में निर्दिष्ट महाकाव्य के लक्षणों की गणना प्रस्तुत संदर्भ में कदाचित् अधिक सार्थक न होगी। इसलिए मैं महाकाव्य के उन्हीं मूल तत्त्वों को लेकर चलूँगा, जो देशकाल-सापेक्ष नहीं हैं, जिनके अभाव में किसी भी देश अथवा युग की कोई रचना महाकाव्य नहीं बन सकती और जिनके सद्भाव में परम्परागत शास्त्रीय लक्षणों की बाधा होने पर भी किसी कृति को महाकाव्य के गौरव से वंचित नहीं किया जा सकता। ये मूल तत्त्व हैं—१. उदात्त कथानक, २. उदात्त कार्य अथवा उद्देश्य, ३.

---

१. 'रीतिकाव्य की भूमिका' से उद्धृत।

२. काव्य में उदात्त तत्त्व, पृष्ठ ६६

उदात्त चरित्र, ४. उदात्त भाव और ५. उदात्त शैली। अर्थात् औदात्य ही महाकाव्य का प्राण है। किन्तु इस विषय की कोई भ्रान्ति नहीं होनी चाहिए कि औदात्य और माधुर्य में किसी प्रकार का प्रकट या प्रच्छन्न विरोध है। इस भ्रान्ति का निवारण करने के लिए मैं आधुनिक आलोचक ए० सी० ब्रैडले के औदात्य-संबंधी प्रसिद्ध लेख की ओर इंगित करूंगा जिसमें उन्होंने उदात्त को सौन्दर्यशास्त्र का शब्द मानते हुए उसे व्यापक अर्थ में सौन्दर्य का ही एक रूप माना है। उनके अनुसार स्थूलतः सुन्दर के पाँच भेद किये जा सकते हैं—उदात्त, भव्य, मधुर, मनोरम और ललित। इनमें परा कोटि है उदात्त और अपरा कोटि है ललित। अतः सौन्दर्यशास्त्र की दृष्टि से ललित और उदात्त में भी कोई विरोध नहीं है—मधुर की स्थिति तो उदात्त के और भी अधिक निकट है। भारतीय दर्शन में ईश्वर की कल्पना और भारतीय काव्यशास्त्र में धीरोदात्त नायक की कल्पना ब्रैडले के मत का मंडन तथा उपर्युक्त विरोध का खंडन करती है। कामायनी का मूल्यांकन करने से पहले इस भ्रान्ति का निराकरण आवश्यक था।

उदात्त कथानक

कथानक का अर्थ है घटनाओं का समन्वय। अतः उदात्त या महान् कथानक का अर्थ हुआ महान् घटनाओं का समन्वय। घटनाओं की महत्ता का मापक है उसका प्रबल प्रभाव तथा देशकाल में विस्तार। इस प्रकार महाकाव्य के कथानक का निर्माण ऐसी घटनाओं से होता है जिनका प्रभाव प्रबल एवं स्थायी हो और देश तथा काल दोनों में जिनका विस्तार हो। इनके साथ ही उदात्त कथानक के लिए यह आवश्यक है कि उसका स्वरूप प्रत्यक्ष अथवा अप्रत्यक्ष रूप में ध्वंसात्मक न होकर रचनात्मक हो—उसकी परिणति शुभ और मंगलमयी हो। इस दृष्टि से विचार करने पर यह सिद्ध करना कठिन नहीं है कि कामायनी की घटनाएं अत्यन्त उदात्त एवं महान् हैं, किन्तु उनका क्षेत्र ब्रह्माण्ड नहीं है, पिण्ड है—मानव-आत्मा या मानव-चेतना है। परम्परागत महाकाव्यों की आधारभूत घटनाओं—युद्ध आदि—की भाँति उनका विस्तार भौतिक जगत् में लक्षित नहीं होता—उनका विस्तार होता है मानव-चेतना के भीतर, जहाँ घटित होकर वे समग्र मानव-जीवन पर गहरा और स्थायी प्रभाव डालती हैं। कामायनी की प्रमुख घटनाएं हैं : स्वार्थपूर्ण अहंकार का पराभव, पुरुष और नारी का प्रथम मिलन, नारी का सर्वस्व-समर्पण, पुरुष और नारी के प्रणयपूर्ण संसर्ग में संसृति-विकास, पुरुष की अबाधित अधिकार भावना—उसके लिए बुद्धिबल से भौतिक संघर्ष और अधिकार-क्षेत्र का प्रसार, अतिचार एवं कुंठा, बुद्धि पर पूर्ण अधिकार करने का उद्दाम प्रयत्न और उसके परिणामस्वरूप मानव-चेतना की पूर्ण-विफलता, इस विफलता के मूल कारण की अवगति, और अन्त में सामरस्य तथा उसके फलस्वरूप पूर्णानन्द की सिद्धि। मानव के अधिमानसिक जीवन में इन सभी घटनाओं का महत्व अक्षुण्ण है। विश्व में होनेवाली प्रबल घटनाएं, नाश और निर्माण के समस्त दृश्य, भौतिक संघर्ष और विकास के विभिन्न रूप इन्हीं घटनाओं के प्रति-

बिम्ब हैं। अवचेतन मनोजगत् के उद्घाटन और तत्सम्बन्धी अनुसंधानों से यह स्पष्ट हो गया है कि भौतिक जगत् का विराट् घटनाचक्र मानव-चेतना के अतल गह्वरों में होनेवाले घटना-चक्र की छायामात्र है। कामायनी के कवि ने इस रहस्य को समझा है और वर्तमान युग की वैज्ञानिक उपलब्धियों का उपयोग करते हुए अपने महाकाव्य में इसका प्रतिफलन किया है। कहने का अभिप्राय यह है कि कामायनी की घटनाओं में निश्चय ही महाकाव्योचित प्रबलता और आयाम है, किन्तु यह प्रबलता आयाम आधिभौतिक अर्थात् बाह्य एवं ऐहिक नहीं हैं—चेतनागत तथा आध्यात्मिक है।

उपर्युक्त स्थापना का अर्थ यह नहीं होना चाहिए कि कामायनी की घटनाओं में भौतिक जगत् की सघनता का सर्वत्र अभाव है। जहाँ कथा का विकास मूर्त जगत् की पृष्ठभूमि में होता है, वहाँ परम्परागत महाकाव्य की घटनाओं की सघनता एवं विस्तार भी यथावत् विद्यमान है। उदाहरण के लिए आरम्भिक सर्ग से देव-दम्भ और प्रलय के वर्णन अथवा 'संघर्ष' सर्ग से सारस्वत नगर के वैभव के बीच प्रजा के साथ मनु के द्वन्द्व का चित्रण प्रस्तुत किया जा सकता है। फिर भी कामायनी के कथानक की गरिमा इन प्रसंगों में उतनी नहीं है जितनी कि मनु (मानव) के अहंकार के विस्तार में, अथवा बुद्धि पर पूर्ण अधिकार करने के लिए मानव-चेतना के निर्बाध प्रयास में, अथवा आत्मा की तीन प्रवृत्तियों के प्रतीक त्रिलोक दर्शन से मानव-चेतना द्वारा सामरस्य की सिद्धि में। बाह्य दृष्टि से देखने पर वे घटनाएँ अपनी अमूर्तता के कारण अनाकर्षक प्रतीत होती हैं, किन्तु वर्तमान युग में जिस प्रकार मानव-चेतना बुद्धि पर अबाध अधिकार प्राप्त करने का दुर्दम प्रयास कर रही है, उसे देखते हुए इससे प्रबलतर घटना की कल्पना करना सम्भव नहीं है।

सामासिक रूप से विचार करने पर भी कामायनी के कथानक में अपूर्व आयाम है। वह केवल एक महापुरुष की जीवन-गाथा नहीं है, एक राजवंश का वृत्त-वर्णन-मात्र नहीं है, एक युग या राष्ट्र की कथा नहीं है, वह तो सम्पूर्ण मानवता के विकास की गाथा है—अथ से इति तक। अन्य महाकाव्य जहाँ मानव-सभ्यता के खंड-चित्र प्रस्तुत कर रह जाते हैं, वहाँ कामायनीकार ने उसका समग्र चित्र प्रस्तुत करने का साहसपूर्ण प्रयास किया है। यह प्रयास पूर्ण नहीं हुआ, किन्तु इसका परिधि-विस्तार इतना अधिक है कि अपनी अपूर्णता से भी यह अद्भुत है - असामान्य है।

उदात्त कार्य

कामायनी का कार्य है भाववृत्ति, कर्मवृत्ति तथा ज्ञानवृत्ति के सामजस्य द्वारा समरसता और उसके फलस्वरूप आनन्द की सिद्धि। कवि ने इस कार्य की सिद्धि के लिए त्रिलोक के प्रतीक की उद्भावना कर अत्यन्त कौशलपूर्वक उसे दिगन्त-विस्तार प्रदान कर दिया है। आध्यात्मिक जीवन की सबसे बड़ी दुर्घटना है इच्छा, क्रिया और ज्ञान की विशृङ्खलता। मानव-चेतना के इतिहास में जब जब इन तीनों में असामंजस्य हुआ है, जीवन-विकास अवरुद्ध हो गया है—संसार में अराजकता और अशान्ति फैल गयी है। आज के भौतिक जीवन का भी सबसे बड़ा अभिशाप यह है कि हमारे धर्म

और संस्कृति की दिशा एक है, राजनीति की दूसरी और विज्ञान की तीसरी—क्रमशः भाव, क्रिया और ज्ञान के ये प्रतिरूप एक-दूसरे से असम्बद्ध हैं। इसका परिणाम है वर्तमान अशान्ति - जो वास्तविक युद्ध अथवा शीत-युद्ध आदि के रूप में व्यक्त हो रही है। इस भीषण समस्या का समाधान है—मानवना के प्रति अटूट श्रद्धा रखते हुए जीवन की इन तीनों प्रवृत्तियों में ऐकात्म्य स्थापित करना। ज्यों ही मानव-कल्याण को लक्ष्य बनाकर हमारी संस्कृति, हमारी राजनीति और हमारा विज्ञापन एकान्वित हो जाएँगे, तुरन्त ही इस युग की विषम समस्या का समाधान हो जाएगा। इस प्रकार कामायनी में वर्तमान के आधार-फलक पर प्रसाद ने मानव-जीवन की उस मूल समस्या का चिरन्तन समाधान प्रस्तुत किया है जो सामयिक होकर भी शाश्वत है। सामयिक तथा सार्वकालिक और एकदेशीय तथा सर्वदेशीय का यह एकीकरण महाकाव्य का प्रधान लक्षण है और इस लक्षण का निर्वाह जिस भव्य रूप में कामायनी के अन्तर्गत हुआ है, वैसा अन्यत्र नहीं। इस प्रकार कामायनी का कार्य सर्वथा उदात्त है। ऐसा गरिमा और ऐसा विराट् आयाम और किस महाकाव्य के कार्य में है ?

उदात्त भाव

कामायनी का मूलवर्ती भाव अथवा महाभाव भी जिसे काव्यशास्त्र की शब्दावली में 'अंगी रस' कहा गया है, अपने प्रतिपाद्य के अनुरूप ही है। जिस प्रकार कामायनी का कथानक जीवन को अखण्डता में ग्रहण करता है और जिस प्रकार कामायनी का प्रतिपाद्य जीवन की एकांगी सिद्धि न होकर सर्वांगीण सिद्धि ही है, इसी प्रकार कामायनी का अंगीरस भी एकांगी शान्त या शृङ्गार नहीं है, वरन् अखण्ड आत्मरस है। इसी को महारस या आनन्दरस कहा गया है।

उदात्त चरित्र

भारतीय काव्यशास्त्र के अनुसार महाकाव्य का नायक धीरोदात्त होना चाहिए और धीरोदात्त के लक्षण हैं महासत्व, अतिगम्भीर, क्षमावान्, अविकत्थन, स्थिर, निगूढ़-अहंकारवान् और दृढ़व्रत। इन लक्षणों के आधार पर स्पष्टतः मनु धीरोदात्त नायक सिद्ध नहीं होते। धीरोदात्त नायक के व्यक्तित्व का निर्माण जहाँ मानव-सभ्यता की अत्यन्त विकसित स्थिति में ही सम्भव है, वहाँ मनु का व्यक्तित्व-विकास मानव-चेतना के विकास का प्रतीक है। मनोविज्ञान तथा विकासवाद (जिनको प्रसाद ने आधाररूप में ग्रहण किया है)—दोनों के ही अनुसार आदि-पुरुष मनु का चरित्र पूर्ण विकसित रूप में अंकित नहीं किया जा सकता था। सहज मानव-चेतना का प्रतीक होने के नाते मनु का चरित्र विकासशील है, शैव दर्शन की शब्दावली में वह पाशव या आणव स्थिति से आरम्भ होकर शाश्वत स्थिति को प्राप्त करता है। नायक के चरित्र का यह विकास कामायनी के प्रतिपाद्य के अनुरूप ही नहीं है वरन् उसके लिए अनिवार्य भी है—धीरोदात्त गुणों से समन्वित विकसित चरित्र की संगति न कामायनी के कथानक के साथ बैठ सकती है और न उसके प्रतिपाद्य के साथ ही। इसीलिए मनु

की दुर्बलताओं का उल्लेख कर जो कामायनी की दुर्बलताओं की ओर संकेत करते हैं, वे कामायनी के स्वरूप तथा लक्ष्य दोनों के प्रति अनभिज्ञता प्रकट करते हैं। अपनी विशिष्ट स्थिति के कारण मनु अहङ्कार, स्वार्थ, इन्द्रियलिप्सा, अस्थिरता आदि अनगढ़ मानव-चेतना की हीनतर प्रवृत्तियों से मुक्त नहीं हो सकते थे, किन्तु क्रमशः इन दुर्गुणों पर विजय प्राप्त कर वे पूर्ण समरस मानवत्व, आध्यात्मिक शब्दावली में शिवत्व की सिद्धि करते हैं जहाँ वे धीरोदात्त स्थिति से भी कहीं ऊपर उठ जाते हैं।

एक पुरुष का प्रकृति के विरुद्ध संघर्ष और उस पर विजय का महान् प्रयास !—मनु के चरित्र-चित्रण का एक रूप यह भी हो सकता था, जो परम्परागत महाकाव्य के अनुरूप होता। आचार्य शुक्ल प्रजापति मनु का चरित्र-विकास इसी रूप में देखना चाहते थे, इसलिए कामायनी में उसका अभाव देखकर उनका मन खिन्न हो गया। इसमें सन्देह नहीं कि प्रबन्धकाव्य की दृष्टि से मनु का वह विराट् व्यक्तित्व-विकास निश्चय ही बड़ा आकर्षक होता, किन्तु कामायनी का कवि तो अपने कथानक तथा प्रतिपाद्य की विशेष परिस्थितियों से विवश था, अतः उसके लिए यह पद्धति ग्रहण करना सम्भव ही नहीं था। अन्तर्मुख कथानक के नायक का व्यक्तित्व-प्रसार देश-काल के विस्तार में सम्भव नहीं था, इसीलिए चाणक्य, स्कन्दगुप्त आदि धीरोदात्त चरित्रों की सफल सर्जना करने के उपरान्त भी प्रसाद शुक्ल जी की उस विराट् कल्पनामूर्ति का अंकन नहीं कर सके। यह भव्य चित्र उनकी कल्पना में उभरा ही न हो, ऐसा नहीं है। इस शंका को निर्मूल करने के लिए कामायनी की आरम्भिक पंक्तियों का उद्धरण पर्याप्त होगा—

> हिमगिरि के उत्तुंग शिखर पर,
> बैठ शिला की शीतल छाँह,
> एक पुरुष भीगे नयनों से,
> देख रहा था प्रलय प्रवाह;
> नीचे जल था, ऊपर हिम था,
> एक तरल था, एक सघन;
> एक तत्त्व की ही प्रधानता
> कहो उसे जड़ या चेतन।[1]

प्रकृति के सार्वभौम आधारफलक पर एक पुरुष के रूप में मनु की यह प्रतिष्ठा उसी विराट् कल्पना की ओर संकेत करती है, किन्तु स्पष्ट है कि उपर्युक्त कारणों से कवि उसे मूर्त रूप नहीं दे सका।

श्रद्धा का चरित्र अत्यन्त उज्ज्वल है। सात्त्विक गुणों से पूर्ण विश्वमंगल-भावना की प्रतीक श्रद्धा का व्यक्तित्व विकास की अपेक्षा नहीं करता, क्योंकि स्पष्टतः श्रद्धा, मनु की भाँति, अनगढ़ मानव-चेतना का उसके समग्र रूप में प्रतिनिधित्व नहीं करती। मनु के व्यक्तित्व में जहाँ मानव-चेतना की हीनतर और उच्चतर दोनों ही

---

१. कामायनी, चिन्ता सर्ग, पृष्ठ ३

प्रवृत्तियों का मिश्रण अनिवार्य था वहाँ श्रद्धा केवल उच्चतर प्रवृत्तियों अर्थात् दया, माया, ममता, मधुरिमा और विश्वास आदि ऐसी प्रवृत्तियों का ही प्रतिनिधित्व करती है जो मानव-चेतना को पूर्णत्व, दार्शनिक शब्दावली में पूर्ण शिवत्व, प्राप्त करने में सहायता देती है। इस प्रकार श्रद्धा के चरित्रांकन में वह बाधा नहीं रही जो मनु के प्रसंग में थी, अतः उसमें परम्परागत महाकाव्योचित औज्ज्वल्य एवं गरिमा का अद्भुत समावेश गया है। यही इड़ा के विषय में भी सत्य है। उसके व्यक्तित्व में भी वांछित ऐश्वर्य एवं गरिमा है। किन्तु श्रद्धा और इड़ा अपना ऐतिहासिक अस्तित्व रखते हुए सांकेतिक अर्थ का द्योतन भी करती हैं, स्वभावतः उनकी प्रतीकता के कारण चारित्रिक रूपरेखा में वैसी दृढ़ता और मूर्त सघनता नहीं आ सकी, जैसी कि पाश्चात्य महाकाव्यों के चरित्रों में मिलती है।

उदात्त शैली

कामायनी की शैली सर्वत्र ही एक अपूर्व लोकोत्तर स्तर पर अवस्थित रहती है। उसमें क्षुद्रता का एकान्त अभाव है; प्रयत्न करने पर सम्पूर्ण काव्य में एकाध अपवाद ही मिलेगा। पाश्चात्य आचार्यों ने महाकाव्य की शैली का प्रमुख गुण माना है, असाधारणता। कामायनी की शैली में इस गुण का प्राचुर्य प्रायः दोष की सीमा तक पहुँच गया है। यहाँ सामान्य प्रसंगों में भी शैली का स्तर प्रायः असामान्य ही रहता है; और जहाँ कवि सामान्य धरातल पर उतरने का प्रयत्न करता है, वहीं शैली का स्वरूप विकृत हो जाता है। फलतः उसमें अद्भुत ऐश्वर्य एवं अलकार-विलास है, लक्षणा-व्यंजना का विचित्र चमत्कार है। कल्पना तथा भावना के अपूर्ण वैभव के कारण इस शैली में मूर्ति-विधान एक विम्ब-योजना की अद्भुत समृद्धि मिलती है। कामायनी की भाषा सर्वत्र ही चित्रभाष एवं प्रतीक भाषा है जिसमें तत्सम तथा सचित्र, ससन्दर्भ शब्दावली का मुक्त प्रयोग हुआ है। भाषा और अभिव्यजना के इन साधारण गुणों के फलस्वरूप कामायनी की शैली सामान्य से सर्वथा भिन्न हो गई है।

शैली की असाधारणता के प्रति आग्रह के कारण ही कामायनी की शैली में इतिवृत्त-वर्णन का एकान्त अभाव है। कवि ने अत्यन्त सचेष्ट रूप से मनन, चिन्तन, संवाद, स्वगत, स्वप्न, दृश्य-विधान आदि के द्वारा कथा का विकास किया है, इतिवृत्त-शैली के प्रति प्रसाद के मन में एक विचित्र वितृष्णा रही है। कामायनी में कथा का स्तर कल्पना-विलास, दार्शनिक गरिमा और रागात्मक ऐश्वर्य के कारण सामान्य से इतना भिन्न रहा है कि वृत्त-वर्णन की ऋजुता इस समृद्धि का बहन नहीं कर सकती थी।

भारतीय काव्यशास्त्र में, व्यंजना से महाकाव्य की शैली को नानावर्णनक्षमा माना गया है। कामायनी की शैली में यह गुण स्पष्टतः विद्यमान है। वह सूक्ष्म से सूक्ष्म और उदात्त से उदात्त मनःस्थिति का अंकन करने में पूर्णतः समर्थ है। सुन्दर और विराट, मधुर और भयानक आदि के वर्णन में उसकी समान गति है। इसके अतिरिक्त महाकाव्य की शैली के लिए यह भी अपेक्षित है कि वह विस्तारगर्भा हो, मूर्त, सघन एवं

प्रबल हो, उसमें दुर्दम नद-प्रवाह हो। ये गुण वास्तव में ऐहिक-कथा-प्रदान महाकाव्यों की शैली में मिलते हैं। कामायनी में भी जहाँ भौतिक घटनाओं की प्रधानता है, इन गुणों का सम्यक् प्रयोग है; जैसे प्रलय-वर्णन, संघर्ष आदि में; मनु के अहंकार आदि की अभिव्यंजना में ओज गुण का भी उचित समावेश है। किन्तु शैली के अधिकांश कलेवर में सघनता आदि गुणों का निर्वाह सम्भव नहीं हुआ। क्योंकि कथावस्तु अन्तर्मुख है बहिर्मुख नहीं है, इसलिए मूर्त घटनाओं और दृश्यों के संकुल वर्णन से शैली में जो एक प्रकार का सहज घनत्व एवं नद प्रवाह उत्पन्न हो जाता है; वह यहाँ नहीं मिल सकता। इसी अन्तर्मुखता के कारण कामायनी की शैली में प्रगीत-तत्त्व स्थान-स्थान पर उभर आता है। सामान्यतः वह महाकाव्य का दोष है, किन्तु यहाँ तो विधान ही अन्तरंग है और घटनाओं की विकास-भूमि मानव-चेतना है, इसलिए प्रगीत-तत्त्व यहाँ बाधक न होकर साधक ही हुआ है।

समग्रतः कामायनी की शैली निश्चय ही भव्य है। कवि की प्रतिभा ने एक विराट् शून्य को कल्पना और भावना के ऐश्वर्य से जगमग कर दिया है।

निष्कर्ष

कामायनी का महाकाव्यत्व असंदिग्ध है। परम्परा का नितान्त निर्वाह प्रसाद के स्वभाव के विपरीत था, अतः कामायनी में भारतीय और पाश्चात्य काव्यशास्त्र—दोनों में से किसी एक के भी लक्षणों का पूर्ण निर्वाह खोजना व्यर्थ होगा। फिर भी महाकाव्य के प्रायः सभी महत्तत्व कामायनी में स्पष्टतः विद्यमान हैं—केवल एक ही त्रुटि है वह है कार्य-व्यापार का अभाव जिसके परिणामस्वरूप कथा में वांछित भौतिक विस्तार नहीं आ सका। क्योंकि कामायनी का वस्तु-विकास बहिर्मुख न होकर अन्तर्मुख है, वह मानव-चेतना के विकास की कथा है जो मनु के जीवन-विकास के माध्यम कही गई है, अतः साधारणीकरण के लिए यहाँ कवि ने रूपक की भावमय पद्धति ग्रहण की है जिसके द्वारा मनु मानव-चेतना के प्रतिनिधि बन जाते हैं। इस प्रकार परम्परागत महाकाव्य, ऐहिक-जीवन-प्रधान महाकाव्य की कोटि में कामायनी नहीं आती। वह ऐहिक जीवन का महाकाव्य नहीं है, मानव-चेतना का महाकाव्य है—अतः रूपक-तत्त्व जो सामान्यतः महाकाव्य में बाधक होता है, यहाँ साधक बनकर आया है, इसलिए प्रगीत तत्त्व भी यहाँ बाधक न होकर साधक ही हुआ। मानव-चेतना के विकास का यह महाकाव्य अथवा मानव-सभ्यता के विकास का यह विराट् रूपक साहित्य के इतिहास में एक नवीन प्रयोग है—एक अद्भुत उपलब्धि है, इसी रूप में यह परम्परा से भिन्न है—रूपक और महाकाव्य के समन्वय के कारण—कथा के अन्तर्मुख विकास के कारण!

●